SEFERIS · ALLES VOLLER GÖTTER

W0051510

KUNSTWISSENSCHAFTEN

1963

Giorgos Seferis

ALLES VOLLER GÖTTER

Essays

1989

Verlag Philipp Reclam jun. Leipzig

Aus dem Griechischen

Auswahl, Übersetzung der Texte und Anmerkungen, Nachwort, Erläuterungen zu Personen und Begriffen, Literaturverzeichnis, Quellennachweis, editorische Hinweise und Personenregister von Asteris Kutulas

„Kalvos. 1960" deutsch von Efstasia Katsabani

„Improvisationen über die Homerischen Hymnen" deutsch von Horst Möller

ISBN 3-379-00503-7

© Verlag Philipp Reclam jun. Leipzig 1989 (Auswahl, Übersetzung, Nachwort, Anmerkungen, Register)
Ausgabe für die DDR mit freundlicher Genehmigung von Frau Maro Seferis, Athen

Reclams Universal-Bibliothek Band 1319
1. Auflage
Reihengestaltung: Lothar Reher
Lizenz Nr. 363. 340/104/89 · LSV 8050 · Vbg. 20,9
Printed in the German Democratic Republic
Grafischer Großbetrieb Völkerfreundschaft Dresden
Gesetzt aus Garamond-Antiqua
Bestellnummer: 661 480 9
00250

Zu einer Wendung von Pirandello

Le Directeur: En attendant vous continuez de
raisonner.
Le Père: Parce que je souffre, Monsieur, je ne
raisonne pas, j'explique ma souffrance.
[Direktor: Inzwischen reden Sie nur weiter-
hin Unsinn.
Vater: Ich leide, mein Herr, ich rede keinen
Unsinn, ich ergründe mein Leiden.]

Man erkennt – ob man will oder nicht – in jedem Fall, so
auch bei der Nachricht vom Tode Pirandellos, die Geister,
die herausragen und uns Wegzeichen sind, „Leuchttürme"
am Meer, in dem wir nur kurze Zeit leben.

Die Szenen des sizilianischen Dramatikers sind Zurschau-
stellungen nichtkommunizierender Röhren, in denen keine
der ihren Schöpfer suchenden Personen sich in die Arme
einer andern fallen lassen kann; das Individuum, das „Monsieur Teste" oder „Neues Schicksal" heißt und im unendlichen Zylinder introvertierter Visionen eingeschlossen ist;[1]
die im gläsernen Gefängnis der Gefühle eingekerkerten
Wesen von Bradley, die den Dichter Eliot so stark beeindruckt haben;[2] diese Wesen mit ihrer individuellen Art und
sehr persönlichen Stimme verschmelzen zu einer einzigen
Gestalt, vorausgesetzt, man betrachtet sie mit einer gewissen Distanz. Verschmelzen zur Gestalt eines Menschenty-
pus, der sich nach dem letzten Krieg herausgebildet hat,
jetzt schon wieder im Verschwinden begriffen ist und unter
dem Geschrei der Orthodoxien allmählich zugrunde geht.
Dieser Menschentyp hatte (und hat) einige wichtige Merkmale: er war einsam und innerlich zerrissen, hatte ein gutes
Gedächtnis und verfügte über einen hervorragend funktio-
nierenden Verstand, der jedes Mitgefühl ausschloß und ihn
der Gabe des Vergessens beraubte. Hinzu kam die unerträgliche Last, zu wissen, warum und wie sehr er litt.

Weil dieser Mensch, der sogenannte Nachkriegsmensch, so
war, wurde unsere Zeit als Epoche der Dekadenz bezeichnet, als intellektualistisch, scholastisch, wasserköpfig. So
nützlich Definitionen sind, sollten wir auf sie in diesem

Fall lieber verzichten, weil sie den Eindruck erwecken, es hätte keine ungelösten Probleme gegeben, obwohl kein einziges Problem gelöst war. Denn unter dieser Oberfläche verbirgt sich das eigentliche Leiden. Und es wurde immer tiefer und verzweifelter, je paradoxer, trockner und hoffnungsloser die Worte waren, die es verbergen sollten. „Ich denke nicht nach, ich ergründe mein Leiden." Diesen Satz hätte auch Monsieur Teste akzeptiert, der beim Schlafengehen die Geometrie seines Leidens ergründete, und auch der Dichter Eliot, der ihn zwar nicht ausdrücklich so formulierte, aber in seinem Land, mehr als jeder andere, die Theorie der „poignancy" („Präzision") vertrat, und selbst noch die Surrealisten, obwohl sie eher sagen würden: „Wir reden keinen Unsinn, wir ergründen unser Leiden." Die Surrealisten bestimmten dann auch die folgende Zeit. Eine Zeit des Übergangs von einer Phase der Vereinzelung in eine Phase der „bestialità" (nach Dante), in die wir jetzt, blind, hinüberwechseln.

Es ist ohnehin sehr nützlich, auf den Trend des geistigen Geschehens in unserem Jahrhundert zu achten, den wir nicht als etwas Totes, Geschichtliches auffassen können, weil wir ein lebendiges Gefühl von ihm haben. (Ich denke, daß sich das unmittelbare geistige Erleben eines heutigen Menschen auf die letzten sechzig Jahre bezieht.) Wir fühlen, daß dieser Trend mit vielen Abweichungen, doch ohne Unterbrechungen, eine Richtung genommen hat, die immer schicksalshafter anmutet. Reagieren auf eine feindlich gesonnene Umwelt, Vereinsamung, das beklemmende Gefühl des Zerfalls der biologischen Kräfte des Menschen, die Suche nach einer wie auch immer gearteten menschlichen Wirklichkeit um jeden Preis – das wäre eine sehr schematische Aufzählung von Tendenzen, die den Schriftsteller bis an die Schwelle unserer Zeit begleiteten, in der die Arbeiter des Geistes beginnen, „sich zu engagieren". Man müßte eigentlich sagen, daß sie zum Engagement gezwungen sind, denn mehr als je zuvor gilt heute unumschränkt das Dilemma: Bist du nicht mit mir, dann bist du mit meinem Feind. Man könnte sicher einwenden, dieses Dilemma tangiere ja nur äußere Gegebenheiten, denen sich der Geist nicht unterwerfe. Doch wir müssen beachten, daß die Menschen, die ihre Zeit emotional erleben, das tragische Schicksal, das ihnen eine solche Entscheidung auferlegte, und eigenes oder auch fremdes Leid intensiv erfahren haben. „Ich denke nicht nach, ich ergründe mein Leiden." – „Sehen Sie diese lebenden Figuren? diese Geometrie meines Leidens?" (*Monsieur Teste*). „Mit dem Gedanken an den Schlüssel sichert jeder sein Gefängnis" (*Das wüste Land*, 412). Es fällt ihnen jetzt schwer, zurückzukehren zu diesen Überlegungen, zu dieser Geometrie, in dieses Gefängnis.

„Man muß den Elfenbeinturm wieder errichten", sagte vor kurzem Paul Valéry während eines Essens. Und der Kritiker, der diesen Satz kommentierte, befleißigte sich, hinzuzufügen: „Helfen wir jenen, die sich weigern, die neuesten Werte ihrer Epoche anzunehmen." Einverstanden, aber in einer Epoche, in der die Götter orthodox geworden sind, hinter sich eine frische Blutspur ziehend, bin ich sehr neugierig zu erfahren, was wir überhaupt in jenem Gebäude anfangen wollen. Wenn der Elfenbeinturm ein gewaltiges Teleskop ist, in dem wir „uns anschauen, um uns anzuschauen" usw. bis in alle Unendlichkeit, dann, fürchte ich, würde uns diese Multiplikation eher von den ewigen Werten unserer Welt entfernen, die, wenn sie auch woanders vergehen, nicht außerhalb dieser entstehen. Wenn der Elfenbeinturm aber bedeutet, daß der geistige Arbeiter anständig seiner Arbeit nachgeht, verstehe ich nicht, warum wir ihn nicht schlicht und einfach umbenennen: Werkstatt. Auch kann ich mir nicht vorstellen, daß er bedeutet, die Elefanten und Höckerrinder von Taratava zu besingen, wie es die unerschütterliche parnassische Reaktion tat. Die einzige Möglichkeit, mit dem Elfenbeinturm etwas Sinnvolles anzufangen, mit einem Turm, in dem man sich nicht allein einschließt, sondern von den andern eingeschlossen wird, ist, den Turm und die Zwänge selbst, die aus ihm resultieren, mit aufzuarbeiten. Das findet man bei Baudelaire. Das führt natürlich zur Zerstörung dieses Bauwerks. Denn Baudelaire brachte Mallarmé hervor und dieser Valéry; Baudelaire gebar aber auch Rimbaud, also auch *Einen Aufenthalt in der Hölle* und viele andere unelfenbeintürmige Dinge. Der Haß gegen die Welt, die uns umgibt, zusammen mit der Liebe, die der Haß nach sich zieht oder umgekehrt, gehören nicht in unseren Turm. Dort paßt nur eine parnassische Ataraxie oder eine verdünnte Sentimentalität der Art:

Mon âme est une infante en robe de parade.
[Meine Seele ist eine Infantin in Paradeuniform.]

Nach vielen Auseinandersetzungen sind wir zum Ergebnis gekommen, daß der Wert eines Kunstwerks nicht von dem abhängt, was es beweisen will, sondern von dem, was es *ist*. Dieses Prinzip läßt sich auf unterschiedliche Art durchsetzen. Man kann sich einen Staat vorstellen, der seine Künstler zwingt, Werke zu schaffen, die seine besondere „Wahrhaftigkeit" beweisen. Der Staat hätte Glück, wenn seine Bürger in der Lage wären, große Werke hervorzubringen, jenseits der Wahrheit, die sie beweisen wollen. Es ließe sich auch ein Staat denken, in dem es den Menschen so gut ginge, daß deren geistige Werke schon allein durch ihre Existenz die Herrlichkeit des Staates bewiesen und seinen Ruhm begründeten. Auf diese Weise gäb's gar keine anderen Werke. Wir kennen solche Beispiele aus Antike und Mittelalter. Doch sie setzen die Arbeit vieler Generationen voraus. Und sie setzen voraus, daß der einzelne die Segnungen des Staates annimmt, so daß jede Spur eines äußeren Zwangs verschwindet und der Schöpfer alles, was nicht mit seinem innersten Ich übereinstimmt, ignorieren kann. Aber sosehr wir auch bereit sind, solche Bedingungen gelten zu lassen, müssen wir dennoch feststellen, daß ein Werk zwar die bedeutendste Wahrheit der Welt propagieren kann und trotzdem nichts aussagt, wenn es kein Kunstwerk ist. Wir müssen außerdem feststellen, daß ein Werk erst zum Werk wird, nachdem der Schöpfer zum Schöpfer geworden ist. Bevor wir schaffen, müssen wir sein, sagte schon Goethe. Welchen Weg wir auch einschlagen, wir stehen vor dem Problem des Seins, der Wirklichkeit des geistigen Menschen. Dieses Sein, als menschliche Existenz, kann kein Elfenbeinturm ermöglichen. Dieses Sein, als geistige Existenz, konnten auch keine Orthodoxien bisher ermöglichen. Vielleicht erreichen wir es über das tiefe gemeinschaftliche Gefühl der Notwendigkeit, alles zu retten, was an menschlichen Werten in unserer schweren Zeit zu retten ist.[3]

Koritsa, Dezember 1936

Monolog über die Dichtung

Παλαιά μέν τις διαφορά φιλοσοφία τε καὶ
ποιητικῇ.
[Sehr alt ist der Unterschied zwischen Philosophie und Dichtung.]

Platon

It is a happy thing that there is no royal road
to poetry.
[Es ist ein glücklicher Umstand, daß keine
Hauptstraße zur Dichtung führt.]
Gerard Manley Hopkins

1. Fortsetzung und Ende des Dialogs

„Wenn dir ein Philosoph antwortet, weißt du am Ende gar
nicht mehr, was du ihn gefragt hast." Dieser Satz eines französischen Romanciers fiel mir ein, als ich die Erwiderung
von Konstantinos Tsatsos gelesen hatte, die er unserem
Dialog über die Dichtung folgen ließ.[4] Ich möchte keinesfalls durch diesen Anfang weiterhin den Eindruck erhärten,
ich sei ein Gegner der Philosophie, einen Eindruck, der
ohne mein Zutun entstanden ist. Ein Gegner der Philosophie bin ich nicht. Im Gegenteil, hätten es die Götter anders gewollt, wäre ich stolz gewesen, ihr Anhänger und
Diener zu sein. Mich bewegte, daß wir – zwei seit langem
bekannte und befreundete Menschen – Themen diskutierten, die uns beide außerordentlich interessierten und über
die wir uns schon oft unterhalten hatten, und schließlich,
nach so viel vollgeschriebenem Papier, erwiesenem gutem
Willen und dem mühevollen Versuch, uns genau auszudrücken, an einem Punkt völligen Mißverstehens angelangt
waren. Ich las seine Erwiderung zum wiederholten Mal,
nicht um herauszufinden, warum wir nicht einer Meinung
sind, sondern weshalb wir unsere Meinungsverschiedenheit
nicht akzeptieren können, weshalb der Abstand zwischen
uns so groß ist und weshalb mir seine Argumente so wenig
konstruktiv erscheinen.
Ich fand die Antwort auf meine Fragen im folgenden Satz
von ihm: „So wie die Kategorien Begriffe der wissenschaftli-

chen Wahrheit sind und dort, wo sie fehlen, die wissenschaftliche Wahrheit unmöglich zu ermitteln ist, genauso sind auch die A-priori-Gesetze des Schönen Begriffe der ästhetischen Echtheit, und dort, wo sie fehlen, läßt sich ästhetische Echtheit nicht feststellen."

Möglich, daß es so ist. Doch es ging mir gar nicht um dieses Problem, als ich damals meine Ausführungen machte. Ich wollte vielmehr nachweisen, daß die Urteile meines Gesprächspartners über die Dichtung – konkrete und persönliche Urteile – weder Gesetze a priori sind, noch als solche aufgefaßt werden können. Ich wollte weiterhin zeigen – wenn ich es bis jetzt nicht deutlich genug gesagt habe, unterstreiche ich es hiermit –, daß es einen *von vornherein* bestehenden Kanon überhaupt nicht gibt und folglich auch nicht als Kriterium herangezogen werden könnte, zum Beispiel für das Verhältnis von rationalem und irrationalem Element in der Dichtung, für das Maß der „formalen Nachvollziehbarkeit" in der Malerei oder für den Grad der Tonalität in der Musik. Wer sich aber auf einen solchen unwandelbaren und ewigen Kanon beruft, begeht eine kritische Willkür. Einer solchen kritischen Willkür folgt auch mein Gesprächspartner, wenn er behauptet: „Wenn Theotokopulos nicht den menschlichen Körper, sondern einen Hirsch mit abgeschnittenem Kopf, aus dem Fische und Bachstelzen zum Himmel fliegen, als Symbol benutzt hätte, um diesen Geist der mystischen Immaterialität und Vergeistigung zu versinnbildlichen, dann wäre die Grenze der Rationalität überschritten."

Ob Mensch oder Hirsch; ob sein Kopf oder seine Füße abgeschnitten sind; ob aus seinen Wunden Pflanzen, Reptilien oder Vögel herausbrechen – das alles sind keine Gesichtspunkte, die meine Meinung ändern können. Mich interessiert, ob Theotokopulos wirklich ein Maler ist und ob er die innere Erschütterung seiner Kunst auf mich überträgt. Was Malerei ist, ist eine andere Geschichte, über die ich mich jetzt nicht auslassen will. Mich beschäftigt die Dichtung. Ich glaube, daß diese anatomischen Dinge nichts über den Wert der bildenden Kunst aussagen, da sie in den Werken großer Künstler genauso eine Rolle spielen wie auch im Werk des akademischsten Menschen.

Ebenso unverständlich ist seine Ablehnung – und zwar

eine ausschließlich gefühlsmäßige Ablehnung – der atonalen Musik. Dem kann ich noch weniger folgen. Ich kann nicht begreifen, was es für einen Sinn hat, über dieses Thema zu streiten, angesichts eines Publikums mit einem erschreckend einseitigen musikalischen Geschmack, das in der Regel von Namen berühmter Interpreten geblendet wird, als wären sie das Nonplusultra der Kunst. In Konzertpausen und aus Musikkritiken erfahren wir viele Meinungen über die Interpretation eines Orchesters oder über die Geige eines Herrn Sowieso, doch über die Musik: kein Sterbenswörtchen. Als wäre jeder Ton, den ein mehr oder minder „bekannter" Interpret hervorbringt, heilig und unantastbar. Das schlimme daran ist, daß dadurch in unserem Land nur ein fragmentarisches und völlig steriles Bild von der Musik erzeugt und ständig reproduziert wird. Ich meine natürlich nicht die neue Musik. Über sie sollten wir besser nicht sprechen. Das einzige Konzert mit neuer Musik, das mir zu hören vergönnt war, war, wenn ich von ganz sporadischen, schwachen und mehr zufälligen Aufführungen absehe, Strawinskys *Die Geschichte vom Soldaten.*[5] Zehn Leute saßen im Saal. Fünf unterhielten sich ungezwungen wie in einem Café.

Ich weiß also, wovon ich spreche, wenn ich behaupte, daß die atonale Musik in Griechenland noch nie gehört worden ist und demzufolge von vornherein auf Ablehnung stoßen wird. Das ist alles, was dazu von mir gesagt werden kann aufgrund meiner persönlichen Eindrücke; Eindrücke eines beliebigen, aufgeschlossenen Hörers ohne spezielle Kenntnisse, aber mit einer wirklichen Liebe zur Tonkunst. Ich habe einmal Schönberg erlebt, als er seine Werke dirigierte. Wäre das öfter der Fall gewesen, hätte ich ihn sicher nicht ertragen. Ich hörte noch zwei andere kleinere Werke; eins von Igor Markevitsch und eins von Alban Berg. Das erste fand ich interessant, ohne daß es mich ergriffen hätte, das zweite berührte mich auch tief. Das sind vage Eindrücke, ich traue ihnen nicht. Wenn ich aber bei seriösen Leuten, die von diesen Bestrebungen dasselbe halten wie wir, lese, das *Verlorene Paradies* von Markevitsch sei ein überaus bedeutendes Werk, dann kann ich mich über unsere Bewunderung nur lustig machen,[6] und auch wenn ich versuche, von der Übertreibung abzusehen, zweifle ich an der Wahrhaftigkeit unseres Urteilsvermögens. Ich möchte zu Alban Berg noch etwas sagen. Viele durchaus nicht avantgardistische Kritiker beklagten seinen frühen Tod als einen großen Verlust für die Musik. Ich denke dem Leser einen guten Dienst zu erweisen, wenn ich ihm empfehle, den Artikel des Dichters Pierre Jean Jouve über das *Konzert für Violine und Orchester,* das *Dem Andenken eines Engels* gewidmet ist, zu lesen. Es gehört zu den besten Bekundungen von Anteilnahme, Genauigkeit und Sympathie, die ich kenne. Und das schlimme ist, daß auch dieses Werk als „Beispiel für den atonalen Stil" gilt.[7] Was mich betrifft – müßte ich ein Beispiel für Dekadenz und „Dunkelheit" in der Musik nennen, dann würden mir vor allem die Hervorbringungen des Dr. Strauß in den Sinn kommen. Die Dichter, die sich ständig beklagen, müßten sich eigentlich mit dem Gedanken an jene Künstler trösten, die versuchen wollten und in der Lage wären, in Griechenland echte Musik zu schaffen.[8]

Wie die Dinge auch immer liegen, mir kommt es darauf an zu zeigen, daß alle diese Diskussionen (über deren literarische Entsprechungen ich in meiner letzten Studie schrieb)[9] nicht auf philosophische Gesetze a priori zurückzuführen sind, egal, ob diese Gesetze nun *existieren oder nicht.* Mein Gesprächspartner macht genau das: Er gelangt durch eine Kette von Überlegungen, die in einer bestimmten Weltanschauung wurzeln, zu Verurteilung einer ganzen Reihe von mal besseren und mal schlechteren Werken, die meiner Meinung nach entweder gar nicht oder nicht nach diesem System verurteilt werden dürfen. Vielleicht würde ein anderer Anhänger seiner philosophischen Richtung die Schlußfolgerungen meines Gesprächspartners als sehr übertrieben empfinden und die Meinung vertreten, ihrer beider Weltanschauung dürfe sich nicht um so weltliche Dinge scheren. Vielleicht würde ein dritter Philosoph, Anhänger der philosophischen Opposition – sagen wir Protagoras –, die Gelegenheit wahrnehmen, nachzuweisen, daß ein zu solcher Absurdität fähiges System nicht richtig sein könne und man deshalb das seine übernehmen solle. Ich teile weder die eine noch die andere Meinung. Solange diese Auseinandersetzung auf dem Boden der Philosophie stattfindet, geht sie mich nicht im geringsten etwas an. Wenn jedoch Philosophie, Soziologie oder Theologie von ihrem Thron aus mit Hilfe von Gesetzen, die überhaupt nicht für mich geschaffen worden sind, über mich urteilen, dann interessiert mich das außerordentlich, und ich reagiere darauf.[10]

Tsatsos verfaßte eine philosophische Abhandlung. Er versucht darzustellen, was er unter Kunst und ihrer Stellung in einem philosophischen System versteht, und diskutiert, als hätte ich Argumente vorgebracht, die, wenn sie richtig wären, sein Gedankengebäude erschüttern würden. Aber eine solche Absicht habe ich niemals verfolgt.

„Die Konsequenz", schreibt er am Schluß seiner Studie, „würde uns zur Metaphysik treiben, zum Gegensatz von platonischer Idee und protagoreischem Relativismus."

Eingedenk auch meines zu Beginn vertretenen Standpunkts ist es mir völlig einerlei, ob ich schließlich als Anhänger Platons oder Protagoras' gelte. Das einzige, was über mich gesagt werden kann – etwas durchaus nicht Schmeichelhaftes –, ist, daß ich möglicherweise zur Schule des Diogenes gehöre, der, als ihm Zenon mit unwiderlegbaren und hervorragenden Argumenten die Nichtexistenz jeder Bewegung bewiesen hatte, aufstand und ohne ein Wort davonging. Es tut mir leid, doch was soll ich machen:

Der Klang gebiert mich, und der Pfeil tötet mich

heißt es im *Friedhof am Meer*. So verhält es sich auch mit den Aphorismen meines Gesprächspartners.

Was hilft es, daß er, ein ebenso guter Philosoph wie Literat, sich nicht entschließen konnte, mit mir auf literarischem Gebiet zu streiten? Denn zwar achte und ehre ich die Philosophie, habe sie jedoch niemals studiert wie er. Für ihn sei sie unverzichtbar, erwidert er mir. „Ich war gezwungen, mich der Sprache der Philosophie zu bedienen, weil ich nur mit Hilfe ihrer strengen und unerbittlichen Logik einige schwer zu fassende Unterscheidungen formulieren konnte."[11] Das empfinde ich als großes Unglück. Ich glaube nämlich, daß Mühe und Sorgfalt um oder Rücksicht auf einen geschliffenen Stil nicht zählen, wenn es um die Genauigkeit des griechischen Ausdrucks geht. Die Genauigkeit ist die Schönheit, die unsere Generation herauszuarbeiten verpflichtet ist, so wie es unseren Vorfahren aufgegeben war, Farbe und Licht in die graue, von der Katharevusa verhüllte

Landschaft zu bringen. Opfern wir alles, nur nicht die Genauigkeit: einverstanden.[12] Aber ich suche nach etwas Umfassenderem, als es das spezifische Organon meines Gesprächspartners zu leisten vermag.

In meiner letzten Studie hatte ich eine Bemerkung über die Unterscheidung von Unruhe und ihrem Gegensatz gemacht, die mißverstanden wurde. Als ich schrieb, daß ich diese Passage nicht verstünde, wollte ich mich nicht beim Leser einschmeicheln oder anbiedern. Ich hatte ganz einfach den Eindruck, daß mein Gesprächspartner die unruhigen Seelen von den disziplinierten unterscheiden und dabei die ersteren verurteilen wollte. Daß er die Bestrebungen, die zur Spaltung führen, von jenen unterscheiden wollte, die zur Polarisierung der Persönlichkeit führen, egal, ob sie von starken Charakteren ausgehen oder nicht. Ich unterschied, sagen wir, zwischen Montaigne und Pascal, zwischen Proust und Dante. Ich erinnere nur an das „sich bewegende und vielförmige Lebewesen"[13], das der Mensch für Montaigne ist, und an die Inschrift auf der Pforte zu Dantes Hölle, um deutlich zu machen, warum ich dachte, er verurteile „die Schwäche der zerrissenen Seele", die wir bei vielen großen Menschen, wie Proust und Palamas, finden können. Und oft bei Leuten, die bedeutender als jene sind und eine andersgeartete Mentalität haben. Aber Tsatsos versichert uns, daß er nicht das meint, sondern eine positive von einer negativen Unruhe unterscheidet. Kurz gesagt, daß er die Unruhe, die einem in der Tiefe gefestigten und nach außen hin zerrissenen Leben entspringt, von der anderen unterscheidet, wo im Innern und an der Oberfläche alles brüchig ist. Ich weiß nicht, ob solch eine Unterscheidung sinnvoll ist. Aber von meinen Vorbehalten ganz abgesehen, verstehe ich nun nach seiner Klarstellung, was er sagen wollte. Diese Klarheit hätte ich mir von Anfang an gewünscht.

Ich weiß, daß ich viel verlange. Ich muß ebenfalls zugeben, daß es äußerst kompliziert ist, fast aus dem Nichts ein präzises Organon für das abstrakte Denken zu entwickeln. Tsatsos entfaltete alle seine Kräfte und gehörte zu den ersten, als Lehrer wie als Schriftsteller, die sich für die Herausbildung eines solchen Organons in der Dimotiki einsetzten. Es ist nicht gerecht, ihm die noch nicht geleistete

Arbeit anzulasten, die zudem nicht die Arbeit eines einzelnen sein kann. Gleichzeitig füge ich hinzu, daß der abstrahierende und der exakte Ausdruck in Griechenland noch unterentwickelt sind[14] und viele Menschen – von Ausnahmen abgesehen – in einem Vakuum denken oder zu phrasenhaften Gemeinplätzen verleitet werden. In unserem Land gibt es noch keine Grundlage für eine „Koine" des philosophischen Denkens. Im allgemeinen verwendet jeder sein eigenes Idiom.

Diese Gedanken entspringen nicht einer Feindschaft gegenüber der abstrahierenden Ausdrucksweise, sondern der Sorge um sie, weil ohne sie eine Sprache verkrüppelt bleibt. Vielleicht sind sie noch ein zusätzliches Argument für meine grundsätzliche Ablehnung, in dieser Sprache zu diskutieren. Für mich – wahrscheinlich liegt der Fehler bei mir – ist sie weder genau genug noch ausreichend objektiv. Ich hätte Angst, bei jedem Satz etwas falsch zu verstehen. Vermutlich habe ich sogar die Grundlage der Antwort meines Gesprächspartners mißverstanden, seine Definition des Organons der Dichtkunst.

„Die Dichtkunst", schreibt er, „deren Ausdrucksmittel das Wort ist, wird durch bestimmte Voraussetzungen bedingt, die ihrerseits von der Natur des Wortes abhängen."

Erster Eindruck: Ich nehme an, daß mit *Wort* (Logos) hier gemeint ist, was Palamas ausdrücken wollte, als er schrieb: „Das erste Wort der Paradiese." Keinerlei Einwände.

Zweiter Eindruck: Ich erinnere mich an das berühmte „Logische". Mir scheint, es geht hier um ein Wortspiel. Wahrscheinlich bedeutet *Wort* im ersten Satz etwas anderes als im zweiten, da man mir versichert, daß „das Wort ganz von der Bedeutung abhänge". Als würden wir sagen: Die Boote voll Wasser sind in der Dürrezeit den Bauern sehr nützlich.

Dritter Eindruck: Ich wappne mich – nun ganz seriös – mit dem Lexikon. Dort finde ich, daß *Logos* – genau wie im Lateinischen das Wort *ratio* – im Altgriechischen viele Bedeutungen hatte und sowohl Verstand als auch Vernunft bedeuten kann, aber außerdem die Bezeichnung für den kantianischen Begriff der reinen Vernunft ist oder für Nachdenken, wie es Pallis wollte. Ich schwanke verunsichert zwischen verschiedenen Vorstellungen, bis ich auf folgenden Satz stoße: „Ich spreche nicht über den kartesianischen Verstand (dianoia), die raison der Wissenschaft, sondern über die Vernunft (nous)." Grundsätzlich anderer Meinung oder ein Mißverständnis! Die Kunst, die als ihr Organon den Verstand oder die Vernunft hätte, könnte theoretisch stumm sein; wie der Stummfilm. Ich weiß nicht, ob ich ein Idealist, ein Empiriker oder Zyniker bin. Vielleicht weiß ich überhaupt nichts. Aber ganz sicher weiß ich, daß die Dichtung kein anderes Organon besitzt als die Wörter oder die Sprache, daß Kunst, die sich dieses Organons nicht bedient, nicht Dichtung ist und daß jede Philosophie, die mich zu einer gegenteiligen Meinung zwingen will, entweder irgendwelchen Idolen huldigt oder die Befehle ihres Gottes sehr schlecht versteht.

Man möge mir den emphatischen Ton, der mir selber nicht gefällt, verzeihen; ich werde an dieser Stelle Schluß machen. Ich habe ausreichend erklärt, warum ich meinem Gesprächspartner auf dem von ihm eingeschlagenen Weg zur Fortführung unseres Dialogs nicht weiter folgen kann. Um meine Gedanken zu den gemeinsam erörterten Themen darzulegen, wähle ich ab jetzt den ergiebigeren Monolog. Sonst hätte ich jeden Augenblick unerfreuliche Bemerkungen zu machen, und zwar hauptsächlich zu Begriffen, die für ihn wesentlich und gegeben sind. Wir diskutierten ganz unvoreingenommen und ohne den Schaum und die Gebärden der hysterischen Preisboxer unserer Tage. Dafür bedanke ich mich bei meinem Gesprächspartner. Doch das reicht nicht. Wir müssen versuchen, unsere Gedanken besser zu bestimmen, und wir sollten das meiner Meinung nach tun, indem sich jeder der Sprache bedient, die er am besten beherrscht: also seiner eigenen. Allerdings fördert diese Einstellung nicht gerade den Meinungsstreit, da so die zwei Sprachen nicht auf einen Nenner zu bringen sind. Die Äußerungen von Tsatsos nehme ich zum Ausgangspunkt, um an sie einige Bemerkungen über die Dichtung anzuknüpfen. Ich gehe mit ihnen um, als stammten sie nicht von ihm, sondern als wären es Sätze, die das Ohr beim Überholen zweier beliebiger Passanten aufschnappt und die von uns weitergesponnen werden, ohne daß wir genau wissen, ob wir sie richtig gehört haben. Ich will also dem Leser schon im voraus sagen, daß er zum Text von

Tsatsos greifen muß, wenn er dessen eigentliche Gedanken finden will. Er sollte seinen Text ganz lesen. Ich werde keine Zitate verwenden. Ich hoffe, daß dieses vorläufige und notwendige Auseinanderrücken uns am Ende näherbringen wird.

Diese Hoffnung schöpfe ich unter anderem aus dem ersten Kapitel des umfangreichen Buches meines Gesprächspartners über Kostis Palamas, das mir als Schriftsteller mehr hilft als alles, was jemals über die Absurditäten der Kunst geschrieben worden ist, und das ich, als kleine Geste, vollständig zitieren möchte:

„Es gibt kein Werk des menschlichen Geistes, *so zersplittert und zusammenhanglos*[15] es sich auch darstellt, das nicht einer ursprünglichen Quelle entspringt, das nicht einer konkreten inneren Entwicklung folgt und von einer schöpferischen Idee getragen wird. Der Geist offenbart sich als solche Einheit und Bewegung, *wenn wir nur gründlich genug nachforschen, bis wir die absolute Eigenart einer jeden schöpferischen Quelle und den Weg herausfinden, den diese Eigenart festlegt.* Jedesmal, wenn wir einen Geistesschaffenden kennenlernen wollen, und zwar nicht in der Historizität seines Lebens, sondern *ausschließlich in der Objektivität seines Werkes, müssen wir seine Persönlichkeit als eine eigenständige, organische und in sich geschlossene Welt begreifen,* die von ihren eigenen Gesetzen gelenkt wird. *Bezugnahmen auf allgemeine Begriffe, Vergleiche oder Analogien für das bessere Verständnis haben hier keinen Platz;* sie sind als Hilfsmittel sogar gefährlich. Wir müssen unmittelbar das *Eigenständige und Einzigartige* untersuchen, das keinerlei Ähnlichkeit mit etwas anderem aufweist, und den entscheidenden Faktor finden, der *das absolut Neue jeder geistigen Wendung* sichtbar und bewußt macht."

2. Dogmen und Kunst

Das Heilige Offizium, erzählt man sich, habe einst befohlen, den Engeln von Theotokopulos die Flügel zu stutzen, weil deren Größe gegen den Kanon verstieß. Es befahl also all jenen, die Engel mit großen Flügeln schön fanden, dem christlichen Dogma etwas zu opfern, das ihnen gefiel, und etwas anderes zu akzeptieren, das ihnen nicht gefiel. Diese

17

Entscheidung des Heiligen Offiziums, über die wir uns heute selbstverständlich empören, ist keinesfalls ein Phänomen, das endgültig mit jener dunklen und vergangenen Epoche verschwunden wäre. Im Gegenteil, alle, die in unseren „orthodoxen" Zeiten die verschiedenen Urteile über Kunst genau verfolgt haben, werden leicht aus ihrer persönlichen Erfahrung Beispiele finden, die jener Entscheidung entsprechen. Sie werden sich an viele Fälle erinnern, in denen der Kritiker ein bestimmtes Genre oder Werk verurteilt, weil meistens sein soziologisches[16] oder aber sein religiöses oder philosophisches Dogma ihn entweder zwingt, etwas, das er wirklich anerkennt und ihm sympathisch ist,[17] abzulehnen, oder weil es in ihm jede unorthodoxe Reaktion von vornherein ausschließt.

Solch ein Standpunkt, aufgrund dessen wir ein Kunstwerk größer oder kleiner machen, um es in einer vorgegebenen Wertehierarchie unterzubringen, kann sich möglicherweise auf gewichtige Argumente stützen, die allerdings, meiner Meinung nach, nicht für die Dichtung gelten. Es wäre schon gut, wenn der Verkünder eines solchen Standpunkts zugäbe, daß seine Überzeugung von ihm verlange, Kunstangelegenheiten im Vergleich zu den für ihn viel wichtigeren metaphysischen oder philosophischen oder soziologischen Glaubenssätzen als zweitrangig anzusehen. Wenn er diese Unterscheidung trifft, dann ist unser Gesprächspartner wenigstens ehrlich. Wir können ihn sprechen lassen oder uns mit ihm unterhalten, ob die Dinge, die er an die Spitze seiner Werteskala stellt, wirklich so herrlich sind und solche Opfer lohnen. Doch das geschieht sehr selten. Meistens entsteht ein Durcheinander, das das Wasser so sehr trübt, daß wir am Ende nicht mehr wissen, ob wir über Dichtung, Theologie, Philosophie oder Soziologie reden. Wir diskutieren uns sinnlos die Köpfe heiß, obwohl es tausendmal angebrachter wäre, diese Sackgasse zu verlassen und am Strand frische Luft zu atmen.

Ich möchte ganz klar verstanden wissen, daß unser dichterisches Urteil sehr wohl von unserer Meinung oder unserem Glauben über das menschliche Schicksal in der irdischen oder himmlischen Welt[18] beeinflußt werden darf, aber daß es eine Sache des kritischen Verantwortungsbewußtseins ist, die Beweggründe für unsere Wertungen herauszufinden und offenzulegen. Wenn zum Beispiel ein Fanatiker meint, ein Gedicht ablehnen zu müssen, weil es seinem Dogma der Seelenwanderung widerspricht: sein gutes Recht. Wenn er aber behaupten würde, das Gedicht, das er auf diese Weise verurteilt hat, sei unvereinbar mit den ewigen Gesetzen der Kunst, dann ist es meines Erachtens das Höflichste, ihm zu verstehen zu geben: er weiß nicht, was er tut.

In allen Fällen, in denen irgendwelche fremden Ziele oder Interessen sich genötigt fühlen, die Kunst ihren Zwecken unterzuordnen, ist Platons Standpunkt der einzig vernünftige und ehrliche: Als er den Schluß zog, daß die Dichtung eine verderbliche Widersacherin der Philosophie sei und die Seele des Staatsbürgers ihrem Einfluß entziehe, entschloß er sich – wenn auch widerwillig –, sie aus seinem Staat zu verbannen, obwohl er „φιλία γέ τις καὶ αἰδὼς ἐκ παιδὸς ἔχουσα περὶ Ὁμήρου" [ein Gefühl der Liebe und Ehrfurcht von Kindheit an für Homer hegte] (Staat, 595b). Doch, wie er selbst sagt, müssen wir zuallererst die Wahrheit ehren und ihr zuliebe unsere Sympathien und Freundschaften mit den Menschen unterdrücken. Wenn wir daran denken, daß Platon auf seine Art zu den größten Dichtern der Welt gehört, und wenn wir uns erinnern, wie tief sein Gefühl für die Dichtung ausgeprägt war, können wir uns selbst ausrechnen, was die Unterwerfung unter die philosophische Prämisse zuweilen kostet. Aus diesem Grund sind mir jene Intellektuellen zuwider, die ständig alles mögliche aus ästhetischen Erwägungen verurteilen. Dabei müßten sie doch wissen, daß die Erwägungen, derentwegen sie bestimmte Gedichte oder Kategorien von Gedichten verurteilen, nichts mit Dichtung zu tun haben. In Wahrheit leisten sie mit dieser Methode allen Menschen, die sich mit der Kunst auseinandersetzen oder aber den wahren Sinn – wenn es ihn gibt – solcher Erörterungen begreifen wollen,[19] einen sehr schlechten Dienst.

Ich übersehe nicht die Tatsache, daß genaues kritisches Urteilen einen theoretischen Anspruch voraussetzt, den keiner erfüllen kann, genauso wie reine Dichtung, die uns einst soviel Tinte gekostet hat, in letzter Konsequenz nichts weiter ist als ein Zeichen für Schweigen. Das ist das eine. Aber etwas völlig anderes ist die Forderung, daß wir unsere Ideen ordnen und uns in jedem Augenblick so genau wie möglich im klaren sind, über welches Thema wir reden. Hier hilft uns weder der Philosoph noch der Soziologe weiter, denn ihnen ist es bei der Ausübung ihrer Philosophie bzw. Soziologie gleichgültig, ob sie in Gefilde eindringen – wie zum Beispiel in die der Kunst –, für die es unannehmbar ist, sich unterzuordnen. Wahrscheinlich gehört viel dazu, sich anders zu verhalten. Denn wie nicht allen Dichtern die Kunst von Homer zu Gebote steht, so besitzen nicht alle Denker das Ethos Platons. Es fällt ihnen schwer, so offen wie er auszusprechen: „Die Dichtung habe ich von Kindheit an geliebt und verehrt, und der Satz, den ich sagen werde, fällt mir so schwer wie die Worte, die Liebende sagen, die sich trennen müssen. Aber ich muß sprechen, weil die größte Ehre der Wahrheit gebührt: die Dichtung brauche ich nicht in meiner Polis" (Staat, 10. Buch). Seit der Antike scheint die Bedeutung der Kunst in den geistigen Auseinandersetzungen größer geworden zu sein, und wir würden mit einer solchen Aussage Gefahr laufen, entweder unsere Rolle entschieden zu untertreiben oder als Provinzler oder Böotier zu gelten. Doch für uns ist es sicher einfacher, unsere Auffassungen von Kunst so zu formulieren, daß ihre große Stimme uns nur noch zujubelt.

Leider verhält es sich mit der abstrakten Ästhetik ebenso. Auch hier stoßen wir auf Dogmen, nach denen sich Dogmatiker richten. Das einzige, was diese Kategorien von Menschen von der oben genannten unterscheidet, ist der Umstand, daß sie sich nicht mehr an einer bestimmten Wertehierarchie orientiert, in der die Kunst einen zweitrangigen Platz einnimmt. Diese Leute glauben an ein bestimmtes, von vornherein festgelegtes ästhetisches System, das notwendig von allen vergangenen, gegenwärtigen und zukünftigen Kunstwerken bestätigt werden *muß*. Natürlich zum Nachteil der Kunstwerke. Denn das eine ist es zu sagen: „Mich interessiert vor allem mein Gott, und wenn deine Kunst sich nicht mit ihm vereinbaren läßt, ist sie Teufelswerk, und ich werde sie ausrotten." Und etwas anderes ist es zu sagen: „Mich interessiert vor allem die Kunst, aber Kunst ist das, was ich von vornherein festgelegt habe, und alles andere, was nicht in mein System paßt, ist nichts." Die menschliche Geschichte kennt viele solcher ästhetischen Dogmatismen, die uns zeigen, daß es neben den wenigen Glanzpunkten unzählige Mißverständnisse gibt, die die Welt beherrschen und uns lehren, bescheiden zu sein.

3. Das Gefühl der Ewigkeit

Die Kunst ist ein Werk des Menschen. Eigenartigerweise erinnert diese Aussage an Bilder aus dem Leben der Pflanzen: Wasserblumen, deren Blüten an einem Stengel wachsen, der zu reißen droht, wenn das Wasser steigt; Bäume, sorglos im Wind, während die Wurzel blind vorstößt, um die Ader oder den Felsen zu finden; Holz, aus dem Schiffe gebaut werden, sinkende Schiffe. Denk an die Geschichte der Pflanze, sagte Solomos, vielleicht um die zukünftigen Dichter zu lehren, nicht abstrakt zu denken.

Dieses Werk des Menschen verlängert manchmal in unvorstellbarem Maße sein flüchtiges Leben. Generationen wachsen auf und fallen auf die Erde wie Blätter, Völker verschwinden vom Antlitz der Erde; die Kunst bleibt. Aber ein Menschenleben, so lang es auch sein und meinethalben am Leben der ganzen Menschheit gemessen werden mag, hat seinen Anfang und sein Ende, trägt das Stigma der Vergänglichkeit in sich. Der Mensch ist allerdings so beschaffen, daß er nicht ohne die Garantie der Ewigkeit leben kann. Zuweilen opfert er leicht sein Leben; seine Ewigkeit opfert er nicht. Die größten Geister, die diese Welt hervorgebracht hat, wählten ohne Zögern und entschieden sich für sie. Die Idee der Ewigkeit gleicht einer Unterbrechung, einer Öffnung unseres irdischen Lebens, einem Blitz, der uns augenblicklich trifft, trotz des endlosen Fortschreitens in die Unendlichkeit. Sie scheint so etwas wie ein grundsätzlicher Gegensatz zur Idee des irdischen Lebens zu sein, sofern wir das überhaupt begreifen.

„Wenn die ganze Welt auf den Kopf gestellt würde", sagte der heilige Johannes vom Kreuz, „wären wir ohne Grund in Unruhe versetzt, und das Böse, das unserer Seele aus dieser Beunruhigung erwüchse, wäre größer als das Gute."

Ich zitiere diesen Satz, der mich zutiefst befriedigt, weil er uns das ideale Bild eines Menschen vermittelt, der sich an die Ewigkeit klammert und uns zeigt, wie gleichmütig er die Abenteuer der irdischen Welt betrachtet. Ein solcher Mensch kommuniziert mit Gott und macht sich nicht viel aus dem Umgang mit den Menschen; denn seine Erfahrung ist keinem anderen mitteilbar.[20] Aber der Dichter, dessen Schaffensprozeß noch so viele Parallelen und Übereinstimmungen mit der Ekstase des Mystikers aufweist, unterscheidet sich grundlegend von ihm durch folgendes: Er ist kein Dichter, wenn er nicht den Zwang verspürt und nicht fähig ist, andere in einen poetischen Zustand zu versetzen. Und dieses Ziel kann er nicht anders erreichen, als daß er sich subjektiver und poetischer Mittel bedient, die wir weder von außen noch im voraus bestimmen können, weil sie sich ständig entwickeln und verändern. Unser Trachten nach Ewigkeit ist vielleicht ein Zweck der Kunst, obwohl ich lieber nicht so große Worte über Dinge machen möchte, die uns noch in zu vagem Licht erscheinen. Doch selbst wenn es zuträfe, daß das Ewige uns die Regeln diktierte, denen entsprechend wir gute oder schlechte Dichtung machen, hielte ich das für eine unbewiesene Behauptung. Denn wie sich auch ein anderer Anhänger des Absoluten ausdrückte: „Ich bin dafür, das Ewige dort zu lassen, wo es hingehört, weil das Ewige nichts mit den menschlichen Angelegenheiten zu tun hat" (Julien Benda).

Doch die Kunst ist mindestens von einer Seite her, von ihrer Eigenschaft, Kommunikations*mittel* zu sein, eine „menschliche Angelegenheit". Für ihre Form, ihre Ausdrucksmittel, den Anteil analytischer Gedanken, die sie beinhalten muß, gibt es kein feststehendes Gesetz, das den Gesetzen des wissenschaftlichen Denkens gleicht, zum Beispiel dem Gesetz, wonach die Summe der Winkel eines Dreiecks stets die Summe zweier rechter Winkel ergibt. Wie der Mathematiker, der behauptet, daß dieses Gesetz schon vor den Menschen existierte, und wenn es keine Menschen mehr gibt, immer noch existieren wird, könnte natürlich auch ich versichern, daß die Dichtung des Aischylos, die Musik Bachs oder das 15. Quartett im Falle einer Zerstörung der Welt für ewig Bestand haben werden. Diese Aussage wäre aber sicherlich zu oberflächlich und würde nicht genau das treffen, was mein Freund, der Mathematiker, im Sinn hatte.[21]

Ich meine, daß diese Werke mir eine Idee der Ewigkeit vermitteln, derzufolge es gleichgültig ist, ob es auf unserer Erdkugel oder auf dem Mars Wesen gibt, die mittels der Gedichte oder der Musik miteinander kommunizieren; es ist eine Frage des Glaubens, was nichts damit zu tun hat, ob Aischylos oder Bach als Muster oder künstlerische Norm gelten können; eine plötzliche Unterbrechung der psychisch empfundenen Zeit, was kein Winkel, kein Dreieck, keine Summe mir verschaffen kann. Kurz gesagt: Was mich so sicher macht, rührt nicht vom Erkenntnisprozeß eines Wissenschaftlers her, der die Gesetze der Geometrie entdeckte, sondern ist mit der Grundhaltung verwandt, die Johannes vom Kreuz zu dem oben zitierten Satz veranlaßt hat.

Jedenfalls finde ich keinen großen Gefallen mehr daran, zu ergründen, ob in der Tiefe eines jeden künstlerischen Wertes eine rationale Idee zu finden ist, die einer hierarchischen Werteskala entstammt, an deren Spitze das immer gültige und zeitlos Schöne steht. Weil wir auf keinen Fall die Meinung unterstützen dürfen, ganz abgesehen davon, ob das stimmt oder nicht, daß das Ewige und das Absolute uns ewige und absolute Gesetze auferlegen, durch deren Mißachtung wir unfähig wären, gute Kunst zu machen.[22] Denn diese Gesetze können nur relativ sein und zeitlich bedingte Phänomene betreffen, wie zum Beispiel die Werke der Menschen oder unsere Gefühle, unser Wissen oder unsere innere Aufgeschlossenheit, die unseren Umgang mit diesen Werken bestimmen. Wenn wir eine solche Meinung unterstützten, würden wir zwei äußerst sträfliche Fehler begehen:

1. Wir würden das Ewige und das Absolute herabwürdigen, indem wir ihren Stellenwert aufhöben und sie auf die Ebene der menschlichen Belange herunterholten.

2. Wir würden zu Dogmatikern werden und auf einem sehr wackligen Boden stehen, der jeden Augenblick einem neuen Werk Halt zu bieten hätte, das sich freilich durchsetzen und als gut erweisen könnte, obwohl die von vornherein festgelegten Wertungen uns seine Ablehnung vorschreiben.

Und anders kann es auch nicht sein. Wird doch der Mensch – in seiner Unvollkommenheit – immer nur einen kleinen Teil der Wahrheit in einem gegebenen Augenblick aufhellen. Während wir mit der Zeit vergehen, wächst in uns der natürliche Wille, nach unserer *eigenen* Wahrheit zu suchen und um ihre Offenbarung zu kämpfen. Und das heißt merkwürdigerweise, daß sich die einzigartige und unveränderbare Wahrheit eher dort befindet, wo der Mensch sie nicht erreichen kann, als daß sie mehr zufällig wie Eisschollen in einem Fluß treiben.

4. Die „unsterblichen" Werke

Es gibt noch eine andere Auffassung von der Ewigkeit der Kunst, bei der es sich jedoch um eine einfache Redewendung handelt. Ich meine, wenn wir etwas unüberlegt sagen: „Ein Werk für die Ewigkeit." Das bedeutet nicht, das Werk sei außerhalb der Zeit; nicht einmal, daß es uns vielleicht der Idee oder dem Gefühl der Ewigkeit näherbringt; sondern – diese Klarstellung erfolgt meistens im nachhinein – daß dieses Werk sich dem Verschleiß durch die Zeit besser als ein anderes, schneller vergessenes, widersetzt.

Wir stimmen, denke ich, alle darin überein, daß wir uns in diesem Fall wie unser Schneider verhalten, der uns von der Unvergänglichkeit der von ihm gefertigten Anzüge zu überzeugen versucht, wenn wir an Werke denken, die wir richtiger als langlebig charakterisieren sollten, und zwar ohne das Wertende und Anmaßende dieses Epithetons beizubehalten. Der letzte Satz umreißt schon in etwa den bestehenden Meinungsstreit, der im wesentlichen zwei Ursachen hat:

1. Jedes langlebige Phänomen erweckt bereits durch den Fakt der Langlebigkeit den Anschein der Seriosität, und die Aura, die es dadurch erhält, trägt zu seiner Anerkennung bei. Ein Stein, ein Möbelstück, eine Chronik aus vergangener Zeit haben für uns schon deshalb etwas Aufregendes, weil sie uns eine Botschaft aus der Vergangenheit überbringen oder in gewisser Weise unser Leben in die Vergangenheit zurückverlängern. Zudem haben wir oft statt der Werke die Biographien der Dichter gelesen. Und wir wurden jedesmal traurig, wenn wir beim Lesen eines Romans oder im Theater ihre Selbstverleugnung und ihren Kampf um das geistige Überdauern miterlebten. So ist es schwer, nicht ergriffen zu sein von einem durch die seltene und

große Gabe des Fortbestehens gesegneten Werk. Das sind alles sehr schöne und zweifellos zur schwärmerischen Ausschmückung sehr nützliche Dinge. Es kann nicht schaden, wenn wir uns etwas näher mit ihnen beschäftigen.

Der *künstlerische* Wert eines Werkes ist grundsätzlich von diesem positiven emotionalen Ergriffensein, das wir oft nicht von der künstlerischen Ergriffenheit trennen können, zu unterscheiden, ja, ist ihm manchmal entgegengesetzt.[23] Wer über seine Gefühle noch nachdenkt und das Glück hatte, den Parthenon[24] zu sehen, hat sicher festgestellt, wie schwer es ist, diese beiden Gesichtspunkte, die sich oft gegenseitig bedingen, auseinanderzuhalten. Beim Parthenon – wer die Akropolis bei Nacht bevorzugt, wird mir vielleicht nicht zustimmen – ergeben sich zwei völlig verschiedene Ausgangspunkte für Gefühle, die aber dem gleichen Gegenstand gelten. Der eine, der historische, archäologische, sagen wir, der sich immer gleichbleibende, führt zur träumerischen Reise in die Vergangenheit; zum Philosophieren über die Vergeblichkeit menschlichen Tuns; zur Entrüstung über die Kugeln Morosinis; zur Sprachlosigkeit angesichts der Schönheit des Lebens der alten Griechen. Der zweite Ausgangspunkt, der ästhetische, ist völlig andersgeartet; eine plötzliche Offenbarung, elementar und absolut; ein marmornes Gewand, das mich vollkommen einhüllt; eine Stimme, die ich nicht verstehe und die mich trotzdem zwingt, wie sie zu sprechen, um sie zu verstehen.

Ich habe mir erlaubt, eine allgemeine Beschreibung zu geben – jeder kann das für sich tun –, um diesen Unterschied etwas anschaulicher darzustellen, damit wir uns vorbehaltlos der alten Kunst nähern und sie beurteilen können. Ich bin nämlich oft gefragt worden, weshalb so viele Menschen für Werke von Zeitgenossen kein künstlerisches Verständnis aufbringen, aber bei jedem antiken Marmorwerk oder Text sprachlos verharren, als hätten sie ihre Bildung in den Werkstätten des Phidias genossen. Auf diese Frage fand ich, bei ehrlichen Menschen, eine einzige Erklärung: Sie verspüren eine innere Erregung, wie ich vorhin erwähnte.[25]

2. Der zweite Grund, der meinen Gesprächspartner veranlassen könnte, mir das Recht abzusprechen, Kunstwerke

nur einfach langlebig zu nennen, die er als unsterblich und ewig bezeichnet, besteht darin, daß er mit seiner Charakterisierung einen Akt der Kritik vollzieht bzw. den Akt der Kritik eines anderen nachvollzieht. Er trifft also aus der Vielzahl der langlebigen Werke eine kritische Auswahl; er stellt eine Hierarchie auf. Und die ausgewählten Werke nennt er unsterblich, weil er findet, daß sie zu Recht den Sturm der Epochen überlebt haben.

Das ist ein äußerst interessanter Aspekt, die Grundlage für eine wesentliche Funktion der Kritik. Denn wenn wir uns einig sind, daß die Zeit blind urteilt, da sie eine Tragödie des Aischylos dem Untergang preisgibt, während sie ein unbedeutendes Epigramm aus der Anthologia Palatina aufbewahrt; wenn wir des weiteren zugestehen, daß Werke, die wegen ihrer Mittelmäßigkeit für uns unakzeptabel sind, bei vergangenen Generationen möglicherweise eine durchaus echte poetische Ergriffenheit auslösten, dann bleibt immer noch die *eigene* Antwort auf die Fragen offen, die die auf uns überkommenen Werke aufwerfen und die Fragen unserer Zeit sind: aktuelle und wichtige Fragen. Das ist ein entscheidendes Problem, hängt doch von unserer Haltung dazu unsere eigene Stellung in der Welt der Kunst ab.

In einer früheren Studie hatte ich geschrieben, daß der Kanon, dem ein Dichter folgt, nicht durch eine abstrakte Theorie, „sondern durch die ganze Palette bedeutender Kunstwerke festgelegt ist, die uns im Laufe der Zeit ein immer wieder neues und immer dauerhafteres Licht spenden"[26]. Ich hatte bei jedem meiner Worte darauf geachtet, mich genau auszudrücken. Trotzdem habe ich das Gefühl, nicht richtig verstanden worden zu sein. Ich wollte der Kritik keineswegs eine untergeordnete, skeptische und fast stumme Rolle zuweisen. Im Gegenteil, ich glaube, daß die Funktion der Kritik eine ursprüngliche und wesentliche ist und oftmals genauso wichtig wie das Dichten selbst. Ich wollte damals nur darauf hinweisen, daß Kritik, die von den Kunstwerken abstrahiert, um sie uns näherzubringen, nicht Kritik, sondern Philosophie, Soziologie oder Theologie ist. Und das ist meiner Meinung nach keine Verurteilung der Kritik, sondern ihre Verteidigung. Was verdeutlicht, für wie wichtig ich sie halte, und daß ich es als unwürdig ihr gegenüber empfand, diese lebendige und unmittelbare Funktion den

verschiedenen allgemeinen und abstrakten Ideen unterzuordnen, die zwar für sich genommen beachtenswert sind,
aber – in welchem Maß auch immer – den Nachteil haben,
daß sie unsere Unfähigkeit, ästhetisch zu reagieren, ver-
schleiern. Wie dem auch sei, damals sagte ich, daß die bedeutenden Werke uns ein immer wieder neues Licht spenden. Dazu möchte ich noch einige Zeilen schreiben.

Jede Epoche betrachtet die Kunst auf spezifische Weise
und verlangt von ihr auch etwas Spezifisches. So kennen
wir Dichter, die von der einen Generation wie Halbgötter
behandelt, von der nächsten völlig vergessen worden sind;
und es ist uns ebenso geläufig, daß dieselben Schriftsteller
innerhalb weniger Jahre die unterschiedlichsten Bedürf-
nisse befriedigen konnten. Wir wissen außerdem, daß kein
Dichter, dessen Werk Bestand hat, in gleicher Weise gesprochen (oder geschwiegen) hat. Darum wird der Kritiker
gebraucht. Seine Aufgabe besteht nicht im bloßen Kommentieren. Wie bereits gesagt, hat der Dichter keine andere
Möglichkeit, der Wahrheit zu dienen, als durch die Ausfor-
mulierung der eigenen Wahrheit, der Wahrheit einer Epoche, die im günstigsten Fall ein Stück Wahrheit anderer
Epochen aufbewahrt. Will der Kritiker seinen Auftrag erfüllen, muß er ebenfalls ein Stück Wahrheit aufdecken: er muß
eine Überschau über die neuen bedeutenden Werke gewähren und sie so beleuchten, daß der Unterschied zur Wahrheit, die die Alten überliefert haben, deutlich wird. Oder
noch besser: Er sollte von seiner neuen, eigenen Perspektive aus einen Aspekt der Kunst herausgreifen, den die
klassischen Kunstwerke ausgeprägt haben, Werke, die sich
(obwohl sie sich immer treu bleiben) durch die neueren
Werke verändern.

Um die Sensibilität einer Welt sichtbar zu machen, muß der
Kritiker Sensibilisierungsarbeit leisten, was – zumindest in
dieser Hinsicht – ebenso wichtig sein kann wie die Arbeit
eines Dichters. Denn auch er wird in gewisser Weise zum
Seismographen der Sensibilität einer Epoche, obwohl das
nicht seine einzige Tugend ist. Und je gegensätzlicher die
Kräfte sind, die diese Magnetnadel als Resultante anzeigt,
um so allgemeingültiger und überzeugender ist seine Kritik. Der echte Kritiker übt bestimmenden Einfluß auf uns
aus: Er zeigt uns, wie wir die Kunst um uns herum wahr-

nehmen sollen. Denn bei unserem Urteil über die neue Kunst fällt – meist mehr, als uns bewußt ist – der Anteil der ererbten und anerkannten Kunst ins Gewicht. So wahr es ist, daß wir uns nach der Begegnung mit einem unbekannten Werk verändern, so wahr ist es leider auch, daß unsere ästhetischen Kriterien meist nicht durch uns selbst, sondern durch die Kunst geprägt werden, die wir verinnerlicht haben und in uns tragen. Jede Anerkennung eines neuen Werkes, die uns zur Preisgabe eines Stückes alter, in uns verwurzelter Kunst zwingt, ist ein Opfer. Das Opfer von etwas, das wir geliebt und mit Sorge in unserer Seele bewahrt haben. Mit einer Sorge oder der Gewohnheit, uns zu sorgen, die durch die neue Liebe abgelöst wird. Und keiner von uns bringt leichtfertig solche Opfer. Die Rolle des Kritikers ist, wenn ich das so sagen darf, die eines Rutengängers. Er findet in uns die neuen Quellen der Sensibilität, die Quellen, die die stehenden Gewässer zum Fließen bringen. Und die Rute, die er in den Händen hält, ist nicht das abstrakte Denken, sondern die in einem geschichtlichen Augenblick ihm vertraute Kunst. Es ist seine Pflicht, sie so nutzbringend wie nur möglich zu handhaben.

Mir scheint, uns steht es nicht zu, über die Ungerechtigkeiten der Kritik vergangener Epochen zu richten. Die Aufgabe des Kritikers besteht nicht darin, gerecht zu sein, sondern zu helfen, eine bestimmte Sensibilität herauszubilden. Damit meinen wir natürlich nicht, daß der wahre Kritiker ein psychisch labiler Streiter ist, der das Gefühl über den Verstand stellt. Wie der Dichter Gedichte macht und durch sie wirkt, so hat der Kritiker kein anderes Mittel als sein kritisches Denken, das streng und genau sein muß, damit er unserem Fühlen eine Orientierung zu geben vermag. Menschliches Denken und menschliche Sensibilität führen jedoch niemals zur reinen Wahrheit, sondern zu einer Mischung von Wahrheit und Irrtum. Darum ist es gut, daß sich die Meinungen ändern, weil so wenigstens der Irrtum aufgeklärt wird, der ja doch niemals ausgeschlossen werden kann.

Das bedeutet, daß uns die Beispiele menschlichen Schwankens nicht irritieren sollten. Denn es ist unmöglich, etwas zu sagen, ohne kategorisch zu sein. Ein Beispiel dafür sind die zeitgebundenen Urteile über unsere großen klassischen Autoren. Nehmen wir Pindar und die drei Tragiker.[27] Pindar gilt im Altertum als der größte Lyriker, später gerät er in Vergessenheit; Malherbe findet in seinen Versen nur „Galimathias" (d. h. unverständliches Geschwätz); Boileau akzeptiert ihn aus einem Ahnenkult heraus, ohne ihn zu verstehen; die „modernes" dieser Epoche machen sich lustig über ihn, wo sie nur können; für Voltaire ist er ein „aufgeblasener Thebaner". Von der Epoche Quintilians bis zum 19. Jahrhundert, sieht man von Chénier und Goethe ab, existiert Pindar nicht. Aischylos wird von seiner Epoche anerkannt; später zieht man ihm gegenüber natürlich Sophokles vor. Er bleibt bis zum 19. Jahrhundert unverstanden. Genauer gesagt, seine Werke blieben bis zu Beginn unserer Epoche den Menschen unzugänglich. Sophokles ist der „göttliche Dichter", der Klassiker, sein Ruhm blieb ihm treu, konstant und ohne größere Abstriche erhalten. Der Ruhm des Euripides nahm einen Weg, der dem Siegeszug von Aischylos und Pindar diametral entgegengesetzt verläuft. Die Griechen liebten ihn nicht übermäßig; er fand aber Nachahmer unter den lateinischen und französischen Klassikern. In den letzten Jahren ...

Ich finde dieses Diagramm interessant, weil es sehr deutlich zeigt, wie unterschiedlich die Menschen verschiedener Epochen urteilen und fühlen und wie vorsichtig wir sein müssen, wenn wir unserem Urteil eine absolute Gültigkeit zusprechen wollen, die es unter keinen Umständen haben kann. Wären jene Kritiker, die Aischylos und Pindar ignorierten, auch den allgemeinen philosophischen Ideen zugeneigt gewesen, hätten sie uns, denke ich, ohne größere Schwierigkeiten mit dem 2 + 2 = 4-System nachweisen können, daß diese Dichter Kunstwerke geschaffen haben, die im Widerspruch zu den unveränderlichen Gesetzen des Schönen stehen. Sie hätten die Schlußfolgerung gezogen, daß jene Dichter anstelle von Versen gereimte Prosa geschrieben haben, oder hätten die fehlende Ausgewogenheit zwischen „rationalen" und „irrationalen" Elementen in ihrer Dichtung bemängelt.

Doch in Wahrheit hat die Kunst zahllose Wendungen, Veränderungen und Neuanfänge zur Grundlage. Und das heißt natürlich nicht, daß die Kunst Fortschritte macht oder Rückschläge erleidet (denn der Begriff des Fortschritts ist irrelevant, wenn von einem bestimmten Punkt an kein Un-

terschied mehr zwischen guten und schlechten Werken gemacht wird), sondern einfach, daß sie lebt und daß sie dort,
wo dieser Puls nicht schlägt, abzusterben droht. Und dieser
Pulsschlag der Sensibilität einer Epoche ist notwendigerweise ungerecht, denn er ist, seiner Natur entsprechend,
kategorisch. Statt daß wir uns über diesen Umstand aufre-
gen, sollten wir besser daran denken, daß eine Epoche, die
die großen Werke des 17. Jahrhunderts in Frankreich her-
vorbrachte, gar keine andere Wahl hatte, als Pindar und Aischylos zu verkennen.[28] Denn nichts existiert auf dieser
Welt isoliert, und eine Tugend hängt immer von etwas ab,
das andere als ein Übel ansehen können. Und wenn wir
eine Moral aus dieser Geschichte ziehen wollten, so müßten wir den Mut aufbringen, zu unseren Tugenden wie zu
unseren Fehlern zu stehen (sie soweit wie möglich zu erkennen – das ist die große Schwierigkeit), um sie in den
Dienst des Guten zu stellen.

5. Die „irrationale" Dichtung

„Καὶ τὸν μιμητικὸν ποιητὴν φήσομεν κακὴν πολιτείαν ἰδίᾳ
ἑκάστου τῇ ψυχῇ ἐμποιεῖν, τῷ ἀνοήτῳ αὐτῆς χαριζόμε-
νον ..." [Der nachahmende Dichter läßt in der Seele jedes
einzelnen gleichsam eine schlechte Staatsverfassung zur
Geltung kommen, indem er dem unvernünftigen Teile derselben huldigt ...] (Staat, 605b), sagte Platon, als er mit der
Dichtung ins Gericht ging.
Seit jenen frühen Jahren also huldigte der Dichter dem unvernünftigen Teil der Seele bzw. dem Irrationalen, Alogi-
schen, wie wir heute sagen würden. Bedenkt man, daß damals Homer und Sophokles die Idee der Dichtung
verkörpert haben, schwindet einem der Mut, über die heutigen Dichter zu sprechen. Denn in der Geschichte der
Dichtkunst können wir eine paradoxe Entwicklung beobachten: Während für viele Jahrhunderte – von unbedeutenden Ausnahmen abgesehen[29] – diese weise Feststellung Platons in Vergessenheit geriet, gehört seit einigen Jahrzehnten der Zusammenhang von Dichtung und Logik, also die
Erörterung der „Dunkelheit" und „Schwierigkeit" der Poesie, zu den meistdiskutierten Problemen unter Literaturana-

lytikern. Der Zweck der Dichtung hat sich aber in der Zwischenzeit nicht verändert. Von jeher ist es ihr darum gegangen, das poetische Gefühl des Lesers zu lenken und zu sensibilisieren, und zwar mit den effektivsten Mitteln, über die der Dichter in einem konkreten Moment verfügt. Beim Streit mit der gegnerischen Kritik ging es immer um die Effektivität dieser Mittel. Beide Parteien haben viele Seiten vollgeschrieben, beleidigende und gemäßigte, sinnlose und geniale. Es wäre sehr mühsam, dieses gewaltige Thema umfassend zu analysieren, das mich, trotz seiner Brisanz, ziemlich byzantinisch anmutet. Ich möchte darum einige allgemeine, vielleicht hilfreiche Bemerkungen machen und von den zahllosen Differenzierungen und Einzelheiten absehen, die jeder allein herausfinden kann, der diese Mühe für lohnend hält. Ich muß leider vereinfachen.

Alle Diskussionen, die von der „Dunkelheit", „Hermetik" oder „Schwierigkeit", von der sogenannten Absurdität oder Verrücktheit der Dichtkunst ausgingen, verweisen auf ein einziges Problem: auf die Verbindung der Dichtung mit der analytischen, wissenschaftlichen Logik; auf die Verbindung mit jenem Teil der menschlichen Seele, der nicht „unvernünftig" ist, um mit Platon zu reden, und den Platon als erster in der Geschichte zu einem idealen Organon für die Wahrheitssuche gemacht hat. Das seit einigen Jahrzehnten systematische Liebäugeln der Künstler mit der „Unvernunft der Seele" führte zur Entfremdung großer Teile ihres Publikums, oft sogar zu dessen zorniger Abwendung. Das Publikum bekam Kopfschmerzen und Beklemmungen, und es floh fluchend und pfeifend. Und es war im Recht. Denn nichts erniedrigt uns mehr, als wenn jemand von uns erwartet, nichtverstehbare Dinge verstehen zu müssen, und dann mit einer Unschuldsmiene erstaunt zu tun, wenn wir nichts verstehen.

Viele Dichter waren an diesen erbärmlichen Farcen beteiligt. Sie stimmten überein in ihrer Hermetik und, wie es allgemein hieß, in der Zusammenhanglosigkeit ihrer Texte, die die Autoren für das breite Publikum unzugänglich machte. Und wie es falsch ist, aus unserer Unkenntnis der Marsbewohner zu schlußfolgern, daß sie sich vollkommen gleichen, so falsch ist es, anzunehmen, daß alle Dichter, die mit solcher Unverschämtheit die Boote in Brand steckten, die sie von der poetischen Erfahrung zu uns herübergebracht hätten, untereinander gleich seien. Da das Unstatthafte aber nun mal geschehen ist, nehme ich es zum Anlaß zu bemerken, daß man unter den schwierigen genauso wie unter den traditionellen Dichtern gute und schlechte finden kann; klassische und romantische, zurückhaltende und explosive; solche, die ihre Gedichte mit einem riesigen Kraftaufwand schrieben, und andere, die sie im kurzen Moment eines Wachtraums notierten; schließlich Menschen, die sich ihre Sprache mit einer kräftezehrenden Präzision erarbeiteten und eine außergewöhnliche Klarheit des Ausdrucks erreichten, und andere, die die Arbeit an der Sprache als unwesentlich empfanden und jeglichen Novembernebel in ihre Schriften hineinließen.

Bei dieser letzten Unterscheidung will ich haltmachen. Wir müssen bestimmte Dinge klären, die unsere Diskussion zu erschweren drohen.

Das Verschwommene, Unbestimmte ist kein Charakteristikum der „schwierigen" Kunst, die wir meinen, sondern eher – ich treffe diese Unterscheidung nur gezwungenermaßen – der früheren Kunst. Dort werden wir viele Beispiele entdecken, bei denen der Hang zur Musikalität (des Materials), zum Traumhaften, zum „Hell-Dunkel" den Ausdruck trübt.[30] Swinburne, Samain schrieben verschwommene, unbestimmte, nebulöse Gedichte neben „rationalen". So auch Chatzopulos:

Und höre, wie dir singt
irgendwo der Vogel;
es singt die traurige,
als würde sie weinen stille
in tiefer Stille,
irgendeine Tote.

Oder:

Es haben dich zur Schwester,
bleiche Schwester,
die bleichen Blätter;
und es sagten: zu uns
komm, hierher zu uns,
die trocknen Blätter.

Um meine Ansicht noch deutlicher zu machen, will ich hinzufügen, daß die besten Vertreter der „schwierigen" Dichtung eine rege Abneigung gegen eine unbestimmte Traumhaftigkeit und eine seichte und bequeme Sentimentalität empfanden, die Ursachen für Verschwommenheit sind. Wir können mit gutem Gewissen unterstreichen, daß diese Dichter, wenn wir von Kleinigkeiten absehen, eine Beharrlichkeit, ja, eine fast verzweifelte Anstrengung auszeichnete, ihren Ausdruck nach den strengstmöglichen Maßstäben zu formen.[31] Vom „Ostinato rigore" sprach Valéry und griff damit eine Wendung von da Vinci auf. An Gerard Manley Hopkins schrieb über dessen Dichtung einer der wenigen persönlichen Freunde, die ihn verstanden: „... ein Wollen, das sich bis ins Ungeheure auswächst: zum ungeheuren Kristall." Hopkins ist heute für die Engländer ein großer Wegbereiter, und ich glaube, das *ungeheure Kristall* hätte für viele spätere Dichter in England ein verzweifeltes Suchen bedeutet. „Er benutzt", schreibt T. S. Eliot über Swinburne, „das allgemeinste Wort, weil seine Ergriffenheit niemals individuell ist, ... es ist eine nicht durch Intensität, sondern durch Extensität bewirkte Ergriffenheit."

Ich möchte diesen Äußerungen noch einen Satz von Pirandello hinzufügen, an den ich mich stets mit besonderer Eindringlichkeit erinnere. Natürlich, Pirandello war weder Dichter noch „schwierig", auf den ersten Blick zumindest nicht. Aber er war ein herausragender Schriftsteller, der eine geistige Auffassung vertrat, aus der heraus die Dichtung, die wir jetzt untersuchen, hervorging. Er schreibt an einer Stelle: „In Italien zieht man den Stil der *Wörter* dem Stil der *Dinge* vor. Und das ist der Grund, warum Dante im Exil sterben mußte und Petrarca auf dem Kapitol gekrönt wurde." – „Stil der Wörter" und „Stil der Dinge"; seltsame Unterscheidung in einer Kunst, die kein anderes Material als die Wörter besitzt. Vergleichen wir aber diesen Satz mit der Wendung von Eliot, dann erkennen wir sofort einen klaren Sinn. Das eigentliche Ziel des Dichters ist nicht, die Dinge zu beschreiben, sondern sie benennend zu erschaffen; das ist, denke ich, auch seine größte Freude. Darum braucht er eine möglichst ideale Nähe zu den Dingen, eine Identifikation; und diese Identifikation hängt immer von

Intensität ab, niemals von Extensität oder vom sprachlichen Aufwand. Darum fällt uns auf, daß Dichter einem Wort, das in einem gewöhnlichen Prosatext unbedeutend wäre, plötzlich eine blendende Leuchtkraft verleihen. Sicher vermag auch der „Stil der Wörter" in vielen Fällen Größe, Authentizität und Pomp auszudrücken, Merkmale, die keineswegs schlecht an sich sind. Doch er kann niemals das „ungeheure Kristall" erschaffen und wird immer etwas von dem Prunk, aber auch von der Nutzlosigkeit der erhabenen, reich verzierten Vorhänge in einem Festsaal haben. Jedenfalls möchte ich festhalten, daß Verschwommenheit nicht unbedingt ein Kennzeichen unserer „schwierigen" Dichter sein muß und keiner so wie sie Intensität, Genauigkeit und Enthüllung anstrebte.[32]

Diese Dichter versuchten – mehr als alle anderen –, objektive Dichter zu sein. Die Dichtung des persönlichen Bekenntnisses, der „kleineren Variante", des Sonnenuntergangs, der melancholischen Ohnmacht, alle diese subjektiven Bakterien, bekämpften sie mit starken Desinfektionsmitteln, die manchmal ihnen selbst schadeten. Doch was heißt Objektivität in der Kunst?

Der einfache logische Satz: „Zieh den Mantel an, du wirst dich erkälten" ist immer objektiv. Dieser auf Papier gedruckte Satz hat für alle die gleiche Bedeutung. Stellen wir uns aber vor, daß diese Wörter eine Frau sagt, der wir am selben Abend unsere Liebe gestehen wollen, oder, wenn wir Kinder wären, unsere Lehrerin, die uns schrecklich quält, indem sie uns in einem unausstehlichen Mantel jagt, dann merken wir sofort, wie die Aussage wesentlich an Objektivität einbüßt und zu einer tragischen subjektiven Geschichte wird. Weil uns diese Wörter von jemandem gesagt werden. Und die Wörter, die der Dichter sagt, sagt stets *jemand*. Also müssen wir auch hier – schon wieder – bestimmte Unterscheidungen treffen.

Wie ich bereits feststellte, ist die Dichtung jene Kunstart, die als Ausdrucksmittel – einfach, klar und deutlich gesagt – die Sprache hat. Mit ihr kann der *Dichter* keine andere Kunst schaffen, weder Malerei noch Plastik, noch Musik, sondern nur Poesie, entweder gute oder schlechte. Sehen wir uns an, wie wir die Sprache benutzen können, und da ich leider keinen Hang zum abstrakten Denken habe, sei mir gestattet, Beispiele anzuführen. Die Methode ist nicht schlecht, zumal sie durch Sokrates begründet wurde. Nehmen wir folgende Sätze:

a) Die Summe der Winkel jedes Dreiecks ist immer gleich der Summe zweier rechter Winkel.

(Wissenschaft)

b) Den Phöniziern und Ägyptern gab Xerxes noch einen Befehl ...

(Herodot)

c) Es gab den Befehl Krutagos, der Zar der Bulgaren.

(Palamas)

d) Welches Destillat, hergestellt nach den Rezepten griechisch-syrischer Magier der Antike

(Kavafis)

e) Und den Nordwind, den kühlen, nahmen mit die Schiffe.

(Volkslied)

Der aufmerksame Leser wird vermutlich leicht erfassen, daß diese fünf Beispiele wie auf einer Leiter angeordnet sind, auf der man von einer bestimmten Art der Sprachverwendung zu einer grundsätzlich anderen Art gelangt. Im Beispiel a) erkläre ich, welche objektiven Beziehungen die Dinge untereinander haben. Die Sprache ist völlig unpersönlich, objektiv. Man könnte sogar behaupten, sie sei nicht einmal notwendig, weil an ihrer Stelle mathematische Zeichen stehen könnten. Wenn ich in diesem Satz versuchen wollte, den Ausdruck zu färben, auszuschmücken oder auch nur mit meiner Stimme etwas zu erwärmen, so wäre das alles vollkommen fehl am Platz.

Im Beispiel b) mache ich noch fast dasselbe, ich berichte über Ereignisse: Alle müssen in etwa gleich gut verstehen, was ich sagen will. Aber so kurz der Satz auch ist, hat er doch einen anderen Charakter als Beispiel a). Wir bemerken ein Verhältnis des Autors zum Text. Xerxes ist der Große König, subjektive Gefühle wird es ihm gegenüber sicher geben – im Text sind sie natürlich auf ein Minimum beschränkt.

Im Beispiel c) ändern sich die Dinge grundlegend. Es geht wieder um einen Befehl, den ein König gab. Hier hätte er aber auch eine beliebig andere Handlung ausführen können. Denn das, was wir hier vor allem vernehmen, ist der Heroldsruf, der eine besondere Atmosphäre schafft. Diese Atmosphäre hat sicherlich auch etwas Geschichtliches, doch wie anders ist sie als bei Herodot! Der logische Inhalt der Wörter, der eine Sache bezeichnet, wird, obwohl er bestehenbleibt, zweitrangig; wesentlich ist vielmehr ein einheitlicher, starker und wilder Ton, der die Aussage prägt.

Dasselbe geschieht im Beispiel d), in dem das Wort „griechisch-syrisch" überhaupt keinen topographischen Wert mehr hat; es geht im Wort „Destillat" auf und verdichtet es zugleich, verleiht ihm eine exotische Strahlung, nur noch einen halb biblischen, halb griechisch-römischen Hauch bewahrend von dem logischen Sinn, der ihm anhaftete.

Das Beispiel e) ähnelt in nichts dem Beispiel d). Anziehung und Verschmelzung der Wörter untereinander sind unbedeutend. Im Gegenteil, jedes einzelne Wort steht mit seiner eigenständigen logischen Bedeutung an seinem Platz, getrennt von anderen wie die Kieselsteine am Strand. Aber der Vers hat keinen logischen Sinn oder besser, i. jedem logischen Sinn entgegengesetzt. Der Nordwind kann wohl Schiffe mit sich reißen, doch niemals konnte ein Schiff den Nordwind mit sich nehmen. Der Satz eines kleinen Kindes. Doch der Vers *macht* die Meeresstille mühelos, als wäre er es, der mit einem magischen Wort Winde und Schiffe verschwinden läßt.

Jeder kann noch andere Beispiele finden, andere als die, die ich so knapp wie nur möglich hielt, und diese Beispiele einordnen. Was wir sagen müssen, ist folgendes: 1. je höher wir auf der Leiter unserer Beispiele steigen, desto geringer wird das Maß an Objektivität, und 2. daß wir die Sprache in zweifacher Weise benutzen: zum einen spricht sie unseren Verstand an, zum anderen unser Gefühl.[33] Und außerdem ist es für die anderen schwierig, uns zu verstehen, wenn sie nicht sofort erkennen können, wie wir die Sprache verwenden, wenn wir uns an sie wenden.[34]

Wenn wir die Sprache benutzen, egal ob auf diese oder andere Weise, behalten die Wörter ihren Sinn, aber der Sinn dient, je nach Sprachverwendung, einem anderen Zweck. Im ersten Fall ist der Zweck der Wortbedeutung, die Dinge so genau wie nur möglich zu benennen, gleichsam ihre mathematische Kodifizierung zu sein, die an die Stelle der Dinge tritt, so wie in einem mathematischen Zusammenhang die Sprache an die Stelle der Zahlen tritt, oder, wenn das Wort in einen Sinnzusammenhang gehört, den vorausberechneten Gedankengang auszulösen. Im zweiten Fall *behalten die Wörter ebenfalls ihren Sinn.* Sie werden durchaus nicht zu einer leeren Hülse, zu einem reinen und von Materie befreiten Gebilde. Auch hier könnten wir einen Versuch machen, indem wir einen Vers wählen, der aus einer Reihe von Eigennamen besteht und den wir auf den ersten Blick als schön empfinden, in der Annahme, daß seine Schönheit aus der akustischen Verbindung der Silben erwächst. Bei genauem Hinsehen werden wir bemerken, daß unsere Ergriffenheit nicht ohne den „Sinn" dieser Namen entstünde. Aber der Sinn bleibt, wie schon gesagt, niemals der gleiche, er hat weder die Objektivität noch die Beständigkeit von logisch verwendeten Wörtern. Der Sinn nimmt ab oder zu, verändert seine Färbung und Gewichtigkeit entsprechend dem benachbarten, vorangegangenen oder nachfolgenden Sinn, entsprechend dem allgemeinen Ton des Gedichts. Und *im Einklang mit diesem allgemeinen Ton wird er gefestigt und erhält seine Objektivität.*

Jedenfalls „ist die Dichtung die höchste Form der emotionalen Verwendung der Sprache" (J. A. Richards), und der Dichter braucht keine andere Tugend zu haben, außer ein Sprachkünstler zu sein und die Sprache zu beherrschen, die uralt ist und deren Wurzeln bis in die Entstehungszeit des Menschen zurückreichen. Er muß wenigstens das haben, was Eliot die „akustische Phantasie" nennt. „Was ich mit *akustischer Phantasie* meine", schreibt er, „ist ein Grundgefühl für die Silbe und den Rhythmus, das tiefer als in die bewußten Schichten des Denkens und Fühlens reicht und jedes Wort verstärkt; es taucht bis zum Primitivsten und Vergessensten hinab, kehrt zum Urgrund zurück und holt etwas wieder herauf, sucht nach Anfang und Ende; es funktioniert exakt aufgrund von Begriffen bzw. negiert nicht die Begriffe mit ihrer eigentlichen Bedeutung, und es verbindet das Alte, Verloschene und Alltägliche, das Abgedroschene und Neue und Überraschende, die älteste und die modernste Denkweise."

Diese Passage genügt vielleicht. Ich muß wohl nicht hinzufügen, daß jeder, der sich nur vom Sprachklang und von Rhythmen hypnotisieren läßt, das heißt von der Musikalität, die auch einem Fremdsprachler zugänglich ist, nur wenig von Dichtung versteht und seine Aussichten auf mehr Verständnis gering sind. Aber das große Problem besteht darin, daß wir von der Dichtung nichts verlangen dürfen, was sie gar nicht leisten kann, zum Beispiel daß sie sich einer Sprache bedient wie die analytische Logik. „Οὐ γὰρ εἰς πειθὼ τοὺς ἀκροωμένους ἀλλ᾽ εἰς ἔκστασιν ἄγει τὰ ὑπερφυᾶ." [Das Übernatürliche überzeugt keineswegs die Hörer, sondern treibt sie zur Ekstase] (Longinos). Damit wir zu dieser Ekstase fähig sind, müssen wir der Dichtung unvoreingenommen gegenübertreten und die in uns tief verwurzelte Gewohnheit des analytischen Denkens und des analytischen Ausdrucks vergessen, die wir, bei Strafe unseres Untergangs, von Kindheit an bis zum letzten Atemzug zu nähren haben. Wenn auch der „emotionale" Gebrauch der Sprache, der sich im Laufe der Entwicklung verliert, der ältere ist, ist er zugleich der unbewußtere, der von dem anderen, dem logischen Gebrauch, „verdrängt" wird. Und es ist bezeichnend, daß Platon, der die Logik zu ihrer höchsten Blüte führte und sie gründlich vom Schlamm reinigte, den der Fluß der alten Tradition mit sich führte, feststellte, die Dichtung τρίτον τι ἀπὸ τῆς ἀληθείας [habe mit der Wahrheit … nichts zu tun] und der Dichter sei ein εἴδωλα εἰδωλοποιοῦντα [bloßer Nachahmer von Schattenbildern], weswegen er ihn aus seiner Polis verbannen müsse. Wenn man die Worte der Dichter ihrer Musikalität und ihres Farbenschmuckes beraubt, sagt er, nehmen sie sich aus wie herangereifte Jünglinge, deren Blütezeit vorbei ist (Staat, 601b). Dieser Ton ist ergreifend, und diese Worte sind wahr. Musik und Farben sind das Fleisch der Gedichte, sie bilden den Körper, der von der prälogischen Sprache geformt wird, und sie abschaffen hieße, die Kunst töten. Aber ein runzliges Gesicht bekommen all jene, die in der Dichtung die Alltagslogik suchen. Vielleicht verhelfen uns diese Feststellungen zu der Erkenntnis, daß zumindest in einer Hinsicht die Dichtung schon immer „schwierig" war.

Ich bin aber vom Problem der Objektivität ausgegangen. Ziel eines Gedichtes ist es, dem Leser alle Einzelheiten mitzuteilen, die die gleiche Erfahrung vermitteln, wie sie schon der Dichter gemacht hat. Das ist *eine* Grenzmarke. Wir werden in der Kunst niemals die Objektivität der Mathematiker erreichen. Beim logischen Gebrauch der Sprache läßt sich kontrollieren, wann wir nicht objektiv sind bzw. wo etwas unregelmäßig oder unlogisch ist (eine funktionierende Mechanik), während beim emotionalen Gebrauch eine solche Kontrolle nicht existiert. Weil aber das Gefährliche für die Dichtung die übertriebene Subjektivität ist, die die Poesie schließlich an den Punkt bringt, kein Publikum mehr zu haben, waren die Dichter stets bestrebt, so objektiv wie möglich zu sein und überwanden dabei mal größere, mal kleinere Schwierigkeiten.

Wie objektiv Kunst ist, hängt nicht nur vom Künstler, sondern auch von dessen Publikum ab. Je ausgeprägter die gemeinsamen emotionalen Erfahrungen des Publikums sind, desto größer ist auch die Objektivität. Je vereinzelter diese Erfahrungen sind, um so weniger Anhaltspunkte wird der Dichter finden, objektiv zu sein. In einem älteren Aufsatz habe ich als Beispiel die antike griechische Tragödie angeführt.[35] Zwischen Dichter und Publikum bestand in jener Zeit eine unausgesprochene emotionale Übereinstimmung: der mythologische Glaube. Er war wie ein wunderbares Musikinstrument mit gestimmten Saiten, die nur vom Dichter angeschlagen werden mußten. Jede Note dieses Instruments war von vornherein festgelegt, das heißt objektiv. Dasselbe stellen wir bei der alten chinesischen Dichtung fest, wo der Dichter auf der Grundlage emotionaler Erfahrungen, die Gemeingut des Publikums waren und vor ihm existierten, aufbauen konnte. Die zahllosen Kommentare, die wir heute benötigen, um die komplizierten Andeutungen eines kurzen chinesischen Gedichts zu verstehen, waren für sein damaliges Publikum überflüssig, denn für dieses Publikum gab es keine Andeutungen, sondern nur „abgesprochene" Andeutungen. Diese Beispiele offeriere ich all jenen, die an den sogenannten Problemen der gesellschaftlichen Kunst Gefallen finden. Mir scheint nämlich, daß es eine gesellschaftliche Kunst – es sei denn, wir meinen eine propagandistische Kunst – nicht geben kann in einer Welt, die sich über ihren Glauben nicht geeinigt und die ihre Diskussionen und Auseinandersetzungen um die besseren Götter, denen wir huldigen sollen, nicht vergessen hat. In einer emotional zerrissenen und anarchischen Welt ist es nicht nur die Kunst, die „schwierig" wird und in eine Sackgasse gerät, sondern auch die Politik, die Liebe und die Erlösung des Menschen.

Die „abgesprochenen Andeutungen" der alten Griechen und Chinesen helfen uns außerdem, einen anderen Aspekt der sogenannten „schwierigen" Dichtung, die im Grunde eine „defekte", eine Kunst der Andeutungen ist, zu betrachten. Leider stützen sich diese Andeutungen hier nicht auf eine objektive, mit der Tradition in Einklang befindliche Grundlage, sondern auf die Reizbarkeit der psychisch bedingten Sensibilität des Publikums. Und das Ganze wird noch verwickelter, wenn der Dichter nicht nur nach einer Sensibilität sucht, die in der alltäglichen Befindlichkeit ihren Ursprung hat, sondern auch nach einer geistigen Sensibilität, die eine umfassende Bildung ebenso voraussetzt wie eine tiefe Verarbeitung des Gelernten, so daß man auch darauf emotional reagieren kann.[36] Doch die letzte Forderung betrifft einen Extremfall.

Der Dichter „sagt" nie das, was er ausdrücken möchte. Ich löste einiges Erstaunen aus, als ich schrieb, wir sollten in der *Ilias* nicht den „Zorn des berühmten Achill" suchen, das heißt nicht den Mythos, die Geschichte, jenen Teil der *Ilias*, der in Prosa übersetzt werden kann, sondern die Dichtung. Denn die Geschichte des Zorns ist das herausragendste Faktum, das für viele die *Ilias* objektiv macht; und wenn wir uns den theoretischen Fall vorstellen, daß dieses Faktum von untergeordnetem Interesse wäre, dann wäre die Zahl der Bewunderer Homers, dessen bin ich mir sicher, um ein vielfaches geringer. So nehme ich an, daß auch Homer, ohne sich dessen bewußt zu sein, die Geschichte vom „Zorn des Achill" zwar erzählte, aber eigentlich nicht diese Geschichte erzählen, sondern unserer Sensibilität eine Basis schaffen wollte, damit wir eine bestimmte poetische Ergriffenheit durchleben können. Diese poetische Ergriffenheit hat aber keineswegs dieselbe Objektivität wie die Handlungen, die die Geschichte der *Ilias* ausmachen, oder wie der Befehl des Xerxes im obigen Beispiel b). Es ist nur eine, mal nähere, mal entferntere Grenzmarke, zu der wir uns hinbewegen, ohne sie jemals zu erreichen. Eine Verschmelzung der poetischen Sensibilität Homers mit unserer eigenen Sensibilität, durch die wir uns verändern. Der hellsichtige Satz Montaignes, den ich schon einmal zitiert habe[37] – da niemand hört, muß ich ihn wiederholen –, zeigt uns genau diesen Sachverhalt: „Ein aufmerksamer Leser wird in den Schriften anderer immer Dinge finden, die der Schriftsteller überhaupt nicht sagen wollte."

Der aufmerksame Leser ist der sensible Leser, der gar nicht anders kann, als in das gelesene Gedicht etwas von sich mit einzubringen; und darum ist es richtig zu behaupten, daß die Objektivität der Dichtung immer größer wird, je mehr sich die Menschen untereinander verstehen.

Das ist ein Phänomen, welches wir in allen Epochen beobachten können; was aber die Dichtung unserer Epoche auszeichnet, ist das schwindende Interesse an einem konstitutiven Mythos, dessen Hauptzweck darin bestand, unser logisches Denken einzuschläfern und unsere Emotionalität freizusetzen. Statt uns eine Geschichte mit Anfang, Mitte und Schluß zu geben, lieferten uns die Dichter nur wenige Indizien, winzige, über ein glattes Meer ausgestreute Inseln, die anzeigen, daß sie in der Meerestiefe miteinander verbunden sind, während sie uns an der Oberfläche deren Abgründe offenbaren, die in uns jedes Gleichgewicht zerstören. Eine solche Technik gestattete eine ungleich höhere Verdichtung, als wir sie bisher kannten. Zwar stellte diese Technik nicht wesentlich größere Anforderungen an die Sensibilität des aufmerksamen und einfühlsamen Lesers, hatte aber die unangenehme Folge, all jene abzuschrecken, die von der Dichtung Dinge erwarteten, die sie anderswo leichter gefunden hätten. Und das war zunächst weder gut noch schlecht, da Dichtung entstehen konnte.[38] Wahrscheinlich war es eher schlecht. Denn sosehr uns unser Nebenmann im Theater frustriert, wenn er den *Othello* wie ein rührseliges Melodram bejubelt, ohne Verständnis für das eigentliche Werk aufzubringen, von dem wir glauben, daß es ein poetisches Meisterwerk darstellt, und sosehr uns in der Pause jene Dame aufbringt, die während der Aufführung

Argumente gesammelt hat, mit denen sie nun den eifersüchtigen Ehemann mundtot macht, so besteht dennoch kein Zweifel, daß ein großer, überfüllter und ergriffener Saal – der zu einem gemeinsamen, dunklen Herzen geworden ist, mit gleichem Pulsschlag, im Augenblick der Katastrophe explodierend – eine wunderbare Sache ist, die uns das Gefühl der menschlichen Größe offenbart. Aber das bezieht sich eher auf den irdischen Ruhm des Dichters, auf seine Stellung innerhalb der Gesellschaft, und hat nichts mit Dichtung an sich zu tun. Es schadet nicht, jenes Gefühl der Größe auszukosten, doch noch besser ist, nachdem wir es genossen haben, unsere Seele davon zu reinigen.

Wir können die Schlußfolgerung ziehen, daß die Objektivität der alten Kunst zum größten Teil – dem Teil, der vom „Mythos" (nicht von der Mythologie) des Gedichts abhängt – eine oberflächliche war. Sie erreichte aber zu bestimmten Zeiten einen höheren Grad an Objektivität, als sie heute haben kann, weil sie sich damals auf bestimmte gemeinsame emotionale Erfahrungen stützen konnte, die in unserer Epoche nicht existieren. Diese gemeinsamen emotionalen Erfahrungen dienten nicht allein der Objektivität. Sie boten dem Dichter eine relativ einheitliche Sensibilität der Gesellschaft, wodurch diese imstande war, die poetische Ergriffenheit aufzunehmen. Damals vollzog sich der Übergang von der Logik, vom abstrakten Zustand, zu dem der Ergriffenheit ohne größere Schwierigkeiten, das heißt, er trat unausweichlich ein. Das hat sich inzwischen geändert. Es ist bezeichnend, daß in unserer Zeit der ungebildetste Mensch auf dem Gebiet der Dichtung nicht der Analphabet, sondern der sogenannte „Halbgebildete" ist. Es ist scheinbar wahr, daß nur derjenige im Besitz der Gottesgabe sein kann, der entweder völlig unschuldig ist oder, wenn er das nicht ist, sie sich mit viel Übung und Ausdauer aneignet. Und es sind nur sehr wenige, die meinen, daß sich diese Mühe lohnt. Solch eine Situation festigte in den Dichtern die Überzeugung, daß es das beste sei, sich an die wenigen zu wenden, weil sie nur auf diese Weise bessere Arbeit zu leisten vermögen. Hätten sie es wirklich geschafft, die für ihre Zeit – nicht für andere Epochen – beste Arbeit zu leisten, würde keiner von uns, denke ich, etwas sagen, zumindest nicht gegen Dichter, die für ihr kleines Publikum nicht mehr und nicht weniger objektiv als die Künstler anderer Jahrhunderte waren.

6. Apologie

Ich hätte längst schließen müssen. Und trotzdem, obwohl ich das Maß überschritten habe, scheint mir, ich hätte nur einige Hinweise gegeben – zusammen mit vielen Leerstellen –, die andere aufnehmen können, um nach eigenem Gutdünken diesen oder einen entgegengesetzten Standpunkt mit größerer Genauigkeit zu vertreten. Vielleicht helfen diese Hinweise auch einer anderen Gruppe von Menschen – nämlich jener, die zufälligerweise nicht schreibt –, sich der Kunst mit weniger psychischen Hemmungen zu nähern. Denn – wie ein weiser Spruch lautet – „eins ist sicher, der Dichtung entgeht keiner, und wenn er nicht zu guter Kunst findet, findet er notwendigerweise zu schlechter". Zur Sentimentalität des Tango, zum Abenteuer des mittelmäßigen Films, zum Feuilleton seiner Zeitung oder gar zu den stupiden bewußten oder unbewußten Illusionen. Und das ist die Strafe für die Menschen, die damit prahlen, der Dichtung nicht zu bedürfen. Jeder übernimmt für sich selbst Verantwortung.

Doch neben den schönen Gütern, die ich zu gewinnen hoffe, laufe ich auch Gefahr, wegen dreier Sünden angeklagt zu werden – Tod-Sünden für einen Menschen, der schreibt: Egoismus, Kleinkrämerei, Engstirnigkeit.

1. Man wird mir vielleicht Egoismus vorwerfen, weil ich durch den Relativismus, den ich unterstütze, zur Abschaffung aller Gesetze und Propheten beitrage, eine für die Künstler sehr angenehme Sache, denn nun können sie machen, was sie wollen, und sich obendrein noch über den naiven Leser belustigen.

Ich habe jedoch nirgendwo behauptet, daß man keine Übung braucht. Im Gegenteil, ich bin davon überzeugt, daß ausdauernde und mühselige Übung notwendig ist, um auch nur ein einziges Wort zu schreiben. So erinnere ich mich immer an einen Satz aus den Memoiren einer Tänzerin, der ungefähr lautete: „Ich, die ich weiß, welche Mühe es kostet, auch nur einen Schritt zu tun, fühle sehr wohl, wie waghalsig es ist, mich jetzt hinzusetzen und mein Leben aufzuschreiben." Und ich bin tief bewegt, wenn ich einen so großen Lehrer wie François Rabelais sagen höre, daß wir Platon lesen müssen, um unseren Stil zu verfeinern, oder wenn mein Blick, am Schluß seiner Briefe, auf den griechischen Gruß fällt: „Ἔρρωσο, ἄνερ εὐδοκιμώτατε, καὶ εὐτυχῶν διατέλει." [Sei standhaft, erlange neuen Ruhm und sei glücklich bis an dein Ende.] Denn er war ein Mensch, dem Bildung und Ernsthaftigkeit halfen, die lebendigsten Quellen seiner Seele zu öffnen. Ich glaube auch, daß der große Mangel der griechischen Literatur unserer Zeit nicht im Fehlen von Talenten besteht, sondern im Fehlen von Disziplin und Fleiß, was dazu führt, daß viele Werke eher einem Stammeln ähneln. Ich muß auch noch einmal das Motto zitieren, das ich dieser Studie voranstellte: Es gibt keine Hauptstraße, keine Singru-Allee, die zur Dichtung führt. Und das ist ein Glück. Nachdem man die großen Werke kennengelernt, nachdem man sie aufgenommen und sich völlig zu eigen gemacht, nachdem man seine Sensibilität ausgebildet und gestärkt hat, muß man wissen, daß der Augenblick kommt, da man ganz allein, von Göttern wie Menschen im Stich gelassen, total entblößt sein wird, gleichgültig ob man Dichter oder Liebhaber von Gedichten ist:

> ... als ob ich durchqueren müßte
> ein ergrimmtes Meer und irgendeinen wilden Wald.

Und es gefällt mir, daß dieses Gefühl des dunklen Waldes, die „selva oscura", einem poetischen Höhepunkt der Epoche vorausgeht, weil es die Schwelle zu jeder poetischen Erfahrung ist. Was ich sagen will, verdeutlicht die Bemerkung des Johannes vom Kreuz, die all jene gut verstehen werden, die in Kunstdingen bewandert sind: „Wer sich die letzten Feinheiten einer Kunstart erschließt, *dringt stets ins Dunkle vor* und kann sich nicht auf sein herkömmliches Wissen stützen, weil er sich niemals von ihm lösen könnte, wenn er es nicht überwinden würde."[39]
Das ist eine der wenigen Äußerungen, die es gibt, so entlegene und unbekannte innere Räume zu erhellen, und die in

mir den Verdacht erhärtet, meinen Relativismus nicht rigoros genug artikuliert zu haben. Denn ich war, trotz meiner Nähe zu den Dingen, gezwungen zu unterscheiden, zu vereinfachen, meine Gedanken zu verallgemeinern. Und es ist nicht ausgeschlossen, daß diese Verallgemeinerungen andere Menschen dazu verleiten könnten, ebenfalls allgemein und äußerlich zu urteilen. Und das Urteil *von außen* und *von vornherein* ist die große Sünde, die die Türen zum Reich der Kunst fest verschließt.

Es ist auch das einfachste Urteil; und der Mensch liebt leider seine Gewohnheiten und seine Bequemlichkeit. Auf der einen Seite ist das richtig und geschieht aus Gründen der Selbsterhaltung. Wir müssen uns nur vorstellen, welche Hölle unser Leben wäre, wenn wir bei jeder Handlung, jedem Gedanken, jeder Erregung gezwungen wären, Gewohnheit und Bequemlichkeit auszuschalten. Aber Dichter und Kunstfreund müssen es tun, weil sie mit der Kunst umgehen. Und das ist der Grund, der uns glauben läßt, daß die Künstler manchmal mit dem alltäglichen Leben nicht zurechtkommen. Das bedeutet aber nicht, daß sie schlechter „funktionieren" als der Durchschnittsmensch. Das bedeutet ganz im Gegenteil, daß sie besser „funktionieren". Aber im Leben der Leute, das als Basis den Kompromiß hat, ist das Schlechtere ebenso nützlich wie das Bessere. Und hier ist der große Satz von Aristoteles, der weiterhin die Basis für eine richtige Beurteilung der Dichtung bleibt, am rechten Platz: „μίμησις πράξεως … δι' ἐλέου καὶ φόβου περαίνουσα τὴν τῶν τοιούτων παθημάτων κάθαρσιν" [die Nachahmung einer Handlung … bewirkt durch Mitleid und Furcht eine Katharsis von derartigen Gefühlen]. Das Mitleid: die Kraft, die uns an den psychischen Zustand vor der poetischen Erfahrung kettet; das Klammern an unseren Gewohnheiten; die Schwierigkeit, von Dingen zu lassen, die uns so lange begleiteten, und uns von verschiedenen Freuden zu verabschieden, die uns lieb geworden waren; die Sehnsucht nach neuer Ergriffenheit. Die Furcht: das Erleben einer Anziehung, die uns aus allem herausreißt, der „dunkle Weg", die „selva oscura", die Nacktheit in einer neuen Welt. Die Katharsis: das Gleichgewicht zwischen diesen beiden Kräften, die Vollendung der poetischen Erfahrung.[40] Wie uns der Maler einen neuen Blick verschafft und der Musiker ein neues Gehör, so entwickelt der Dichter in uns eine neue (in der allgemeinsten Bedeutung des Wortes) Auffassung. Solche Veränderungen vollziehen sich weder leicht noch sofort, weder jetzt noch in der Vergangenheit. Das neue, das gute Kunstwerk zieht uns an und stößt uns gleichzeitig ab. Und das ganze Problem ist, was stärker wirkt, Anziehung oder Abstoßung, was natürlich vom Wert des Werkes abhängt, aber im großen Maße auch von den Tugenden unserer Seele und ihrem Bedürfnis nach *Katharsis*.

Nachdem wir also die klassischen Werke liebgewonnen und verinnerlicht, nachdem wir uns an ihnen in bestmöglicher Weise geübt haben, kommt der Augenblick, da wir die große Entscheidung fällen müssen, das alles zu vergessen, um den neuen Werken unvoreingenommen begegnen zu können. Und wir sollten dabei beachten, daß es nicht angebracht ist, dann ein Werk am andern zu messen, wenn wir von der Dichtung ergriffen sind. Die Zeit des analytischen Studiums, der speziellen Beurteilung, der Vergleiche muß später einsetzen, nachdem wir das Werk, um das es geht, angenommen oder abgelehnt haben. Wie man an die Sache auch herangeht, es ist mir unmöglich zuzugeben – was oft getan wurde – daß Palamas ein schwächerer Abklatsch von Solomos sei, Sikelianos ein schwächerer Abklatsch von Palamas, Kavafis ein schwächerer Abklatsch von Sikelianos, Valéry oder Mallarmé ein schwächerer Abklatsch von Hugo oder Baudelaire.[41] Sicher, Kavafis hat die griechische Sprache nicht so bereichert wie der *Alafroïskiotos*; aber er bereicherte sie wesentlich auf seine Art. Wenn er ihr auch nicht die Farbe und den Reichtum verlieh, wie andere Dichter es taten, so gab er ihr eine neue Genauigkeit, zumindest eine bestimmte Genauigkeit und Zurückhaltung. Und diese Dinge haben, wenn es darum geht, ein Gedicht kennenzulernen, ihren eigenen Wert, und wir dürfen uns nicht dadurch beirren lassen, daß wir dort etwas Bestimmtes suchen, wo sich etwas ganz anderes befindet.[42]

Der Mensch, der bereit ist, eine Katharsis durch die Dichtung zu erfahren, muß wissen, daß er jenem Augenblick der Entblößung, auf den ich bereits aufmerksam machte, nicht ausweichen kann. Jenem Augenblick also, der ihn darauf vorbereitet, eine vollkommen *eigene* Handlung durchzuführen, eine willkürliche, aber auch verantwortungsvolle Tat, wenn wir so wollen, wie wir letztendlich immer willkürlich und verantwortungsbewußt handeln, wenn wir etwas wirklich tun.

2. Man wird mich vielleicht auch der Engherzigkeit bezichtigen, weil ich Schriftsteller unterstütze, die „jeglichen Kontakt zum Volk abgebrochen haben", und nicht anerkenne, daß die Aufgabe der Kunst darin besteht, den erschöpften Familienvater, der abends nach Hause kommt, zu entspannen.

Wenn die Kunst das bietet, um so besser; ich werde der letzte sein, der sie wegen einer solchen humanitären Mission anklagt. Ich hege keinerlei Sympathie für den sogenannten Elfenbeinturm[43]; sondern glaube im Gegenteil, daß die Kunst das beste Mittel ist, die Menschen einander näherzubringen. Nichts verbindet uns stärker als eine *gemeinsame* Ergriffenheit durch ein Kunstwerk. Aber das ist ein Problem, das mich jetzt nicht beschäftigt. Das einzige, was ich für den Dichter einklagen wollte, ist das Recht, das auch der erschöpfte Familienvater hat, wenn er Tischler oder Schuhmacher ist: das Recht, gute Möbel oder Schuhe zu machen mit den besten Mitteln, über die er verfügt. Und ich sehe in der von mir untersuchten Zeit keine bessere Möglichkeit, Gedichte zu machen, als auf die Art, wie sie die Dichter, an die ich dachte, ohnehin schrieben. Wenn es eine andere gegeben hätte, wäre sie entdeckt worden. Doch das ist nicht der Fall. Das bedeutet natürlich nicht, daß ich mich nicht freuen würde, wenn die *bessere* Dichtung auch das *große* Publikum erreichen würde. Leider geschieht das im Laufe der Geschichte nur selten, und ich bin nicht gewillt zuzugestehen, daß immer, wenn dieser Fall ausblieb, der Dichter die Schuld trug. Vielleicht ist aus dem bisher Gesagten deutlich geworden, daß ich tatsächlich denke, die Schuld – wenn es eine Schuld gibt – ist bei viel allgemeineren Kräften zu suchen, die jeden von uns, mit seiner spezifischen Funktionalität, überwältigen und verführen. Hier müßten, ausgehend von Majakowskis Theorie des „gesellschaftlichen Auftrags"[44], neue Überlegungen angestellt werden. Doch das reicht fürs erste.

Wenn mich auch an erster Stelle die bessere Dichtung interessiert, so ist deswegen meine Haltung nicht die eines zimperlichen Aristokratismus, der in unserem Land so üppig wuchs und blühte und der von sehr hoch oben auf die demotischen Lieder oder den *Erotokritos* herabsah. Im Gegenteil, diese Texte sowie die *Memoiren* von Makrijannis lehrten mich über Schreiben in griechischer Sprache mehr als viele Theologen der Literatur, und ich habe den Eigensinn zu glauben, daß Texte wie der folgende mir zum besseren Verständnis der „hermetischen", „irrationalen" und „zusammenhangslosen" zeitgenössischen Kunst verholfen haben:

> Ich hatte dir zum Schutz drei Wachen aufgestellt.
> Ich stellte die Sonne aufs Gebirg und auf das Feld
> den Adler,
> und den Nordwind, den kühlen, hatt' ich auf den
> Schiffen.
> Doch die Sonne ging unter, und der Adler schlief
> ein,
> und den Nordwind, den kühlen, nahmen die Schiffe
> mit fort.
> Und so fand Charon den Augenblick und hat dich
> mir geraubt.

„Aber", werden die anderen rufen, „da dir das Publikum gleichgültig ist, verschwendest du nur deine Zeit, vergeblich mühst du dich ab!" Erstens: das Publikum ist mir nicht gleichgültig, es ist das Publikum, das sich gleichgültig verhält; zweitens: wenn es einen gibt, der keine Zeit verschwendet, so werfe er als erster den Stein; drittens: ich liebe das Meer, und noch mehr liebe ich es, Flaschenpost ins Meer zu werfen. Außerdem: Wer hat sich jemals Gedanken gemacht, wer das *tatsächliche* Publikum eines Kalvos und so vieler anderer ist? Wenn wir zu zählen anfingen, kämen wir – glaube ich – in die traurige Situation des Mönchs Dionisios aus der *Frau aus Zakynthos*. Alle Großen in unserem Land waren einsam. Früher oder später kommt der Augenblick, da wir uns nicht mehr über die Natur der Dinge wundern.

3. Meine dritte Sünde wäre womöglich die Engstirnigkeit. Solch ein Empirismus, so viele Beispiele, solch eine Ablehnung des Allgemeinen! Dazu habe ich nichts zu sagen.

Vielleicht habe ich berufsbedingt eine Wandlung durchgemacht. Vielleicht. Der Theoretiker theoretisiert; der Dichter, sosehr auch die Götter in ihm wohnen, dichtet, er ist ein Homo faber: ein praktischer Mensch. Dennoch ist mir bisweilen die Vorstellung nicht unangenehm – sie befriedigt mich sogar –, daß der Dichter, der die äußere Welt am besten erkannte, blind war; die Vorstellung, daß Beethoven als Tauber, zwischen Hörgeräten und dem Lärm berstender Saiten manisch seine Musik schrieb; die Vorstellung – die der des Pöbels völlig entgegengesetzt ist, wonach der Dichter das, was er schreibt, auch „erlebt" haben müsse –, daß Rimbaud das *Trunkene Schiff* schrieb, ohne jemals das Meer gesehen zu haben.

Aber ich denke noch – vielleicht ist daraus meine Engstirnigkeit abzuleiten –, daß der Theoretiker eine Persönlichkeit ist und die Persönlichkeit der anderen, also auch die des Dichters, zu beurteilen vermag. Während der Dichter eben keine Persönlichkeit ist: „Er hat keine Identität", „er besitzt kein ego", „er ist die antipoetischste Existenz der Welt", „er ist ein Chamäleon"![45] Hier beginnt eine andere Geschichte.

Athen, Mai 1939

Kostis Palamas

Dieser Tage muß ich unentwegt an den Seemann aus der alten Legende denken, dessen Schiff von der wild gewordenen Gorgo auf offener See angehalten wird und der auf ihre Frage, ob König Alexander noch lebt, antworten muß: „Er lebt und ist König!"

Kostis Palamas ist nicht tot. Er hat zwar nach einem langen und erfüllten Leben seine zerstörten Augen geschlossen, aber die Bitterkeit, die wir im Exil und auch die freien Sklaven in unserer Heimat empfinden, rührt allein daher, daß er den Tag, den wir alle mit unserer ganzen Seele herbeisehnen, nicht erleben wird – er, der Freie, den Tag der Freiheit; er, der Kämpfer, den Tag des Sieges.

Kostis Palamas lebt, wo immer die griechische Sprache gesprochen und geschrieben wird. Sofern Griechen die Feder in der Hand halten oder in die Hand nehmen, um ein Werk in unserer Sprache zu verfassen, mögen sie seine Anhänger oder Gegner sein oder ihm auch nur skeptisch gegenüberstehen, werden sie als Mitfahrende auf dem langen Strom der griechischen Tradition – bewußt oder unbewußt – wie der Seemann aus der Legende antworten müssen: „Palamas lebt und ist König!" Diese Antwort des Kapitäns aus dem Volksmärchen werden auch jene wiederholen, die selber keine Gedichte schreiben, sondern auf Gedichte angewiesen sind und mit ihnen umgehen, sorgsam und hingebungsvoll, als seien sie ein Lebensquell.

Tatsächlich, es gibt Menschen, die sterben nicht. Denn wie die Wurzeln großer Bäume und die Adern eines verborgenen Gewässers sich verzweigen, so öffnet sich ihr Leben dem Volk – nicht einer Menschenmasse dieses oder jenes Augenblicks, sondern einer organischen Ganzheit, die das Leben im umfassenden Sinne fortsetzt, verändert, sich ihm unterwirft und es sich unterwirft, so bewegt es auch sein mag – ihr Leben mündet in das unendliche Verwobensein der Toten und Lebenden.

Ich sehe vor mir die sterbliche Hülle dieses kleinen Mannes mit den tiefliegenden Augen, die man unter den dichten

Augenbrauen nur mühsam ausmachen konnte. Er dürfte kaum größer als ein Kind gewesen sein. Aber gerade jetzt, da er dahingesunken ist, kann man seine wahre Größe ermessen. „Welch gewaltiges Leben!", hatte er selbst zuweilen über einen der Väter unserer Nation gesagt. Wie bedeutend ist er jetzt, da seine wahre Größe vom Volk erkannt wird!

Doch warum ist Palamas so bedeutend?

Ich glaube, daß Palamas so bedeutend für die Entwicklung des dichterischen Ausdrucks in Griechenland ist, weil – kurz gesagt – in seinem Werk eine zweitausendjährige schwelende Tragödie des Hellenentums endlich zum Ausbruch kommt, zu einer Lösung gelangt, eine Katharsis erfährt.

Fast zwanzig Jahrhunderte sind vergangen, seit die Evangelien aufgeschrieben wurden oder seit die letzten alexandrinischen Wortkünstler verstummten. Trotzdem bleiben in dieser gewaltigen Zeitspanne für den Kenner der griechischen Literatur bestimmte Merkmale charakteristisch. Das erste: man kann keine Unterbrechung ihrer Entwicklung feststellen, ebensowenig einen plötzlichen Umschwung oder Rückschritt. Der Weg verläuft geradlinig: wir erfuhren nie eine „Renaissance" nach dem Muster der westeuropäischen Völker. Wir machten weder Blütezeiten noch Verfallsepochen durch. Das zweite und wichtigere Merkmal: diese unendlichen zweitausend Jahre hüllt ein doppelt wirksames Schweigen ein. Ich beziehe das auf die Dichtung in ihrer allgemeinsten Bedeutung, also auf jene Kunstgattung, die mittels des Wortes versucht, Gefühle auszudrükken, wiederzugeben. Natürlich pulsierte auch damals Blut in den Adern der Menschen, hatten sie liebende und mordende Hände. Aber ihre Gefühle bleiben uns für immer verborgen. Ich sage „verborgen", eben weil uns die Gefühle der Menschen aus Homers, Dantes oder Shakespeares Zeiten nicht verborgen sind. Dabei wurde doch während dieser gesamten Zeitspanne weiterhin Griechisch geschrieben. Ja, unser Schrifttum gehört zu den ältesten, ununterbrochen fortexistierenden Literaturen der Welt.

Wie ist das zu erklären? Seit der Zeit der Evangelien bis zu Beginn des 19. Jahrhunderts, als die versklavte Nation erwachte und Palamas sich ankündigte, brachte das griechische Schrifttum keinen eigenschöpferischen Ausdruck, keine eigenständige Literatur hervor: es beschrieb. Man hat beim Lesen den Eindruck, als laufe man um einen verriegelten Turm. Der niemals seine Pforten öffnen wird. Die Texte sind tot, und ihre Sprache ist tot; eine attizistische, künstliche Sprache, die sich auf ihre Unabhängigkeit und Isolation versteift – ein riesiges Leichentuch. Aber dieses Leichentuch hüllt keine Toten ein, sondern Lebende. Immer wieder versucht das Leben, es zu zerreißen, um frische Luft atmen zu können. Das wird deutlich in den Liedern des akritischen Zyklus, in einigen Volksliedern aus Konstantinopel, im Theater Kretas, im *Erotokritos*. Später, nach dem Untergang des Byzantinischen Reiches, bleibt davon etwas erhalten ausschließlich in den Liedern des „niederen Volkes", wie es die anderen abschätzig nennen. Man kann viele bittere Feststellungen treffen über die Kluft, die Gebildete und Schöngeister von der wahren Stimme des Lebens trennt, wenn man bedenkt, daß der einzige wirkliche Dichter, den die Nation innerhalb vieler Jahrhunderte hervorgebracht hat, das anonyme und ungebildete Volk ist, und daß der einzige bedeutende Prosaschriftsteller, den ich zumindest kenne, wiederum ein „Niederer" ist, der mit über dreißig Jahren ein wenig schreiben lernt: Makrijannis. Das seltsamste ist, daß diese Ungebildeten den antiken griechischen Geist viel getreuer weiterführen als die Reinsprachler mit ihrer endlosen Rhetorik, die nichts weiter ist als ein ständiger Knebel.

Mit Wiederauferstehung der Nation tauchen zwei herausragende Persönlichkeiten auf, die beiden ersten Streiter in dieser tausendjährigen Schlacht des griechischen Wortes gegen das Schweigen: der eine, der bewußt und kritisch die grundsätzlichen Probleme des Ausdrucks formuliert, mit denen sich unsere Dichtung noch heute auseinanderzusetzen hat. Der andere mit einer jugendlichen lyrischen Eruption und einem Überschuß an Inspiration. Sie sind die Vorläufer, die Väter. Beide sind in diesem Kampf gefallen, wie ich meine, und hinterließen uns ein wüstes Werk: herrliche Trümmer voller Klüfte und Wunden des Schweigens.[46] So, wie die Werke der beiden auf uns gekommen sind, gleichen sie alten Galeeren, die aus einem ungleichen Kampf mit zerfetzten Segeln zurückkehren.

Solomos stirbt 1857, zwei Jahre vor Palamas' Geburt, der seinerseits 1888 den bis dahin unbekannten Kalvos entdeckt, im gleichen Jahr, da die *Reise* von Psicharis erscheint und der Streit um den Demotizismus beginnt. Zwei wichtige Jahreszahlen.

So verlief, kurz gesagt, die Geschichte. Ein gewaltiger Zeitraum des Schweigens mit seltenen, vereinzelten und folgenlosen Unterbrechungen oder Vorankündigungen und endlich dem aus Trümmern bestehenden Werk zweier Vorläufer. Darum bezeichnet das Werk von Palamas den Punkt, an dem sich die umfassende Wiedergeburt und Rückführung der griechischen dichterischen Sprache ins Leben vollzieht.

„Erst sehr spät kam dieser Tag ..." Hinter der Tür, die Palamas aufzustoßen versucht, häufen sich die Ereignisse, Gestalten, Gefühle, Legenden, Religionen, Märchen, Triumphe und Katastrophen von Jahrhunderten. Und sie alle warten und drängen und hoffen, durch das dichterische Wort, das sie materialisiert, das Licht der Sonne zu erblicken. Abseits lauert ein Haufen von Nichtstuern, korrumpiert durch würdelose oder verantwortungslose Wortführer, und gafft, höhnt, schimpft. Es sind die Leute der „Orestiaka" und „Evangeliaka", es ist die erstickende Atmosphäre, die die am meisten aufgeklärten Geister jener Generation auf den Plan rief. Es ist der Niedergang:

Ihr Spürhunde, Schakale und ihr Gockel,
ihr seid immer auf den Beinen,
Strolche, Schufte, Schlendriane, Narren mit
Monokel.

O glücklicher Chef, der sagt: Das sind die meinen!
Und was sind das Wahre und ihre großen Gaben,
die zu Kraft und Schönheit verhelfen dieser Runde?

Alle Trikupisse sind Verräter. Hängt sie auf, die
Raben!
Und die Psicharis-Sippe? Nieder! Bezahlte Hunde.
Da seht Griechenland! Die Lehrerin, diese Kebse

> aus dem Arsakion, vollgestopft mit weisen Lehren.
> Und der Grieche? Total blöd! Sein Grips? Wie eine
> Erbse!
> Kommt aus dem Kafenion nach Konstantinopel,
> dem hehren,
>
> hält noch das Mundstück vom Narghile, das alle
> begehren.

Das ist die Stunde von Palamas. Das Ungesagte, das Unausgesprochene, das Unsagbare einer großen Generation staut sich wie in einer engen Schlucht in der Seele dieses Menschen, der, eingeschlossen in seine Zelle, ein Werk zu schaffen versucht, indem er die jahrhundertelang verdrängten Bewußtseinsströme aus der Tiefe hervorholt, und zwar ohne seine Weisheiten aus einer überirdischen Welt oder, wie man behauptete, aus Büchern zu beziehen. Denn er trägt alles das in seinem Innern, und diese unerträgliche Last martert seine Seele. Ich erinnere mich an jenen Satz von Balzac, der auf die Frage, wann er das Leben beobachte, erwiderte: „Ich habe keine Zeit zu beobachten." Palamas hat keine Zeit zu beobachten; seine Augen schauen nach innen, Durst, der ihn ausdörrt und quält, wie er sagte.
Seine Reisen sind höchstens ausgedehnte Spaziergänge. Die byzantinischen Ortschaften, die er ausgiebig beschreibt, hat er niemals gesehen. Konstantinopel trägt er im Herzen, ebenso die tausendjährigen Sehnsüchte, Leiden und Herrlichkeiten der Nation mit all ihren Legenden und „hundert Stimmen".
Ich glaube, daß viele Jahre vergehen müssen, bis sich wieder ein Mensch mit einer solchen Spracherfahrung findet. Er kannte die Sprache in- und auswendig, ihre geheimsten Winkel; Altgriechisch und mittelalterliches Griechisch, Dialekte; all ihre Schattierungen und jeden ihrer Töne. Nein, er kannte sie nicht wie die Pharisäer und Grammatiker, sondern trug in seinem Innern diese gewaltige Ausdruckskraft, diese Anadyomene. Darum wirken seine Gedichte, etwa der *Dodekalog des Zigeuners* oder die *Flöte des Königs*, auf uns wie Naturereignisse – hier ein zufällig ausgewähltes Beispiel:

Konstantinopel, die Weltstadt, umzingelt. Gefallen.
Vorbei,
vorbei. Da, der Tempel des Herrn! Ein Stall voll Kot
von den Pferden des Feinds. Auf dem Thron des
Chrysostomos
wälzt sich eine Dirne, kreischende Verkünderin
des fleischlüsternen Dämons. Die Brokatbänder
dienen als Halfter,
als Kloaken die Taufbecken. Da! Jeder plündert
jeden. Beschmutzer, Schlächter der Würdenträger
und Heiligen.
Und aus der Hagia Sophia, der über alles erhabenen
und schönen,
wurde der Heilige Altar geraubt, ins Piratenschiff
geschleppt,
ab gehts, ins Frankenland! Gottes Zorn waltet!
Gegenüber Marmaronisos
geht alles unter, was lebt. Es sinkt das Schiff.
Es sinkt auch der Heilige Altar. Doch ringsum das
Meer,
es leuchtet, Sonne scheint, kein Sturm braust,
und es duftet das Meer, ruhig und glatt ...

Man hat gesagt, Palamas sei kein guter Dichter, weil er in
sich nicht einheitlich ist. Erstens: die Einheitlichkeit von
Palamas ist Palamas. Und zum zweiten sollten wir mehr beachten, was er selber zu diesem Thema meint: „Ich bin mir
dessen bewußt", schreibt er 1921,[47] „daß ich nicht nur einer
bin. Ich existiere nicht in meinem *einen* Ich, sondern in meinen *vielen* Ichs." Inzwischen können wir die verschiedenen
„Ichs" von Palamas ausmachen. Sie entsprechen der gesamten griechischen Tradition seit dem Verstummen der
letzten alexandrinischen Wortkünstler, den Strömungen
und Richtungen dieser Tradition – die, von der äolischen
Lyra herkommend, die sensible und der eigenen Zeit zuge-
wandte[48] Persönlichkeit des Dichters erfassen und in ihm
ein Echo finden:

Und wenn ich ein Baum bin, bin ich ein Baum
der Saite und Musik nach,
und nichts anderes ...

sagt er im *Dodekalog*.

Manchmal wird diese Welt, die seine Seele ertragen muß, zu einer solchen Last, daß die menschliche Widerstandskraft schwindet:

> Aber ich verschließe mich seitdem in mir selbst und
> versuche aus ganzem Herzen,
> diese kranke und verfluchte Welt auszumerzen.

Und tatsächlich, diese stumme Welt, die niemals das Sonnenlicht erblickt hat, ist freudlos, tränenlos, sprachlos, verwaist, und sie tut nichts weiter, als ihn zu jagen. Bedenkt man das, wird man schnell verstehen, warum Palamas, trotz seiner gewaltigen Kraft, immer wieder zur Gestalt des Zigeuners, Bettlers, Verrückten, Eingekerkerten, Gefesselten, Paralytikers und sogar des Gekreuzigten zurückkehrt:

> Meine Hände, die wie Säuglinge hilflosen
> teuren Hände, mein größter Reichtum
> rettet sie für die Lieder und Rosen
> oder nagelt sie ans Kreuz für ihr Tun!

Psicharis schrieb einst, sicherlich etwas übertreibend: „Ich nahm alle Verszeilen von Palamas und wog sie einzeln ab. Ich fand keine einzige, die nicht gut gewesen wäre." Und das könne, so seine Schlußfolgerung, nur ein Verseschmied und kein Dichter fertigbringen. Ich habe keine Lust zu untersuchen, ob das Kriterium von Psicharis ausschlaggebend ist. Aber selbst wenn das der Fall wäre, ist seine Feststellung nicht richtig, daß Palamas keine schlechten Verse geschrieben hat. Wenn die Wasser hervorbrechen und zu Katarakten werden, dann reißen sie nicht nur Veilchen und Wildblumen, sondern auch Steine und „Felsbrocken" mit in den Abgrund, wie einer meiner Freunde sagte, der den Dichter nicht mochte. Palamas ist vieles in einem. Manches gefällt und anderes nicht. Aber entscheidend ist, daß es Palamas gab:

> Bronzene Glocken läuten ein die neue Religion, die
> fremde,
> die antiken Marmortrümmer schweigen voller Wut;
> das Alte, das Neue, aus Marmor, aus Holz, alles,
> was verging oder blieb am Ende,
> sucht das Gemeinsame in der Umarmung.

Sein war die erste Umarmung. Und er schuf auch eine Gemeinschaft, die aber jeder wahre Dichter Griechenlands stets aufs neue erschaffen muß.

Und um zum Ende zu kommen: Ich habe versucht, Ihnen eine Vorstellung von jenem historischen und psychischen Ausgangspunkt zu verschaffen, in dem Palamas' Wirken einsetzte. Ein recht anschauliches Bild vermittelt der Schluß des *Askräers*, eines Werkes, das, wie Aristidis Futridis in unserer Jugend lehrte, „eines der größten, vom Geist des genügsamen Dichters aus Askra inspirierten Werke seit Vergils Zeit ist"[49]. Hesiod sagt darin:

Und die Wasser, noch Rinnsale, kalt, rein, lieblich
> ihr Rauschen,
funkeln in der Sonne, sie laden zum labenden
> Trunk ein
und strömen zusammen von Bergen, aus Quellen,
> unendlich zu lauschen,
wie sie sich ändern, breiter werden, sich trüben und
> hinein

sich stürzen in Abgründe und sonnenverlassene
> Orte,
und kommen anderswo wieder hervor als
> schäumender Fluß;
wie meine einfachen Lieder, meine nichtigen Worte
Licht im Elysium fanden und Feuer im Tartarus.

Weil der Unterwelt geheime Kreise sie alle
> berührten,
klangen sie größer, epischer, dichter, so hört ihnen
> zu,
wie aus den Tropfen zur Quelle sie wurden und aus
> Stottern zur Sprache sie führten.
Hier auch meine Seele, nimm sie in deinen neuen
> Körper. Du!

Mit Palamas nimmt die griechische Literatur einen normalen Verlauf. Von den zwei Traditionen, die ohne Unterbrechung seit der ursprünglichen „Koine" nebeneinander existierten, findet die eine, die erlauchte und tote, die

Kunstliteratur, ihren Abschluß und ihre Krönung zugleich in Kavafis' Dichtung. Der anderen, der verschmähten und lebendigen, der Volkstradition, gelang, nachdem sie ihr Feuer im Tartarus und Licht im Elysium gefunden hatte, mit Palamas der Durchbruch. In Palamas vereinigen sich erstmals seit zweitausend Jahren die beiden verschiedenen Stränge der griechischen Tradition zu einer Linie.

Ich wollte Ihnen heute in aller Kürze nur diese wenigen Worte sagen. So als würde ich mit einem Freund sprechen, zum Beispiel mit jenem, der während des vergangenen Krieges die *Flöte des Königs* im Tornister mit sich durch Makedonien schleppte.

Wir leben heute in einem Kriegslager. Der Krieg beherrscht uns. Wir beißen die Zähne zusammen, um das große Unrecht, das sich niemals wiederholen darf, zu ertragen. Wir finden nicht einmal mehr Ruhe zum Überlegen. Ich habe versucht, Ihnen mit wenigen Andeutungen den Hauptgedanken zu erläutern, den ich weiter ausführen würde, wenn ich über dieses umfangreiche Werk zu sprechen hätte, über das bis heute wenig geschrieben wurde, weil es uns noch so unmittelbar und ganz persönlich betrifft. Ähnlich schwer ist es, die Höhe eines Berges und den Horizont zu ermessen, der sich von seinem Gipfel aus auftut, wenn man noch an dessen Fuß steht.

Es ist auch nicht der rechte Augenblick, Gedanken zu entwickeln, die mich als Menschen bewegen, es ging mir heute eher darum, zwei, drei Entwicklungslinien unserer dichterischen Tradition zu skizzieren.

Ich gehöre der vorletzten Generation an, die Palamas kannte. Vor uns sind drei oder vier andere Generationen durch seine Zelle hindurchgegangen – gleich den Blättern, von denen Homer spricht. Durch jene enge Zelle, die noch enger wurde durch die aufgestapelten Bücher; die plötzlich erhellt wurde durch den Blick und die Freundlichkeit des Dichters; die Wärme ausstrahlte durch die Aufmerksamkeit des gebeugten Alten gegenüber den Bemühungen der Jungen, die noch nicht ihren Weg gefunden hatten. In unserem Land, in dem wir alle auf so erschreckende Weise Autodidakten sind, war er der einzige, der sich mit großer Hingabe und Ausdauer der Versuche jener angenommen hat, die erst in den Vorhof der Kunst eingetreten waren. Der hochherzige Alte ist nicht mehr! Sein Gesicht war zerfurcht wie eine alte Pinie oder ein alter Olivenbaum; entwurzelte Bäume, die mit ihm verdorrt sind, wie wir erfahren. Der letzte Lehrer der Nation ist nicht mehr! Ich sehe nach so vielen anderen auch ihn hinter dem Hügel von Marussi in den Marmorbrüchen von Penteli entschwinden. Attikas Erde ist verwaist. Ihre Bäume verbrannten zu schwarzen Stümpfen. Noch niemand vermochte aber den weißen Marmor in schwarzen zu verwandeln, und das wird auch in Zukunft niemandem gelingen. Palamas stirbt in einem Augenblick, in dem unser Land unter unvorstellbaren Opfern und mit viel Blut ein neues Griechenland schmiedet. Das Datum von Palamas' Beerdigung ist symbolisch. Es ist Anfang und Ende. Palamas heißt ein großes Leben, ein nackter männlicher Körper, der hartnäckig gegen einen alten, morschen Damm ankämpft, um den Wassern der Freiheit den Lauf ins Tal zu ebnen. Und er hat die riesige Mauer niedergerissen. Und das Wasser ergoß sich frei hinaus. So wirkte Palamas wie eine Naturkraft. Wie eine Kraft der geistigen Natur Griechenlands. Und wenn wir einem solchen Phänomen gegenüberstehen, ist es unwichtig, ob uns ein bestimmtes Gedicht gefällt oder nicht, ob wir diesem oder jenem Gedanken zustimmen. Er schlug Wurzeln, breitete sich aus, befreite die Seele, und zwar nicht die eines kleinen Balkanvolkes, sondern die eines gewaltigen Volkes: des Volkes des griechischen Geistes.

Seit Palamas ist der Weg offen, keineswegs aber leicht:

> Verlasse den Garten, mein Kind, den du erbst,
> nicht wie du empfangen ihn wirst. Grab tiefer
> die Erde, mach fester den Zaun und vermehre
> das Grün, und den Boden mach fruchtbarer noch.
> Und dort, wo es wildwüchsig wuchert, beschneide
> die Zweige. Ja, scheue dich nicht, von der Quelle
> das Wasser zu tragen. Und wenn du gelernt hast,
> die Arbeit und alles Gesunde zu lieben,
> verbrenn dann den Weihrauch, besprich, daß sie
>   weichen,
> die Geister. Und pflanze mit allem, was grün
> und aufstrebend wächst, das Lebendige an.
> So wirst du zum Gärtner, zum Heger und Pflanzer.

Und wenn dann die Jahre, die finsteren, kommen,
die Zeiten, in denen die Vögel erschrocken
davonfliegen werden, die Zeiten, wo Bäume
zu andrem nicht taugen als zu Barrikaden –
dann schrick selbst nicht zurück vor der Katastrophe,
ergreife die Axt und schlag alles nieder,
was du einst gepflanzt hast, leg Feuer und baue
dir eine Bastion und verschanz dich darin.
Dann kämpfe, verblutend das neue Geschlecht,
das lange erwartet schon wird, zu begrüßen,
das ewig zu kommen sich anschickte und
das ewig zerrieben ward zwischen den Kurven
der Kreise ...

Kairo, 10. März 1943

Ein Grieche: Makrijannis

1

Alle Athener kennen das alte Makrijannis-Viertel. Aber nur die, die sich mit der Geschichte der Griechischen Revolution und der Bayernherrschaft beschäftigt haben, wissen etwas vom Wirken des Kämpfers von 1821, des Initiators der 3.-September-Bewegung und des von den Militärgerichten König Otto I. Verurteilten. Die wenigsten jedoch wissen, daß uns Makrijannis ein bedeutendes Buch – die Geschichte seines Lebens – hinterlassen hat; es sind vielleicht deshalb so wenige, weil er kein Gelehrter war.

Diesen Makrijannis der *Memoiren* liebten nur einige junge Dichter, die nach der Kleinasiatischen Katastrophe zu publizieren begannen. Ich gehe bestimmt nicht fehl in der Annahme, daß seine Stimme erst zwischen 1925 und 1935 langsam und kaum vernehmbar in das geistige Leben unseres Landes eindrang. Dem breiten Publikum war sie noch unbekannt. Die jungen Dichter, die während des Weltkrieges groß geworden waren und im Zenit ihres Lebens standen, als die gegenwärtige Krise begann, waren nicht in der Lage, ihre eigenen Werke bzw. ihre Wertvorstellungen durchzusetzen. Wer die Entwicklung der literarischen Strömungen in der Zeit zwischen den Kriegen verfolgt hat, weiß, daß nach der Kleinasiatischen Katastrophe in unserem Land eine Periode der ideologischen Bestandsaufnahme und Umgestaltung begann, die mit der Periode der Aufklärung, die nach dem Krieg von 1897 einsetzte, verglichen werden kann. Die gegenwärtige Kriegssituation verdeckt diese Tendenzen oder aber spitzt sie zu. Darum muß auch Makrijannis, der schon einmal die Herzen der jungen Dichter erreicht hatte, warten, bis der Himmel sich wieder klärt, damit er den ihm gebührenden Platz einnehmen kann.

Unter diesen Umständen ist es für mich äußerst schwierig – und Sie empfinden das sicher auch –, Ihnen die Bedeutsamkeit des Buches von Makrijannis in einem kurzen Vortrag nahezubringen oder Ihnen wenigstens den Weg nachzuzeichnen, den ich gegangen bin, um dieses vergessene

Werk wiederzuentdecken. In gewisser Hinsicht bin ich der erste Zeuge, den Sie in einer Ihnen fremden Angelegenheit hören. So bitte ich Sie, ohne Voreingenommenheit einige Auszüge aus Makrijannis' Buch, die ich vorlesen will, anzuhören und mir Ihre Aufmerksamkeit zu schenken.

Indem ich aber versuche, meine Meinung über dieses eigenwillige Stück Literatur auszudrücken, fühle ich mich bereits wie von einer schweren Bürde befreit. Mit Ihrem Kommen und Ihrer Bereitschaft, mir zuzuhören, geben Sie mir die Möglichkeit, eine alte Schuld abzutragen, die mich sehr bedrückte. Seit 1926, als mir dieses Buch in die Hände fiel, verging kein Monat, in dem ich nicht ein paar Seiten darin gelesen, und keine Woche, in der ich mir nicht Gedanken über diese so lebendige Darstellung gemacht habe. Die *Memoiren* begleiteten mich auf Reisen und auf meinen Irrfahrten, gaben mir neuen Mut oder trösteten mich in bitteren Augenblicken. In unserem Land, in dem wir Dichter uns nur mühsam autodidaktisch bilden können, war Makrijannis ein sehr bescheidener, aber auch beständiger Lehrer.

Ich war sicher, daß sich mir eine Gelegenheit bieten würde, um ihm ein wenig Dankbarkeit zu erweisen. Der seltsame Zufall will, daß Sie mir diese Gelegenheit geben – Sie, die Angehörigen der griechischen Armee im Nahen Osten, die Griechen in Ägypten. In einer Zeit, in der wir versuchen, das Schicksal des Griechentums zu erkennen und zu begreifen, und zwar trotz des Sturmes, der in unserem Land wütet, und jenseits der jähen Wendung, die die Welt unsrer Tage genommen hat, liegt, wer weiß – in diesem Zufall vielleicht –, ein geheimer Sinn. In einer Zeit, in der Kampf, Blut, Schmerz und die Sehnsucht nach Gerechtigkeit unsere Seelen – und unsere Illusionen – von flüchtigen Rauschmitteln geläutert haben und in der der Mensch bei seinem Mitmenschen das Reine, Sichere und Zuneigung sucht, ist es gut, über Männer wie Makrijannis zu sprechen. Hören Sie, was er sagt[51]:

„Alles, was ich aufschreibe, halte ich nur fest, weil ich nicht mit ansehen kann, wie das Unrecht das Recht drangsaliert. Darum habe ich auch im fortgeschrittenen Alter schreiben gelernt und reihe diese ungelenken Wörter aneinander, denn ich hatte als Kind keine Möglichkeit, die Schule zu besuchen: Ich war arm und mußte mich als Knecht verdingen, hütete die Pferde und verrichtete eine Menge anderer Arbeiten, um die Schulden meiner Vorfahren zu begleichen und in dieser Gesellschaft leben zu können, solange ich Gott als Pfand in meinem Körper habe. Und es war Gottes Wille, daß die Toten in meiner Heimat auferstanden sind und daß sich meine Heimat von der Tyrannei der Türken befreite, und auch mich hielt er für würdig, dafür nach Kräften zu arbeiten, wenn auch weniger als die geringsten unter den griechischen Patrioten. Viele weise Männer, einheimische Literaten und ausländische Gelehrte, schreiben über Griechenland. Aber ein Umstand brachte auch mich zum Schreiben: diese Heimat gehört uns allen, den Gelehrten und Ungebildeten, Reichen und Armen, Politikern und Soldaten und den vielen kleinen Leuten. Alle, die für die Heimat kämpften, natürlich jeder nach seinen Kräften, haben das Recht, hier zu leben. Wir handelten alle gemeinsam, um gemeinsam die Heimat zu schützen, so daß keiner, weder der Starke noch der Schwache, sagen kann, ‚ich' bin es gewesen. Wißt ihr, wann jeder ‚ich' sagen darf? Nur wenn er ganz allein für eine Sache kämpft, wenn er ganz allein etwas aufbaut oder zerstört. Wenn aber viele gemeinsam kämpfen und gemeinsam etwas aufbauen, müssen sie ‚wir' sagen. Jetzt befinden wir uns in einer Zeit des ‚wir' und nicht des ‚ich'. In einer Zeit, in der wir lernen müssen, wenn wir ein Dorf bauen wollen, in dem wir alle miteinander leben können. Ich schrieb die nackte Wahrheit auf, damit alle Griechen sie erfahren und sich für ihre Heimat, für ihre Religion einsetzen; damit auch meine Kinder die Wahrheit erfahren und sagen: Unsere Eltern kämpften und opferten vieles! – wenn es tatsächlich Kämpfe und Opfer gewesen sind. Damit unsere Kinder stolze Menschen werden und sich für das Wohl der Heimat, ihrer Religion und Gesellschaft mühen – denn das soll ihnen eigen sein. Sie dürfen aber durch die Taten der Vorfahren nicht hochmütig werden, deren Tugend beflecken, deren Gesetz mißachten oder deren Einfluß sich selbst zuschreiben" (II, 463 f.).

Damit schließt sein Manuskript, das einen Umfang von vierhundertsechzig eng beschriebenen Seiten großen Formats hat. Makrijannis beginnt mit dem Schreiben am 26. Februar 1829, zweiunddreißigjährig, in Argos, wo er „Führer der Exekutive auf dem Peloponnes und in Sparta" ist, und er hält entweder weiter zurückliegende Ereignisse fest oder notiert aktuelle Ereignisse wie in einem Tagebuch. Mehr als die Hälfte ist allem Anschein nach bis zum Jahre 1832 in Argos geschrieben worden. Er führt es bis 1840 in Nafplion und Athen weiter, wo er das Manuskript in großer Eile abschließt und versteckt. Die politischen Machthaber riechen Verschwörung. „Sie hegten großen Verdacht gegen mich", notiert er, „und wollten mein Haus durchsuchen, um meine Schriften zu finden" (II,346). Schließlich vertraut er das Manuskript einem Schwager an, der es nach Tinos mitnimmt. Im Jahre 1844, nach dem Aufstand zur Wiedereinführung der Verfassung,[52] den er mitorganisiert, und nach den „Septemberereignissen" von 1843 fährt er nach Tinos und nimmt das Manuskript wieder an sich; er schreibt die Aufzeichnungen ab, die er während der letzten Jahre unter strengen Sicherheitsvorkehrungen gemacht hatte: „Ich machte meine Notizen", sagt er, „und saß stets in der Nähe einer Blechkiste, in die ich meine Papiere hineinsteckte" – und unter solchen Bedingungen schreibt er bis zum April 1850. Ein Jahr später vervollständigt er das Buch durch ein Vorwort und ein recht umfangreiches Nachwort. Die hervorragende Ausgabe von Jannis Vlachojannis, die einzige, über die wir bislang verfügen, erschien 1907, ein halbes Jahrhundert nach der Niederschrift, nachdem dieser wertvolle Text in vollkommenem Dunkel verschwunden war.

Makrijannis hatte keinerlei Schulbildung genossen. Er brachte es bis zum General, obwohl er keiner vornehmen Familie enstammte. Seine Familie war arm und betrieb Viehzucht und Ackerbau. Über seine Geburt berichtet er uns folgendes:

„Mein Geburtsort, das Dorf Avoriti, liegt in der Gegend von Lidoriki. Meine Eltern waren sehr arm, und die Ursache für diese Armut lag in den Plünderungen der Türken und Albaner unter Ali Pascha. So kam es, daß meine Eltern eine große Familie zu ernähren hatten, aber sehr arm waren. Als ich mich noch im Bauch meiner Mutter befand, ging sie eines Tages ins Tal, um Holz zu sammeln. Während sie die Zweige auf die Schulter hob und nach Hause gehen wollte, setzten in dieser Einöde die Wehen ein. So brachte sie mich allein zur Welt, ganz erschöpft war die Arme, denn beide schwebten wir in Todesgefahr. Sie entband mich ganz allein, richtete sich etwas her, nahm ein Bündel Holz, legte etwas Stroh darauf, dann mich und ging ins Dorf zurück" (II,11 f.).

Makrijannis sagt, er habe keine Möglichkeit gehabt, zur Schule zu gehen. Er konnte zwar seine Gedanken schriftlich festhalten, es ist aber fraglich, ob er jemals in seinem Leben etwas anderes als das selbst Geschriebene zu entziffern vermochte.

„Der tapfere Makrijannis, der niemals lesen lernte", wird Alexandros Sutsos während der Septemberereignisse von 1843 singen. Denn sein Schreiben ist, fast vollständig, seine eigene Erfindung. „Ungelenke Wörter" nennt er es. Vlachojannis brauchte siebzehn Monate, um den Text zu entziffern, ihn regelrecht zu entschlüsseln und abzuschreiben. Man erfährt den Grund, wenn man sich eine Seite des eng beschriebenen Manuskriptes anschaut. Er versucht, die phonetische Aussprache des Dialekts aus Rumeli durch eine eigenwillige Buchstabenverflechtung schriftlich wiederzugeben, die einem unentwirrbaren Knäuel gleicht. Nirgends ein Wortende, ein Absatz oder gar Interpunktion. Nur an wenigen Stellen deutet ein senkrechter Strich auf eine Pause hin. Seine Schrift gleicht altem Mauerwerk, an dem man bei genauem Betrachten jede Bewegung des Maurers nachvollziehen kann, jede Bewegung, die den folgenden Stein mit dem vorausgegangenen, die folgende Anstrengung mit der vorherigen verbindet und auf diese Weise im fertigen Bau die Spuren einer unentfremdeten menschlichen Leistung hinterläßt – das, was man Stil und Rhythmus nennt und was beim Leser Ergriffenheit auslöst. Aus der Schrift von Makrijannis, die für den unvorbereiteten Leser nicht zu entziffern ist, ersieht man mehr noch als aus bestimmten Wörten das nachdrückliche Streben des Autors, sich selbst aufs Papier zu zeichnen.

„Um nicht in die Kaffeehäuser rennen zu müssen", ersuchte Makrijannis in Argos einige Freunde, ihm etwas mehr Bildung beizubringen, als er besaß, und seine Kenntnisse, die kaum dem damals relativ niedrigen Bildungsstand entsprachen, zu erweitern. Oft fühlt er sich wegen seiner Unbildung unwohl: „Ich Ungebildeter hätte eigentlich kein Recht, dieses Werk anzugehen und die ehrhaften Leser, die bedeutenden und weisen Männer der Gesellschaft zu behelligen ...", notiert er zu Beginn seiner Lebensdarstellung. Er behauptet beharrlich, „ich bin ungebildet und kann beim Schreiben nicht logisch vorgehen". Er bittet um Nachsicht, daß er „als Mensch dieser Schwäche verfallen" sei. Eigentlich müßten „Gelehrte und keine Ungebildeten über diese Ereignisse schreiben". Und natürlich schauen die andern, die Studierten, auf ihn von oben herab. „Ich kann mit dem Säbel ebensowenig umgehen wie er mit der Sprache", behauptet in bezeichnender Weise Alexandros Sutsos, „also sollte jeder bei dem bleiben, wovon er etwas versteht." Aber Makrijannis müht sich mit dem Schreiben ab, weil das Vaterland „zerstört und erniedrigt wurde und es immer wieder dahin kommt, daß wir alle uns als wilde Tiere entpuppen", alle „die kirchlichen Würdenträger, die Politiker und auch wir Militärs" – und trotzdem: „die Heimat gehört allen, jedem einzelnen". Darum muß der Gebildete ebenso wie der einfache Mensch die Wahrheit hinausschreien. Offensichtlich wollte Makrijannis jede sich bietende Gelegenheit nutzen, um sich zu bilden. Doch das macht ihn nicht kleiner, erzeugt in ihm keine Minderwertigkeitskomplexe, wie wir heute sagen würden. Er lebt im Gefühl – und vermittelt auch uns dieses Gefühl –, ein Mensch zu sein, dem Gott die Sprache verliehen hat, eine Gabe, die ihm keiner streitig machen darf. Wohin er sich auch begibt, ob in einen Palast oder in eine Hütte, er besitzt ein sicheres Auftreten und sagt alles geradeheraus. Und weil ihm diese Sicherheit des sprachlichen Ausdrucks angeboren ist, gestaltet sich auch seine Sprache farbig und nuancenreich, hat Kraft und Rhythmus. Sollte ein Philologe eine kritische Fassung des Makrijannis-Textes planen, müßte er vor allem von dessen phonetischer Auffassung ausgehen.

Makrijannis schätzt die Bildung – „er kämpfte wie ein Löwe und regierte wie ein Philosoph", soll er über seinen ersten Anführer, einen gewissen Gogos, gesagt haben. Das hindert ihn aber nicht, sich kritisch über einen Gelehrten und über den Ahnenkult auszusprechen:

„Ihr habt einen neuen Befehlshaber für die Festung Korthos eingesetzt", zitiert er seine Rede an die Politiker seiner Zeit. „Achilleas war sein Name, ein Gelehrter. Und weil der Mann den Namen Achilleas trug, dachtet ihr sehr töricht, es könne ihm gelingen, was einst jenem berühmten Achilleas gelang, und sein Name allein werde die Türken niederkämpfen. Doch noch nie hat ein Name gesiegt, sondern immer der Mut, der Patriotismus, die Tugend. Und euer Achilleas, der Festungskommandant von Korthos, war ja ein starker Mann, nicht umsonst trug er diesen Namen. Auch hatte er eine bestens für den Krieg gerüstete Festung und viele Soldaten. Als aber Achilleas von weitem die Türken unter dem Oberbefehl von Dramalis kommen sah, die zudem schon in Rumeli bei Dervenia geschlagen worden waren, verließ er kampflos die Festung und suchte das Weite. Wären solche Männer wie Nikitas oder Chatzichristos geflohen? Natürlich nicht. Es ist doch sehr bezeichnend, daß sie später Dramalis auflauerten und besiegten, und zwar auf offenem Feld, nicht in einer Burg wie der von Korthos" (II,59f.).

Bildung gehört zu den edelsten Tugenden und den erhabensten Leidenschaften des Menschen. Die Erziehung beherrscht das Leben. Und weil diese Prinzipien wahr sind, dürfen wir nicht vergessen, daß es die gute Erziehung ist, die frei macht und dem Menschen hilft, sich in Einklang mit sich selbst zu bringen, und daß es die schlechte ist, die ihn desorientiert, versachlicht, ja gleich einer Fabrik aus ihm einen Pseudointellektuellen und Neureichen der Bildung macht, der die gleiche falsche Höflichkeit an den Tag legt wie der eigentlich Neureiche. Hätte Makrijannis Bildung in seiner Zeit erworben, dann, fürchte ich, hätte er sich selbst verleugnen müssen, denn der Unterricht oblag den „Triumphatoren der leeren Worte", wie der Dichter treffend sagte. Ich rühme Makrijannis nicht, weil er keine Bildung erworben hat, sondern ich preise den allwissenden Herrn, daß er ihm nicht die Möglichkeit gab, sich zu bilden. Wäre er nämlich zur Schule gegangen, dann besäßen wir jetzt womöglich ein um ein vielfaches längeres Manuskript seiner *Memoiren* in einer gekünstelten und häßlichen Sprache; wir würden sicher über mehr Informationen zu den Ereignissen jener Jahre verfügen; wir hätten wahrscheinlich einen Sutsos der Prosa; doch diesen unversiegbaren Lebensquell, das Buch von Makrijannis, hätten wir nicht. Und das wäre sehr schade. Denn wir können aus Makrijannis' Selbstdarstellung klar ersehen, daß er zwar ungebildet, aber kein ungehobelter, kunstloser Barbar war, sondern das genaue Gegenteil: er war eine der gebildetsten Seelen des Hellenentums. Und diese durch Makrijannis repräsentierte Bildung und Erziehung sind nichts Isoliertes oder ausschließlich ihm Gehörendes; sie sind die gemeinsame Errungenschaft, der seelische Reichtum einer Nation, sie werden durch die Jahrhunderte und Jahrtausende von Generation zu Generation weitergegeben, von einer Sensibilität zur nächsten; sie waren stets verfolgt und immer lebendig, stets verachtet und immer anwesend – die gemeinsame Errungenschaft der großen nationalen Überlieferung unseres Volkes. Sie ist das Wesen dieser nationalen Kultur, dieser sich entwickelnden Energie, die den einzelnen Menschen ebenso wie das Volk geformt hat. Dieses Volk, das sich 1821 entschloß, entweder in Freiheit zu leben oder zu sterben. Deshalb ist die Überlieferung unseres Volkes so bedeutend.

Es war einmal ein armer Dörfler, der in sich ständig den Drang spürte zu malen. Er hieß Theophilos. Er steckte seine Pinsel in den Gürtel, dorthin, wo seine Vorfahren Pistolen und Messer trugen. Er zog durch die Dörfer von Mitilini, und er zog durch die Dörfer von Pilion und malte. Er malte alles, was man von ihm verlangte, um sich sein täglich Brot zu verdienen. In Ano Volos findet man ganze Zimmer, die von seiner Hand ausgemalt sind, ebenso zeugen Kaffeehäuser auf Lesbos, Kramläden und andere Geschäfte in den verschiedensten Orten von seiner Arbeit – sofern sie noch erhalten sind. Die Leute lachten ihn aus und trieben ihre Späße mit ihm. Einmal stießen sie ihn von der Leiter, so daß er sich mehrere Knochen brach. Theophilos bemalte aber weiterhin alles, was ihm unter die Finger kam. Ich sah einst Bilder von ihm, die auf Tuch oder billigen Karton gemalt waren. Diese Bilder bewunderten einige junge Dichter, die von den Akademikern als überspannt bezeichnet wurden. So verlief sein Leben, und vor nicht allzu langer Zeit starb Theophilos. Eines Tages traf ein Reisender aus Paris ein. Er schaute sich Theophilos' Malerei an, sammelte etwa fünfzig Werke und nahm sie mit, um sie den erlauchten Kunstkritikern an der Seine zu zeigen. Und die erlauchten Kritiker stellten fest, daß Theophilos ein bedeutender Maler gewesen sei. Da blieben den Leuten in Athen die

Münder offenstehen. Diese Geschichte lehrt uns, daß Volksbildung nicht nur bedeutet, das Volk zu lehren, sondern auch vom Volk zu lernen.

Ich erinnere mich immer auch an Theophilos, wenn ich an Makrijannis denke. Ich sagte bereits, daß Makrijannis zu den gebildetsten Seelen des modernen Hellenentums gehört; dasselbe denke ich von Theophilos, wenn das Wort Bildung Geistesbildung bedeutet. Und diese Bildung findet man bei beiden in besonders ausgeprägter Form. Dieses ursprüngliche Bedürfnis, sich zu artikulieren, ist bewundernswert. Es räumt alle Schwierigkeiten beiseite. Man muß an bestimmte trotzige Pflanzen denken, die, wenn sie einmal Wurzeln geschlagen haben, ständig wachsen und dabei Zäune niederreißen und Grabsteine zerstören. Makrijannis nutzt jede Stunde, um sich mitzuteilen. Er schreibt sogar mit Kieselsteinchen vom Strand (II,351) seine Gedanken auf die Erde seines Gartens, und die Gedanken des Tages vervollständigt er durch die Träume der Nacht.[53]

Eines Tages unternimmt er eine Reise nach Akarnania. Er sieht die Orte wieder, wo die großen Schlachten der Revolution stattgefunden haben, und „notiert" sie. Nach seiner Rückkehr nach Athen beschließt er, jene Schlachten auf Bildern festzuhalten.

„Ich sprach mit einem fränkischen Maler", schreibt er, „der mir die Schlachten aufmalen sollte. Ich verstand seine Sprache nicht. Er malte ein paar Bilder, doch die gefielen mir nicht; ich zahlte und schickte ihn fort. Nachdem er fortgegangen war, schickte man mir einen alten Kämpfer aus Sparta, Panajotis Zografos war sein Name ... Der brachte noch seine zwei Söhne mit; und während sie arbeiteten, wohnten alle bei mir im Haus. Das dauerte von 1836 bis 1839. Ich nahm den Maler überallhin mit und sagte ihm: ‚Hier stand die eine, hier die andre Armee; die Schlacht verlief so; der Befehlshaber der Türken hieß so, der der Griechen so ...'" (II,349).

Auf diese Weise entstanden die fünfundzwanzig Bilder, die für immer verlorengegangen wären, wenn Ioannis Gennadios[54] sie nicht zufällig wiedergefunden hätte. Diese Bilder, die der Hand des Panajotis Zografos und der „Vision" des Makrijannis entsprungen sind, gehören zu den wertvollsten und lebendigsten Zeugnissen unserer Volksmalerei – ich meine: zu den Zeugnissen, die urplötzlich apokalyptische Regionen der Seele unseres Volkes offenbaren.

Diese Bilder, die mit äußerster Präzision – oft wie eine Generalstabskarte – die Schlachten, von denen sie ein Bild wiedergeben wollen, darstellen, sind gleichsam eine Freude fürs Auge. Ich sah einen Menschen, der beim Anblick der Bilder weinen mußte. Mal erinnern sie an eine Volksstickerei, wie beispielsweise die wunderbare „Belagerung der Burg von Athen"; ein anderes Mal führen sie uns zurück in Gärten, die grün geblieben sind, seit der Maler sie sah; ein andres Mal erinnern sie an die zauberhafte und schreckensvolle Atmosphäre der Märchen aus der Kinderzeit; eine völlig neue und zugleich sehr alte Rhapsodie.

Ein anderes Mal schickt Kolettis, der griechische Botschafter in Paris, einen französischen Reisenden, den Marquis Raoul de Malherbe, mit einem Empfehlungsschreiben zu Makrijannis. „Er interessierte sich auch für griechische Lieder", notiert dieser, „da machte ich ihm fünf oder sechs" (II,367). Ein Gleiches belegt auch die berühmte Episode über seine letzte Mahlzeit mit Guras auf der belagerten Akropolis. Makrijannis gehört also zu den anonymen Dichtern demotischer Lieder: er „macht" das Lied, und es ist sehr aufschlußreich, aus unmittelbarer Anschauung zu sehen, wie das geschmähte Volksempfinden die Werke der antiken Kunst achtet und liebt:

„Da waren zwei wunderbare Statuen", schreibt er, „eine Frau und ein Prinz, herrliche Werke; man sah die Adern, so vollendet waren sie. Als Poros zerstört wurde, nahmen sie Soldaten mit, die sie in Argos an Europäer verkaufen wollten; tausend Taler verlangten sie … Ich nahm die Soldaten beiseite und sagte ihnen: ,Auch wenn sie euch zehntausend Taler bieten, laßt euch nicht herab, daß man die Statuen aus unsrer Heimat schleppt. Für sie haben wir gekämpft'" (II,303).

Sie verstehen. Da spricht nicht Lord Byron, kein Gelehrter und kein Archäologe. Es spricht der Sohn von Hirten aus Rumeli, der einen wundenübersäten Körper hat. „Für sie haben wir gekämpft." Fünfzehn mit Gold verzierte Akademien wiegen nicht das Wort dieses Menschen auf. Denn nur in solch elementaren Gefühlen kann die Bildung der Nation wurzeln und blühen. In wahren Gefühlen und nicht in abstrakten Reden über die Schönheit unserer ältesten Vorfahren oder in vertrockneten Herzen, die erstarrt sind vor Angst vor dem gemeinen Pöbel.

„Aus den Gräbern der Erschlagnen stiegst du auf", sang Solomos. Das ist ein wahrer Gedanke. Die Griechische Revolution entsprang dem Mark der Gebeine lebender Griechen. Darum hat sie gesiegt, darum kam sie nicht zum Stillstand und wurde das ganze 19. Jahrhundert weitergeführt, und darum ist sie heute noch nicht zu Ende. Der gegenwärtige Kampf unserer Heimat – das kann man ohne Übertreibung sagen – ist die Fortführung der Revolution von 1821. Denn wir dürfen nicht vergessen: Immer, wenn sich unsere Nation dem Volk zuwendet, vom Volk lernen will, durch das Volk verändert wird, setzt sie die Tradition fort, die damals so triumphal mit der Griechischen Revolution ins Bewußtsein unseres Landes einging. Jener Kampf war ein gesellschaftliches, militärisches und politisches Ereignis. Und es war gleichzeitig ein kulturelles Ereignis. In dieser letzten, oft außer acht gelassenen Hinsicht ist es von großer Bedeutung, daß wir über solche Zeugnisse wie das Buch von Makrijannis verfügen. Die geschichtlichen Ereignisse enden nicht mit einem bestimmten Datum, das uns die Geschichtsbücher übermitteln.

2

Das Leben von Makrijannis steht in vielerlei Hinsicht für das Hellenentum der ersten sechzig Jahre des vergangenen Jahrhunderts. Er wurde 1797 geboren und starb am 27. April 1864. Es ist nicht möglich, Ihnen eine Darstellung seines Lebens zu geben. Ich werde aber versuchen, an einigen wenigen Beispielen aus seinen *Memoiren* zu zeigen, wie Makrijannis die historischen Ereignisse beurteilte und auf sie reagierte. Denn die Geschichte, die Makrijannis aufschrieb, ist weit mehr als einfach Geschichte in Fakten. Es ist die Geschichte der Gefühle des Volkes in einer bewegten Zeit, die das heutige Griechenland gebar.

Makrijannis ist noch ein kleines Kind, als seine Familie von den einheimischen Türken und Arvaniten, die das Dorf versklaven wollen, verfolgt und gezwungen wird, nach Livadia zu fliehen. Mit sieben Jahren verdingt er sich bei fremden

Leuten, um das Los seiner Eltern etwas zu erleichtern. „Ich mußte dort … die ganze Dreckarbeit machen, und das war mein Tod." Er verhält sich bewußt flegelhaft; man jagt ihn weg. Mit vierzehn finden wir ihn in Desfina bei einem Mann, der aus seiner Heimatgegend stammte. Makrijannis berichtet uns folgende Episode:

„Als ich vierzehn Jahre alt wurde, ging ich zu einem Landsmann, der in Desfina wohnte … Am Tag des heiligen Johannes feierte das ganze Dorf, und auch wir gingen zum Volksfest. Mein Landsmann gab mir sein Gewehr zum Halten. Ich wollte es aber ausprobieren. Es zerbrach. Da packte er mich und verprügelte mich vor allen Leuten. Die Schmerzen störten mich wenig, um so mehr aber die öffentliche Schande. Während dann die andern tranken und aßen, weinte ich, fand aber keinen Anwalt, bei dem ich mein Recht hätte einklagen können. Ich beschloß, zum heiligen Johannes zu rennen, da mir diese Scham und Schande vor seinem Haus angetan worden war. Ich gehe also nachts in die Kirche, schließe hinter mir die Tür, knie mich nieder und klage ihm mit lauter Stimme mein Leid: ‚Mir ist Schreckliches zugestoßen, bin ich ein Tier, daß man mich schlägt?' Und ich bitte ihn, mir gute Waffen, Silber und fünfzehn Beutel Geld zu geben, dann, verspreche ich ihm, würde ich ihm auch einen großen silbernen Altarleuchter anfertigen lassen. Mit all dem Geschrei traf ich meine Abmachungen mit dem Heiligen" (II,13 f.).

„Traf ich meine Abmachungen mit dem Heiligen." Der christliche Heilige hält seine Versprechen allerdings besser als Apollo. Makrijannis zieht nämlich nach Arta und wohnt dort bei einem gewissen Thanasis Lidorikis. Er arbeitet bei ihm und macht so gute Geschäfte, daß er kurz vor dem Ausbruch der Revolution im Besitz „der Güter Gottes" ist. „Da ließ ich", schreibt er, „ein Gewehr aus Silber, Pistolen und andre Waffen sowie einen schönen Altarleuchter anfertigen. Gut bewaffnet und sauber gekleidet ging ich zu meinem Schutzherrn, Wohltäter und wahren Freund, zum heiligen Johannes; der Leuchter steht heute noch in seiner Kirche … Und ich betete zu ihm mit ganzer Inbrunst und Tränen in den Augen, denn ich erinnerte mich all des Leids, das ich durchmachen mußte" (II,15).

Um 1820 wird er in den „Geheimbund" der Filiki Hetairia

aufgenommen. „Ich bin in den Geheimbund eingetreten", betont er, „als wäre ich heimgekehrt, um ehrlich meiner Heimat und meiner Religion zu dienen, damit sie in mir nicht den Räuber und Dieb, sondern den Sohn sieht und ich in ihr meine Mutter sehe" (II,17).

Als die ersten Schüsse der Revolution fallen, hält er sich in Patras als „Händler" auf, doch seine wirkliche Mission besteht in der Aufnahme von Verbindungen zur dortigen militärischen Führung und im Sammeln von Informationen. Nach seiner Rückkehr wird er in Arta festgenommen; man will ihn hängen. Er flieht und organisiert zusammen mit Gogos Bakolas den Aufstand gegen die Türken. Er kämpft in der Schlacht von Petas, nimmt an der Belagerung und Zerstörung von Arta teil und erlebt die Flucht der Zivilbevölkerung aus der Stadt. Seine ersten Reaktionen angesichts des Raubens und Plünderns in diesem heillosen Durcheinander: „Seit ich Zeuge dieses Treibens war, empfand ich eine tiefe Abscheu gegenüber dem Griechentum, diesem Verhalten von Menschenfressern." Seine Philanthropie sollte später in Athen zu harten Auseinandersetzungen mit Odisseas und Guras führen. So beginnt das militärische Wirken von Makrijannis. Er kämpft ununterbrochen vom April 1822, da er die Führung über vier Dörfer des Salonas-Gebietes in Ostgriechenland innehat, bis zum April 1827, als er sich „mit einem Körper voller Wunden" (I,48) an der Schlacht von Piräus beteiligt. Wer sich dafür interessiert, wird sämtliche diesbezügliche Details in der hervorragenden Ausgabe von Vlachojannis finden. Ich möchte Ihnen wenigstens als Beispiel die Beschreibung der Schlacht vom 7. Oktober 1826 vorlesen, der Schlacht auf der belagerten Akropolis, wo Makrijannis die Kammern von Serpetzes verteidigte, also das Odeion des Herodes. Diese Schlacht bezeichnet der Chronist „als das wunderbarste Geschehen auf der Akropolis":

„Ich hatte viele Nächte nicht geschlafen. Wir mühten uns Tag und Nacht ... Dann schlief ich doch ein. Die Türken, die Lagumitzis hämmern hörten, hatten sich inzwischen gesammelt und griffen an ... Es gab ein Gemetzel zwischen den Türken und meinen Leuten. Ich war sofort wach. Ich rannte zum Schutzwall und feuerte auf die Angreifer. Die Türken schossen auf mich, und sie trafen mich am Hals.

Man gibt mir ein Gewehr. Als ich versuche, vom Wall herabzusteigen, stürze ich auf die Erde. Es war ein sehr enger Durchgang. Die Wachen, die vom äußeren in den inneren Schutzwall flohen, rannten über mich hinweg und traten mich nieder, denn es war kaum Platz. Außerdem sahen sie mich blutbeschmiert und dachten, ich sei tot. Nachdem die meisten in die Burg geflohen und nur noch wenige draußen geblieben waren, die ebenfalls hineindrängten, bestand die Gefahr, daß mit den letzten Griechen auch Türken in die Burg gelangen würden. Da nahm ich meine letzten Kräfte zusammen und hielt ein Dutzend Soldaten mit meinem Säbel auf. Ich ließ sie nicht in die Burg hinein, schloß hinter mir das noch offene Tor, und wir stürzten uns in den Kampf. Da weder wir noch die Türken Gewehre benutzen konnten, kämpften wir mit den Pistolen ... Die Türken stürmten unsre Stellung, verwundeten mich wieder am Kopf, am Scheitel, so daß mein ganzer Körper blutüberströmt war. Meine Leute flehten mich an, mich hineintragen zu dürfen, um auch das eigene Leben zu retten. Ich sagte ihnen: ‚Brüder, ob wir draußen bleiben oder hineingehen, wir sind verloren, wenn wir die Türken nicht aufhalten können ...‘ Da kämpften die tapferen Griechen wie die Löwen ... Als der Abend hereinbrach, verteilte ich die restlichen Kugeln. Es kamen auch noch einige Leute zur Verstärkung. Aber es rückte auch eine neue türkische Abteilung heran. Die Türken griffen uns an, gelangten in die Kammern, legten Feuer und schossen in die Burg. Dann stürmten sie erneut, um uns zu bezwingen und unsern Schutzwall einzunehmen. Dabei kamen Dalamangas und weitere Männer um. Ich wurde wieder, diesmal ziemlich schwer, am Hinterkopf verwundet. Meine Mütze wurde in mein Gehirn gekeilt, zwischen die Schädelknochen. Ich stürzte wie tot zu Boden. Man trug mich hinein. Später kam ich wieder zur Besinnung. Ich sagte zu den Umstehenden: ‚Laßt mich hier liegen, damit sie mich töten, ich will nicht erleben, wie die Türken den Ort, den ich verteidigte, erobern.‘ Das erfüllte die armen Griechen mit Zorn; sie kämpften tapfer, vertrieben die Türken aus unserem Schutzwall und machten sie in den Kammern alle nieder ...“ (II,204 f.).

Mit der Ankunft von Kapodistrias und vor allem von König Otto in Griechenland beginnt eine tragische Entwicklung, in deren Verlauf die aktiv an der Revolution Beteiligten und die anschließend für fünfunddreißig Jahre im Land Herrschenden sich verfeindeten. Diese Tragödie währte lange. Sie brachte die abstrakten Ideen der Herrschenden in Widerspruch zu einem Leben, das alles zu opfern bereit gewesen war, um die geknechtete Nation zu befreien. Ein, wenn man so will, ungebändigtes Leben, das stark war und jeder Gefahr trotzte, das aber auch sensibel war und litt, denn die Wunden, die es sich beim letzten schrecklichen Kampf zugezogen hatte, klafften noch – *böse* nennt das Volk eine Wunde, die schmerzt.

Jene, die es als ihre Aufgabe ansahen, das Land zu regieren, standen vor einem schwierigen Problem: Ordnung zu bringen in ein Chaos, wie sie meinten; einem Volk, das für seine Freiheit Unermeßliches durchlitten hatte, neue Zuversicht zu geben oder, um es richtiger zu sagen, seine Wunden zu heilen. Und was taten diese Leute? Nach kurzem Überlegen wählten sie die einfachste Lösung und dachten, mit einem Federstrich das Problem aus der Welt zu schaffen. Ich übersetze: Als Kapodistrias umgebracht wurde,[55] erlebte Griechenland eines der schlimmsten Jahre seiner Geschichte, das Jahr 1832. Das Land war in kleine Militärbezirke aufgeteilt, deren Aufgabe in der äußerst notdürftigen Versorgung der hungernden Veteranen der aufgelösten Befreiungstruppen bestand. Mit der Regentschaft wurde Griechenland auch ein Kredit gewährt. Mit diesem Geld hätte man den vor den Toren Nafplions um Brot Bettelnden etwas zu essen verschaffen können. Doch die drei Regenten zogen es vor, dieses Geld für das bayrische Heer aufzuwenden, das, so hofften sie, ihnen selbst und König Otto die Herrschaft sichern würde. Mit Hilfe dieses Heeres lösten sie die alte Befreiungsarmee auf und entließen die ehemaligen Kämpfer aus dem Staatsdienst, diese, wie sie glaubten, schrecklichen Wilden. Und diese Wilden, was dachten sie? Das folgende Gespräch zwischen Makrijannis und Heideck zeigt es uns:

„Mein Freund Heideck fühlte sich angegriffen und erwiderte mir böse: ‚Ihr werdet das tun, was man euch sagt, und eine eigene Meinung steht euch nicht zu, denn Bayern verfügt hier über 30 000 Bajonette, und ihr seid uns untertan.' Ich war in einer schwierigen Lage … und sagte ihm: ‚Was für ein Unglück für uns Arme! Ein böses, unbarmherziges Schicksal ist über uns gekommen. Ich habe freundlich mit dir gesprochen, und du kommst mir mit Bajonetten. Ich, als euer Freund, sage euch: ihr müßt alles tun, damit wir den König und euch lieben und keine Angst vor euch haben ... Wenn mir jemand sagen würde, daß es mit meiner Heimat vorwärtsgeht, wäre ich sofort bereit, meine beiden Augen dafür hinzugeben. Denn bin ich blind, und geht es meiner Heimat gut, wird sie mich ernähren können. Aber wenn die Heimat auf den Hund kommt, nützen mir auch zehn Augen nichts ...' Er fragte mich: ,Liebst du den König nicht?' – ,Nein', antwortete ich, ,und ich mag nicht lügen. Geht meine Heimat zugrunde, halte ich mich nicht für seinen Untertan und ihn nicht für meinen König. Darum muß von eurer Seite Gerechtigkeit kommen und keine Drohung mit Bajonetten'" (II,300).

Makrijannis war aber kein Mensch mit umstürzlerischen Absichten. Als Ottos Schiff in Nafplion anlegt, notiert er: „Heute feiern wir die Wiedergeburt und Auferstehung der Heimat, die so lange versklavt und ausgelöscht war ... Der König, den man für uns mit Gottes Hilfe bestimmt hat, ist eingetroffen." Übrigens hat Makrijannis den König niemals persönlich angegriffen. Im Gegenteil, er versucht, ihn vor seinen schlechten Ratgebern und vor der „bayrischen ungehobelten, verschlagenen Politik", wie er sie nennt, zu warnen. Die Verantwortung für die Regentschaft tragen seiner Meinung nach Ludwig von Bayern und die Botschafter, nicht aber Otto:

„Sie sperrten die militärischen Anführer der Revolution ein und wollten mit den Messern, die diese aufgeklärten Repräsentanten Europas mitgebracht hatten, den wilden Griechen die Köpfe abschneiden, dabei hätten England, Frankreich und Rußland die eigenen Botschafter, der König von Bayern seine Regentschaft und anschließend sich selbst köpfen sollen. Denn Seine Majestät ist der Totengräber des Vaterlandes und unseres unschuldigen Königs" (II,311).

Doch Makrijannis ist kein Knecht, er kann nicht mit ansehen, „wie das Unrecht das Recht erstickt" und wie die alten Kämpfer behandelt werden. Hören Sie folgende Passage, die sich zwar auf die Regierungszeit Kapodistrias' bezieht, aber von gleichem Empfinden getragen ist:

„Heimat, segne alle Griechen, denn sie opferten sich für dich, richteten dich wieder auf als freies Land, das vorher zerstört und aus dem Verzeichnis der Völker gelöscht war. Sie alle sollst du glücklich preisen. Aber behalte vor allem jene in guter Erinnerung und lobpreise sie, die sich als erste gegen die übermächtige türkische Streitmacht bei Alamana opferten, die sich todesmutig hinter der schwachen Lehmziegelmauer vom „Chan von Gravias" verschanzten, die so viele Türken bei Vasilika niedermachten, die tapfer wie Löwen in Langada bei Makrinoros kämpften, von zwei Seiten gleichzeitig bedrängt – beides, die Porta bei Makrinoros und Thermopylai, waren Schlüsselpositionen für deine Verteidigung. Und als die Türken diese Stellungen von zwei Seiten angriffen, um eine Bresche zu schlagen, verteidigten jene einundachtzig Unsterblichen, so wenig waren es, ihre Positionen bei Langada und säten Tod unter die Angreifer. Wenige waren auch jene, die die Angreifer drüben bei Thermopylai und anderswo besiegten. Sie tauchten überall auf und verhinderten, daß Nachschub und Verpflegung den Feind erreichten. Sie flößten den Belagerern von Ortschaften mit ansässigen Türken und von türkischen Festungen neuen Mut ein, stürzten sich auf die Ausgehungerten und Erschöpften und schlachteten sie ab, als wären es Lämmer. Jetzt aber, mein Vaterland, werden dieselben Kämpfer von Exzellenzen und Majestäten, von deinem Herrscher und seinen Brüdern verfolgt. Avgustinos und Viaros sind es, die den Frauen und Mädchen der toten Kämpfer nachstellen. Und die noch am Leben sind, werden verfolgt und zum Betteln gezwungen. ‚Wer hat euch denn gesagt', ruft man ihnen zu, ‚zu eurem Verderben einen bewaffneten Aufstand zu führen?'" (II,67)

Das sind die Gründe, die Makrijannis veranlassen, eine verschwörerische Bewegung zu organisieren, deren Aktivitäten zur Verfassung des 3. September führt. Er läßt einfach auf den Staat schwören. Folgendermaßen kommt es zu dem Schwur. Ort der Handlung ist das Haus von Makrijannis. Eines Abends sitzt er mit einem alten Kämpfer zusammen, und während sie ihre Gläser erheben, kommt es zu diesem Wortwechsel:

„– Wo ist deine Hand verwundet worden?
– In Mesolongi, antwortet er.

– Wo ist meine Hand verwundet worden?

– In Milous bei Anapli.

– Wozu diese Verwundungen?

– Für die Freiheit der Heimat.

– Wo sind Freiheit und Gerechtigkeit? Steh auf!

Ich fordere ihn auf mitzukommen und nehme ihm den Schwur ab" (II,375).

Als dann die Verfassung zustande kommt, übernehmen ihre Ausarbeitung Politiker, die ihren Sinn verfälschen, woraufhin sich Makrijannis völlig aus dem öffentlichen Leben zurückzieht.

„All jene, die heute unser Schicksal bestimmen", schreibt er um 1851, „die uns regieren, gleichgültig, ob sie einen höheren oder niederen Posten bekleiden, ob Minister oder Abgeordneter, sehen darin eine große Ehre, eine Leistung und eine Heldentat, wenn ihnen vorgeworfen wird, daß sie gestohlen, verraten und der Heimat viel Unglück gebracht haben. Aber in der Öffentlichkeit sind es ehrenwerte Männer, die man verehrt und denen man Orden verleiht. Alle wirklich Tugendhaften jedoch werden wie Feinde der Gesellschaft und des Staates behandelt und verfolgt" (II,463).

Und an anderer Stelle:

„Es hat sich gezeigt, was ihr wert seid und was ihr von Anfang an der Heimat angetan habt. Im Lande und auch außerhalb nahm man an, ihr seid wer! Und ihr seid wirklich wer! Ihr galtet den Europäern genausoviel wie der Sultan, dem sie aus lauter Angst nicht einmal den Titel ‚Grandseigneur' verweigerten. Schon beim bloßen Anblick der Moschee in Wien schlotterten sie vor Angst, er könnte weiter nach Europa vorstoßen und weitere Moscheen errichten. Und aus Furcht vor ihm entrichteten sie sogar einen Tribut. Aber als ein paar mutige Männer durch ihren Kampf bewiesen, daß der Grandseigneur keine Baumeister mehr hat, um neue Moscheen zu errichten, und als abzusehen war, daß sogar die bereits erbauten bald einstürzen würden, da nannten sie ihn plötzlich nur noch ‚den Türken'. Seitdem versuchen auch unsere Wohltäter, uns durch das Licht ihrer Weisheit zu erleuchten. Doch auch wenn ihre Werke uns nicht erreichen, möge es euch doch gut gehen, die ihr uns ins Unglück gestürzt habt und in unsere gegenwärtige Misere" (II,462).

Ihn dürfen nur noch die alten Kameraden besuchen. Die Regierung verdächtigt ihn unterdessen der Verschwörung. König Otto verzeiht ihm nicht den Aufstand von 1843. Makrijannis blieb zeitlebens für die Herrschenden ein wildes Ungeheuer, das in einen Käfig gehört. Ab September 1851 werden Verdächtigungen gegen ihn in Umlauf gesetzt — unbegründete, unbestätigte Verdächtigungen, die niemals bewiesen wurden. Makrijannis habe ein Attentat auf den König geplant, er wolle die Demokratie errichten, er unterhalte enge Kontakte zu polnischen Emigranten, die umstürzlerische Aufrufe verbreiten, er habe ein konspiratives Gespräch mit einem gewissen N. Stefanidis geführt. Dieser Herr war ein berühmt-berüchtigter Schwätzer und auch der einzige Zeuge beim Prozeß gegen Makrijannis. Er wird unter Hausarrest gestellt. Die sieben schweren Verwundungen, die er sich im Krieg zugezogen hatte, schwächen seinen Organismus. „Die Wunden brachen mehrmals wieder auf und bluteten", schreibt der Arzt Gudas, der später auch die Rede an Makrijannis' Grab gehalten hat. „Das dadurch verursachte Fieber zehrte an seinen Kräften. Die Folge waren verschiedene schwere Krankheiten und eine Verschleppung des Genesungsprozesses. Das war der Lohn für seine hervorragenden Verdienste im Freiheitskampf der Heimat: Verwundungen, schreckliche Krankheiten und eine ebenfalls unheilbare Armut" (I, 48 f.). Die ihm im Kampf in den Kammern von Serpetzes zugefügten Kopfwunden bringen ihn oft zur Raserei. Drei Tage vor seiner Deportation ins Gefängnis von Medrese wendet er sich direkt an Gott, da ihm, wie ehemals in der Kirche des heiligen Johannes, kein anderer Richter geblieben ist:

„Und du hörst und siehst uns nicht … Dabei stöhne ich Tag und Nacht vor Schmerz. Und ich sehe meine unglückliche Familie und meine Kinder barfuß herumlaufen und weinen. Ich selbst bin seit sechs Monaten in einer Zelle von zwei Schritt Länge eingesperrt … Kein Arzt darf uns hier aufsuchen und behandeln. Alle wollen, daß wir zugrunde gehen. Wir werden ständig verhört, sie durchsuchen unsere Häuser, Keller, Dachböden, Truhen, deine Ikonen … Und am 13. des Monats[56] kam ein uniformierter Hauptmann in unsere Zelle und teilte mir mit, daß ich ins Gefängnis von

Medrese verlegt werde, wo man die Verbrecher einsperrt ..." (I,81f.).

Aber diesmal konnte er keine Abmachung mit Gott treffen. Die Zeiten hatten sich geändert. Er wird nach Medrese deportiert und dort geschlagen und beschimpft; ihm wird der Prozeß gemacht, eine einzige Farce, und man verurteilt ihn zum Tode, später zu lebenslänglicher Haft. Nach einem Amnestieerlaß wird er am 2. September 1854 entlassen. Makrijannis ist jetzt ein lebendes Wrack. Er spricht nur noch mit Gott und mit seinen kleinen Kindern. Sein Haus und sein Garten sind verwüstet. Die letzten Worte – die letzten, die wir kennen und die Sie jetzt hören werden – kommen von weit her, von sehr weit her. Man hat den Eindruck, eine ganze Generation würde ihr Leben aushauchen:

„Nachdem ich freigelassen wurde und in mein zerstörtes Heim und zu meiner unglücklichen Familie zurückkehrte ..., begannen meine Wunden zu eitern, die eine zu Ostern vor einem Jahr und eine andere ebenfalls zu Ostern vor zwei Jahren ... Vor kurzem ging ich in die Grotte, die sich in meinem Garten befindet, um mich auszuruhen ... Mit großer Mühe, mich auf den Stock stützend, erreichte ich sie. Plötzlich wurde ich mit Steinen beworfen und mit menschlichen Exkrementen überschüttet. ‚Friß davon, General Makrijannis, damit du satt wirst! Du willst doch eine Verfassung haben!' Von den Schlägen und Stichen reißen meine Wunden wieder auf. Mein Körper ist völlig verfault, von Würmern zerfressen ... Ich schrieb eine Beschwerde an die Gemeinde, erhielt aber keine Antwort. Bis man mich am Vorabend des Tags des Erlösers furchtbar verprügelte, so daß ich wie tot auf der Erde liegenblieb; ich wußte nicht mehr, ob ich schon tot war oder noch lebte ..." (I,86f.).[57]

Vor wenigen Jahren, als ich mich auf die Suche nach Erinnerungsstücken von Makrijannis begab, sah ich im Ethnologischen Museum seine gipserne Totenmaske.[58] Sie glich einem verschrumpelten Apfel, ein wenig größer als eine Faust oder ein Kieselstein, den die unermüdlichen Wellen des Meeres ausgehöhlt hatten. Dieses leidgeprüfte Etwas war von der schönen und edlen Gestalt des weitherzigen Mannes in der Todesstunde übriggeblieben.

Bevor ich zum Schluß komme, möchte ich hier meine Meinung über die Bedeutung des Buches von Makrijannis zusammenfassen. Sie haben einige Auszüge gehört. Sie vermitteln keinen vollständigen Eindruck. Aber sie bieten durchaus eine Grundlage, um meine nun folgenden Gedanken zu verstehen: *Makrijannis ist der bedeutendste Prosaschriftsteller der neugriechischen Literatur*, wenn auch nicht der größte, denn wir haben noch Papadiamandis.

Lassen Sie uns kurz überlegen, was es heißt, wenn wir von Prosa sprechen. Seit einigen Jahren nehmen sich die Dichter in ihren Werken die Freiheit, die äußeren, charakteristischen Merkmale der Poesie wie Reim und festes Metrum, die zudem keine eigentlichen Merkmale sind, zu ignorieren. Das bedeutet natürlich nicht, daß kein Unterschied mehr zwischen Prosa und Lyrik besteht. Im Gegenteil, er ist wesentlicher geworden. Die Lyrik gleicht dem Tanz, die Prosa eher dem Schreiten auf ein bestimmtes Ziel zu. Mit der Prosa, die ich jetzt vorlese, versuche ich Ihnen wie ein Wegkundiger zu zeigen, was für ein Mensch dieser Makrijannis war. So als würde ich Sie mit einer fremden Stadt bekannt machen. Wenn ich ein Gedicht über Makrijannis zu schreiben hätte, würde ich das keinesfalls auf gleiche Weise tun. Ich würde vielleicht drei Zeilen oder drei Seiten schreiben. Darin müßte ich meine Erfahrung mit Bildern und Sehnsüchten meines Landes konzentrieren und jene Wörter suchen, die meinem Gefühl nach bei Ihnen dieselbe Ergriffenheit wie bei mir auslösen würden, ohne daß ich ihn oder sein Buch unbedingt erwähne. In der Dichtung verliert sich niemals der vorangegangene Schritt im nachfolgenden, sondern prägt sich ein bis zum Schluß, und zwar in seiner vollendeten Gestalt innerhalb der Ganzheit des Gedichts. In der Prosa büßt der Schritt seine Bedeutsamkeit ein, sobald er sein Ziel erreicht hat und wir weitergehen wollen. Die Monade der Dichtung ist das Wort, die der Prosa der Satz, der Absatz oder die Seite, die wir schweigsam umblättern. Der Weg, den wir beschreiten, bestimmt Form und Rhythmus der Prosa. Die Dinge, die miteinander in Zusammenhang stehen und die wir voranschreitend sehen können, sind ihr Inhalt. Darum ist Prosa,

die zu tanzen versucht, schlechte Prosa – es gibt nichts
Schlimmeres auf der Welt als Prosa, die man „lyrisch"
nennt –, und das ganze Problem besteht nicht darin, gefäl-
lig, sondern treffend zu schreiben. Und das kann man nicht,
wenn man nichts Bedeutendes mitzuteilen hat und nicht
auch überzeugt ist, daß es bedeutsam ist.

Das Buch von Makrijannis beinhaltet die Geschichte des
endlosen und tragischen Kampfes eines Menschen, der, alle
Instinkte seines Volkes im Innersten bewahrend, um Freiheit, Gerechtigkeit und Humanität ringt.

„Zwischen Patras und Gastuni", notiert er einen Vorfall, der
sich um 1830 ereignet hat, „liegt das Dorf Mega Spileo. Einmal fand ich dort Unterschlupf. Die Einwohner beschwer-
ten sich bei mir über die tyrannische Herrschaft der Mönche im Dorf. Alles, was die Bauern erwirtschafteten,
nahmen ihnen die Mönche wieder weg. Ich wohnte im
Haus eines Popen. Also sagte ich den Leuten:

– Warum verlaßt ihr nicht euer Dorf und zieht in ein anderes befreites, derer es schon so viele gibt, wenn euch hier
solches Leid zugefügt wird?

Darauf erwiderte die Frau des Popen:

– Als die Türken kamen, flüchteten wir alle in den Sumpf,
zum See, um uns zu retten. Doch die Türken spürten uns
auf und verfolgten uns. Unsere Körper waren blutüberströmt, weil Blutegel sich festgesetzt hatten und uns aus-
saugten. Im See drängten sich die Leiber unserer Kinder,
als wären es Frösche. Einige lebten noch, andere waren
schon tot. Die Türken fingen mich ein und vergewaltigten
mich achtunddreißigmal. Sie richteten uns zugrunde, mich
und die anderen. Für wen haben wir das alles durchgemacht, wenn nicht für die Heimat? Und nun ist auf keiner
Seite Gerechtigkeit. Nur List und Betrug.

Sie weinte verbittert, und ich versuchte, sie zu trösten.
Dann wurde auch ich traurig und weinte mit ihr"
(I,258).[59]

Er hat gekämpft, gestritten, geglaubt, gelitten, gehaßt, ge-
zürnt. Aber er blieb – was seine ungelenken Worte verdeutlichen – aufrecht bis an sein Ende: Ein Mensch auf der
Höhe des Menschen. Er verkam weder zum Übermenschen
noch zum Wurm. Das unauslöschliche Gefühl, einen sehr
menschlichen Weggefährten zu haben, das unsere Seele mit

Wonne erfüllt, gehört zu den Vorzügen des Buches von Makrijannis. Es ist dasselbe Gefühl, das sich mit der griechischen Mentalität seit den uralten Zeiten des Ödipus verbindet, der die Sphinx und ihre verbrecherische Welt mit nur einem Wort vernichtete: der Mensch.

Der freie Mensch, der gerechte Mensch, der genau abwägende Mensch – wenn es eine genuin griechische Idee geben sollte, dann keine andere. Sie entsteht im Morgendämmer des griechischen Denkens; später fand Aischylos dafür eine gültige Formulierung. Wer das Maß überschreitet, leidet an Hybris, und *Hybris* ist das größte Übel, das einem widerfahren kann. Um eine Wendung von Makrijannis zu gebrauchen: Seit jenen frühen Jahren sind die Griechen im Zustand des „Wir" und nicht des „Ich". Sobald das Ich versucht, sich über das Wir zu erheben, droht Ate, die strenge Hüterin des Gleichgewichts auf der Welt, mit ihrem Blitz. Unsere gesamte antike Tragödie birgt in sich die Symbole dieser Idee. Aber das Symbol, das mich am meisten beeindruckt, finde ich in den *Persern*. Xerxes, so berichtet die alte Sage, wurde besiegt, weil er der Hybris erlag, weil er jene zügellose Tat vollbrachte: Er ließ das Meer peitschen. Deshalb fand er auf dem Meer sein Verderben. In diesem Element, das trotz seines Wogens und seiner ständigen Unruhe immer nach Gleichgewicht strebt, nach Ausgewogenheit.

Bei Ausbruch der Revolution hört Makrijannis in Arta die Rede eines Beys, die dieser an seine Glaubensbrüder richtete, und hält sie in seinem Buch fest:

„Ihr Paschas und Beys! Wir sind verloren! Ja, verloren! Denn diesen Krieg führen wir nicht gegen die Moskauer, Engländer oder Franzosen. Wir entehrten und beraubten die christlichen Bauern und richteten sie zugrunde. Ihre Augen blitzten zornig, und sie griffen zum Gewehr. Und der Sultan, dieser Hund, weiß nicht, was ihm angetan wird; seine Berater führen ihn hinters Licht ..." (II,24).

Die Ursache, die zur Griechischen Revolution und zum Untergang der Tyrannen führte, legt Makrijannis einem Feind in den Mund, genau wie bei Aischylos, wo der Grund für die Katastrophe der Perser bei Salamis vom Feind ausgesprochen wird: „Wir werden vernichtet, weil wir Unrecht begangen haben." Wenn wir die Alten wirklich verstehen

83

wollen, dann müssen wir immer wieder die Seele unseres Volkes ergründen. Die Rede ist 1821 gehalten worden. Makrijannis behält sie in Erinnerung, um sie Jahre später, nämlich 1829, nach der Erfahrung des schrecklichen Kampfes, niederzuschreiben. Ich sehe ihn, wie er in schweren Stunden über diese Sätze nachdenkt. Das wird aus all seinen Handlungen und Worten ersichtlich. So auch aus den Sätzen seines folgenden Gespräches mit dem französischen Schiffskommandanten de Rigny vor der Schlacht von Milous:

„Als ich die Stellungen bei Milous errichten ließ, kam de Rigny und wollte mich unbedingt sprechen. Er fragte mich: ‚Was machst du da? Diese Stellungen sind sehr schwach, wie wollt ihr so gegen Ibrahim kämpfen?‘ Ich antwortete ihm: ‚Die Stellungen sind schwach und wir auch. Aber Gott ist stark und beschützt uns. Wir werden an diesem Ort unser Schicksal herausfordern. Und wenn wir auch im Vergleich zu Ibrahims Armee wenige sind, so trösten wir uns damit, daß es schon immer das Los der Griechen gewesen ist, in der Minderzahl zu sein. Seit alters her und bis zum heutigen Tag. Trotzdem haben es die Ungeheuer nicht geschafft, uns zu verschlingen. Sie fressen zwar und fressen, doch etwas Sauerteig bleibt immer übrig. Und die wenigen Übriggebliebenen entschließen sich, für ihre Freiheit zu sterben. Haben sie sich aber einmal dazu entschlossen, werden sie selten besiegt und gewinnen um so öfter. Das ist die Lage, in der wir uns heute befinden, und keine andere. Unser Los ist das der Schwachen gegen die Starken.‘ – ‚Très bien‘, sagte er darauf und ging fort“ (II, 169 ff).

Das ist der Glaube und das Selbstbewußtsein, das ist es, was uns Makrijannis vermittelt.

Der zweite Grund, der mich veranlaßt, Makrijannis als unseren bedeutendsten Prosaschriftsteller zu bezeichnen, ergibt sich meiner Ansicht nach daraus, daß er ein großer Lehrer unserer Sprache war. Abgesehen von Solomos’ – Fragment gebliebenem – Prosastück *Die Frau aus Zakynthos* kenne ich keinen anderen Text unserer neueren Literatur, der uns so viel lehren kann wie das Buch von Makrijannis.

Vor einiger Zeit schrieb ich ein Vorwort zu den Gedichten von Kalvos. Mich beschäftigte darin eines der wichtigsten

Probleme, vor die uns Kalvos stellt, nämlich das des sprachlichen Ausdrucks, und nicht jene Dinge, die der Dichter selbst lautstark verkündete und die nicht im geringsten meiner Vermittlungsfunktion bedurften. Ich bin aber wegen der Art und Weise des Herangehens kritisiert worden. Mich interessiert die Sprache, weil sie das Material des Schriftstellers ist und nicht, weil es mir Spaß macht, den alten Sprachstreit wieder anzufachen, der, zumindest für Griechenland, der Vergangenheit angehört. Niemals schreibt ein Schriftsteller wieder in der toten Sprache. Ich bin mir sicher, daß sehr bald nach unserer Rückkehr in die Heimat, in besseren Zeiten, sich auch der Staat und die Journalistik nicht länger der toten Sprache bedienen werden. Stellen Sie sich vor! Die gesamte Presse, die dem Tyrannen zum Trotz in Griechenland erscheint und das freie Denken der Nation zum Ausdruck bringt, wird in unserer lebendigen Sprache geschrieben. Auch wenn das Sprachproblem nicht mehr aktuell ist, dürfen wir nicht vergessen, daß kein Schriftsteller diesen Namen verdient, der nicht die Sprache beherrscht. Ich meine nicht lexikalisch oder syntaktisch, sondern deren lebendige Natur, die sich immer wieder auf ihn überträgt, wenn ihn der Atem seines Volkes streift. Damit wir diese Natur entdecken und verinnerlichen können, müssen wir solche – meiner Meinung nach – kathartischen Texte wie die von Makrijannis kennenlernen und erleben.

Inhalt und Sprache. Der Inhalt, der sich artikulieren will, und die Sprache, die dem Inhalt eine Form, eine Seinsgrundlage geben muß, die ihn der Existenzlosigkeit entreißt. Jene Energie, gepaart mit dieser Gegenenergie, ergibt am Schluß den Stil. Diese entgegengesetzten Kräfte zu vereinen ist das Schwierige für den Dichter. Er muß sich dem stellen, um sich zum Dichter und um seinen Stil, seine „Stimme" zu entwickeln, wie die Alten sagen würden. Erst aus diesem Widerspruch entsteht das Wort. Darum können wir mit der Sprache an sich, so perfekt wir sie auch beherrschen, nur schöne Phrasen dreschen, „leeres Stroh auf der Tenne", wie es im Volkslied heißt. Aber ohne den Widerstand und die Gewichtigkeit des Inhalts werden wir niemals zu einem Stil kommen. Der Stil erwächst aus der Schwierigkeit, die ein Mensch meistern muß, wenn er etwas ausdrücken will; Stil ist menschliche Anstrengung, „der Stil macht den Menschen", wie ein kluges Sprichwort besagt. Darum ist der Stil von Makrijannis so wahrhaftig. Und einzigartig auch, denn die Schwierigkeiten, die er zu überwinden hatte, waren einzigartig. Als ich über die Beschaffenheit seines Manuskripts sprach, sagte ich, es gleiche einem Bauwerk, an dem man die Spuren der menschlichen Arbeit ablesen könne. Auch seine Schrift ist so: ein von Hand errichtetes Gebäude. Aus all seinen Konturen, Abstufungen, Flüchtigkeiten und bei der Arbeit unterlaufenen Fehlern ersieht man das Wirken eines tätigen Menschen. „Die beste Art, einen Text einzuschätzen, besteht darin, herauszufinden, welche Wörter nicht funktionieren", hat einst jemand gesagt. Der Anteil dieser nichtfunktionierenden Wörter ist bei Makrijannis kleiner als in den Werken aller unserer griechischen Prosaschriftsteller, die ich kenne. Zum Schluß möchte ich noch einen Satz von Pirandello zitieren, der mir immer dann in den Sinn kommt, wenn ich einen Text zu beurteilen habe: „Es gibt einen Stil der Dinge und einen Stil der Wörter; und das ist der Grund, weshalb Dante im Exil sterben mußte und weshalb Petrarca auf dem Kapitol gekrönt wurde." Die Dichter sprechen oft solche seltsamen Prophezeiungen aus. Hätte der gewaltige Popanz des Faschismus diesen kleinen Satz von Pirandello beachtet, wäre er, so denke ich, heute nicht in diese klägliche Situation gekommen. Er wurde ein Opfer des Bombastischen der Wörter, dieser tragischen Sinnestäuschung. Doch haben Politiker in der Regel für solche Details keine Zeit.

Ich finde den Stil der Dinge, den Stil der Notwendigkeit, den Stil der Wirksamkeit bei Makrijannis. Niemals zuvor wurde solch eine kräftige Stimme in Griechenland vernommen. Und das ist keine Folklore. Die Stimme von Makrijannis ist ein Zweig des festverwurzelten Baumes, genauso wie *Erotokritos, Das Opfer Abrahams,* die demotischen Lieder und – meiner bescheidenen Meinung nach – wie der größte Künstler, den Griechenland nach den antiken Klassikern hervorgebracht hat: Theotokopulos.

Das wollte ich Ihnen über Makrijannis sagen, über diesen ungebildeten Paßgänger eines bedeutenden Lebens, der mit größter Anstrengung alles, was sein Bewußtsein wahrnimmt, zu Papier bringt. Er ist der zuverlässige Bote unserer langen und unauslöschlichen Volkstradition, die so tief in ihm verwurzelt ist, daß er uns mit den Stimmen vieler, nicht nur eines einzelnen, mitzuteilen vermag, was und wie wir heute sind. Seine Wut, sein Schmerz und seine Tragödie sind nicht seine persönliche Haltung, sondern unsere und auch meine eigene; es ist die Haltung, für die wir alle, die Lebenden wie die Toten, mitverantwortlich sind. Makrijannis will uns zuflüstern, daß unsere ganze Schönheit, unser Schmuck und Besitz, alles, was uns heilig war, vergänglich ist, alt wird und verschleißt, nutzloser Plunder, der uns nur noch belastet, wie die tragische und verzweifelte Phädra.

Sein Flüstern erhören zumindest die geistig Aktiven.

Die geistigen Erbauer Europas – und damit meine ich die Schöpfer der bedeutenden Werke – sind sich seit dem Vorabend des letzten Krieges bewußt, in einer verlorenen Welt zu leben. Dieses Bewußtsein löste extreme geistige Revolten aus, die sich in den ersten Nachkriegsjahren manifestierten. Die Zeit zwischen den Weltkriegen war eine Periode des verzweifelten Suchens, der esoterischen Ausgrabungen, des Überprüfens der Wirklichkeit, die uns umgibt und die zwischen den Fingern, die an sie rühren, zu Asche wird. Das alles mündete in Stagnation und Schweigen. Unter solchen Bedingungen machte sich das Gefühl einer schweren Sünde breit. In dieses *Wüste Land*, um einen bezeichnenden Titel für jene Jahre zu wählen, kamen andere junge Leute und wollten ihrerseits etwas aufbauen. Der spanische Bürgerkrieg, der der Beginn des gegenwärtigen Krieges war, bot eine letzte Chance, sich zu bewähren.

An das, was seit dem spanischen Krieg geschah, erinnern wir uns nicht mehr. Die Behauptung ist sicher nicht übertrieben, daß wir in Europa eine Periode der geistigen Umnachtung durchmachen. Der gegenwärtige Krieg ist nicht wie der letzte auch gleichzeitig eine Zeit des intensiven künstlerischen Schaffens. Und das einzige, was wir tun können, ist, unsere Erfahrung der letzten Jahre gründlich zu durchdenken und auf den Morgen zu warten, der unweigerlich anbrechen wird. Das einzige, was wir tun können, ist, mit bekannten und unbekannten Kameraden sprechen, auf ihre Botschaften genauso wie auf die unserer eigenen wirklichen geistigen Vorfahren hören, unser Bewußtsein von flüchtigen Phantasien reinigen, den Glauben pflegen, daß uns ein so großer Schmerz wie der gegenwärtige nur zu einer neuen Auferstehung führen kann und wir bereit sein müssen, uns ihrer würdig zu erweisen und unsere Pflicht zu erfüllen – „Gedicht der Pflicht" nannte Solomos eines seiner großen Gedichte. Diese Auferstehung kann nur eine Auferstehung des Lebens des Menschen, im ureigenen Sinn des Wortes, sein. Und als solche wird sie die Gewalt, die Maulkörbe, die Gefängnisse, die Heuchelei abschaffen. Das wird sie tun müssen, sonst ist all das, was wir jetzt erleben, umsonst gewesen, sonst wird die Welt in einen todähnlichen Schlaf fallen. Wenn aber das eintritt, woran wir glauben und wofür wir kämpfen, dann werden in unserer Heimat, in der die menschlichen Werte erstmals das Tageslicht erblicken, die Erleuchteten und Wissenden vielleicht begreifen, denn dann werden sie tatsächlich erleuchtet sein und wissen, daß die Bildung ihrer Seele großen Gewinn aus dem Werk eines Makrijannis ziehen kann, aus einem Werk, das, so glaube ich, das Gewissen eines ganzen Volkes ist – ein wertvolles Testament.

Alexandria, 16. Mai 1943

„Kunst und Epoche"

… Die Frage war: Wie sollte sich der Geistesarbeiter gegenüber dem religiösen Fanatismus, der von den politischen Orthodoxien unserer Zeit geschürt wurde, verhalten? Die Leute, die sich diese Frage stellen, kann man meiner Meinung nach in zwei Gruppen einteilen: 1. Die einen zogen es vor, sich ganz ihrem Werk zu widmen. Sie glaubten, bewußt oder unbewußt, daß ihr Werk besser als sie eine Antwort geben könnte. Einige von ihnen gerieten allerdings ins Schußfeld beider sich bekämpfenden Fanatismen und wurden zum Tode verurteilt. 2. Die anderen beschlossen, und zwar als Künstler – nicht als politische Wesen (das Amt des Politikers bleibt außerhalb meiner Erörterung) –, sich auf das Feld des gesellschaftlichen Kampfes zu begeben. Den Besten unter ihnen, davon bin ich überzeugt, war völlig bewußt, was sie taten. Sie sprachen es zudem deutlich aus: „Heute herrscht Krieg, und alles muß sich dem Befehl unseres Feldherrn unterordnen. Morgen, wenn dieser Krieg zu Ende ist, können wir über Kunst reden." Da die Dinge so stehen, fühle ich mich verpflichtet zu erklären, daß ich eine solche Haltung achte, weil mich Diskussionen nur dann interessieren, wenn der Gesprächspartner nicht versucht, den andern durch demagogische Manipulationen hinters Licht zu führen.

Die Frage ist nicht, ob die Kunst autonom sein müsse – die Autonomie der Kunst ist ein Axiom –, sondern ob der Künstler unserer tyrannisierten und zerstückelten Epoche gezwungen wird, in der Kunst eine sekundäre Angelegenheit zu sehen und sie von den Kriterien und vom Erfolg einer politischen Zweckmäßigkeit abhängig zu machen. Sehen Sie, in der Kunst wie in anderen ehrbaren Berufen ist es nicht einfach, Diener zweier Herren zu sein, oder um Auden zu zitieren, der allerdings als Freiwilliger in Spanien gedient hat, zu meinen:

> Die Kunst kann auf keinen Fall
> der Gesellschaft Amme sein.

Entscheidet sich der Künstler für die politische Zweckmäßigkeit, habe ich nichts weiter hinzuzufügen. Denen aber, die sich für die Kunst entschieden haben, möchte ich noch zwei Worte sagen.

Mit „Kunst" meine ich keinesfalls die Theorie, die „die Kunst um der Kunst willen" propagiert. Diese Lehre, die niemandem mehr etwas nützt, bezeichnet nur noch die Arbeit eines Krüppels, der in einem sterilisierten Zimmer nutzlose Nippsachen anfertigt. Ich meine einzig und allein jene geistige Ordnung, die durch die großen Kunstwerke konstituiert wird, durch die alten wie die modernen, die Maßstäbe setzen und uns etwas zu sagen haben. Wenn wir die Substanz dieser Werke untersuchen, erkennen wir, daß sie in großem Maße den Kämpfen und Sehnsüchten ihrer Epoche verpflichtet sind. Man hat einmal gesagt: „Der große Künstler gehört nicht nur seiner Epoche, er selbst ist die Epoche." Tatsächlich, das Leben des Dichters: dieses Ensemble von Eindrücken, Gefühlen, Reaktionen, das auch das Innere seines Werkes ausmacht, ist zugleich ein Teil der Menschheit, die ihn mit ihren Sehnsüchten, Schmerzen, mit ihrer Größe und Erniedrigung umgibt. Je mehr der Künstler „sich selber gleicht" – und ich wünschte, daß dies nicht in der Bedeutung eines oberflächlichen Bewußtseins verstanden wird, sondern in der eines Wissens, das aus den vernachlässigten und tiefsten Regionen des menschlichen Seins entspringt –, um so umfassender wird sich seine Epoche in seinem Werk widerspiegeln. Den Dichter verbindet mit seiner Epoche kein ideelles oder gar emotionales Band, das die Menschen etwa bei einer politischen Demonstration miteinander vereint, sondern eine Nabelschnur, gleichsam eine biologische Beziehung zwischen Embryo und Mutter.

Wir sind alle Rekruten unserer Epoche,

sagte derselbe Dichter, den ich bereits oben zitierte. Wie kann es auch anders sein. Wir ernähren uns aus ihren Töpfen. Und das erklärt, warum plötzlich das Werk eines Dichters, der verschrobene oder „überholte" politische Anschauungen hat (wobei ich der Meinung bin, daß lyrische Politik genauso wie lyrische Prosa zu den schlimmsten Dingen auf der Welt gehören), unabhängig von seiner poetischen Qualität auch politisch als Wegweiser dienen kann, und zwar besser als ein Dutzend öffentlicher Redner.

Aber damit der Künstler arbeiten kann, muß er frei sein. Und ich bin eigensinnig genug zu glauben, daß zu den Zielen, für die unser Volk mit soviel Tapferkeit und Opfern in diesem Krieg gekämpft hat, auch diese Art von Freiheit gehört. Denn andernfalls würden die Welt und unser Land in den Zustand einer starren Idiotie verfallen. Und wenn es der Zufall will, und der Dichter schreibt als freier Mensch solch ein „Propaganda-Werk" (nehmen wir an, dieses Werk hieße *Die Perser*), dann wäre es keine Saat des Bösen, sondern ein Werk, dem auch seine Gegner unbedingt und notwendigerweise Beifall zollen müßten.

Ich möchte jetzt schließen. Wenn ich diese Ansicht nach bestem Wissen und Gewissen vertrete, meine ich damit auf keinen Fall, daß der Dichter ein verantwortungsloser Mensch ist, der von den Launen seiner Inspiration und Individualität hin und her gerissen wird. Ganz im Gegenteil, meine tiefste Überzeugung ist, daß der gute Künstler zu den verantwortlichsten Wesen gehört, die auf Erden leben. Er trägt die Verantwortung für einen Kampf auf Leben und Tod. Was soll er von der Menschheit, die um ihn herum tobt oder schweigt, bewahren? Was kann er bewahren? Was muß er von dem amorphen Stoff Mensch, der so furchtbar lebendig ist und ihn bis in seine tiefsten Träume verfolgt, ignorieren? „Die Verantwortung beginnt bei den Träumen ..."

Athen, 1. August 1945

K. P. Kavafis, T. S. Eliot; Parallelen

1

Ich vertrete nicht die Ansicht, daß Konstantinos Kavafis und Thomas Eliot sich gegenseitig beeinflußt haben. Der Altersunterschied – fast eine ganze Generation – trennt sie. Kavafis wurde 1863 in Alexandria geboren; Eliot 1888 in St. Louis, in den Vereinigten Staaten. Zu einer Zeit, da sich Eliot noch zu orientieren versucht – so um 1920 mit *Gerontion*, glaube ich –, hat Kavafis bereits Gedichte veröffentlicht, die die wesentlichsten Merkmale seiner poetischen Physiognomie offenbaren.

Ich will etwas vorsichtiger sein – ich meine nicht, daß Kavafis' Weg schon in dieser Zeit abgeschlossen war. Im Gegenteil, bei Kavafis beobachten wir etwas Außergewöhnliches: Während die Gedichte, die er in seiner Jugend und zum Teil auch als Mann im besten Alter schrieb, oft mittelmäßig und ohne Temperament sind, ersieht man aus seinem Spätwerk, daß er ständig neue, erstaunliche Wege geht. Er war ein „Dichter des Alters". Wenige Monate vor seinem Tod soll er, krank in Athen darniederliegend, gesagt haben: „Ich habe noch fünfundzwanzig Gedichte zu schreiben." Schade, daß er nicht noch zwei Gedichte oder wenigstens noch ein einziges Gedicht geschrieben hat. Das ist schon ein seltsames und seltenes Phänomen: Er starb siebzigjährig, hinterließ aber in uns jene bittere Neugier, die uns bei einem Menschen erfaßt, der uns im Zenit seines Schaffens verläßt. Doch selbst in diesem Dezennium, also zwischen 1920 und 1933, wäre die These, Kavafis sei durch das Eliotsche Werk beeinflußt worden, kaum zu belegen.[60] Kavafis macht ständig neue Entdeckungen, er macht sie aber auf dem außerordentlich einsamen Weg, den er zurücklegt. Ich kenne kein anderes poetisches Werk, das sich isolierter entwickelt hätte als seins; zumindest in der mir bekannten Literatur. Bei seinem Œuvre handelt es sich in vielerlei Hinsicht um einen Grenzfall; so auch in dieser. Es steht außerhalb des großen Kreises der griechischen dichterischen Tradition, die von Solomos begründet wurde, und scheint zudem nicht verwandt mit einer europäischen Persönlichkeit seiner oder einer vorangegangenen Epoche zu sein; ich meine eine Verwandtschaft, die in einer organischen Beziehung zu seinem Werk stünde, und nicht irgendwelche persönlichen Allüren, über die jene berichten, die auf der berühmten Rue Lepsius in Alexandria seinen Gesprächen lauschten. Dazu kann ich nur eins sagen: Kavafis nahm zweifellos die Atmosphäre der zeitgenössischen europäischen Dichtung, die zwischen seinem 20. und 35. Lebensjahr vorherrschte, in sich auf: die Schule des Symbolismus, aus der, wie wir wissen, die bedeutendsten und unterschiedlichsten dichterischen Temperamente der Vorkriegszeit hervorgingen. Von dieser Schule stammen allerdings nur die allgemeinen Kennzeichen einer Generation – nicht die eines bestimmten Schriftstellers –, die sich entweder als vergänglich erwiesen oder aber vom einzelnen Dichter assimiliert wurden, je weiter sich sein Werk entwickelte und die ersten Versuche überwand.

Andererseits trennt beide Dichter die Sprache, so daß nicht behauptet werden kann, Kavafis hätte Eliot beeinflußt. Obwohl unsere Dichtung in einer lebenden, einst berühmten Weltsprache geschrieben wird, obwohl sie zumindest in den Gipfelleistungen ihrer Tradition treu geblieben ist und obwohl sie zu jeder Zeit ihren eigenständigen Wert behalten hat, bleibt ihr die Kommunikation mit der europäischen Literatur verwehrt: sie ist isoliert durch einen großen Graben – die Sprache. Das seltenste auf dieser Erde ist ein ausländischer Schriftsteller, ich meine *Schriftsteller*, der Griechisch spricht.[61] Hinzu kommt, daß nach allgemeiner Auffassung der Ausländer, aber vielleicht auch nach Auffassung vieler Griechen, das klassische, byzantinische und moderne Griechenland nichts miteinander zu tun haben; und jeder, der sich mit unserem Land beschäftigt, beschränkt sich auf sein Spezialgebiet. Wir müssen weit zurückgehen, fast bis an den Anfang des letzten Krieges, um auf das vage Bewußtsein von Griechenland als *einer* Ganzheit zu stoßen und auf junge Leute zu treffen, die sich für die griechische Dichtung interessieren, in ihr aber nicht ein Thema für linguistische oder ähnliche Forschungen sehen, sondern eine lebendige Kunst, die einer lebendigen Tradition angehört.

So scheint es mir unwahrscheinlich, daß Eliot von Kavafis

beeinflußt worden ist; zudem sind das auch nicht die Einflüsse, auf die es mir ankommt. Meine Überlegungen – die ich heute nur ausspreche, weil mich mein Übermut dazu treibt – kreisen vielmehr um die These, daß man berechtigterweise über parallelgelagerte Werke von Kavafis und Eliot sprechen kann; parallel im Sinne Plutarchs, der zum Beispiel Parallelbiographien von Demetrios Poliorketes und Marcus Antonius, zweier einander völlig fremder Menschen, schrieb; oder, noch besser, wie man in der Schiffahrt von Orten spricht, die auf der gleichen geographischen Breite liegen und dasselbe Klima haben, ohne sich am gleichen Punkt der Erde zu befinden.

Bevor ich fortfahre, möchte ich noch drei Punkte für meine Vorgehensweise festlegen:

1. Von Eliots Gedichten werde ich hauptsächlich *Das wüste Land* untersuchen, das unabhängig von seinem Wert und seinem Symbolcharakter für die zeitgenössische Literatur die prägnanteste poetische Formulierung seiner kritischen Auffassungen darstellt.

2. Ich werde versuchen herauszufinden, ob die kritischen Auffassungen Eliots für das Werk von Kavafis Gültigkeit haben und wie Kavafis zu ihnen steht. Hier gibt es ein Problem; denn während Eliot nicht nur der bedeutendste Dichter der englischen Sprache ist, sondern auch ein ausgezeichneter Essayist, Kritiker und Redner, hat Kavafis in seinem ganzen Leben nichts anderes getan, als Gedichte geschrieben. Er hat uns nur sehr wenige, splitterhafte, kritische Gedanken hinterlassen, die uns zudem nur aus mündlichen Überlieferungen seiner Freunde oder ehemaligen Freunde bekannt und also mit großer Vorsicht und Skepsis zu behandeln sind. Während wir die theoretischen Auffassungen und die Poetik von Eliot sehr gut kennen, müssen wir, um hinter die Anschauungen und die Poetik von Kavafis zu kommen, seine Gedichte so genau wie möglich befragen. Wir alle nennen Kavafis den *Alexandriner*; das Epitheton müßte man genau bestimmen, denke ich; aber wenn für mich ein alexandrinisches Element bei Kavafis existiert, dann ist es gewiß das folgende: der trügerische Alte des Alexandrinischen Meeres, der ständig entwischte, indem er seine Gestalt änderte – wie Proteus, den Homer beschreibt:

οὐδ' ὁ γέρων δολίης ἐπελήθετο τέχνης.
[Aber der Alte vergaß nicht seine listigen Kniffe.]

(Odyssee 4,455)

Darum müssen wir uns in acht nehmen, und zwar nicht nur, weil wir selbst dazu neigen, uns von Dingen, die wir schön finden, verführen zu lassen, sondern auch vor der Gefahr, die äußerliche Bedeutung der Worte oder deren dialektische Konstruktionen in Kavafis' Lyrik immer ernst zu nehmen.

3. Mein Gedanke ist der, daß ab einem bestimmten Punkt – den ich ungefähr bei 1910 ansetze – das Werk von Kavafis nicht als eine Aneinanderreihung von Einzelgedichten, sondern als ein einziges Gedicht, das sich *in Entwicklung* befindet, zu sehen ist – ein „work in progress", wie James Joyce sagen würde –, das erst der Tod beendet. Kavafis, glaube ich, ist der „schwierigste" Dichter der zeitgenössischen griechischen Literatur, den man viel besser versteht, wenn man die einzelnen Gedichte mit dem Wissen um sein Gesamtwerk liest. Diese Einheit seines Werkes ist seine Stärke, und so werde ich ihm begegnen.

2

Folgendes Gedicht von Kavafis veranlaßte mich zum ersten Mal, an Eliot zu denken[62]:

Krieger für den Achäischen Bund

Tapfer ihr, die ihr im Krieg gekämpft und
ruhmreich fielt;
furchtlos gegen die, die immerfort obsiegten.
Ohne Tadel ihr, wenn sich Kritolaos und Diaios
auch schuldig machten.
Wenn die Griechen sich einst rühmen wollen,
werden sie auf euch die Worte münzen: „Solche
Männer bringt
unser Volk hervor." So herrlich werdet ihr gepriesen
sein.

Geschrieben in Alexandria von einem Achäer,
im siebten Jahr des Ptolemäos Blähbauch.

Ein herrliches Epigramm. Diese sechs Verse – haben etwas vom metallischen Klang des Simonides:

> Ἄσβεστον κλέος οἵδε φίλῃ περὶ πατρίδι θέντες
> ἀμφεβάλοντο νέφος κυάνεον θανάτου –
> [Niemals erlöschenden Ruhm errangen die Kämpfer
> für ihre
> Heimat, umhüllt auch sie selbst düster der blutige
> Tod –]
> (VII,251)

sie ließen mich damals an die erstaunliche Einheit der *Griechischen Anthologie* denken, die Gedichte aus etwa tausend Jahren umfaßt und in der die neueren Gedichte sehr gut mit den alten harmonieren, aber zugleich etwas Eigenes und Neues einbringen. Ich überlegte, daß nach einer Kluft vieler weiterer Jahrhunderte Kavafis diesem Bau ein Steinchen hinzufügt. Das war eine kühle literarische Einschätzung meinerseits. Kavafis interessierte mich in jener Zeit nicht besonders. Mein Urteil ließ die letzten zwei Verse außer acht, genauso wie sie von den meisten Lesern außer acht gelassen wurden. Was sollte dieses störende Anhängsel?

> Geschrieben in Alexandria von einem Achäer,
> im siebten Jahr des Ptolemäos Blähbauch.

Die Jahre vergingen. Eines Abends im verdunkelten Alexandria, wenige Tage nach der Schlacht um Kreta, erinnerte ich mich wieder an das Epigramm des Achäers. Es war auf tragische Weise aktuell. Vielleicht darum, vielleicht weil ich mich in der Stadt der Ptolemäer befand,[63] flüsterte ich das ganze Gedicht vor mich hin, zusammen mit den beiden letzten geheimnisvollen Versen. Und da dachte ich zum ersten Mal daran, daß das Gedicht 1922 geschrieben worden war, kurz vor der Kleinasiatischen Katastrophe; fast unbewußt übersetzte ich:

> Geschrieben in Alexandria von einem Achäer,
> im Jahr, da die Nation zugrunde ging.

Das war nicht mehr der Kavafis, der über die Klüfte von Jahrhunderten hinweg sich der *Griechischen Anthologie* zugesellte; das war kein Verseschmied kalter und zufälliger parnassischer Porträts; das war mein Zeitgenosse, der in kürzester und dichtester Form seine Gefühle auszudrücken vermochte und auf diese Weise Simonides und die herrlichen alten Epigramme der verschütteten Grabsteine zum Leben erweckte, damit sie mich erreichten. Ich empfand eine plötzliche Gegenwärtigkeit, wie bei Solomos' Epigramm auf Psara.

An diesem Beispiel läßt sich *wenigstens zum Teil* die Kavafissche Auffassung von der Zeit verdeutlichen.

Das erste Datum, das im Gedicht auftaucht, ist das Jahr, in dem die Achäer bei Leukopetra fielen – im Kampfe gegen die, „die immerfort obsiegten", die Römer, die die letzten Reste der griechischen Unabhängigkeit auslöschten: 146 v. u. Z. Dieses Datum hat im Werk von Kavafis eine konkrete Beziehung zu zwei vorangegangenen, für das Griechentum unheilvollen Ereignissen – er gedenkt ihrer an anderer Stelle in *Die Schlacht von Magnesia* (190 v. u. Z.), als der Seleukide Antiochos der Große im Kampfe gegen Scipio unterlag, und in *Die Schlacht von Pydna* (168 v. u. Z.), die Aemilius Paulus gewann, um anschließend das Reich der Makedonier aufzulösen.[64] Es ist der historische Augenblick von etwa fünfzig Jahren, den sich der anonyme Achäer vergegenwärtigt, wenn er an die edlen Toten denkt,

> als etwas Heiliges, dem man sich voll Verehrung
>   nähert

und flüstert:

> Ohne Tadel ihr, wenn sich Kritolaos und Diaios
>   auch schuldig machten.

Die letzten Anführer des Achäischen Bundes, Diaios und Kritolaos, machten sich schuldig. Paparigópulos charakterisiert ihr Tun und das der sie beeinflussenden Demagogen mit folgenden neuen Ausdrücken: „Hellenokopia" (Griechenlandverelendung), „Ochlokopia" (Volksmassakrierung), „Pragmatokopia" (Handels- und Gewerberuinierung); und Polybios notiert, daß der Ausspruch „Εἰ μὴ ταχέως ἀπωλόμεθα, οὐκ ἂν ἐσώθημεν" (wenn wir nicht so schnell ins Verderben geraten wären, wären wir nicht gerettet worden) damals in aller Munde war.[65]

Der Baum ist morsch, er muß gefällt werden. Die ganze Epoche ist krank:

> Jetzt: Hoffnungslosigkeit und Gram.
> Sie hatten recht, die Gefährten in Rom.
> Es ist unmöglich, daß sich diese Dynastien halten,
> die durch die makedonischen Eroberungen
> aufgekommen waren,

sagt der enttäuschte Träumer, der Seleukide Demetrios, der so sehr unserem Achäer gleicht. Die Übel, die Alexanders Bauwerk zerstörten, waren genauso stark wie die Tugend des großen Makedoniers: Verrat, Rivalitäten, Vertragsbrüche; politischer Stumpfsinn, durchtriebene Selbstsucht, Prahlerei, Wut und gleichzeitig Unterwürfigkeit. Ptolemäos, der zu den Römern pilgert, um ihre Unterstützung gegen seinen Bruder zu erheischen:

> So betrat er unterwürfig und in schäbiger Kleidung
> Rom
> und nahm im Hause eines Handwerksmanns
> Quartier.
> Als Gestalt des Jammers trat er dann
> vor den Senat, als Hungerleider,
> daß er dort mit größerem Erfolg betteln könne.

Philipp V. von Makedonien erfährt die Niederlage seines einstigen Verbündeten, des Königs Antiochos von Syrien:

> ... wird aber die Feier nicht verschieben.
> Wie sehr ihn auch die große Last des Lebens
> beugte,
> eines hat er sich bewahrt: es geht ihm kein
> Gedächtnis ab.
> Er erinnert sich, wie groß in Syrien ihre Trauer war
> und welcher Art
> ihr Schmerz, als ihre Mutter Makedonien zu Staub
> zerfiel.

Schließlich – ich könnte noch andere Beispiele anführen – als der „junge Antiochier", der den gleichen Ton in der Stimme hat wie der Achäer des Epigramms, einem anderen König von Syrien erregt und besorgt über die bevorstehende Schlacht von Pydna berichtet, schaut sich Antiochos Epiphanes schweigend und ängstlich um, ob kein Spion ihr Gespräch belauscht.

Das ist die Atmosphäre, die der Dichter gefühlsmäßig mit der Atmosphäre des zweiten Datums, das uns das Gedicht vorgibt, gleichsetzt: mit 1922,[66] dem Vorabend des Untergangs der Nation. Wir wissen, mit welcher Besessenheit Kavafis seiner Beziehung zur Nation Ausdruck verlieh. „Ich bin kein Grieche, ich bin griechisch", sagte er oft.[67]

Wie setzt er die beiden Epochen gleich? Durch das Einfügen eines Verbindungsgliedes, eines dritten, dazwischenliegenden Datums: des siebenten Jahres, des vorletzten, der Königsherrschaft von Ptolemäos IX. Blähbauch, des Jahres 109 v. u. Z. Auch das ist eine bewegte Zeit des Niedergangs, der Not und unzähliger Intrigen, die in der Flucht Ptolemäos' aus Alexandria gipfelt, während das mächtige Rom seine Netze um das armselige Reich der Lagiden immer enger knüpft. Das ist der Augenblick, da der Dichter das Epigramm aufschrieb; und der das Epigramm in einem beliebigen siebenten Jahr eines beliebigen Ptolemäos Blähbauch schrieb, ist Kavafis, ist der anonyme Achäer, sind beide zusammen.

Ich denke, das genügt, und bitte um Nachsicht wegen meiner Pedanterie. Es gibt Dichter, die schreiben mit großer Genauigkeit, während andere ohne sie auskommen. Alle sind im Recht; aber ich muß gestehen, daß jene der zweiten Kategorie es dem Kritiker und dem Leser viel leichter machen. Obwohl ich diesen Aspekt auch noch anderweitig im Kavafisschen Werk herausarbeiten könnte, möchte ich es doch einstweilen hiermit bewenden lassen. Aber wir sollten zumindest festhalten, daß eine lapidare Erwähnung: nämlich die Schuld von Diaios und Kritolaos, im siebenten Jahr des Ptolemäos Blähbauch, Vergangenheit und Gegenwart gleichsetzt, das heißt Synchronität bewirkt. Das aber ist ein ganz anderer Umgang mit der Geschichte, als wir ihn sonst bei Dichtern finden, mögen sie zur Schule der Romantik oder des Parnaß gehören; es ist also weder eine visionäre

Anamnese noch die Erinnerung an eine verschwommene
Mythologie und auch kein Thema, das der Künstler auf einem „schönen" kalten und beziehungslosen Relief gestalten
kann. Diaios, Kritolaos, Philipp, Demetrios, Blähbauch, der
Achäer – sie sind in uns, *jetzt*; vielleicht sind diese Gestalten Sie oder ich oder jeder andere, der ein Bewußtsein vom
Bösen und vom Unglück in sich trägt:

> Verlasse dich nicht darauf, daß dein Leben,
> das beschränkt ist, nüchtern und
> solche Überraschung und Schreknis nicht
>
>   bereithält.
> Vielleicht dringt zu dieser Stunde in eines deiner
> Nachbarn wohlbestelltes Haus –
> ungesehen, körperlos – Theodotos
> und schafft ein solch grauenhaftes Haupt herbei,

flüstert uns Kavafis langsam und wissend ins Ohr: das grau-
enhafte Haupt von Pompejus, das Symbol des alltäglichen
Schreckens in unserem wohl eingerichteten Leben.
Diesen Spiegel hält uns der Dichter vor; dorthinein
schauen die, die sich nicht „zufriedengeben", die den Mut
aufbringen, sich anzusehen; es ist der Spiegel der Zeit; es
ist das Gefühl der Zeit. Einfacher gesagt: es gibt ein Gefühl
von Überzeitlichkeit; Vergangenheit und Gegenwart werden eins, und vielleicht auch die Zukunft –

> Time present and time past
> Are both perhaps present in time future
> And time future contained in time past.[68]

heißt es bei Eliot in einem seiner letzten Gedichte.

Das wüste Land von Eliot entstand nach dem ersten großen
Krieg. Sehr vereinfachend könnte man sagen: Es handelt
sich um ein Epos über den Verfall der Welt, in der wir noch
immer leben. Es basiert auf einem fundamentalen Mythos;
auf einem uralten Symbol der Verwandlungen in der Natur,
der Fruchtbarkeit; auf dem Mythos vom toten Gott, der
wieder aufersteht: von Adonis, Attis, Osiris, Tammuz, Christus. Das fruchtbare Element ist das Wasser; das unfruchtbare die Trockenheit; das läuternde Element das Feuer. *Das*

wüste Land ist ein gegenwärtiger Zustand zwischen Hölle und Fegefeuer; Ort der Handlung ist eine moderne Groß-stadt – London –, die mit anderen berühmten untergegangenen oder noch existierenden Städten gleichgesetzt wird: zum Beispiel mit Jerusalem, Athen, Alexandria, Wien; die besonderen Symbole dieses Werkes sind die Symbole der mittelalterlichen Sage von der Suche nach dem Gral: der alte „Fischer-König", dessen körperlicher Verfall auf sein ganzes Königreich übergreift, auf sein ausgedörrtes „Wü-stes Land", wo die Wasser versiegt sind, die Liebe unfruchtbar bleibt, die Erde nicht blüht, die Tiere nicht gebären, bis der „keusche Ritter" aus der „gefährlichen Kapelle" die Lanze und einen Kelch, den Gral, in dem das Blut des Gekreuzigten aufbewahrt wird, herausholt. Wenn ihm das gelingt, wird Regen fallen, werden die Wasser wieder fließen und wird die Fruchtbarkeit wiederkehren. Im Gedicht von Eliot versinnbildlichen alle Frauen die unfruchtbare Liebe und alle Männer den toten Gott – außer einer, Teiresias, denn „was er sieht, ist eigentlich die Substanz des ganzen Gedichtes", er steht also für den Dichter, und in ihm vereinigen sich das männliche und das weibliche Geschlecht.[69]
Sehen wir uns jetzt einen Auszug aus dem ersten Teil des Gedichts an; es handelt sich um eine morgendliche Begegnung von Teiresias (oder dem Dichter) in der City von London:

> Unwirkliche Stadt,
> Im braunen Nebel eines Wintermorgens
> Strömte die Menge über London Bridge, so viele,
> Ich glaubte nicht, der Tod fälle so viele.
> Sie stießen kurze, seltne Seufzer aus,
> Und jeder heftete den Blick zu Boden.
> Sie strömten weiter durch King William Street,
> Bis wo Saint Mary Woolnoth das Geläut
> Der Stunden tönt und neun Uhr dumpf ausklingt.
> Dort sah ich einen, den ich kannte, hielt ihn an:
> > „Stetson!
> Du warst ja mit mir in dem Schiff bei Mylae!
> Vorm Jahr vergrubst im Garten du 'ne Leiche.
> Fängt sie zu sprießen an? Blüht sie dies Jahr?
> Oder hat jäher Frost ihr Beet versehrt?

Oh! keep the Dog far hence, that's friend to men,
Or with his nails he'll dig it up again!
Du! Hypocrite lecteur! – mon semblable, mon frère!"

Beim ersten Hören scheinen diese Verse viel geheimnisvoller und kryptografischer zu sein als die Verse von Kavafis über Ptolemäos Blähbauch.

Außer dem Zitat eines unübersetzbaren Verses von Baudelaire, am Schluß, der sofort auffällt, gibt es noch vier weitere Verweise: ein zweites Mal auf Baudelaire, auf Dante, auf den *Weißen Teufel* von Webster und einen historischen Verweis auf den Ort Mylae. Um Eliot wirklich begreifen zu können, muß man sicher eine starke emotionale Beziehung zu diesem Wissensstoff besitzen. Aber damit wir uns nicht allzusehr in Einzelheiten verlieren, werde ich mich auf den historischen Verweis beschränken:

Dort sah ich einen, den ich kannte, hielt ihn an:
"Stetson!
Du warst ja mit mir in dem Schiff bei Mylae!
Vorm Jahr vergrubst im Garten du 'ne Leiche.
Fängt sie zu sprießen an?" …

Wir haben es natürlich mit dem Mythos vom toten Gott zu tun, die Leiche ist der tote Gott, und die Frage: „Fängt sie zu sprießen an?" ist die quälende Frage eines Einwohners des „wüsten Landes": „Werden wir die Auferstehung sehen?" Bis hierhin ist alles klar. Aber wer ist dieser Stetson, den wir in einem Handelsviertel von London treffen? Einst, sagt uns Teiresias (oder der Dichter), sei er mit ihm zusammen in Mylae gewesen, während der Zerstörung von Karchedon, so um 260 v. u. Z. Wir werden ihm im dritten Teil des Gedichts wiederbegegnen, wo er als

… Mr. Eugenides, Kaufmann aus Smyrna,
Noch unrasiert, die Taschen voll Korinthen,
Franko versichert London …

erscheint und auch im vierten Teil als

Phlebas, der Phönizier, zwei Wochen tot,
Vergaß der Möwen Schrei, und das Rollen der See
Und Gewinn und Verlust.
                                    Eine Tiefsee-Srömung
Pickte seine Knochen murmelnd. Wie er stieg und
                                                    sank,
Durchlief er die Stufen von Alter und Jugend
Und trieb in den Wirbel.
                                    Heide oder Jude,
O du, der das Rad dreht und windwärts lugt,
Bedenke Phlebas, der einst schön und stark wie du.[70]

Und der geübte Leser setzt fort mit der harmonischen
Note:

   ... wie du ...
   ... hypocrite lecteur! – mon semblable, – mon frère!

Ich habe versucht, so knapp wie möglich, das Hauptmotiv
des Gedichts, das Motiv des toten Gottes herauszuschälen.
Alle Einwohner des *Wüsten Landes* sind unfruchtbar, tot und
identifizieren sich mit dem toten Gott: Stetson, der Karche-
donier, Eugenides, Phlebas und die anderen, die ich nicht
anführte:

   ... wie du ...
   ... heuchlerischer Leser! – mir gleich, – mein
                                   Bruder!

Geben wir uns nicht damit zufrieden, beschwor uns Kavafis
vorhin, daß unser abgemessenes, geregeltes und biederes
Leben keine solchen aufregenden und schrecklichen Dinge
kennt. Einwohner des „Wüsten Landes" sind wir allesamt:
Sie und ich und alle, die das Wissen um das Schlechte und
das Unglück haben. Der tote Gott ist kein vergessenes Märchen, er identifiziert sich in uns mit dem gegenwärtigen
Augenblick, identifiziert sich mit uns. Um zur Poetik zurückzukehren: Eliot gelangt zu diesem Ergebnis mit dem
gleichen historischen Sinn, den wir bei Kavafis angetroffen
haben.
Und dieses Verhältnis zur Zeit, das für beide Dichter so bedeutsam ist, unterstreicht Eliot mit seiner Bemerkung über
den *Ulysses* von James Joyce:

„Indem sich Joyce auf den Mythos stützt, das heißt, indem er eine kontinuierliche Parallele zwischen der Gegenwart und der Vergangenheit auswertet, wendet er eine Methode an, die andere nach ihm anwenden müssen. Diese Nachfolger werden ebensowenig wie der Wissenschaftler, der die Entdeckungen eines Einstein für seine eigenen unabhängigen Forschungen nutzt, Imitatoren sein. Es handelt sich dabei einfach um eine Methode, mit der man die Zeitgeschichte – jenes ungeheure Panorama der Nichtigkeit und Anarchie – bewältigt, ordnet, gestaltet und mit Sinn erfüllt. Bereits Yeats hat sich dieser Methode in Ansätzen bedient; er war ja auch wohl der erste unserer Zeitgenossen, der sich über ihre Notwendigkeit im klaren war."

Ich denke, daß meine Meinung berechtigt ist, wonach Kavafis sich nicht nur an diese Methode anlehnt, sondern sie systematisch anwendet – lange vor dem Erscheinen des *Ulysses* von Joyce und zur gleichen Zeit wie Yeats, vielleicht sogar noch früher.

„Ich bin ein historischer Dichter", sagte er am Ende seines Lebens, „ich könnte nie einen Roman oder ein Theaterstück schreiben; aber hundertfünfundzwanzig Stimmen in meinem Innern raunen mir zu, daß ich ein Geschichtsbuch hätte schreiben können." –

Wie jede flüchtige Aussage, so ist auch dieser Satz nicht sehr eindeutig. Aber ich glaube, daß die Bezeichnung *historischer Dichter* nicht den Dichter meint, der *auch* Geschichte schreibt oder die Geschichte in Verse bringt, sondern sie meint, wenn das Wort *Dichter* überhaupt etwas bedeutet, den Menschen, der einen historischen Sinn besitzt, einen Sinn, von dem wir zu Beginn erfahren haben.

3

Wir werden uns mit dieser Aussage von Kavafis bald noch genauer auseinandersetzen. Vorher möchte ich einige Bemerkungen zu den Versen machen, die wir gelesen haben. Die folgenden Ausführungen beziehen sich auf die – vielleicht abzulehnende – Verwendung so viel Wissens, so vieler historischer und anderer Verweise bei der Komposition eines Gedichtes. Was Eliot anbelangt, so ist das Thema erschöpfend behandelt worden. Im Falle von Kavafis gehen wir am besten von der Meinung der Gelehrten aus, die diese Methoden überhaupt nicht mögen. Der ausdauerndste Kommentator des Lebens und Werkes von Kavafis, Timos Malanos, stellt fest: „Er verwendete in seinen Versen entliehene Wendungen, ja sogar unübersetzte Stellen aus den klassischen Texten, was der Schreiber einer Doktorarbeit machen würde, nicht aber ein Dichter."[71]

Und um zu zeigen, wie unziemlich diese Gewohnheit von Kavafis ist, parodiert er ihn, indem er Teile aus der *Suda*, einem Lexikon, in Verse bringt (TM, 1,147). Er wird wohl recht gehabt haben; Kavafis hätte eine in Verse gebrachte *Suda* und Eliot ein in Verse verfaßter Frazer gewesen sein können, wenn sie nicht die Sensibilität gehabt hätten, die sie nun einmal haben. Die Sensibilität macht den Dichter aus. Der Verstand, die logische Zuspitzung, das Wissen sind für ihn sehr bedeutende Dinge, aber das Fundament ist die Sensibilität. „Sie ist die emotionale Vollendung des Intellekts, das ist der Unterschied", schreibt Eliot.

Das ist das Bedeutende. Die Sensibilität beider, die von Eliot, aber auch die von Kavafis hat, wie ich glaube, ein sehr konkretes gemeinsames Merkmal. Eliot spürt ihm nach und findet es bei den englischen Dichtern der letzten Regierungsjahre von Königin Elisabeth, bei den „metaphysischen" Dichtern und bei den Modernen: „es ist ein unmittelbar sinnliches Erfassen des Denkens oder eine Umwandlung des Denkens zum Fühlen", wie er sagt. Wiederholt betont er, daß es bei keinem bedeutenden Dichter zur Zeit von Donne einen Unterschied zwischen der Erfahrung, die das Leben, und der Erfahrung, die die Bildung vermittelt, gibt; daß die Dinge, die sie aus den Büchern erfuhren, aus Plutarch, Seneca, Montaigne, und die sie persönlich erlebten, zu einer gemeinsamen, untrennbaren Einheit verschmolzen.[72]

Dasselbe geschieht auch bei Kavafis. Erinnern wir uns an seine bekanntesten Gedichte: an *Der Gott verlasse Antonius* und Plutarch, an *Demetrios Soter* und Polybios, an *Falls er denn gestorben ist* und Eusebios. Die geliebten Stimmen vernimmt der *Verstand* in seinem *Denken*; die „Dichtkunst", die etwas versteht

von Versuchen, den Schmerz zu betäuben in
Sprache und in der *Vernunft*.

Ich unterstreiche die Wörter *Verstand, Denken, Vernunft* in einem Zusammenhang, der rein emotional ist. *Cäsarion* –
übrigens ein Schlüsselgedicht zum Verständnis der *Emotionalität* des Denkens bei Kavafis – entspringt einer „kleinen,
unbedeutenden Erwähnung" in einem Geschichtsbuch.
„Wahrscheinlich", schreibt Eliot, „reifen die Menschen besser durch Erfahrungen, die zugleich emotional wie intellek-
tuell bestimmt sind; sicher werden viele zugeben, daß ihre
lebendigsten Gedanken oft emotional stimuliert sind; und
daß man bei dem stärksten emotionalen Erlebnis das Gefühl hat, der Körper könne denken."
Es läßt sich, glaube ich, nur schwer bestreiten, daß genau
das der Typ der Sensibilität von Kavafis ist[73]: ein Temperament, das aus einer unauflösbaren Einheit von Gefühl, Wissen und Denken besteht; es ist das wesentlichste Element
der Einheit seines Werkes – genau das, was der *Suda*
fehlt.
„Zwei meiner Gedichte sind gescheitert, weil ich nichts bei
Gregor von Nazianz gefunden habe", sagte Kavafis (TM,
1,120). Warum nicht? Das Problem ist nicht, welche Bücher
der Dichter liest, sondern ob er in der Lage ist, sich selbst
in den Stoff einzubringen, aus dem seine Gedichte gemacht
sind.[74] Und ob ihm das gelingt, ersehen wir nicht aus seiner
Methode, sondern aus seinem Werk. Es gibt folgende Aussage von Rémy de Gourmont, die sehr wichtig für Eliot
war: „Flaubert ließ seine ganze Sensibilität in seine Werke
einfließen … Von seinen Büchern abgesehen, in die er sein
Leben Tropfen für Tropfen, bis zur Neige, einfließen läßt,
ist Flaubert von ganz geringem Interesse." Diese Feststellung müssen wir inhaltlich voll auf Kavafis beziehen, wenn
wir ihn überhaupt verstehen wollen. In den siebzig Jahren
seines Lebens tat er nichts anderes, als sein eigenes Ich
Tropfen um Tropfen auf seine einhundertvierundfünfzig
Gedichte zu übertragen:

Die Umgebung aus Haus, Lokalen, Nachbarschaft,
durch die ich Augen und die Schritte lenke; seit
Jahr und Tag.

Ich habe dich in Glück und Leid erschaffen:
mit soviel Umständen, soviel Ereignissen.

Und du hast dich, für mich, ganz in Gefühl
verwandelt.

„Der Künstler, der sein Werk über alles andere stellt, muß
sich seinem Werk zuliebe selbst zerstören" – sagte er, wie
uns einer seiner Kritiker übermittelt.[75] Das Leben eines
Künstlers kann man unter zwei Gesichtspunkten betrachten: erstens nach den Anekdoten, den Polizei- oder Arztbe-
richten; zweitens nach dem, was der Dichter – ohne es
überzubewerten – von seinem vergänglichen Leben in sein
Werk eingebracht hat. Für diejenigen, die dem ersten Weg
folgen, werden meine Worte ohne Bedeutung sein; ich
folge dem zweiten; und darum glaube ich, daß Kavafis jenseits seiner Gedichte kaum von Interesse ist.
Aber, wird man fragen, warum ist Kavafis so trocken, wenn
er seine Sensibilität in seine Gedichte einfließen läßt? Weil
sein Vers „nicht glorifiziert, nicht besingt, nicht aus Verzweiflung klagt, sondern ein Vers ist, der *denkt*"?[76] Das ist
wahr; Kavafis glorifiziert nicht, besingt nicht, klagt nicht
aus Verzweiflung; und er hat ganz offensichtlich ein deutli-
ches Bewußtsein von seinem Talent, mit dem Gefühl zu
denken, wie wir gesehen haben. „Kavafis", sagen seine Kritiker weiterhin, „gebrauchte den kargsten und antipoetisch-
sten Stil, um seine poetischen Ideen umzusetzen" (TM,
1,146). Er war „der unversöhnlichste Feind jeder Ausschmückung" (ebenda). Und das schlimmste, „er verwendete mit den Jahren in immer umfassenderem Maße das
prosaische Element", wie „einer, der viel trinkt und seine
Dosis ständig erhöhen muß" (ebenda, S. 149).
Zweifellos: „Kavafis markiert eine Grenze, wo die Dichtung
sich zur Prosa hin öffnet."[77] Keiner ging über diesen Punkt
hinaus. Er ist von allen, die ich kenne, der anti-„poetischste" oder un-„poetischste", wenn wir als Maßstab und Verständnis des „Poetischen" das nehmen, was Solomos angestrebt hat. Natürlich, wenn wir so herangehen, gelangen wir
unweigerlich zur Schlußfolgerung, daß Kavafis „den dichterischen Ausdruck verraten" habe (TM, 1,146).
Aber es ist sehr gefährlich, den einen Dichter an einem an-

deren Dichter zu messen. Wenn wir Solomos lieben – und ich bin ein ihm ergebener Freund –, müssen wir ihn in seinem Werk suchen und bei jenen, die aus seinem Werk lernten. Nicht aber dort, wo er nicht zu finden ist. Solomos ist nicht bei Kavafis zu finden. Kavafis gehört einer anderen Traditionslinie an. Zu einer gewaltigen Tradition, einer hochmütigeren als die andere, die verschmähte, an die einzig Solomos in einem bestimmten Augenblick anzuknüpfen versuchte. Die Tradition, in der Kavafis steht – die gelehrte Tradition –, repräsentiert ihrem Umfang nach eine unermeßliche Literatur; aber einmal abgesehen von den kirchlichen Hymnendichtern, gelang es ihr in über tausend Jahren nicht, Dichtung hervorzubringen, weder im Sinne von Solomos noch von Kavafis – sie vermochte nicht, Gefühle auszudrücken.

Diese Tradition sitzt Kavafis so tief in den Knochen, daß er trotz seines anfänglichen Versuchs, sie zu umgehen, ihr bis an sein Ende treu bleibt. Er müht sich, sie – durch die Transfusion seines Blutes – soweit wie möglich wieder zum Leben zu erwecken. Wir formen, natürlich, unseren Stoff; aber er wiederum formt uns. Das Material von Kavafis ist prosaisch, trocken, emotional neutral, abstrakt. Es ist von absolut andersgearteter Beschaffenheit als das von Solomos verwendete Material. Solomos und Kavafis sind Menschen, die einen genau entgegengesetzten Weg zurücklegen; sie gehen von verschiedenen Ausgangspunkten aus, von wo aus sie das unermeßliche visuelle Feld abstecken, das derjenige vor sich hat, der sich in unserem kleinen Land mit Literatur beschäftigen will. Solomos ringt ständig mit einem pulsierenden und widerspenstigen Material, voller Farbe, Kraft und Triebhaftigkeit; er verfügt aber über das Wissen, das Bewußtsein und die Übung eines großen Europäers, um ihm die Präzision und Ordnung des literarischen Ausdrucks aufzudrücken. Kavafis dagegen versucht, einen althergebrachten Stoff aus Klöstern und Bibliotheken durch Berührung mit seinem Körper zu neuem Leben zu erwecken – lachen wir nicht, vielleicht ist der Grammatiker Lysias seine emotionalste Gestalt –, einen entseelten Stoff wie den Panzer der toten Grille, der aber Weisheit und alte Feinheiten des Wortes und der Präzision bewahrt. Das sind die beiden entgegengesetzten Wege, die Solomos und Kavafis gegangen sind; doch die Erde ist rund, und vielleicht sind sie sich inzwischen begegnet.

Also das einzige, was Kavafis aus seiner Tradition übernehmen konnte, waren abstrakte Figuren und Muster der Präzision: eine Choreographie ohne Tänzer; den Tänzer mußte Kavafis finden. Seine Tradition – und er konnte nicht anders, als ihr treu bleiben – bot ihm keinen Stoff für „Hymnen, Lieder und Klagen“. Sie bestand nur aus Ausrufen, wenn wir so wollen, die aber alle leer waren – Getöse ohne einen menschlichen Schrei. Von seiner Tradition und seinem Temperament her war Kavafis zu keinen Ausrufen, zu keinem Lyrismus fähig.[78] Aber die Dichtung existiert auch in anderer Gestalt; zum Beispiel in der Darstellung menschlichen Handelns. „Welche große Dichtung ist nicht dramatisch?“ fragt Eliot. „Das gilt sogar für die zweitrangigen Autoren der *Griechischen Anthologie*, ja sogar für Martial. Wer ist dramatischer als Homer oder Dante? Woran sind wir als Menschen mehr interessiert als an dem Verhalten des Menschen?“

In diesem Sinne des *Dramatischen* – vielleicht leuchtet einigen der Hinweis auf die *Griechische Anthologie* ein – ist Kavafis dramatisch.

Eliot formuliert seinen Gedanken noch klarer im folgenden Satz: „Der einzige Weg, ein Gefühlserlebnis künstlerisch zu gestalten, besteht im Auffinden einer ‚gegenständlichen Entsprechung‘[79], mit anderen Worten: einer Reihe von Gegenständen, einer Situation, einer Kette von Ereignissen, welche die Formel dieses *besonderen* Erlebnisses sein sollen, so daß, wenn die äußeren Tatsachen, die sinnlich wahrnehmbar sein müssen, gegeben sind, das Erlebnis unmittelbar hervorgerufen wird.“

Die „gegenständliche Entsprechung“ Eliots ist ein weites Feld; wir wollen lediglich erörtern, wie Kavafis zu ihr steht. Eliot meint damit, denke ich, daß der Dichter, der sein Gefühlserlebnis beschreiben will, bestimmte inszenierte Situationen, einen Zirkel von Ereignissen, eine formale Klammer gestalten muß, durch die die Anschauung auf einen Punkt gebracht wird; wenn die Empfindungen auf diesen Punkt gelenkt werden, werden sie auf das Erlebnis stoßen. Der Zirkel von Ereignissen in *Odyssee, Göttlicher Komödie, Antonius und Kleopatra* zum Beispiel – und es handelt sich dabei nicht nur um den Aufbau dieser Werke, sondern auch um deren Psychologie und Charakterzüge – ist die „gegenständliche Entsprechung" des besonderen Erlebnisses, das Homer, Dante, Shakespeare ausdrücken wollten; er ist ein Mittel zur Präzision.

Kavafis scheint mit Beharrlichkeit dieselbe Methode anzuwenden, wobei er mit den Jahren immer mehr von dem unvermittelten Ausdruck des Erlebnisses abkommt. Ja, mehr noch; er setzt in seiner Dichtung nicht nur beharrlich auf die Wandelbarkeit der Charaktere, auf die Bedeutsamkeit der Dinge und die klare Sicht auf die Ereignisse, die die „gegenständliche Entsprechung" seines Erlebnisses ausmachen, sondern tilgt auch jede andere Art von Emotionalität im Ausdruck, entweder durch die Kraft der Sprache oder durch die Verwendung anderer dichterischer Tropen, Bilder, Vergleiche oder Metaphern. Und das war ein zusätzlicher Grund, weshalb man Kavafis einen reizlosen Prosaiker genannt hat.

Während die sprachliche Formulierung bei Kavafis oft neutral und emotionslos bleibt, ist die Gestaltung der Personen und Ereignisse sehr dicht, in sich abgeschlossen, würde ich sagen, was den Eindruck erweckt, daß seine Gedichte Ergriffenheit *aus der Leere* beziehen. Diese Leere, die Kavafis schafft, machte den Unterschied zwischen seinem Stil und der herkömmlichen Prosaik, die man seinen Gedichten gern unterstellt. Petros Vlastos, der weder Kavafis noch Eliot mochte, schrieb, die Gedichte von Kavafis seien „Sokkel, denen aber die Statuen fehlen"[80]. Sieht man vom ironischen Unterton ab, ist das kein schlechtes Bild. Die Gedichte von Kavafis offenbaren sehr oft eine Ergriffenheit, die uns eher beim Anblick einer Statue, die nicht mehr an ihrem ursprünglichen Platz steht, überkommen würde; wir hatten sie jedoch einst dort gesehen, bevor sie weggebracht wurde. Aber diese Gedichte *offenbaren* jene Ergriffenheit. Das ist die Hauptschwierigkeit bei Kavafis. Und diesen Kavafis schätze ich mehr als den der ersten Jahre mit dem halberloschenen, sich nach Schönheit sehnenden Geflüster. Zum Beispiel mag ich folgendes Gedicht:

> Beglückt, vollauf zufrieden, ziehen
> König Alexandros Iannaios
> und seine Gattin, Königin Alexandra,

mit Musikanten an der Spitze,
und mit jeder Art von Prunk und Putz
durch die Straßen von Jerusalem.
Das Werk ward glänzend vollendet,
das der große Judas Makkabäos und
seine vier gerühmten Brüder angefangen hatten;
und das unbeirrt vorangetrieben wurde, mitten
vielfacher Gefahren und vielfacher Hindernisse.
Jetzt blieb nichts, was schmachvoll wäre, übrig.
Jede Unterwürfigkeit gegen jene Wichtigtuerischen
Herrscher Antiochias ist vorüber. Wahrlich
König Alexandros Iannaios
und seine Gattin, Königin Alexandra,
sind den Seleukiden gänzlich ebenbürtig.
Gute Juden, reine Juden, gläubige Juden − vor
                                             allem.

Doch wie es die Umstände erfordern,
auch mit griechischer Sprache vertraut,
auch mit den griechischen und gräzisierten
                                        Herrschern
freundschaftlich verbunden − doch als Gleiche,
                                   wohlverstanden.

Es ward wirklich glänzend vollendet,
herrlich vollendet,
dieses Werk, das der große Judas Makkabäos und
seine vier gerühmten Brüder angefangen hatten.

Das ist der Sockel: ein König und eine Königin, „beglückt",
„vollauf zufrieden", im Bewußtsein ihrer Macht und ihres
Ranges, im Vertrauen auf ihre Religion und ihr Volk, stolz,
daß sie das Werk ihrer Vorfahren fortsetzten. Der Staat
fürchtet sich nun vor niemandem; die schöne Prozession,
die durch die Straßen von Jerusalem führt, ist ein ein-
drucksvolles Symbol unerschütterlicher Herrschaft; alles ist
Erhabenheit, Erfolg, Kraft.
Was ist aber die fehlende Statue? In einem anderen Gedicht
von Kavafis schläft Nero in seinem Palast ruhig, glücklich,
tief, ahnungslos, während seine Laren angsterfüllt die
Schritte der Erinnyen vernehmen.[81] Müßten wir uns nicht
fragen, ob es überhaupt Laren gibt, die, wie hier, die eher-
nen Schritte hören? Ob nicht der Dichter erwartet, daß wir,

die Leser, zu Laren werden und die Eumeniden sehen? Kavafis sagt: „Selten benutze ich einen emphatischen Ausdruck, und wenn man keinen findet, hat das zweifellos eine Bedeutung. Das hat sich nicht zufällig ergeben oder aus dichterischem Unvermögen."

Wo ist hier Emphase? Sie ist leicht zu finden, wir brauchen uns nur die Wiederholungen anzusehen; und sie unterstreichen zweierlei: die jüdische Rasse der Personen und die Anstrengungen der Makkabäer, aus ihrem Land einen unabhängigen Staat zu machen. Diese zwei Punkte offenbaren den Irrtum: das Gegenteil geschieht.

Die Unterjochung, die große Diaspora, die Verfolgungen, die endlose Agonie der Juden – das alles ist vorhanden, schläft aber noch, träumt von den Musiken, König Alexandros Iannaios, der Königin, dem großen Judas Makkabäos und seinen vier berühmten Brüdern, die wie Träume zerstieben, wenn nach kurzer Zeit die Katastrophe erwacht. Die Katastrophe ist die Statue, die fehlt.[82]

Man hat über den Humor von Kavafis gesprochen. Wenn er wirklich so etwas wie einen Humor hat, und vielleicht bewahrte er ihn sich aus seiner Kinderzeit – er soll bis zu seinem neunten Lebensjahr nur Englisch gesprochen haben –, kann er nur in folgendem bestehen: in der Eigentümlichkeit des englischen Charakters, die für Ausländer unbegreiflich ist und mit dem unübersetzbaren Wort *nonsense* umschrieben wird und beispielsweise bei Lewis Carroll und Edward Lear vorkommt: ein kühler, im Verständnis geistreicher Völker dummer Witz, der so etwas wie Gefühlsleere erzeugt. Das Kind, das bei Lewis Carroll Alice heißt, unterhält sich in einem Wald mit zwei spielzeugähnlichen Mischwesen; sie zeigen ihr den unter einem Baum schlafenden „roten König":

„– Er wird sich erkälten, bemerkt Alice. – Jetzt träumt er, antworten sie ihr; was, glaubst du, träumt er? – Wer kann das wissen? – Er träumt von dir; und wenn er aufhören würde zu träumen, was denkst du, wo wärst du da? – Natürlich dort, wo ich jetzt auch bin. – Keineswegs; da du doch nichts anderes bist als ein Ding in seinem Traum. Wenn der König aufwachte, würdest du verschwinden, paf!, wie die Flamme einer Kerze. – Und wo wärst du? – Auch weg. – Und du? – Auch weg."

Oft rufen die Gedichte von Kavafis in uns diesen Eindruck hervor, nämlich daß jemand, der nicht zu sehen ist, aber existiert, bald erwachen wird, um alles von Grund auf zu verändern.

Das tragische Element.

Ich weiß nicht weiter, doch jeder kann selbst weitermachen. Wenn die Dichtung nicht in unserem Körper und in der Welt, in der wir leben, verwurzelt wäre, dann wäre sie eine kurzlebige Sache; und noch kurzlebiger, wenn sie dort enden würde. Wir wissen nicht, wo die Dichtung endet.[83]

4

Nach dieser großen Parenthese können wir uns wieder der Kavafisschen Aussage: „Ich bin ein historischer Dichter" zuwenden. Ich sagte, daß dies nichts anderes bedeuten kann, als daß der Dichter einen historischen Sinn besitzt. Von diesem Thema hat Eliot sehr konkrete Vorstellungen. Sehen wir uns die charakteristischsten an.

Der historische Sinn setzt für Eliot voraus, „daß man nicht nur das Vergangensein der Vergangenheit, sondern auch ihr Gegenwärtiges deutlich spürte", und er drängt den Menschen, „nicht nur aus dem innersten Lebensgefühl der jeweils eigenen Generation heraus zu schreiben, sondern auch aus dem Empfinden dafür, daß die Gesamtheit der nachhomerischen Literatur Europas ... eine gleichartige Ebene der Rangordnungen darstellt." Es ist keine träge Hingabe an laue alte Gewohnheiten, sondern an das, was „einem Dichter das deutliche Bewußtsein seines Platzes in der Zeit, seines eigenen Zeitgenossentums, vermittelt". Der historische Sinn verhilft dem heutigen Dichter außerdem zu einer Methode, mittels der er „einige bleibende Merkmale der menschlichen Natur" festzuhalten[84] und gleichzeitig „dem unendlichen Panorama der Vergeblichkeit und Anarchie, also der heutigen Welt, Gestalt und Bedeutung zu geben" vermag.

Ich weiß nicht, welche Ansichten Kavafis von der modernen Welt oder vom Wert des Menschen an sich besaß. Doch nach der Auseinandersetzung mit seinem Werk habe ich den Eindruck, daß sein poetisches Bewußtsein[85] mit diesen Vorstellungen übereinstimmt und sein historischer

Sinn aus ihm nicht nur einen äußerst modernen Dichter gemacht, sondern ihm auch zur gleichen Methode verholfen hat. Ein zeitloses menschliches Merkmal – wozu Kavafis sich unablässig äußert, und zwar mehr als über jedes andere Thema seiner Dichtung – ist der Betrug, die Täuschung; und das Panorama, das seine Gedichte vor unseren Augen ausbreiten, läßt eine Welt der Betrogenen und Betrüger erkennen. Von der alten Epoche an, als er den später verworfenen Vers schrieb:

> elende Lyra, Opfer jeglicher Art von Betrügern!

– von seinen ersten Gedichten an, da Apollo auftritt, der wie ein gemeiner Strolch Thetis betrügt,[86] bis hin zum letzten Satz, den er schrieb:

> ... soll er reden, was er will.
> Die Hauptsache: er ist vor Wut geplatzt.

– präsentiert uns sein Werk ein Netz aus Täuschungen, Fallen, Schlichen, Ängsten, Verdächtigungen, bösen Vorhaben, falschen Erwartungen, vergeblichen Versuchen. Die Götter täuschen, die Menschen täuschen und sind Spielzeug in der Hand der Götter, der Zeit und des Schicksals – „κυνιδίοις ὀστάριον ἐρριμμένον, ψωμίον εἰς τὰς τῶν ἰχθύων δεξαμενάς, μυρμήκων ταλαιπωρίαι καὶ ἀχθοφορίαι, μυϊδίων ἐπτοημένων διαδρομαί, σιγιλλάρια νευροσπαστούμενα" [ein Knochen unter die Hunde, ein Brocken in einen Fischbehälter geworfen, die mühsame Lastträgerei der Ameisen, das Hinundherlaufen erschrockener Mäuse, Gliederpuppen, an einem Draht herumgezerrt] (Mark Aurel 7,3). Kein erlösender Glaube, allein der Glaube an die Kunst; und auch der wie ein betäubendes Elixier gegen allgemeine Zwietracht, die die vornehme Zurückhaltung einiger weniger älterer Frauen und die bittere Hingabe an das große Geschlecht der Griechen in den Strudel hinabzieht. Alles „zum Teil ... zum Teil ...".

Die Welt von Kavafis ist angesiedelt in den Randzonen der Länder, Menschen, Epochen, die er mit so großer Genauigkeit untersuchte; dort, wo das Durcheinander groß ist, wo es viele Umschwünge, Umwandlungen, Fehlentwicklungen gibt; in Städten, die aufleuchten und flackernd verlöschen:

in Antiochia, Alexandria, Sidon, Seleukis, Osroene, Kommagene; in einer Welt der Hermaphroditen, deren Sprache sich aus einem Gemisch bildet. Und sein vielbesprochener Erotismus[87] – Kavafis verhält sich entweder wie ein Verurteilter, der seine Jahre im Gefängnis absitzt und wie besessen in seine Haut wollüstige Szenen ritzt, oder er löst sich auf in einer Unzahl von Toten und Gräbern: das Grab des Eurion, Lanis, Jasis, Ignatios, des Grammatikers Lysias; Leukios, Ammon, Myris, Marylos; und noch vieler anderer. So viele Tote, die so sehr anwesend sind, daß wir sie nicht von den Menschen, denen wir begegnen, unterscheiden können, zum Beispiel von jenem, der gewöhnlich am Eingang des Cafés steht, am Tisch eines Casinos sitzt oder in einer Eisenwarenhandlung arbeitet. Der „vergebliche, vergebliche Eros", der unfruchtbare, der nichts weiter zurückläßt als ein formvollendetes Grabrelief und einen zimtfarbenen zerschlissenen Anzug, der auf tragische Weise lebendig wirkt, als wäre er aus dem Rucksack der Zeit herausgefallen – wie Kavafis schreibt. Das ist das Panorama von Kavafis. All das zusammen macht die Erfahrung seiner Sensibilität aus, die einheitliche, vieldimensionale, moderne, die er durch seinen historischen Sinn zum Ausdruck bringt. Ohne diese Betrachtungsweise wäre es mir unmöglich, ihn zu verstehen; und das folgende Gedicht würde mir in einer anderen Deutung lächerlich erscheinen:

> Der junge Antiochier   sprach zum König:
> „In meinem Herzen pocht   ein teures Hoffen;
> die Makedonen stehen wieder,   Antiochos
>   Epiphanes,
> die Makedonen stehen   in einem Kampf.
> *Wär'* es, daß sie siegten –   und wer nur will, dem
>   gäbe ich
> den Löwen und die Rösser,   den korallenen Pan.
> den herrlichen Palast,   die Gärten, die in Tyros
>   sind
> und was du sonst mir gabst,   Antiochos,
>   Epiphanes."

Mag sein, der König war   ein wenig angerührt.
Doch sogleich gedachte er   des Vaters und des
                                                        Bruders
und gab nicht einmal Antwort.   Hätte doch ein
                                                        Lauscher
etwas weitersagen können.   Überdies, wie zu
                                                        erwarten,
trat in Pydna schnell   das grauenvolle Ende ein.

Soviel also über den historischen Sinn des Alten aus Alexandria; und obwohl Kavafis diesem historischen Sinn unzählige Gesichter verlieh und dem Tod den Schlüssel anvertraute, muß man eingestehen, daß er auch das Gefühl eines
gewissen Schreckens wachruft. Etwas von dem Schrecken,
den auch Eliot gespürt hat.[88]

5

Aber Eliot unterscheidet sich grundlegend von Kavafis, sowohl hinsichtlich der Hierarchie der Werte als auch der
künstlerischen Mittel, des sprachlichen Temperaments und
des Tons in seiner Stimme. Er gehört einem anderen Volk
an. Eliot wächst als Nachkomme eines sehr bewußten puritanischen Geschlechts in Amerika auf, damals noch eine
Provinz im Reich des Geistes, um später die Werkstätten
auf dem alten Kontinent aufzusuchen. Für ihn ist Tradition
keine Sache der Vererbung – wenn du eine Tradition haben willst, mußt du sie dir durch angestrengte Arbeit erringen; ein Engländer würde es nicht so formulieren –, aber er
stammt aus einem Land ohne Vergangenheit. Er fühlt sehr
stark, wie bis in die Grundfesten verbraucht, ausgehöhlt
und anarchisch die Ordnung ist, die die moderne mechani-
sierte Zivilisation vorzuweisen hat; das Erbe, das aus den
materiellen Gütern dieser Zivilisation erwächst. Er fühlt,
wie die Quellen des Empfindens versiegen. Eliot ist durch
seine Generation und sein Temperament auf die Kontrolle
des Bewußtseins eingestellt: er kontrolliert und urteilt. Für
ihn bedeutet das Leben nicht Lust. Die Lust wird bei Eliot
entweder sarkastisch umschrieben, oder sie ruft den Eindruck einer aufgeplatzten Frucht hervor, einer Wunde in
einem zarten Körper.[89] Der Kampf des Guten mit dem Bö-

sen ist für ihn dasjenige Element, das den Menschen aktiviert. Er spürt, wie die Welt immer mehr von ihrer Existenz einbüßt, wie sie sich erschöpft, denn ebendieser Kampf läßt nach und verkommt zu apathischer Trivialität. Aus diesem Gefühl heraus entstand das Symbol des Wüsten Landes, und die Menschen, die sich darin bewegen, sind jene, „die aus Feigheit zur großen Verweigerung gelangten" – „che fece per viltà il gran rifiuto", wie Dante lehrt. Menschen, die nie lebten, weil sie sich *sowohl* dem Guten *als auch* dem Bösen verweigerten; selbst die Hölle nimmt sie nicht auf; sie überqueren nicht den Acheron; sie sind tot und unbeteiligt für immer.

In Europa findet Eliot seine Tradition; die französischen Symbolisten mit Jules Laforgue, dem er so viel verdankt; die englischen elisabethanischen und jakobinischen Dichter, die „metaphysischen" Dichter und John Donne; das Mittelmeer und Dante. Er arbeitet beharrlich an der Vollendung eines ideal organisierten Werkes; er tut dies mit einer erstaunlichen Fähigkeit zur Verdichtung seiner Sensibilität, aus einem religiösen Antrieb heraus und mit dem bewußten Entschluß zur Hingabe an etwas außer und über ihm Befindliches. Er ist das seltene Beispiel eines Dichters, der empfindet, urteilt, mit sich ringt und sich mit einer selbstdisziplinierten, fast heimlichen Hingabe entwickelt.

Bei Kavafis ist das anders. Er entstammt einer geistigen Hauptstadt, einer fast versunkenen, aber großen, die sich rühmt, „griechisch seit alters her" zu sein; er stammt aus Konstantinopel, Antiochia, Alexandria, Fanari; aus der Hauptstadt eines Reiches voller Gräber, jedoch eines unermeßlichen Reiches; seine Grenzen verlieren sich „bis hinein, Baktrien bis zu den Indern". Er ist der letzte Nachfahre dieser Unermeßlichkeit. Mit zwölf oder vierzehn Jahren nimmt er sich vor, ein Geschichtslexikon zusammenzustellen, wovon er absieht, als er das für ihn schicksalhafte Wort *Alexandros* notiert. „Unsere Sprache, unsere griechische Koine", die er erbte und wie ein „Spion" weiterentwickeln sollte, ist die Sprache der Lehrer der Nation; er ist ihr letzter Erbe.

Auf Kavafis lastet nicht das Fehlen einer Tradition, im Gegenteil: er trägt in sich die tote Last einer tausendjährigen Tradition, die er also nicht erst zu erwerben brauchte – die

„glorreiche" literarische griechische Tradition. Er ist der Einsame einer Endzeit des Hellenismus, einer Endzeit im 20. Jahrhundert. Er gleicht Synesios, dem Bischof von Ptolemais aus dem 5. Jahrhundert, Verehrer Homers und Freund der Hypatia, der seine Taufe empfing, als er zum Priester geweiht wurde; oder dem Erzbischof Michael Choniates, der im 12. Jahrhundert den verblichenen Ruhm Athens beklagte. In diesem unermeßlichen, von „starken, hohen Mauern" umgebenen Land schreitet er über „Gesichter von Toten" – er, dieser sensible Körper.[90] Und das einzig Wichtige ist, ob die Gräber ihn verschlingen werden oder er mit seinem Blut wenigstens einen kleinen Zweig auf diesem Totenacker zum Leben erwecken kann, was seit tausend Jahren keinem mehr gelungen ist.

Die Gespaltenheit von Kavafis ist eine in jeder Hinsicht angeborene, ererbte Gespaltenheit. Sie stellt sich nicht unterwegs ein; er geht von ihr aus. Er verdrängt sie nicht, versucht aber, Brücken zu schlagen, sein eigenes Ich langsam zu vervollständigen, „unmerklich", im Einklang mit den Strömungen, im Einklang mit seiner inneren Natur; seinem Gewissen. Bei Kavafis findet man nicht den Druck des Weltgewissens, die zweifelnden Fragen, den selbstauferlegten Kampf wie bei Eliot. Die Farbe der Welt, seiner Gegenwart, erschließt er sich gewissermaßen über sein Gefühl. Und die Symbole seines Wüsten Landes trägt er in sich – er braucht ihretwegen nicht auf verschollene Mythen zurückzugreifen; er selbst ist es, der sie verkörpert. Denn dringen wir mit der Analyse seines Werkes bis zum letzten Punkt vor, bleiben nur noch zwei Symbole: der tote Adonis, der nicht wiederaufersteht – der unfruchtbare Adonis; und der greise, völlig erschöpfte und kranke Proteus – der „Fischer-König", der sich nicht mehr verwandeln kann und bei den Magiern Anatoliens um ein Destillat und um Heilkräuter bettelt, um wenigstens für kurze Zeit seinen Wundschmerz zu lindern. Aber im Reich des Alexandriners gibt es keinen „keuschen Ritter", das Symbol des Kampfes zwischen Gut und Böse; der Vers Dantes – wir haben gesehen, wie ihn Eliot verwendete –

Che fece per viltà il gran rifiuto

inspirierte auch Kavafis zu seinem vielleicht populärsten Gedicht – zugegeben, bevor es richtig gereift war –, seinem größten Mißerfolg, wie ich glaube. Vielleicht das einzige Gedicht, in dem er nicht auf seine Worte achtet und ziemlich pathetisch und mit großen Anfangsbuchstaben ein „großes Ja" und ein „großes Nein" völlig grundlos und ohne inneren Zusammenhang gegenüberstellt. Aber die Probleme der Puritaner sind nur in Ausnahmefällen auch griechische Probleme, und Eliot wäre wahrscheinlich für Kavafis ein Julianos gewesen, der puritanische Julianos, der am meisten verspottete Charakter in seinem Werk.

Die Distanz zwischen Eliot und Kavafis ist groß. Und trotzdem fand dieser Fanariot, der zu Beginn seines Schaffens keinerlei dichterisches Talent zu haben scheint, aber beharrlich wie ein wahrer Dichter weiterarbeitet und „sich selbst gleich" wird, indem er allmählich alles, was nicht zu ihm paßt, beiseite schiebt – also, er fand auf seine Weise, unbewußt wahrscheinlich, ich weiß es nicht, wie etwas, das natürlich reift, mit Hilfe der Bilderwelt seines ererbten Inventariums, den poetischen Ausdruck des Wüsten Landes.[91] Der Ruf nach Auferstehung des toten Gottes am Ende seines Gedichts und seines Lebens gehört zu den schönsten Versen, die ich überhaupt in griechischer Sprache kenne:

> „Welches Destillat aus zauberkräftigen Kräutern
> möchte sich finden", sagte ein Sinnenmensch,
> „welches Destillat, hergestellt nach den
> Rezepten griechisch-syrischer Magier der Antike,
> das für einen Tag (falls seine Kraft
> nicht länger währt) oder nur für kurze Zeit
> mir mein dreiundzwanzigstes Lebensjahr
> wiederbringt ..."

„Man hat Eliot vorgeworfen", schrieb ich in einer früheren Studie,[92] „daß er den Leser im verdorrten, unfruchtbaren und wasserlosen Wüsten Land allein läßt, ohne jede Hoffnung auf Erlösung. Das träfe zu, wenn Eliot keine Dichtung geschaffen hätte. Denn so hoffnungslos die Dichtung auch sein mag, sie rettet uns immer auf irgendeine Weise vor der Erschütterung durch das Leid."

Dasselbe würde ich jetzt von Kavafis sagen. Der Dichter hat

nicht die Aufgabe, philosophische oder gesellschaftliche Probleme zu lösen, sondern – als lebendiger Mensch, der Anteil nimmt an dieser Welt – durch die Verdichtung von Leid und Überlegung eine poetische Katharsis zu bewirken. Der im Netz des toten Gottes gefangene Kavafis vermittelt uns die poetische Katharsis, so fühle ich es, denn hier trifft vieles zusammen: das auf ihn gekommene geistige Erbe, sein Gefühl für die Welt, sein verborgenes Geheimnis, die Logik seines Temperaments. Einen Ausweg aus seinem Wüsten Land gibt es genausowenig wie aus dem Wüsten Land von Eliot.[93] Das Problem bleibt unergründbar, und damit es gelöst wird, müßte sich vieles im Zusammenleben der Menschheit ändern. Ein ganz anderes Thema.

Dieses weltumspannende Problem, das die lebendige Literatur unserer Zeit in unterschiedlichster Erscheinungsform und Wirkungsweise tangiert, wird, wie ich zu zeigen versucht habe, in der Dichtung von Kavafis formuliert, des Grammatikers Kavafis, wenn wir ihn mit „prüfender Seele" betrachten, die nur ein Teil der Seele der Welt, in der wir leben, sein kann. Ein Grammatiker war auch Artemidor, doch wenn Cäsar seine Schriften gelesen hätte, wäre sicherlich alles ganz anders verlaufen –

> ... wenn du hinausgehst auf die Straße,
> ein berühmter Herrscher mit Gefolge,
> falls es sich fügt und irgendein Artemidor
> sich aus dem Pöbel nähert, einen Brief bringt,
> hastig sagt: „Lies, was hier steht, sofort,
> die Angelegenheit ist wichtig, und sie geht dich an",
> dann fehl nicht, einzuhalten, fehl nicht, jede Rede
> oder Arbeit aufzuschieben; fehl nicht, jene da,
> die grüßen und die huldigen, aus deinem Weg zu
> drängen
> (du wirst sie später sehen); auch der Senat kann
> ruhig noch warten, und vernimm du unverzüglich
> die bedeutungsschwere Botschaft des Artemidor.

Die bedeutungsschwere Botschaft des Artemidor, Kavafis, Eliot, Flaubert.[94] Wenn sie wenigstens die *Erziehung der Gefühle* begriffen hätten, sagte Flaubert beim Anblick der Trümmer der Tuilerien im vom Bürgerkrieg verwüsteten

Paris, wäre das alles nicht geschehen. Flaubert dürfte ein in politischen Dingen sehr naiver Mensch gewesen sein. Außerdem, berichtet uns Gourmont, daß Flaubert, der sein Leben Tropfen für Tropfen in seine Bücher träufelte, von diesen Büchern abgesehen, ganz wenig Interesse verdient. Dasselbe habe ich von Kavafis gesagt. Ich berichtige jetzt: abgesehen von seinen Gedichten, gibt es Kavafis gar nicht. Und meiner Meinung nach muß etwas von beidem geschehen: Entweder wir kommentieren weiterhin sein Privatleben und begnügen uns mit einer geistreichen provinziellen Mentalität, wobei wir natürlich ernten werden, was wir gesät haben; oder wir gehen endlich vom Hauptmerkmal seines Werkes aus, von dessen Ganzheit, und werden erkennen, was uns sein Werk, in dem er sich mit all seinen Sinnen, Tropfen für Tropfen, entäußerte, zu sagen hat. Und wenn wir das tun, werden wir ihn als Teil der griechischen Tradition begreifen und empfinden können,[95] einer einheitlichen und unteilbaren Tradition, und uns nicht wie jene verhalten, die nur bestimmte leuchtende Beispiele, irgendwelche glorreichen Stücke, einige große Namen gelten lassen. Ich gehöre zu denen, die das Mosaik in einer kleinen byzantinischen Kirche ebenso beeindruckt wie die Schriften der ionischen Philosophen, die Volksliedverse aus der Zeit der Komnenen-Dynastie, die Epigramme der *Anthologie*, die demotischen Lieder, Aischylos, Palamas, Solomos, Sikelianos, Kalvos, Kavafis, der Parthenon, Homer; und zwar in ein und demselben Augenblick, da sie im heutigen Europa leben und unsere zerstörten Häuser sehen. Dann wird uns Kavafis vielleicht nicht so sonderbar erscheinen; dann sehen wir ihn vielleicht sich langsam mit den Seinen vereinen – nicht mit den Jamben-Dichtern und Sophisten, sondern wie Myris, immer mehr eins werden mit unserer lebendigen Tradition und sich mit der Zeit, dieser Seelenhändlerin,[96] verändern und einen immer sichereren Platz einnehmen.

Athen, 17. Dezember 1946

Angelos Sikelianos

Der Tod des Dichters ist die Vollendung einer Geburt. Angelos Sikelianos ist dahingesunken; sein Werk ragt jetzt vor dem Schatten dieses erhabenen Mannes in seiner ganzen Größe auf, vollendet im absoluten Licht.

> Wie ein Mandelbaum, ganz mit Blüten bedeckt,
> kein Blatt, nirgendwo,
> leuchtender Glanz bis tief in die Sinne,
> blütenumflorte Stille!

Während wir die tiefe Kluft ausloten, die Angelos Sikelianos aufgerissen hat, als er – eben noch unter uns – starb, denke ich an diese blütenumflorte Stille einer Geburt. Es ist schwer, sich im Augenblick so starker Ergriffenheit zu äußern. Und während ich mich bemühe, seine menschliche Anwesenheit auf unserer Erde für möglichst lange festzuhalten, bin ich mir sehr wohl dessen bewußt, daß er es war, der mit der ganzen Kraft seiner Seele Leben und Tod zu umfassen suchte. Durch keine andere Gestalt werden so viele Bilder von Epitaphien und Auferstehungen in uns wachgerufen; ich möchte sagen, daß sein Werk als Inbegriff des Frühlings in dessen schönster Entfaltung angesehen werden kann: als eine griechische Osterwoche.

Während die Jahre dahingehen und wir dank unserer Dichter zu ahnen beginnen, wie stark die Bindungen an unsere Vergangenheit sind, erkennen wir allmählich, welche Dinge uns von der Welt ablenken, in der wir leben. Es zeigt sich gelegentlich, daß unsere Gefühle, sofern sie echt sind, unsere Zeichen der Verehrung, sofern es sich um wahre Verehrung handelt, und unsere Neigungen, die während einer langen Zeitspanne und über viele Generationen hinweg ausgebildet und nicht erst in uns, sondern lange vor uns begründet wurden, von einem ausgesucht harmonischen Reichtum und einer oftmals sehr eigenwilligen Note sind. Wie eigenwillig, das kann man am Schaffen der bedeutenden Dichter ermessen, die unser Land in den letzten einhundertfünfzig Jahren hervorgebracht hat. Wenn man diese Dichter als Fixpunkte ansieht, die den Horizont einer Idee, nämlich der griechischen Idee, abstecken, und wenn man beachtet, wie grundsätzlich sie sich voneinander unterscheiden und zugleich doch miteinander übereinstimmen, dann läßt sich vielleicht die Weite und die Physiognomie unseres geistigen Standortes erfassen. Er ist stets der gleiche geblieben, birgt aber auch Geheimnisvolles und Widersprüchliches in sich, wie alles, was lebt.

Unsere Tradition ist voller Widersprüche. Die großen Männer gleichen sie aus. In Griechenland ist selbst Dionysos ein Gekreuzigter. Und es bedurfte der großen Kraft von Sikelianos' Stimme, um das Wort zu einer neuen Einheit zu verdichten:

> Du mein süßes Kind, mein Dionysos, mein
> Christus ...

So denke ich mir auch die Gestalt der Mutter Gottes, die ihm so nahe ist; so denke ich mir die Träume, wie den folgenden, dessen Färbung vom Ikonostasion seiner Kindheit herrühren dürfte:

> Ich sah Vater neben mir liegen,
> der plötzlich das Laken vom Leib sich riß,
> nackt vor meinen Augen sich aufrichtete,
> schöner noch,
> noch kräftiger,
> und mir sagte:
> „Mein Sohn, ich bin erlöst" ...

Und ich versuche, mir ein Bild von Sikelianos' Religiosität zu machen, von seiner schon aus Lefkada herstammenden Christlichkeit, die weiterwirkt und sich vom Odem der griechischen Erde nährt, sich weitet und Mythen – die wir längst tot glaubten – aufnimmt, sich zwischen Dionysos und Hades bewegt, welche Heraklit zufolge eins sind; eine Christlichkeit, die sich stets nach einer Auferstehung, einer Wiedergeburt sehnt: nach einem „Höheren Griechenland".

In Sikelianos' Jugendzeit wurde unsere Geisteswelt ganz von dieser Sehnsucht beherrscht:

> Im Denken der jungen Griechen,
> das sich badet im neuen
> roten Licht, tief im Innern,

wird getreu nachgespielt
der Kampf des jungen Gottes,
des neuen Apoll,
als er Python erschlug ...

Es ist die Zeit des Palamas, doch von den überragenden Gestalten jener Epoche möchte ich nur Periklis Jannopulos
nennen, und zwar so, wie ihn Sikelianos beschreibt. Er
gleicht ihm wie ein Bruder:

Und die Liebe des schönen Körpers und der Sonne,
der gebändigten Kraft, sie offenbart
die Schönheit ohne jeden Kampf,
mit nur einer Geste, mit nur
einem ruhigen Lächeln, mit nur
einem raschen und reinen Lachen,
wie der Krähe Gekrächz in der Tiefe
des attischen Himmels Blau,
rein und allein gelassen, lebte sie wieder auf
bei seiner Geste, seinem Lächeln,
o Attika, – und deine zarten Düfte
atmete keiner mit solch
fürstlichem Gespür, keiner
nahm so deine hoffnungslosen Farben auf,
sie noch fester zwischen den Wimpern
                                    einzuschließen,
und deinen umherschweifenden Geist in sich
                                    einzusaugen.
Wir kannten keinen unter uns,
der mehr deinem Ölbaum glich,
deiner gelben Ähre oder gar
deinem vergilbten Marmor ...

Aber Sikelianos war ein viel kraftvollerer Dichter. Er trug
zwar auch jene Sehnsucht in sich, die Jannopulos reitend in
sein Meeresgrab getrieben hat, aber ihm, in dessen Adern
das Blut des Dionysos pulsierte, war es gegeben, den entle-
gensten Heiligtümern unserer Vergangenheit Leben einzu-
hauchen. Durch seine Stimme wird wie beim Jüngsten Gericht einer völlig vergessenen, verschütteten Welt Ausdruck
verliehen, die ihre Wurzeln in den Gefühlen des Menschen

und in einer griechischen Natur hat, die mit der ganzen Frische des ersten Augenblicks atmet. Sikelianos ist nicht in sich gespalten, nicht gebrochen. Und sowenig er den Tod vom menschlichsten Augenblick des Lebens oder seinen Körper vom Körper der Landschaft zu trennen bereit ist, sosehr kämpft er um die Vereinigung der Götter- mit der Menschenwelt. Es findet bei Sikelianos eine heilige griechische Menschwerdung statt:

> ... und wir wollen Erde und Sterne vereinigt sehen,
> den Acker hinieden mit dem Acker da droben, daß
> > auch
> der Himmel Ähren hervorbringen kann für den
> > Vater,
> in Stunden, da schwer auf unserem Herzen wiegt
> des Lebens Bitterkeit mit ihrer ganzen Last ...

Doch es war nicht meine Absicht, die Dichtung von Sikelianos vorzustellen. Ich wollte lediglich noch ein wenig bei dem Freund verweilen, den wir verloren haben.
Ihm bin ich erst spät im Leben begegnet. Ich glaube, die Schuld dafür muß bei mir gelegen haben. Unsere wirkliche Begegnung fand statt, als ich zum ersten Mal im Manuskript die *Heilige Straße* las:

> Durch die neue Wunde, die mir das Schicksal
> > schlug,
> drang die Sonne ein, ich glaube, in mein Herz
> mit solcher Wucht, während sie unterging, wie
> durch ein Leck plötzlich hereinflutet
> das Wasser ins Schiff, das unaufhaltsam
> > sinkt ...

Ich entsinne mich mit großer Dankbarkeit des Schauers von Ergriffenheit, die dieser einfache, in seiner Stärke verletzende Ton verursachte. Als ich Sikelianos später einige Male auf dem Lande traf oder im Vorbeigehen die Bauern über ihn reden hörte, kam er mir immer vor wie einer, der mit dem Mönchsstab des Geoffenbarten auf dem Weg der Seele wandelt; so bezeichnete er den Weg, auf dem auch Jannopulos zuletzt gewandelt ist. Es war eine Freude, den

Fürsten unserer Sprache in der griechischen Natur zu bewundern, mit der er sehr vertraut zusammen lebte, die er berührte – die Berge, den Marmor, die Strände –, wie ein Schäfer die vertrauten Gegenstände seiner Hütte berührt. Ich hatte meine Freude daran, wie die einfachen Menschen aus den Bergen oder Tälern ihn liebten und „Herr Angelos" zu ihm sagten. Mich hat dieses Leben tief bewegt, weil es etwas Seltenes vollbracht hat: rein zu sein von jedem Selbstmitleid im Kleinen wie im Großen.

So habe ich ihn selbst in den letzten Jahren noch erlebt, sooft es mir vergönnt war, ihm während seines langen Todeskampfes zu begegnen. Denn das Schicksal dieses Menschen, der einst gesagt hatte,

> Die einzige Methode ist der Tod!

wollte, daß er lange Zeit an der Schwelle zur Unterwelt leben sollte. Auch das hat er durchgestanden, wie alles andere, und sich dabei seine weitherzige Freundlichkeit sowie den Charme, mit dem er eine Rose auszuwählen und zu schenken wußte, bewahrt. Mir ist noch ein Abend in seinem Haus im Gedächtnis, an dem es nach einem schweren Schlaganfall schien, als wäre das das Ende dieses verwundeten Löwen. „Ich habe das absolute Schwarz gesehen", sagte er. „Es war unwahrscheinlich schön." Ich stand kurz vor einer langen Reise; ich wußte nicht, ob ich ihn jemals wiedersehen würde. Ich spürte den Flügelschlag eines großen Engels im Zimmer. Es war, als streife uns der Atem von Dingen, die wir niemals gesehen haben, aber mehr als alles andere im Leben lieben – das Antlitz von einem Griechenland, das wir so leidenschaftlich suchen und das so wenige finden. Beim Weggehen flüsterte ich die letzte Strophe der *Großen Heimkehr*:

> Denn das weiß ich: tiefer noch als das dichte
>   Sternenlicht, wie ein Adler entrückt,
> wartet auf mich dort, wo das göttliche Dunkel
>   beginnt, *mein erstes Ich ...*

Ich sah die Auferstehung der Sterne.

London, 7. Juli 1951

Kalvos. 1960

London, am Freitag, dem 18. März
Ich wachte heute morgen um 7 auf mit dem Gedanken an
Kalvos. Morgen überführt ein Aeroplan der „Olympic" seinen Leichnam (und den seiner Frau) nach Athen. Aeroplan: Neologismus aus dem Jahre 1907, wie das Lexikon erläutert. Lange bevor wir uns an das Wort gewöhnt hatten,
wurde es von Palamas, glaube ich, verwendet, und zwar im
Maskulinum, als Epitheton ornans; nun hat es der „Fortschritt" überholt. Vielleicht verdeutlicht dieser Umstand
mehr als die Literaturgeschichten, aus welcher veränderten
Position wir Kalvos betrachten.

> Μόνον βλέπω τὸν Ἥλιον
> μένοντα εἰς τὸν ἀέρα·
> τοὺς τριγύρω χορεύοντας
> οὐρανοὺς κυβερνάει μέ δίκαιον νόμον
> [Nur die Sonne sehe ich,
> wie sie in der Luft verharrt,
> umtanzt von den Himmeln,
> die sie regiert mit gerechtem Gesetz.]
>   (VIII,5)

Wen beschwichtigen heute herumtanzende Himmel? ...
Um 11.15 Uhr soll die Totenmesse sein. Von meinem Fenster aus erscheint das Wetter wie ein sanftes Taubengrau;
auf der Straße noch die ersten Regungen des Tages: Milch-
verkäufer, Straßenkehrer, genau wie an den Hintereingän-
gen der Krankenhäuser oder Hotels. Bilder dieses Landes,
das Kalvos so viele Jahre beherbergte, gehen mir durch den
Kopf: das satte Grün, das unüberhörbare Rascheln der Blätter im Herbst, das gewaltsame Hereinbrechen des Frühlings, dem Strawinsky in seinem berühmten Ballett Ausdruck verleiht. Die veränderten biologischen Rhythmen
und anderen Symbiosen des Mannes aus Ionien; Ehe auf
angelsächsisch, das Regime an einer Schule puritanischer
Mädchen, zugige Zimmer und jener charakteristische Geruch nach Schinken und Eiern in der Pfanne und all dies inmitten der Nebelnässen. Wollten wir uns vom Dichter ein

Bild machen, genügte es, daß Kalvos' Stimme unsere Phantasie beflügelte; aber wie sollte man sich ihn als Gatten von Charlotte-Augusta vorstellen? Achtzehn Jahre ohne ein einziges griechisches Wort. Er träumte sogar in der fremden Sprache.

Ich nahm eines seiner Bücher zur Hand und las ein wenig, bevor wir an diesem Morgen das Haus verließen; ein gleichmäßiger Atem, auch eine gleichmäßige Tonlage; und dies macht beklommen, wenn man entdeckt, welche Abgründe es bei ihm gibt, so wie man erschrickt, wenn man einen gemessen und würdevoll einherschreitenden Mann plötzlich stolpern sieht.

Dann im Krematorium; eine eisige Atmosphäre wie sonst nirgendwo auf Erden. Ein kleiner fensterloser Raum, bis zu einer bestimmten Höhe mit Holz getäfelt; das Holz gleicht dem der Särge und Stühle; das elektrische Licht läßt den grauen Tag noch trostloser erscheinen. Ein kleiner Altar im Hintergrund mit gedrehten Barocksäulen, die einen Baldachin tragen; unter diesem Baldachin ein Kreuz, das man, glaube ich, nach Bedarf durch ein anderes rituelles Symbol eines anderen Glaubens auswechselte. Rechts und links lila und weiße Blumen in Töpfen. Der eleganteste und vornehmste Bestattungsraum, den ich je gesehen habe; während der Totenmesse starrte ich auf eine rote Nelke (eine von den wenigen, die ihm meine Frau gebracht hatte) wie auf einen rettenden Halt.

Am Nachmittag brachte man mir die Fotos, die sie beim Öffnen des Grabes gemacht hatten: „Ach, der arme Yorick …"[97] usw. Die Bronzeplatte mit seinem Namen, auf den Sarg genagelt, war vom Zahn der Zeit zernagt; die seiner Frau war unversehrt. Ein wenig Erde kehrt in die Heimat zurück; der Rest … er ist im Licht erloschen.

am Sonntag, dem 24. Juli

Ich entschloß mich, zur Einweihung der Gedenktafel für Kalvos nach Louth zu fahren. Die Gedenkfeier soll am Sonntag, dem 14. August, nachmittags stattfinden. Die Firma, die die Ausführung und Anbringung der Tafel in der Kirche von Keddington übernommen hat, sichert uns termingerechte Fertigstellung zu.

Was erwartet uns eigentlich in Louth? Ich weiß es überhaupt nicht. Mir ist das dieser Tage erst durch den Kopf gegangen. Ich versuche, mich an fünf, sechs Leute zu erinnern, mit denen ich in den letzten zehn Jahren über das Städtchen des Zakynthiers gesprochen habe. Herbe Ausdrücke, so herb, daß man gezwungen ist, eine bittere Stunde zu verdauen. Ich hatte dieser Tage einmal zu bedenken gegeben: „Immerhin ist dort in der Nähe, in Somersby, Tennyson geboren." – „Ja", erwiderte man mir, „ist das nicht verwunderlich? Unsere Dichter kamen einst aus den tristesten Gegenden Englands." Ich fühle, daß ich in Louth ein Außenstehender, ohne ein Album mit vertrauten Bildern bleiben würde. Das einzige Porträt, das mir zur Verfügung steht, ist zudem ein Negativ; die unbekannte Seite von Kalvos, die in meinem Denken erst allmählich Gestalt gewinnen muß.

Ich schaue im Reiseführer nach: „Eine Stadt mit 11 500 Seelen; Grafschaft Lincolnshir. Der Kapitän John Smith, Sir John Franklin und Tennyson gingen hier zur Schule." Auf ein Exemplar der Autobiographie von Smith muß ich noch warten; über Franklin habe ich in Erfahrung gebracht, daß er Australien und Amerika erforschte und während einer Arktisexpedition bei den Eskimos starb, und zwar fünf oder sechs Jahre, bevor Kalvos in diesen Ort kam. Was Tennyson anlangt, frage ich mich, ob er bei einem Gang durch die Straßen der kleinen Stadt, vorbei an seiner ersten Schule, dem ausländischen, aus Ionien stammenden Lehrer begegnet ist. Er war schon berühmt, er konnte nicht unbeachtet herumgehen, Kalvos hätte ihm begegnen müssen: mit Gleichgültigkeit? mit Wehmut? – Auch das bleibt auf dem Grund unausgesprochener Gefühle verborgen.

Louth: lateinischer Name im Mittelalter Lutha. Dänische Einflüsse bei den Siedlungs- und Flurnamen der Gegend (9. Jahrhundert). Bis zur Reformation betete man zum heiligen Herefried, einem sächsischen Bischof. Seinen Kamm aus Elfenbein bewahrte man lange Zeit als heilige Reliquie in der Kirche auf. Ich konnte nicht in Erfahrung bringen, ob die heutige, aus dem 15. Jahrhundert stammende Kirche, die dem heiligen Jacobus geweiht ist, ein Nachfolgebau jener alten Kirche ist; man sagt, daß ihr Turm, der eine Höhe von 300 Fuß aufweist, einer der schönsten in England ist.

am Sonntag, dem 31. Juli

Auch im Sand der Wüste versucht man noch eins der vertrauten Muttergottesbilder aufzustellen. Neben Tennyson war von Belang die erste und vielleicht größte Liebe Byrons: Maria-Anna Chaworth. Er hat sie als Sechzehnjähriger geliebt, in Newstead Abbey, in der Zeit seines Aufenthalts auf dem ungefähr 55 oder 60 Meilen südwestlich von Louth gelegenen Familiensitz. Das Schloß von Marias Eltern stand in der Nachbarschaft von Newstead, im Park von Annesley. Sie war zwei Jahre älter als er und mit einem einheimischen Grundbesitzer verlobt. Die beiden jungen Leute trafen sich gewöhnlich auf halbem Wege zwischen Newstead und Annesley. Zwei Jahre später (August 1805) hatte das Mädchen geheiratet, und der Dichter sah sich „weggeworfen, allein mitten auf dem weiten, sehr weiten Meer", wie er sagt, — „auf dem unendlichen Meer", wie Kalvos gesagt hätte. Maria wurde die Frau von John Musters; die Ehe war nicht besonders glücklich. Ich erwähne das, weil das Ehepaar für eine gewisse Zeit in Louth ansässig war, im Manor House in der East-Gate, wie mir ein zuverlässiger Gewährsmann schreibt. Die Straße gibt es noch; sie verläuft parallel zum High-Holm, eine Straße, in der die Frau von Kalvos ihre Schule hatte.

Man fragte mich, ob sich diese Geschichte irgendwie auf den Entschluß von Kalvos ausgewirkt haben könnte, nach Louth zu gehen und dort wohnen zu bleiben; schließlich sei das „das Zentrum einer Gegend, in der reiche Gutsbesitzer und pensionierte Aristokraten lebten, die Töchter hätten und sie studieren lassen wollten"; ob Kalvos sich wohl von Byron oder vom Byronkreis angezogen fühlte, daß er an diesem Ort fern der Heimat Zuflucht suchte? Byron selbst kann es wohl nicht gewesen sein; die Daten fallen nicht zusammen. Ob er im Zusammenhang mit dem Kreis um Byron etwas von Louth, wo das Ehepaar Musters wohnte, gehört hat, läßt sich nur vage vermuten. Eins ist aber gewiß: Byron hat seine Maria niemals vergessen. Mindestens fünf seiner ersten Gedichte beziehen sich auf sie, dazu gehört auch das sehr bekannte Gedicht, das er nach ihrer Hochzeit schrieb:

Den Winden ausgelieferte, unfruchtbare Hügel
von Annesley, wo ich als sorgloses Kind
                                        umherirrte ...

Noch im Jahre 1823, als er nach Italien und Griechenland aufbrach, schreibt er an J. J. Coulmann über Maria: „Ich hatte sie seit vielen Jahren nicht gesehen, als sich im Januar 1814 eine Gelegenheit ergab. Ich war mit ihrer Einwilligung bereit, sie zu besuchen, als meine Schwester, die seit jeher auf mich größeren Einfluß hatte als irgendwer, mich überredete, es nicht zu tun. ‚Denn‘, sagte sie zu mir, ‚wenn du hingehst, wirst du dich wieder in sie verlieben, und es werden dann Szenen folgen; ein Schritt kommt zum anderen, et cela fera un éclat.‘“

Dies geschah ein Jahr, bevor Byron in Messolongi starb. Die Miniatur eines Familienbildes zeigt Maria als junge Frau mit schönem Hals, sehr großen Augen unter gewölbten Augenbrauen und mit Lippen, die mehr die Denkende zeigten als die Fühlende. Unter den Berühmtheiten von Louth machte vor allem der Kapitän John Smith (1579–1631) auf mich Eindruck. Ich kann der Versuchung nicht widerstehen, einige wenige Sätze über sein bewegtes Leben, die er zwei Jahre vor seinem Tod niedergeschrieben hat, hier wiederzugeben: „Die Türken haben mich versklavt und in Eisen gelegt, diese barbarischsten Wilden auf Erden. Fortwährend Aufstände, immerzu Not und Elend; ich flog bei einer Explosion in die Luft; französische Seeräuber hielten mich eine Ewigkeit lang gefangen ... Und nachdem ich über 37 Jahre lang Krieg, Pest und Hunger erlebt und gesehen habe, wie Tausende und Abertausende um mich her zugrunde gingen ... habe ich da nicht das Recht, ich ganz allein, alles zur Ehre Gottes jedermann kundzutun?“

Smith war ein typischer elisabethanischer Abenteurer. Er wurde in Willoughby geboren, einem Dorf zwischen der Küste und Louth, wo er auch zur Schule ging. Mit 13 Jahren wurde er Waise und hatte dann nur noch Reisen und Kriege im Sinn. Ein Großhändler aus der Umgebung nahm ihn in seine Dienste; er hielt es bei ihm nicht aus; er suchte Abenteuer. So brach er mit 17 Jahren auf, um sich im Krieg zu verdingen und zu lernen, mal in Frankreich, mal in Holland. Drei Jahre später kehrte er in sein Dorf zurück. Dort, sagt er, langweilten ihn die stupiden Verhältnisse, er zog sich auf eine Weide in die Wälder zurück, an einen Bach, weit weg von jedweder Behausung, mit eigenen Händen errichtete er eine Hütte und blieb dort „allein mit dem, was er auf dem Leib trug", lebte von seiner selbst erlegten Jagdbeute und studierte *Die Kriegskunst* von Niccolò Machiavelli. Ihm war aber nicht die Natur eines Eremiten gegeben. Wenig später entflammte ihn erneut das Verlangen, die Welt zu sehen und sein Glück gegen die Türken zu versuchen, weil „er von Kummer und Reue erfaßt wurde, als er sah, wie viele Christen von ihnen geschlachtet worden waren".

In jenen Jahren hatten die Türken Ungarn überflutet, und sie bedrohten Wien. Smith trat in den Dienst des Kaisers, und bei einer heftigen Schlacht in Transsilvanien blieb er verwundet auf dem Feld zurück. Seine prächtige Uniform rettete ihm das Leben. Die Türken hofften auf ein reiches Lösegeld. Sie lasen ihn auf, heilten seine Wunden, brachten ihn nach Konstantinopel und verkauften ihn an eine Adlige. Ihre Tochter verliebte sich in ihn, und um ihn nicht zu verlieren, schickte sie ihn mit einer Empfehlung zu ihrem Bruder, dem Pascha der Tataren. Aber das Geheimnis der Schwester erregte Verdacht bei dem argwöhnischen Pascha, und gleich bei seiner Ankunft ließ er ihn nackt vor sich hintreten, schor ihm Kopf und Bart, legte ihm ein Eisen um den Hals und machte ihn zu einem „Sklaven der Sklaven". Eines Tages, als er im Getreidespeicher arbeitete, kam der Pascha; er schlug und schmähte ihn so sehr, daß sich Smith' Sinne trübten; er nahm einen Knüppel und zerschmetterte dem Effendi den Kopf; den Toten versteckte er unter einem Strohhaufen und ritt auf dessen Pferd davon. Achtzehn Tage lang flüchtete er, um sich in Sicherheit zu bringen; schließlich gelangte er zu einem Wachtposten der Moskowiter an den Ufern des Don …

Ein solcher Mensch war John Smith. Er erzählte noch eine Menge anderer Geschichten. Wesentlich bekannter ist er durch seine Teilnahme an den Kämpfen in der Kolonie Virginia geworden. Dieses Faktum fesselte meine Aufmerksamkeit am meisten, als ich mich in Louth, auf gleichem Boden wie Kalvos, im Geiste mit ihm konfrontiert sah.

an einem Donnerstag im Juli, nachts
Ich blätterte in den Oden. Der Rhythmus erinnert an das
Versmaß bei Catull, den ich im vergangenen Mai in Schottland gelesen habe. Ich denke, daß Kalvos mehr von der lateinischen als von der griechischen Metrik mitbekommen
hat. Aber ganz abgesehen davon, frage ich mich von
neuem: Warum ist Kalvos Grieche? Gut, für mich gibt es
diese Frage eigentlich nicht, sondern nur für diejenigen, die
die Früchte unserer Literatur in typisch griechische und solche einteilen, die aus fremden Ländern kommen. Wenn wir
von der Wirkung seiner Stimme absehen, dürfte es dann
etwas Ungriechischeres geben als die Kunst von Kalvos? Oder wirkt er etwa deshalb fremd, weil er sich durch
die Verwendung klassischer Symbole und durch seinen Patriotismus auszeichnet? Das war zu jener Zeit in ganz Europa üblich. Kalvos ist ein typischer Grieche der Diaspora:

> Καλήτερα, καλήτερα
> διασκορπισμένοι οἱ Ἕλληνες
> νὰ τρέχωσι τὸν κόσμον,
> μὲ ἐξαπλωμένην χεῖρα
>   ψωμοζητοῦντες·
> παρὰ ...
> [Besser, besser,
> daß die Griechen einzeln
> durch die Welt laufen,
> mit ausgestreckter Hand
> Brot betteln, statt ...]
>   (XVI,3)

Das hat er gesehen, und ich vermute, er hat so etwas selber
erlebt. Er ist ein Grieche der Diaspora, und da spielt es
keine Rolle, ob man ihn von seiner Kunst oder seinem Leben her betrachtet – ich möchte damit sagen: Er ist ein
Mensch, der allmählich von der Fremde aufgesogen worden
ist. Was dies betrifft, würde es sich lohnen, Kalvos mit Papadiamandis oder mehr noch mit Makrijannis zu vergleichen. Ich fürchte, daß sich diese unsere Gedanken sehr oft
in Rhetorik erschöpfen.
Ein Dichter, der in einem Mädchenpensionat alt wird; was

wird an einem solchen Ort aus den Empfindungen seiner
Jugend? Wie sterben sie? Ich zitiere nur einige Verse, die
sich offensichtlich auf die Tochter beziehen:

Φιλεῖ τὸ ἴδιον κῦμα,
οἱ αὐτοὶ χαϊδεύουν Ζέφυροι
τὸ σῶμα καὶ τὸ στῆθος
τῶν λαμπρῶν Ζακυνθίων,
    ἄνθος παρθένων.
[Die gleiche Welle küßt sie,
der gleiche Zephir streichelt
ihren Körper und ihre Brust,
der leuchtenden Zakynthier
Jungfrauen Blühendste.]
                   (I,17)
Τὰ γαλακτώδη μέλη
τῶν παρθένων ...
[Wie Milch die Glieder
der Jungfrauen ...]
             (VI,4)
Ὅταν τὰ στήθη ἀφίλητα ...
βράδυ καὶ αὐγὴν ἐδρόσιζες ...
[Als die ungeküßten Brüste
abends und morgens du erquicktest]
                   (VI,5)
Τί τὰ εὐωδῆ ἀγκαλιάζετε
προσκέφαλα τοῦ γάμου;
[Warum umarmt ihr
die duftigen, die für die Hochzeit bestimmten
                               Kissen?]
                   (VIII,15)
Τὰ μυρισμένα χείλη ...
[die duftenden Lippen ...]
             (X,9)
Ἕνα φιλί ... κ’ ἕν’ ἄλλο ...
Ἔρωτα, τρέξε, ἐξάπλωσον
αἰώνια τὰ πτερά σου ...
[Ein Kuß ... und noch ein weiterer ...
Liebe, eile, entfalte
deine unsterblichen Flügel ...]
                   (XII,8)

134

... κοράσια ... ὀπ᾽ εἶχαν
ψυχὴν σάν φλόγα, χείλη
σάν δροσισμένα ῥόδα,
λαιμὸν σάν γάλα ...
[Mädchen, mit Lippen wie
nasse Rosenblätter, wo
solch milchweiße Haut, wohin ihre
flammenden Seelen?]

(XIII,2)

... γυμνὰ τ᾽ ἄσπρα βυζία τους,
μιασμένα ἀπὸ τὰ χείλη
ἀγρίων ...
[... nackt ihre weißen Brüste,
befleckt von den Lippen
der wilden ...]

(XVII,9)

Diese Verse einerseits, und zum anderen der Mathematikunterricht, die puritanischen Anweisungen an den Wänden und die Erzieherinnen im Pensionat von Charlotte-Augusta zu Zeiten des Empires, in denen der Verlust der Unschuld nach den Normen der guten Erziehung mehr ein gesellschaftliches Opfer als eine Weihegabe für Aphrodite zu sein hatte; an all diesen Empfindungen in einem Haus voll unterdrückter Instinkte mußte man ersticken.

an einem Sonnabend im Juli
Ich lese „der Rauch trübt die blaue Sphäre der Lüfte" ...
Kalvos hat das gedruckt im Jahre '26, und bekannt wurde es erst im Jahre '88 –
er, der als Greis die Beichte verweigert hat, ohne einen Ton
blieb wie eine „gesprungene Vase"
in den Händen einer alten englischen Lehrerin; ein Symbol,
ungebrochen und zum Entsetzen
für alle, die darauf beharren, weiterhin Verse oder Prosa zu
schreiben, die keiner versteht,
und die nach Ruhm streben, diese Glückskinder unter den
Auserwählten und Weisen,

während es doch für sie tausendmal nützlicher und für die
Kunst viel hilfreicher wäre,
wenn sie nach Ekali gingen, um Weintrauben zu pflücken,
oder nach Glyfada, um Fische zu fangen.

Als ich nach dem Abendessen in der Bibliothek irgend etwas suchte, fiel mir das Tagebuch in die Hände, das Maros
und meine vom August '41 stammenden Abschriften der
Oden enthielt. Wir hielten uns damals in Johannesburg
auf, und ein Zeitvertreib wie dieser gehörte für uns, die wir
entsetzlich isoliert geblieben waren, zu den angenehmsten
Zerstreuungen. Daß ich sie heute wiedergefunden habe,
erscheint mir wie ein Omen für die Tage, in denen ich
mich im Ort des letzten Exils des Zakynthiers umsehen
sollte. Seit damals sind zwanzig Jahre vergangen, und wieder nähere ich mich Kalvos in einer anderen Fremde, nun
schon der dritten. Als ich mich zum ersten Mal entschloß,
über ihn zu schreiben, war ich in Koritsa; ich beschäftigte
mich in Gedanken mit ihm, während ich in einsamen ver-
schneiten Gefilden umherlief und von großer Sehnsucht
nach dem Sommer an griechischen Gewässern erfüllt war.
Jedesmal bedrückte mich eine andere Nostalgie. Vielleicht
war es gut so, wie es sich für diesen Menschen des Aus-
lands ergeben hatte. Im Transvaal waren die dortigen
Sternbilder der Antipoden die Zeichen meiner Nöte.
Hier …
Ich frage mich, ob jenes Firmament von Südafrika den An-
fangsgrund birgt, der mich so oft veranlaßt hat, das Gesicht
(oder die Stimme) von Kalvos mit Sternbildern zu verbinden; ich weiß es nicht. Vielleicht geschah das auch, weil er
uns Fragen aufgegeben hat, die nur der Himmel lösen kann;
vielleicht, weil er nicht selten ein Gefühl von Leere, von
Vergeblichkeit ausdrückt:

                    …ἀχαλίνωτα
        μέσα εἰς τ᾽ ἀμπέλια τρέχουν
        τ᾽ ἄλογα, καὶ εἰς τὴν ῥάχην τους
        τὸ πνεῦμα τῶν ἀνέμων
                κάθεται μόνον.
        [Durch die Weinberge irren frei,
        ohne Zaumzeug die Pferde,

und auf ihren struppigen
Rücken reitet alleine der
Geist der Winde.]

(XIII,5)

Siehe auch anderswo, dasselbe.

am Freitag, dem 12. August

Morgen früh auf nach Louth zu Kalvos. In sechs Tagen muß
ich in Athen sein. Hektik; man kommt weder dazu, sich auf
die Dinge zu freuen, die einem am Herzen liegen, noch
sich gründlicher mit dem zu beschäftigen, was einen bewegt. Ich erwog schon, ob ich diese Ehrung aufschieben
sollte. Aber es siegte die Gewohnheit, daß man getroffene
Feststellungen dann doch nicht mehr ändert.
Ich habe die Landkarte vor mir liegen. 152 Meilen von London aus in Richtung Norden mit leichter Abweichung nach
Osten zur Nordseeküste zu; geradlinig, so wie ein Vogel
fliegt, kaum 10 Meilen von den Sandstränden entfernt. Dieses Ackerland steht in eigentümlicher Beziehung zum
Meer. Es ist ganz natürlich, daß es Seefahrer wie Smith und
Franklin hervorgebracht hat. Die Straße, die uns dorthin
führt, endet nach 17 Meilen in Grimsby, der größten Stadt
von Lincolnshir (95 Tausend Einwohner) und dem bedeutendsten Fischereihafen der Welt. Seine Flotte, erklärt der
Reiseführer im folgenden, hat 1954 190 Tausend Tonnen
Fisch gefangen. Den Hafen laufen auch oft dänische und is-
ländische Fischer an. Sehenswürdigkeiten: das Treiben auf
dem großen Fischmarkt. Ich brauche bloß ein paar Schritte
zu gehen, und schon habe ich vor mir

...τὸν ἠγριωμένον
βαθὺν ὠκεανόν,
ὅπου φυσάει μέ βίαν
καὶ ὀργίζεται το πνεῦμα
        τῆς πικρᾶς τύχης...
[... den erzürnten
tiefen Ozean,
wie er gewaltig wogt
und wo der Geist in Zorn gerät
ob des bitteren Schicksals ...]

(II,5)

und in weiterer Ferne, inmitten des Meeres, eine verbitterte Seele, die „einsichtsvoll alles Erniedrigende von sich weist" (ἀπορρίπτει φρόνημα χαμερπές) (VII,12), o altra cosa, die wir niemals kennenlernen werden.

am Sonnabend, dem 13.   Hotel „Zum Haupt des Königs"
Nachts. Wir waren 10.30 Uhr mit dem Auto losgefahren. Kurz nach dem Mittagessen hatten wir das etwa 32 Meilen vor Louth gelegene Boston erreicht, die Patin der gleichnamigen Stadt in Neuengland. Boston ist auch eine Hafenstadt – mit einem etwas verborgenen Hafen – an der Flußmündung. Etymologie: Botolphupolis. Wir stiegen aus, um die Kirche des heiligen Botolphus (14. Jahrhundert) zu besichtigen. Ihr Glockenturm, achteckig an der Spitze, ist – wie man sagt – in einem Umkreis von 25 Meilen von Land und Meer aus zu sehen. Seit langem heißt er „der Schafskopf von Boston".
Wir wollten hineingehen; mußten uns aber zunächst durch einen Pulk von Autos kämpfen; Gaffer und Fotografen: eine Hochzeit; der Bräutigam klein, ein Hänfling, noch sehr unmännlich; die Braut stämmig, fest auf ihren Füßen – angestammtes Symbol amerikanischer Gynäkokratie. In der Kirche eine merkwürdige, durch die Auswandererschaft geprägte Atmosphäre: Andenken der Entdecker Australiens; Weihegaben aus dem amerikanischen Boston; Andenken an John Cotton (aus der Zeit um 1600), den Vikar dieser Stadt, der wegen seines übertriebenen Puritanismus davongejagt worden war und Sankt Botolphus verlassen hatte, um jene andere Stadt in Massachusetts auf den Namen Boston zu taufen. „Uns mißfällt an Griechenland, daß es übertrieben viele Parteien hat", bemerkte neulich jemand, „aber es hat wenigstens nur eine christliche Religion, während wir so viele haben." Kurz vor Boston, gleich als wir die Grafschaft Lincolnshir erreicht hatten, dehnten sich weite Äcker. Zeitweise war es sonnig, zeitweise nicht; soweit ganz gut; wir hatten ohnehin einen miserablen Sommer. Ein fruchtbarer Boden hier; Getreideschober, halb abgeerntete Felder, Gemüse, Bäume; ein ständiger Wechsel von grün und golden die Straße entlang. Kurz nach Boston bis an unser Ziel hatten wir auf der linken Seite den aus Kreide bestehenden

Höhenzug der Wolds und rechts flaches Land, das sich von den Middle Marshes und Marshes bis zum Meer hin ausbreitete. Louth liegt dort, wo der Höhenzug in das Marschland übergeht.

Wir kamen in diesem Hotel um 5 Uhr am Nachmittag an. Ein Glück, daß die Tage noch lang sind und die Abenddämmerung kein Ende nimmt. Von meinem Fenster aus sehe ich den hohen Turm von Sankt Jacobus; er hat etwas Majestätisches. Die Dachziegel und die Ziegelsteine der gegenüberstehenden Häuser sind dunkelrot. Auf der Straße Autolärm.

Wir hatten uns gerade etwas frisch gemacht im „Haupt des Königs", als Herr …, einer der Honoratioren der Stadt, uns abholen kam. Er war mit seinem Wagen da. Ich bat ihn, uns zum High Holme zu fahren, zum Haus von Kalvos. Es waren nur ein paar Minuten von der Mercer's Row aus, wo wir uns befanden. Wir kamen am städtischen Krankenhaus vorbei und fuhren dann hinunter vor ein viktorianisches Gebäude aus Ziegelsteinen, das nicht besonders attraktiv wirkte. Es hat zwei symmetrisch angeordnete, doppelstöckige Flügel mit Fassaden, die sich polygonisch zum mittleren Hauptraum zu vorwölben. Das Erdgeschoß ist jetzt in eine Garage verwandelt, die Mansarden hat man vielleicht aufgestockt, aber vielleicht sind sie auch nur erneuert worden. Die anderen zwei Stockwerke weisen keine Veränderungen auf, wenigstens von außen her nicht. Die Fenster gewähren bestimmt nach Süden zu einen sehr guten Blick über das Land. Das Pensionat von Frau Kalvos und die Wohnung des Dichters liegen rechts, wenn man davorsteht. Die Fassade ist schmal, aber vom benachbarten Garten aus sieht man, daß der Bau ganz schön in die Tiefe reicht. Das war alles. Im Weggehen hatte ich den Eindruck, daß ich den leeren Panzer einer Grille zurücklasse. Dann nach Keddington, ein, zwei Meilen östlich von Kalvos' Haus. Hier ist schon ganz und gar flaches Land. Im immer schwächer werdenden Licht ein volles, tiefgrünes Blätterwerk rings um den Friedhof mit seiner Kapelle, an der wir die Gedenktafel haben einmauern lassen. Die Exhumierung des Dichters und seiner Frau hatte an den Gräbern Spuren hinterlassen; Brocken braunen Gesteins hatte man nicht mehr an ihrer richtigen Stelle einzufügen gewußt. Die Kapelle ist der heiligen Margareta von Antiochia geweiht; das ist gut so. Im

Innern gähnende Leere; an der Wand uns gegenüber hob sich die marmorne Gedenktafel für den Dichter in ihrem frischen Glanz auffällig von dem ausgeblichenen Hintergrund ab. Unser Begleiter machte uns auf einen sehr schönen normannischen Bogen links vom Altar und auf eine Holzschnitzerei aufmerksam, ein Pult in der Gestalt eines Adlers, eines der wenigen, wie er sagte, das man in England noch zu sehen bekommt.

Mir bereitet es zunehmend Schwierigkeiten, alle diese Dinge mit dem Menschen in Einklang zu bringen, dessen Bild sich mir durch die *Oden* eingeprägt hat. Es ist unglaublich, wie vieler Kehrtwendungen es bedarf, ehe wir uns halbwegs der Wahrheit annähern. Auf der Rückfahrt zeigte man uns den Anfang des Kanals, der diese Landgemeinde mit einem Hafen an der gar nicht weit entfernten See verband. Es nieselte.

Die Rückfahrt endete vor dem Haus unseres Begleiters, der uns noch zu einem Schnaps einladen wollte. Ein altes Haus, aus der Zeit um 1600, wie er sagte. Als wir durch den Garten gingen, waren die gewaltigen Bäume bereits völlig von der Dunkelheit eingehüllt. Zimmer mit niedrigen Decken, schöne Analogien, irgendwie gespenstisch, andere Zeiten. Er selbst ist Junggeselle, Pfarrerssohn, seine Mutter 93 Jahre alt. Als gehöre sie zur Patina, die die Zeiten auf Türen und Möbeln hinterlassen haben, mustere ich auf einem Schreibsekretär eine Farblithografie von Louth vom Ende des vorletzten Jahrhunderts. Die Sankt-Jacobus-Kirche und ein paar Häuser ringsherum; ein ganz kleines Dorf auf einem Hügel. „Vielleicht", sagte ich, „ist Kalvos einmal in diesem Haus gewesen." Der Hausherr antwortete: „Das ist möglich; aber in meiner Familie erinnert sich niemand an das Pensionat von Kalvos; man sprach von der Schule der Fräulein Chappel (das ist die nachfolgende Ära), und man machte sich lustig über die Jungen, die zu den Ferien Plätze in den Bussen reservierten, um noch ein bißchen mit den Mädchen zusammenzubleiben, die nach Hause zurückkehrten." Sentimentale Regungen.

Wir verabschiedeten uns, bevor es gänzlich Nacht wurde. Das alte Haus verfolgte mich; ich ließ in ihm erdachte, mir unbekannte Personen agieren, die ich im Geiste aus der Dunkelheit hervorzauberte; die Spuren und das Raunen eines anderen Lebens, das für mich ebenso fremd war, wie es meiner Überzeugung nach auch für Kalvos fremd gewesen wäre. Ängste stellten sich ein, vielleicht die einzige Regung, die zählte – seine Gedichte nehmen auf einmal einen so großen Raum in seinem Leben ein, wie er ihnen gar nicht zustand. War er doch jahrelang konfrontiert mit dieser puritanischen Religion, mit diesen jungfräulichen, verklemmten Weibsbildern, mit Schulverdruß, verletztem Stolz, zu Verbitterung kristallisierter Arroganz; er, zu einer Maschine geworden, die rein physiologisch alles zu zermahlen und zu verdauen vermochte, und zwar den Dichter in ihm ebenso wie den Rest an unverbrauchter Jugend, der ihm geblieben war.

Kurzes Abschalten dank des unpersönlichen Lichtes im Speisezimmer und einer reifen, üppigen, blonden Haushälterin, die es von einem anderen Ende Englands hierher verschlagen hatte und die gelassen und förmlich ihre Arbeit verrichtete. Danach gingen wir wieder hinaus auf die Straße. Schwere Wolken am Himmel und das ferne Rauschen des Meeres; das ist ein Trost; Kalvos muß es ab und zu vernommen haben; vielleicht ganz aus der Nähe, vielleicht war das ein Punkt, der ihn mit seiner Vergangenheit verband. Sonnabendabend; es nieselt. Viele Gesichter von jungen Leuten auf den Straßen und in den Kneipen, Jungs und Mädchen; ich glaube, aus den Betrieben; Louth hat jetzt viel Industrie; man stellt Konserven her; hauptsächlich Erbsen. Leute aus dem hohen Norden; die Skandinavier haben der Grafschaft ihren Stempel aufgedrückt. Angesichts dieser blonden Gesichter, angesichts der aufgeweichten Straßen, deren Zeichen du deuten möchtest, wird das Erinnern zur Qual, das Erinnern, das sich kopfüber in die Vergangenheit zurückversetzen will, so als gelte es, sich eine einstmals gehörte Musik krampfhaft wieder zu vergegenwärtigen, ein Erinnern, das sich die bronzenen Gegenstände, die in einem lichtüberfluteten Zimmer die Augen blendeten, genau einzuprägen versucht hat, das Erinnern an eine Frau, die sich flüchtig aus ihrem Fenster beugte, an die Samstagsliebe der jungen Leute, ein Erinnern, um dem uns so weit überragenden, schwierigen und eigenwilligen Charakter des Dichters näherzukommen. Man braucht ja nur seiner Stimme zu lauschen:

Αἲ! τῶν θνητῶν ἡ ἐλπίδες
ὡς ἐλαφρὰ διαλύονται
ὄνειρα βρέφους· χάνονται
ὡς λεπτὸν βόλι εἰς ἄπειρον
βάθος πελάγου.
[Ach, der Sterblichen Hoffnungen,
sie zerrinnen so leicht
wie Kindheitsträume; sie sinken unter
wie die kleine Münze in der unendlichen
Tiefe des Meeres.]

(XI,21)

Du bist müde, sagst: ganz gut, daß die Natur es so eingerichtet hat; sagst: vielleicht wollte er die Brücke hinter sich
in Brand stecken; vielleicht wollte er, daß wir ihm die Ruhe
gönnen, dort im Grün des Friedhofs von Sankt Margareta.
Diese Stimme gilt uns. Seinetwegen wäre sie vielleicht versiegt wie die Wasser der Nordsee, hier weiter unten, wie es
bei Tennyson heißt:

Die gewaltigen Wogen brechen,
ergießen sich weiß schäumend über den Strand und
versickern
tief im Sand, auf dessen Spiegelfläche der Mond
inmitten der Wolken marmorn glitzert,
bis sein Schein verblaßt und in Nichts sich auflöst.

Wir kehrten ins Hotel zurück. Im Parterre, an der Bar, dich-
tes Gedränge von Männern und Frauen, die Bier trinken.
Ich gehe auf mein Zimmer, werfe noch einen Blick aus dem
Fenster; die dunkle Silhouette von Sankt Jacobus, ohne
Konturen in der Nacht; der Glockenschlag zu jeder Viertel-
stunde. Die Mutter barg ihn in den schwarzgefiederten
Wolken, flüsterte ich.

am Sonntag, dem 14.   morgens
Ich wachte kurz nach acht vom Getöse einer Blaskapelle der
Heilsarmee auf. Kaum hatte ich meine Augen geöffnet, er-
tappte ich mich dabei, wie ich ohne besonderes Vergnügen
wieder die Gegenwart in die Vergangenheit zurückzuver-

wandeln versuchte, so als hätte mich dieses Unterfangen die ganze Nacht hindurch nicht zur Ruhe kommen lassen. Ich bin ein Besessener, der nach dem Elfenbeinkamm des heiligen Herefried suchte, schien es mir.

am Sonntag, abends, in Lincoln
Hotel „Zur weißen Hirschkuh"
Wir kamen hier am Nachmittag an; eine kurze Strecke auf von Bäumen überwölbter Straße. Die große Kathedrale erscheint von weitem wie ein Geschenk Gottes. Ich setze meinen Bericht über unseren Aufenthalt in Louth fort:
Wir hatten uns gegen 10 Uhr auf die sonntäglichen Straßen begeben; hellblauer Himmel und Wolken. Zuerst führte uns der Weg in die Sankt-Jacobus-Kirche; es war gerade Gottesdienst; eine ergebene Kirchgemeinde auf den Bänken in einem Licht, das durch die bunten Fenster im Hintergrund gefiltert wurde. Ganz gewiß waren die Zöglinge von Frau Augusta regelmäßig jeden Sonntag hierher gekommen, und sicherlich gemeinsam mit ihnen auch Kalvos. Von der Kirche aus wollte ich den wahrscheinlichsten Weg nehmen, der direkt zum Pensionat in der High Holme Road führte, eine kurze Wegstrecke zu Fuß; viele hohe Bäume an diesem Weg. Jetzt, im Morgenlicht, erscheint das Haus schöner. Es steht auf einer Anhöhe. Der Blick über das Land dürfte früher freier gewesen sein.
Dann suchte ich in der Nachbarschaft nach dem Haus von J. W. White, dem Kurator der Gesellschaft der Altertumsfreunde von Louth. Er ist der einzige Mensch, der seit Juli '38, als der zyprische Schriftsteller A. Intianos ihn besucht hatte, mit unbeschreiblicher Sorgfalt zu retten suchte, was aus dem gewöhnlichen Alltag des Dichters in dieser Fremde erhalten geblieben war. Er empfing uns mit großer Höflichkeit; er ist klein von Wuchs und so urlebendig, daß man ihm seine achtzig Jahre überhaupt nicht anmerkt. Wir sprachen über die Feierlichkeiten, die heute stattfinden sollten. „Aber warum wollte er in Keddington begraben werden?" fragte ich ihn. „Ich vermute", sagte er, „weil sein Nachbar, der im Haus links nebenan, dort ein Landgut besaß und Kalvos es vergönnt war, diese schöne Gegend kennenzulernen. Zudem ist es nichts Einmaliges, denn ein an-

derer Dichter" (ich habe mir den Namen nicht aufgeschrieben, den er mir nannte) „liegt ebenfalls auf diesem Friedhof begraben. Sein Grabmal schmückte ein marmorner Engel." Unser Gespräch wurde herzlicher. „Wissen Sie", gab er zu verstehen, „in Louth hatten wir eine *Anakreontische Gesellschaft*, sie bestand von 1804 bis 1857. Die Mitglieder versammelten sich jeden Sonnabend in einem Wirtshaus, und beim Trinken machten sie lockere Verse. Es gibt aber keinen Anhaltspunkt dafür, daß Kalvos jemals zugegen war." Ich dankte ihm für seine Mühe, Personen ausfindig zu machen und anzusprechen, die sich in Louth an Kalvos erinnern konnten. „Oh, das habe ich zu meinem Vergnügen getan", sagte er, „und aus Interesse an den geschichtlichen Ereignissen dieses Ortes. Ich habe auch den Menschen gefunden, der ihnen das Brot brachte; er hat als kleiner Junge solche Botengänge ausgeführt; viel Brot, denn es handelte sich ja um ein Pensionat; nach siebzig Jahren könnte er sich nicht mehr erinnern, ob Mister Kalvos ein Schweizer oder ein Grieche war. „Verstehen Sie", setzte er hinzu, „ein Ausländer" (er bezog da auch Frau Augusta mit ein) „zählte in jenen Jahren hier in der Provinz nicht viel. Eine Frau Smith, die drei Jahre seine Schule besucht hatte, erinnerte sich noch an Kalvos, hatte aber selber keinen Unterricht bei ihm; sie hat ihn manchmal am Fenster seines Arbeitszimmers gesehen. Alle Mädchen hatten die Anweisung erhalten, ihn nicht zu stören. Eine Frau Shappley, geborene Mason (aus der Nachbarschaft von Kalvos), konnte sich noch erinnern, daß er eine Mütze auf dem Kopf hatte, wenn er durch die Straßen von Louth spazierte." Nach den Auskünften, die Herr White zusammengetragen hatte, fügte er noch hinzu, daß Kalvos Latein, Altgriechisch, Französisch und Mathematik gelehrt hat. Die Schule trug nicht seinen Namen, sondern den seiner Frau. Sie waren nicht wohlhabend. Ich fragte, ob sich irgendwelche Möbel aus ihrem Haus erhalten hätten. „Man sagt", antwortete er mir, „daß es noch einen Schreibtisch von Kalvos gibt; ich habe ihn gesehen, es lohnte nicht. Aber Wohnmöbel dürfte es keine mehr geben. Als Kalvos starb, hat seine Frau das Pensionat aufgelöst und alle ihre Sachen nach Beckenham, in Kent, mitgenommen. Von dort überführte man sie hierher und begrub sie an der Seite ihres Mannes."

Im großen Saal des Landwirtschaftsrates, in den die Honoratioren uns zu Tisch geladen hatten, warteten etwa dreißig Personen. Die Frauen hatten Blumen aus ihren Gärten gespendet. Ich saß neben dem Vorsitzenden, einem Großgrundbesitzer aus den Wolds; seine Ländereien lagen zwei Meilen vom Meer entfernt; er baute hauptsächlich Kartoffeln an. Sein Gesicht gefiel mir; fest und in keiner Weise affektiert. Er erzählte mir von der Arbeit, die es gekostet hatte, den Boden trockenzulegen und dem Meer abzuringen. Seit den Zeiten der Römer war auf ihm Salz gewonnen worden, jetzt aber ist er ertragreiches Ackerland. „Das ist die beste Agrargegend von England", erzählte er mir mit Stolz, „hier, wo die rotbraunen Rinder der Wolds weiden." Danach die Desserts, Reden und der Autokorso zur Feier in der Kirche von Keddington. Die Kirche war jetzt dicht gefüllt. Die Gedenktafel für Kalvos hatte man mit der griechischen Fahne verhüllt.[98] Die kleinen Mädchen des Chors, eine Linie von Blondköpfchen neben dem Altar. Anglikanische Vesper, Hymnen und Psalmen und die Epistel an die Ebräer. Dann rief man mich auf, die Enthüllung vorzunehmen. In diesem Moment sprach der Dean der Kathedrale von Lincoln das Weihegebet, das er ausgearbeitet hatte. Sein Bischofsstab war der einfache Hütestab eines schottischen Hirten:

„Vater Unser, wir danken Dir für Deinen Diener Andreas Kalvos, der in vergangenen Tagen an diesem Ort gelebt hat und dessen Gebeine im Friedhof dieser Kirche Ruhe fanden. Wir danken Dir für die Schönheit seiner Dichtung und für sein edelmütiges Denken, das sich durch seinen Genius als noch viel edler erwiesen hat. Und wir bitten Dich, mache, daß sich die Völker der Erde mit mehr Nächstenliebe und gegenseitigem Verständnis begegnen mögen dank der Inspiration und Arbeit der Dichter sowie aller anderen Künstler; im Namen Jesu Christi, Unseres Herrn."

Ich glaube, dieses einfache Gebet – vielleicht würde er den englischen Text bevorzugt haben[99] – hätte Kalvos bestimmt erfreut. Dann folgten weitere Reden, alle ohne Bedeutung, die meinige nicht ausgenommen. Doch zum Schluß erklang völlig unerwartet in der kleinen, im Grün und zwischen den Gräbern versteckten normannischen Kirche der heiligen Margareta, von der Orgel gespielt, die Hymne an die

Freiheit. Das ist so ein Moment gewesen, bei dem einem die Augen starr werden. Ich suchte nicht nach dem Warum, und ich weiß auch nicht, weshalb ich beim Verlassen der Kirche daran dachte, daß mich zu Mittag an der Festtafel jemand gefragt hatte: „Aber sagen Sie mir, hat Kalvos nur nationalistische Gedichte geschrieben?" Und daß noch ein anderer, der zu mir von der – wie es ihm schien – erstaunlichen Anhänglichkeit der griechischen Dichter an ihren Ort gesprochen hatte, sich – mit aufrichtiger Sympathie – des Ausdrucks bediente: „Dieser euer überholter Nationalismus." Wie soll man Griechenland den Europäern erklären, die es auf industriellem Gebiet so weit gebracht haben? Wie soll man Griechenland selbst vielen Griechen erklären, setze ich automatisch in Gedanken hinzu, als uns der Wagen nach Lincoln zurückbrachte. Von der Kathedrale nebenan schlug es elf; gegen die Fensterscheiben prasselte dichter Regen. Meine Gedanken kreisten um Sankt Jacobus gestern nacht und um jene eigenwillige Erscheinung eines Dichters ohne Gesicht.

am Montag
Am Morgen in der Kathedrale; herausragendes architektonisches Denkmal; eins von jenen, die einen in Staunen versetzen; ein normannischer Bau aus dem 11. Jahrhundert, dessen Abschluß sich bis ins 14. Jahrhundert hinzog. Ich schlendere zum letzten Mal um die große Kirche herum, bleibe für einen Moment stehen – zuerst am Denkmal von Tennyson mit seinem Hund, ziemlich unpassend an der Seite eines solchen Baues, und dann auf der anderen Seite vor einer Sonnenuhr mit dem Motto „Pereunt et imputantur" (sie vergehen und werden abgerechnet). Hier, an diesem Ort, glaube ich, hörte ich Kalvos zum letzten Male flüstern:

> ... ἀπὸ τὸν ἥλιον,
> ὡσὰν πυρὸς σταλάγματα,
> πέφτουσιν εἰς τὴν θάλασσαν
> τῶν αἰώνων, καὶ χάνονται
>   διὰ πάντα ἡ ὧραι.
> [... von der Sonne,
> wie von Feuer, Tropfen

fallen ins Meer
der Jahrhunderte, und es vergehen
für immer die Stunden.]
(XVIII,12)

Dieses Bild, das William Blake hätte malen können, bringt mir zur Besinnung, daß ich seit drei Tagen vergeblich den vertanen Stunden eines Dichters nachspüre. In ein paar Minuten fahren wir nach London zurück. Es ist halb drei am Nachmittag des fünfzehnten August.[100]

London, 18. März 1960 – Lincoln, 15. August 1960

Rede in Stockholm

In dieser Stunde empfinde ich mich selbst als einen Widerspruch. Es ist wahr, die Schwedische Akademie hat entschieden, daß meine Schreibversuche in einer über Jahrhunderte berühmten, aber in ihrer gegenwärtigen Gestalt ausgegrenzten Sprache dieser hohen Auszeichnung würdig sei. Sie wollte meine Sprache ehren, und siehe – ich drücke jetzt meinen Dank in einer fremden Sprache aus. Ich bitte Sie, mir zu verzeihen, so wie ich mir zuallererst selbst zu verzeihen habe.

Ich komme aus einem kleinen Land. Einem Felsenriff im Mittelmeer, das als einziges Gut den Kampf seines Volkes, das Meer und das Licht der Sonne besitzt. Unser Land ist klein, verfügt aber über eine gewaltige Tradition, die ungebrochen bis in unsere Zeit weiterwirkt. Griechisch ist zu allen Zeiten gesprochen worden. Unsere Sprache hat sich verändert, wie sich alles Lebendige ändert, aber Brüche sind ihr erspart geblieben. Ein anderes Merkmal dieser Tradition ist ihre Hinwendung zur Humanität; ihr Kanon ist die Gerechtigkeit. In der streng strukturierten antiken Tragödie wird der Mensch, der das Maß überschreitet, unerbittlich von den Erinnyen bestraft. Dasselbe Gesetz gilt auch für die Natur: „Die Sonne wird ihre Bahn nicht überschreiten", erklärt Heraklit, „und wenn, so werden sie die Erinnyen, der Dike Helferinnen, zu finden wissen" (Frgm. 94).

Ich halte es für durchaus möglich, daß ein Wissenschaftler heute aus dem Nachdenken über diesen Satz des ionischen Philosophen Nutzen zieht. Mich beeindruckt es immer wieder, zu sehen, daß der Gerechtigkeitssinn die griechische Seele so sehr durchdrungen hat, daß er sogar der Natur als Gesetz zugeschrieben wird. Auch einer meiner Lehrer schrieb Anfang des vergangenen Jahrhunderts: „... Wir werden zugrunde gehen, weil wir anderen Unrecht angetan haben."[102] Der das notierte, war ein ungebildeter Mensch; er lernte im Alter von fünfunddreißig Jahren schreiben. Aber in unserem heutigen Griechenland reichen die mündliche ebenso wie die schriftliche Überlieferung weit in die Vergangenheit zurück. Dasselbe gilt für die Dichtung. Für mich ist es ein bedeutendes Ereignis, daß Schweden die griechische Dichtung und somit die Dichtung überhaupt ehren wollte, auch wenn sie die eines kleinen Volkes ist. Denn ich glaube, daß die von Angst und Unruhe beherrschte moderne Welt, in der wir leben, die Dichtung braucht. Die Dichtung hat ihren Ursprung im menschlichen Atem – und was würde geschehen, wenn uns die Luft ausginge? Dichten ist ein Akt des Vertrauens – und Gott allein weiß, ob an unserem Leid nicht mangelndes Vertrauen schuld ist.

Im vergangenen Jahr wurde an dieser Tafel über Unterschied zwischen den Erkenntnissen der modernen Wissenschaft und der Literatur diskutiert; es wurde festgestellt, daß der Unterschied zwischen einem antiken griechischen und einem zeitgenössischen Drama gering ist. Ja, das Verhalten des Menschen scheint sich nicht grundlegend geändert zu haben. Und ich muß hinzufügen, daß der Mensch zu allen Zeiten das Bedürfnis verspürte, diese Stimme, die wir Dichtung nennen, zu hören. Diese Stimme, die jeden Augenblick Gefahr läuft, aus Mangel an Liebe zu verstummen, und immer wieder geboren wird. Sie, die Gejagte, weiß, wo sie Unterschlupf finden kann; sie, die Verleugnete, sucht sich instinktiv die verborgensten Orte, um wurzeln zu können. Darum gibt es für sie keine großen oder kleinen Regionen der Welt. Sie hat ihr Reich in den Herzen aller Menschen dieser Erde. Sie hat die Gabe, immer aufs neue der Gewöhnung, diesem Lebensmechanismus, aus dem Weg zu gehen. Ich schulde der Schwedischen Akademie Dank, weil sie das alles bei ihrer Entscheidung mitbedacht hat; weil sie gefühlt hat, daß die sogenannten kleinen Sprachen nicht in eine Randzone gedrängt werden dürfen, in der der Schlag des menschlichen Herzens stockt; weil sie zu einem Tribunal wurde, das fähig ist:

> durch objektive Wahrheitsfindung über das
> ungerechte Schicksal des Lebens zu befinden,

um an Shelley zu erinnern, den – wie es heißt – Inspirator Alfred Nobels, dieses Menschen, der sich von dem allmächtigen Götzen der Gewalt durch die Großmut seines Herzens freikaufen konnte.

In dieser Welt, die immer enger wird, braucht jeder von uns

den anderen. Wir müssen den Menschen suchen, wo immer er ist.

Als Ödipus auf seinem Weg nach Theben der Sphinx begegnete und sie ihm ihr Rätsel aufgab, lautete seine Antwort: der Mensch. Dieses einfache Wort vernichtete das Ungeheuer. Wir haben noch viele Ungeheuer zu vernichten. Erinnern wir uns der Antwort des Ödipus.[103]

Stockholm, 10. Dezember 1963

Die Sprache in unserer Dichtung

Hier, in den Ländern Alexanders des Großen, müßte ich an den sagenumwobenen König denken und an seine Worte, die uns das berühmte Volksbuch überliefert hat: „Der Könige Geschenke müssen viele sein." Sie, die Hüter der Weisheit in diesem Land, machten mir ein königliches Geschenk. Das ist die größte Ehre, die die Heimat dem Werk eines reichlich verschwendeten Lebens erweisen kann. Ich weiß, daß es anmaßend und unaufrichtig wäre, anzunehmen, diese Ehre gebühre mir allein und nicht all denen, die mir bei diesem Werk behilflich waren. Im Volksbuch steht auch der folgende Dialog: „Als Aristoteles an Alexander die Frage richtete, wo er das Gold und die Reichtümer aufbewahre, die er aus der ganzen Welt mitgebracht hatte, erwiderte dieser: ‚Meine lieben Kameraden und mein Volk sind mein Gold und meine Reichtümer.'" – Meine lieben Kameraden und mein Volk; sie gaben mir das Wertvollste, was ich besitze, und sie sind es, die heute geehrt werden. Ich danke Ihnen.

Anfang März nahm ich in Athen an einem Symposium teil, das sich mit dem Gebrauch unserer Sprache in den verschiedenen Sphären des Lebens beschäftigte. Mich interessierten die Vorträge in allen Fachgebieten, außer diejenigen zur Dichtung. Ich hatte Angst, daß eine Diskussion über diese sehr spezifische Ausdrucksform des Menschen zu Meinungsverschiedenheiten führen und dem Anliegen des Symposiums schaden könnte. Denn die Dichtung nutzt eine bestimmte Funktionsweise der Sprache, die *emotionale*, die in anderen Lebenssphären unbrauchbar, wenn nicht gar schädlich ist. Darum griff ich in die Diskussion ein und hielt eine kurze Rede, die möglicherweise ketzerisch anmutete.[104] Ich möchte heute meinen Gedanken weiterführen.
Man hat beizeiten vom Dichter verlangt, er solle mit seiner Dichtung noch viele andere Aufgaben erfüllen: zum Beispiel Zauberer, Prophet oder Sozialreformer sein. Es gehört hier nicht zu meinem Thema, zu untersuchen, welche anderen Aufgaben der Dichter tatsächlich erfüllen muß. Ich

werde mich auf die Dichtung beschränken. Denn zumindest eins ist sicher: der Dichter hat keine andere Möglichkeit zu wirken als über die Sprache, die die Menschen um ihn herum sprechen. In dieser Sprache wird sein eigenes Sprechen wurzeln und blühen. Ich verwende die Verben *wurzeln* und *blühen* in ihrer eigentlichen Bedeutung eines natürlichen Vorgangs, dem alles Künstliche und Mechanische fremd ist. Und wie an der Pflanze so interessiert uns an einem Gedicht nicht nur die Frucht, sondern auch die Wurzel.

Wenn der Dichter am Anfang steht, wird er sich zunächst der Sprache bedienen, die er in der Gesellschaft vorfindet. Diese Sprache verbindet ihn mit seinen Mitmenschen, sie wird Ausdruck seiner Sehnsucht, Freude und Schmerzen; liebt er sie? Wenn ja, offenbart sie zugleich seine Menschlichkeit. Je weiter er voranschreitet, um so mehr wird er versuchen, Wörter zu finden, die seine eigenen sind und seine Persönlichkeit sprechen lassen; er holt sie aus einer immer größeren Tiefe seines Selbst heraus. Er sucht und fühlt bei dieser Suche, daß die Welt, in der er lebt, ihm viele Stimmen verleiht; doch keine einzige gehört ihm. In seiner Jugend war es einfacher: er ahmte die Stimmen der andern nach, und zwar diejenigen, die ihm am meisten gefielen. Jetzt weicht er ihnen aus und fühlt sich dabei immer sprachloser werden; aber er kann nicht zurück; er spürt, daß er noch die Prüfung des absoluten Schweigens zu bestehen hat, um ausloten zu können, was er selbst ist. Jeder wirkliche Dichter macht solche Krisen durch; darum sagen wir auch, daß wir jedes Gedicht so schreiben, als wäre es unser letztes. Sobald der Dichter mit der ihm eigenen Sensibilität die Dinge seiner Umwelt verinnerlicht hat, ist der Augenblick gekommen, da er eine Leere in sich spürt, da er fühlt, allein und hilflos in einem dunklen Wald zu sein, in einer „selva oscura", wie ich einst sagte – er muß diese Leere bei Strafe seines Untergangs ertragen. Das ist für ihn der schwierigste Moment, dieses Ringen um jene Stimme, die mit den Dingen, die er ausdrücken möchte, übereinstimmt und verschmilzt, oder die, um es anders zu sagen, diese Dinge hervorbringt, indem sie sie benennt. Das Äußerste für einen Dichter ist, daß er sagt: „Es werde Licht!", und es wird Licht.

Möglicherweise entsteht der Eindruck, daß das Gesagte auch auf anderes Tun zutrifft, bei dem der ganze Mensch gefragt ist. Vielleicht ist es so; aber ich bemerke, daß die Unterscheidungen in diesen Fragen sehr oberflächlich getroffen werden, und sobald wir ein wenig weitergehen, stoßen wir auf den ganzen Menschen. Dichtung ist der ganze Mensch, und das ist, zum Glück, nicht meine Erfindung.

E. M. Forster, ein außerordentlich sensibler Romancier und Essayist, stellte fest:

„Gleich den Wörtern, die zwei Funktionsweisen besitzen, eine zur Wiedergabe von Begriffen und die andere zum Hervorbringen von Begriffen, birgt auch der menschliche Verstand zwei Persönlichkeiten, eine äußere und eine innere. Die äußere hat Namen; sie heißt Samuel Coleridge, William Shakespeare oder Frau …; sie ist gewissenhaft, gewandt und unterscheidet sich durch ihre eher unterhaltsame Natur beträchtlich von den Persönlichkeiten anderer. Die innere Persönlichkeit ist etwas sehr Seltsames. Aus vielen Gründen ist sie völlig unberechenbar. Aber ohne sie gibt es keine Literatur; denn wenn man keinen Eimer in ihre Tiefe hinunterläßt (um aus ihr zu schöpfen), wird kein Werk von Rang entstehen. In gewisser Weise charakterisiert sie etwas Allgemeines. Obwohl sie auch bei Coleridge zu finden ist, können wir ihr nicht seinen Namen geben. Sie hat etwas gemeinsam mit den tieferen Persönlichkeiten anderer. Und der Mystiker wird uns versichern, diese Gemeinsamkeit sei Gott, und wir näherten uns dort, in den dunklen Abgründen unseres Seins, den Pforten des Göttlichen."[105]

Bemerkenswert, daß ein bedeutender Schriftsteller, der weder mystisch veranlagt ist, noch Gedichte schreibt, so spricht. Sein Vergleich scheint mir wichtig zu sein. Obwohl ich den Begriff „Persönlichkeit" nicht wie Forster benutzen würde, erklärt er doch mit einiger Klarheit die etwas apokryphe Funktionsweise des Dichters. Aber auch hier wird die Unterscheidung nur aus Gründen der Genauigkeit getroffen, in Wahrheit sind die zwei „Persönlichkeiten" nicht sauber voneinander getrennt, und gerade das ständige Hin und Her zwischen äußerem und innerem Ich macht die Funktionsweise des Dichters aus. Wenn ich von der sprachlichen Funktionsweise des Dichters spreche, meine ich stets die innere Funktionsweise, entweder wie ich sie mir vorstelle oder wie sie Forster versteht. Doch kommen wir jetzt zu unserem eigentlichen Thema.

Wir Griechen heute haben eine – wie soll ich sagen – sehr merkwürdige Geschichte. Die freie Entwicklung unseres Lebens wurde durch eine „Nacht von Äonendauer" unterbrochen.[106] Das ist ein gewichtiger Fakt: Die verschiedenen Lebenszweige der griechischen Welt von heute konnten nicht natürlich wachsen. Als wir uns aber befreiten, zeitigten der Kampf um Befreiung und die Befreiung selbst solche Reaktionen und brachten solche Erscheinungen hervor, die uns heute noch spüren lassen, wieviel Künstliches mit dem neugeschaffenen griechischen Staat entstanden ist. Eine dieser Künstlichkeiten ist auch unser Hang zur oberflächlichen, sehr verbreiteten Rhetorik. Wahrscheinlich entwickelte sich das damals nicht aus dem Nichts. Sicher gab es auch noch andere Gründe. Aber im Schatten der Freiheit, die uns jene erstaunlichen Männer von 1821 schenkten, konnte dieser Hang zur Rhetorik besonders gut gedeihen und aufblühen. Das ist ein quälender Widerspruch, wenn man es richtig bedenkt.

Die Ionischen Inseln bringen in jenen Jahren zwei Dichter hervor – Solomos und Kalvos –, die für Griechenland sehr bedeutsam waren. Wenden wir uns ihrem Beispiel zu.

Aus dem wenigen, was ich über die herausragende Gestalt von Solomos geschrieben habe, kann man ersehen, daß ich die Leerstellen, die es in seinem Werk gibt, ebenso interessant finde wie seine Fragmente. Die Fragmente von Solomos sind charakteristisch. Sie zeigen, welche überhaupt die wahre Stimme der griechischen dichterischen Sprache sein kann. Ich kenne kein anderes Beispiel eines Dichters der Weltliteratur, dessen verstreute Verse eine solche Offenbarung gewesen sind. Aber diese verstreuten Verse sind nun mal, wie man es auch sieht, keine abgeschlossenen Werke. Sie konfrontieren uns unweigerlich mit dem Schweigen, das sie umgibt: mit einem Vakuum. Und diese Leerstellen zeugen nicht nur von der Tragödie dieses passionierten Menschen, sondern bestätigen zugleich, daß sich der Dichter nur der Sprache, die ihn umgibt, bedienen kann.

Ich hoffe, daß niemand annimmt, ich würde zu einer naturalistischen Wiedergabe der gesprochenen Sprache auffordern; die persönliche Einflußnahme des Dichters auf die Sprache ist groß; zudem gehört es zu seinen ersten Pflichten, die ihm gegebene Sprache zu beherrschen, weiterzuentwickeln und nach bestem Vermögen zum Instrument des eigenen Ausdrucks zu machen; eines Ausdrucks, der dem älteren monotonischen und dem neueren polytonischen Vers einen neuen Klang verleiht. Aber der Dichter vermag keine neue Sprache zu erfinden; sie wäre ohne Wurzeln und könnte nicht offenbaren, was sich in den geheimsten Tiefen seines Ichs verbirgt. Die Sprache von Solomos hatte starke Wurzeln, das war bei Dichtern wie Sutsos oder Rangavis nicht der Fall; sie verspürten nicht den Drang nach jener Übereinstimmung (wie soll ich sagen) der Sprache mit ihrem inneren Wesen. Sie sind äußere Persönlichkeiten, die an der Oberfläche kleben. Doch seien wir nicht so kategorisch in unserer Verurteilung. Bedenken wir, daß der Trieb, der unsere Literaten veranlaßt, sich immer wieder an der Oberfläche zu bewegen, Teil unseres Instinkts sein muß; wir begegnen ihm dort, wo wir ihn am wenigsten erwarten, und zwar bis in unsere Tage. Als zum Beispiel die automatische Schreibweise aufkam, übernahm sie natürlich diese oberflächliche Sprache – das war unumgänglich, denn man suchte nach einer Sprache, die fließen und in gewisser Weise eine Fliehkraft entwickeln konnte. Eine Sprache mit tiefen Wurzeln und demzufolge einer gewissen Bedeutungsschwere hätte den unbewußten Fluß, den diese Schreibweise voraussetzte, unterbrochen.

Welches Sprachmaterial findet Solomos vor? Da ist, als allererstes, die sehr tief in ihm verankerte Sprache seiner Mutter, der „Plebejerin" Angeliki Nikli. Dann das Italienische, das er von klein auf lernt, in Zakynthos und in Italien, wo er zur Schule geht. Die sprachlichen Impulse, die er „mit der Muttermilch" empfangen hat, finden, nachdem er sich ihrer bewußt geworden ist, im Italienischen eine wesentliche Ausprägung. Er, ein echter Dichter, erkennt, daß er ohne diese sprachlichen Impulse unfähig ist, etwas zu tun. Andererseits lehrt ihn seine in den großen europäischen Werkstätten gesammelte Erfahrung: „Es ist gut, wenn man sich mit seinen Wurzeln auf diese Muster" (die Klephten-Lieder, wie er sie nennt; G. S.) „stützt, es ist aber nicht gut, wenn man da stehenbleibt, man muß höher hinaus." Das schreibt Solomos an Tertsetis.[107] So ist es. Aber je höher einer hinaus will, um so tiefer müssen seine Wurzeln in das Erdreich dringen. Die griechische Erde kann nicht während eines einzigen Menschenlebens fruchtbarer werden; je mehr der Mensch über sich hinauswächst, um so mehr fühlt er sich durch sie eingeengt. Es entsteht keine Dichtung nur aus Gipfelleistungen. Für seine Visionen und Briefe gebraucht Solomos die italienische Sprache, die er phantastisch beherrscht; in derselben Sprache verfaßt er auch Versdichtungen. Aber alles das enthält nicht jene Substanz der Worte, um die er sich müht und nach der er unermüdlich sucht. Die findet man in der *Frau von Zakynthos* oder in seinen besten Dekapentasyllaben.[108] Im Gegenteil, die italienischen Gedichte von Solomos lassen lediglich einen Dichter erkennen, der seine Technik gut beherrscht. Darum bin ich der Meinung, daß seine Leerstellen uns heute, aber auch die kommenden Generationen, vieles lehren, wenn wir wie bisher voranschreiten. Denn sie machen deutlich, wie sich damals die Probleme für den Dichter, der eine unkultivierte Sprache vorfand, zuspitzten.

Das Griechisch von Solomos ist nur ein Teil der griechischen Sprache, die Chortatsis und Kornaros zu Gebote stand und die sie mit Leichtigkeit handhaben. Sie verzichteten auf nichts von dem, was ihnen die in ihrer Umgebung gesprochene Sprache darbot. Das erkennt man an ihrem spielerischen Umgang mit der Sprache, was andererseits auch ihre Schwäche war. Stellen wir uns vor, Solomos würde sich mit der gleichen Leichtigkeit in seiner Sprache bewegen; dann müßten wir annehmen, daß er seine Leerstellen mit Füllseln aus der italienischen Sprache überbrücken würde, wie das in gewisser Weise seine Satiren und Entwürfe beweisen. Solomos sucht und verneint immerzu seinen Naturzustand im Namen einer tieferen Natur, die sich mit den Jahren, je länger er nach ihr sucht, immer mehr verengt. Sein Naturzustand ist zweigeteilt: zum einen ist er in sich geschlossen, erschüttert aber sein tieferes Sein, zum anderen ist er sehr weit, aber flach, und beschäftigt das „obere Ich" des Menschen. Im Falle von Solomos können sich diese zwei Pole nicht vereinigen und eine harmonische

Einheit bilden. Selbstverleugnung ist für einen Dichter niemals etwas Schlimmes. Ganz im Gegenteil; allen Dichtern ist Selbstverleugnung eigen. Aber gepaart mit einer großen Akzeptanz. Akzeptanz, nicht Kompromiß. Wehe dem Dichter, der sich nicht wenigstens ab und zu akzeptieren kann. Diese Akzeptanz nimmt bei Solomos im Laufe der Zeit immer mehr ab. Und das ist seine Tragik, die ich spüre und die mich erschüttert.

Natürlich kann dieses Problem nicht allein auf die Sprache reduziert werden; es läßt sich nicht leicht von anderem trennen. Denn es berührt das Problem des Ausdrucks, der in den Tiefen der menschlichen Seele reift, dort, wo Gefühl und Verstand auf ein Wort treffen und es aufladen. Dieser unergründbare Vorgang ist jenem Phänomen verwandt, das wir mit *Rhythmus* umschreiben und das uns auf die uralte Ordnung der Magie verweist. Der aufmerksame Leser kann diese Umformung der Alltagssprache durch den Dichter auch bei anderen griechischen oder nichtgriechischen Dichtern beobachten – wie sie auf ihn wirkt, ihm hilft oder schadet.

Solomos besaß, Linos Politis zufolge, so viel Souveränität, daß er sich seine Sprache nicht durch den Gelehrten verderben ließ. Er ahnte die Gefahr und verschloß dem Gelehrten schon sehr früh die Tür. Das war Kalvos, dem in seiner Kindheit nach Italien Vertriebenen, der anfangs davon träumte, ein italienischer Dichter zu werden, nicht gegeben.

Ich versuchte vor Jahren, die *Schwachstellen* deutlich zu machen, die bei Kalvos auf einen sterilen Archaismus zurückzuführen sind; die Passagen in seiner Dichtung, die den Eindruck erwecken, seine Stimme habe versagt oder seine wunderbare poetische Sprache sei einem plötzlichen Verstummen gewichen. Aber letztendlich hinterließ auch er uns leuchtende Fragmente, getragen von einem starken Rhythmus, die uns unsere eigene Armseligkeit vor Augen führen. Ich will das alles nicht wiederholen. Ich möchte nur hinzufügen, daß verschiedene Dichter, die ihm nachfolgten, nicht aus seinen negativen Erfahrungen lernten, sondern diese, im Gegenteil, als nützliche Vorbilder ansahen. Dasselbe widerfuhr auch Kavafis.

Kalvos gibt das Schreiben auf in einem Alter, in dem Kava-

fis sucht und noch zwischen Schreibweisen herumtappt, die
Vorstufen zu seinem reifen Werk sind, und Versen wie den
folgenden:

> Die antike Tragödie, die antike Tragödie
> so heilig, so weit, reicht dem All ans Herz.
> Ein Volk gebar sie, eine Griechenstadt,
> doch sofort schwang sie sich auf, errichtete am
> Himmel ihre Bühne ...

– Zeilen, schlechter als die leersten Verse von Kalvos. Aber
das Schicksal von Kavafis ist ein anderes als das von Kalvos
und lehrt uns auch anderes. Kalvos wendet sich nach seinen
Oden ein für allemal von der Dichtung ab. Kavafis arbeitet
noch viele Jahre bis an sein Lebensende. Gesegnet mit einer unermüdlichen Ausdauer, verwirft er so lange schlechte
Gewohnheiten und Vorbilder, bis sein Ich völlig gereinigt
ist und ihm die endgültige Akzeptanz erlaubt. Das späteste
Zeichen dieser abstrakten Schreibweise, das heißt nicht der
sogenannten prosaischen Schreibweise, sondern einer ima-
ginären lyrischen Zwischenwelt, veröffentlicht er 1916, als
er bereits die Fünfzig überschritten hat:

> ... Ganz verzückt erblick' ich nun
> die gerühmte, zauberhafte Schönheit des Endymion.
> Körbe mit Jasmin; Jubelrufe,
> Glück verheißend, erweckten Wollust aus antiker
> Zeit.[109]

Diese Verseschmiederei interessiert micht, nicht nur weil sie
zeigt, zu welchen Fehlern sich selbst ein guter Dichter hinreißen läßt, sondern hauptsächlich weil sie mich daran erinnert, und zwar nach *Ithaka*, wie lange dieser Dichter an sich
arbeiten mußte, um das Falsche vom Echten, das er in sich
trug, zu trennen, um sich endlich gegen die Sprache von
Dimitrios Paparigopulos und dessen Schule zu entscheiden
und die Sprache der einfachen Leute, der in den Cafés sit-
zenden Kleinbürger und Bankangestellten, zu verinnerlichen, die er in ihrer *Aufwallung* wie ein *Spion* aushorchte –
so formulierte er es selbst. Ich habe keine Zeit, die Bedeutung des Wortes „Spion" bei Kavafis zu untersuchen, bei
dem es meines Erachtens um dreierlei geht: Präzision, Fle-

xibilität und moralische Sentenz. All das schafft eine breitere Kommunikationsbasis. Aber wir müssen uns immer daran erinnern, daß auch Kavafis nur sprechen und seine Stimme finden konnte dank der Anlagen, die sich in seinem Innern ausgebildet hatten, und nicht aufgrund irgendwelcher Effekthascherei.

Meine drei Beispiele beziehen sich auf drei sehr verschiedene dichterische Temperamente und betreffen kaum deren Schaffen, sondern vor allem ihr Ringen, um alles Schlechte, mit dem sie ihre Umwelt konfrontierte, aus ihrem Ausdruck auszumerzen. Denn unabhängig davon, ob es uns gefällt oder nicht, die These, wonach der Dichter in einem luftleeren Raum zum Dichter wird und seine Sprache nach Belieben formt, ist ebenso falsch wie die Annahme, er dürfe Sprachkonstruktionen kreieren, die keinerlei Beziehung zum Leben haben. Der Dichter wird die Sprache verwenden, die wir Zeitgenossen ihm geben; er kann seiner Wirklichkeit nicht entfliehen. Und für diese Wirklichkeit sind wir alle mitverantwortlich, wohin uns das Leben auch gestellt hat.

Die Arbeit des Dichters besteht darin, sich um die Beherrschung der Sprache, die wir ihm geben, zu mühen und sie mit größtmöglicher Intensität zu gebrauchen. Aber er kann sich nicht ohne Gefahr ihrem allgemeinen Gebrauch, der die Sprache zum Träger von Gefühlen macht, entziehen. Wenn die Sprache so abgenutzt ist, daß sie keine Verdichtung mehr zuläßt, dann ist zweifellos auch die Gesellschaft abgenutzt und kann keine Dichter mehr hervorbringen. Indem wir der Geschichte unserer Sprache folgen, berühren wir also allgemeinere Probleme. Ich will ihnen jetzt nicht nachgehen, aber immerhin so viel sagen, daß der Dichter als Glied einer Gemeinschaft verpflichtet ist, auf jeden Sprachverfall hinzuweisen und ihn zu verurteilen. Denn er weiß, daß sonst dieser Verfall auf ihn selbst und die, die nach ihm kommen, zurückwirkt.

Gott hat uns eine lebendige, kraftvolle, trotzige und anmutige Sprache geschenkt, die noch durchhält, obwohl wir alle Ungeheuer auf sie losgelassen haben; die verschlangen, soviel sie konnten, aber etwas Hefe ist noch geblieben. So würde ich es mit einem Wort von Makrijannis sagen wollen. Ich weiß nicht, wie lange das noch so bleiben wird. Ich weiß nur, daß die Hefe immer weniger wird und wir nicht länger so sorglos sein dürfen. Die Zeichen sind nicht neu, die darauf hinweisen, daß wir bald mit einer verachteten, seichten und rückgratlosen Sprache konfrontiert werden, wenn wir so weitermachen und uns mit den bestehenden Verhältnissen abfinden. Das hätte ich den Spionen von heute zu sagen, wenn sie sich tatsächlich mit der Kunst des Wortes befassen.

Ich hoffe, es ist aus dem bisher Gesagten deutlich geworden, daß ich kein Dogma aufstellen will. Kalvos und Kavafis sind meine Freunde, und ich habe keineswegs vor, sie als schlechte Beispiele hinzustellen. Im Gegenteil schmerzt es mich zu sehen, wie wenig wir bis heute aus den Werken, die sie uns hinterließen, zu lernen imstande waren: aus den Leerstellen von Solomos, aus den Schwachstellen bei Kalvos, aus dem erst sehr späten und qualvollen Reifen von Kavafis.

Und noch etwas: Wir sagen oft, die Literatur habe vor allem im Kampf um den Demotizismus gewonnen, sie sei kein totes Schrifttum mehr, und sie kümmere sich nicht darum, was andere tun. Meine Antwort darauf: Es genügt nicht, daß sich die Literatur nur mit der Literatur beschäftigt. Eine mündige Literatur interessiert sich für alle Bereiche des Lebens, und die, die sich abkapselt, wird verwelken. Man wird vielleicht glauben, daß ich über einen nutzlosen Luxus rede, wie die Anhänger des oberflächlichen Ernstes die Kunst des Wortes nennen. Das Leben wäre schön, wenn sich das so verhielte. Aber der menschliche Ausdruck ist keine Ansammlung von Geräuschen, sondern verrät die psychische Befindlichkeit des Individuums. Und wenn er Leichtsinn, Inkonsequenz oder Unvernunft offenbart, dann bedeutet das, daß Leichtsinn, Inkonsequenz und Unvernunft irgendwo tief in uns selbst verborgen sind.

Ich sprach von einer mündigen Literatur. Sieht man von einigen älteren Werken ab, von denen viele unserer Schriftsteller meinen, daß sie veraltet sind und keinen wirklichen Einfluß auf unser Leben haben, ist die griechische Literatur die Frucht eines einhundertfünfzigjährigen Staates. Vergleiche ich dieses Alter mit dem Leben der Völker, nicht der Menschen, weiß ich nicht, ob diese Zeit zum Erlangen der

Mündigkeit ausreicht. Doch das Problem, das uns alle interessieren müßte, ist, wie diese Literatur dem Gesetz der Absorption durch mächtigere Sprachen und Literaturen widerstehen kann.

Und wenn uns das wirklich beschäftigt, dann müssen wir zwangsläufig darauf hinweisen, daß ihr kein Spielraum mehr bleibt, um sinnlos Kräfte zu vergeuden, etwa um ihre ältere Tradition abzulehnen. Tradition heißt keineswegs bloßes Aufzählen oder Erinnern alter Titel, sondern daß das Werk lebt und die schöpferische Phantasie der heute Lebenden befruchtet.

Wir stehen an einem Scheideweg; wir haben uns niemals isoliert; wir waren stets offen für alle Strömungen – des Ostens wie des Westens; und wir haben sie erstaunlich gut verdaut, solange unser Organismus intakt war. Heute gehören wir (im weitesten Sinn) der europäischen Literatur an und werden wie sie, zu Recht oder Unrecht, von aufeinanderfolgenden Krisen, apokalyptischen Entdeckungen und Ängsten heimgesucht, die dem menschlichen Geist keine Ruhe lassen. Woran können wir uns angesichts dessen noch halten, wenn wir uns selbst verleugnen? Ich verschließe meine Augen nicht vor unseren Fehlern, habe aber den seltsamen Hang, an uns zu glauben. Ich bitte Sie, mir zu verzeihen, daß ich hier persönliche Erfahrungen ausspreche; ich habe kein anderes Versuchstier als mich. Und meine persönliche Erfahrung lehrt mich, daß mir nicht so sehr die abstrakten Visionen eines Intellektuellen geholfen haben, sondern der Glaube und die Hingabe an eine Welt der heute Lebenden und meiner Ahnen; mit ihren Werken, ihren Stimmen, ihrem Rhythmus, ihrer Frische. Diese Welt gab mir das Gefühl, keine losgelöste Monade oder ein Strohhalm auf der Tenne zu sein. Sie gab mir die Kraft, angesichts der Zerstörungen, die ich miterleben mußte, stark zu bleiben. Und durch sie begriff ich, als ich später die Erde wiedersah, die mich geboren hatte,[110] daß der Mensch Wurzeln hat und, wenn man sie abschneidet, Schmerz empfindet, physischen Schmerz, wie bei einer Verstümmelung.

Hier, zu Füßen des Heiligen Berges, erinnere ich mich der Stadt, die meine Phantasie am meisten angeregt hat, wenn ich an die Zeit meiner Reisen durch die arabische Wüste zurückdenke – Seleukis am Ufer des Tigris. Sie war, nach

Rom und Alexandria, die dritte große Stadt des Altertums, eine Vermittlerin der Ideen des Westens nach dem Osten und umgekehrt. Ich wollte mir ihre Lage bei Sonnenuntergang ansehen. Heute ist von ihr absolut nichts übriggeblieben. Nur ein wenig Grün am Ufer des Flusses und der Klang einer Hirtenflöte. Aber dieses *Nichts* vermittelte mir solch eine Weite. Hätte ich so empfunden, wenn ich ganz allein gewesen wäre? Griechenland sei zu beengend, hört man oft klagen; haben wir uns jemals gefragt, wieviel Bedrückung die modernen Großstädte noch ertragen müssen, um die Katharsis von Seleukis am Tigris zu erreichen?

Und das alles könnte ich mit dem Wort *Tradition* bezeichnen, dem wir oft ablehnend gegenüberstehen und das uns mit Schuld behaftet zu sein scheint. Es gibt wirklich Auffassungen, die besagen, die Tradition entrücke uns zu den Werken und Schöpfern der Vergangenheit; daß sie eine abgetane und angesichts unserer Nöte von heute nutzlose Sache sei und dem modernen technokratischen Menschen, der furchtbare Kriege und noch furchtbarere Konzentrationslager erleiden mußte, keinerlei Hilfe bedeutet; diesem Menschen, der zwischen dem Zustand eines Raubtiers und eines Helden hin und her schwankt. Die Tradition sei also nutzloser Ballast, von dem man sich befreien müsse. Ich denke, diese Ansichten entspringen dem augenblicklichen Zweifel am Wert des Menschen. Das sind Symptome einer Panik, die, im Namen des Menschen, die Seele des Menschen zerstückeln will. Aber was bleibt, wenn wir den Menschen abschaffen?

Kommen wir besser zur anfangs zitierten Passage zurück. Zu jener inneren Persönlichkeit, die sich in den dunklen Tiefen unseres Seins befindet und etwas mit den tieferen Persönlichkeiten der anderen Menschen gemein hat. Ohne aus ihr zu schöpfen, können wir kein erstklassiges Werk hervorbringen, sagte Forster. Dort, in den dunklen Tiefen unseres Seins, werden wir auch auf die Tradition des Menschen stoßen, würde ich hinzufügen. Bildung ist ein wertvolles Gut; zweifellos bedarf es umfassender Bildung, um ein Dichter zu werden. Aber die Bildung bleibt wertloses äußeres Beiwerk, wenn sie nicht da heranreicht, wenn sie nicht bis zu jenem herabgesunkenen Gedächtnis vordringt.

Was ich hier zu erklären versuche, läßt sich auch mit dem Reifen einer Frucht vergleichen. Der Strom der Säfte, die eine Frucht entstehen lassen, ist schwerlich für jedermann erkennbar. Der sensible Instinkt des Dichters vermag ihn in Augenblicken, da er frei ist, zu erfühlen, und durch seine Freiheit macht er auch andere frei, die ihn hören. Die Informanten, die dem geübten Gehör des Dichters anzeigen, daß ein Gegenstand bis zu seinem tieferen Ich vorgedrungen ist, sind die Wörter, diese Anadyomenen, die in einer besonderen Aura, einem besonderen Strahlenkranz wieder an der Oberfläche auftauchen. Alle haben ihren eigenen Ausdruck, gleichgültig ob schlicht oder reich ausgeschmückt, ob kämpferisch oder lautlos.

Wir erlernen unser künstlerisches Handwerk in vielen und sehr verschiedenen Werkstätten, in Griechenland oder anderswo. Wie kann es anders sein? Wir alle müssen lernen und das Gelernte verarbeiten. Aber was wir auch tun, wie sehr uns bisweilen die negativen Seiten des uns gegebenen Erfindungsreichtums resignieren lassen, so können wir doch niemals die Tatsache aus der Welt schaffen, daß wir ein Volk mit heldenhafter Seele sind, das sich die tiefen Regionen seines Erinnerungsvermögens in Blütezeiten genauso wie in den Jahrhunderten der Verfolgungen und leeren Worte bewahrt hat. Sollen wir jetzt, da uns die übrige Welt zu Kostgängern eines kosmopolitischen Wirtshauses machen möchte, dieses Erinnerungsvermögen verleugnen? Sollen wir zulassen, demnächst enterbt zu werden? Ich plädiere weder für ein Stillstehen noch für Rückkehr zum längst Vergangenen; ich plädiere für das Denken, die Sensibilität und den Mut der Menschen, die vorwärtsschreiten.

Ich studierte einst unsere antiken Autoren und vergegenwärtigte mir ihre Präsenz in verschiedenen Phasen der Geschichte seit der Zeit der Alexandriner. Soweit wie möglich versuchte ich nachzuvollziehen, wie sehr sich ihr Erscheinungsbild jeweils änderte. Und diese Veränderung war nicht so sehr abhängig vom Blick auf die vorausgegangene Zeit, sondern hauptsächlich vom schöpferischen Verhalten und vom Maß der Sensibilität in der jeweiligen Epoche und am konkreten Ort. Meinem Empfinden nach ist beispielsweise Homer im christlichen Byzanz,[111] wo „des vielen Schmeichelns wegen", Michael Psellos zufolge, jemand der

163

Kaiserin Sevasti Sklirena nur den Anfang des berühmten Verses über Helena aus der *Ilias*: „Tadelt nicht ..." ins Ohr flüstern brauchte, viel lebhafter präsent als in dem der Antike längst überdrüssigen Athen von 1860, wo die Alten trotz des vielen Lärms um sie unsichtbar geworden waren.

Wenn wir uns unsere heutige Einstellung gegenüber den antiken Zeugnissen vergegenwärtigen, ist es meines Erachtens einfach, die Symptome einer lässigen Selbstverherrlichung zu erkennen, die auch die Tourismusindustrie produziert – ökonomisch notwendig natürlich –, die mir allerdings ebensolche Alpträume verursacht wie beispielsweise die von Scheinwerfern angestrahlte Akropolis. Meine Kritik betrifft – selbstverständlich – nicht kompetente Fachleute, wie sie an Ihrer Universität wirken, oder jene, wer sie auch immer sein mögen, deren Sensibilität durch diese Zeugnisse berührt und verändert wird. Damit meine ich die offiziell oder inoffiziell immer stärker verbreitete Auffassung, die jedes lebendige Gefühl abstumpfen läßt und die nicht widerstandslos hingenommen werden darf; die im Grunde ein Verhalten nach sich zieht, das jenem unechten Gefühl der Menschen von 1860 sehr nahekommt. Darum erstaunt mich die Abneigung einiger jüngerer Schriftsteller gegenüber unserem Erbe keineswegs. Hierzu müßte ich noch viel sagen. Aber, ob sie nun recht haben oder nicht, so steht doch eines fest: Eine mündige Literatur wird sowohl daran gemessen, wie sie sich gegenüber den fremden Literaturen behauptet, aber auch vor allem daran, wie sie sich gegenüber ihrer eigenen Vergangenheit behauptet; beides bedingt sich übrigens. Denn alles läuft schließlich auf die Frage hinaus, ob die Literatur über begnadete Schriftsteller verfügt, in der Lyrik und in der Prosa, über gute und schwächere.

Es ging mir nicht darum, verschiedene ästhetische Theorien miteinander zu vergleichen oder Vorlieben zu begründen. Ich weiß, daß sich die poetischen Methoden abnutzen und verändern, wie sich auch der sprachliche Ausdruck und die psychischen Verhaltensmuster der Menschen verändern, es sei denn, man gehört zu den ganz Großen – und das entscheidet nicht eine, das entscheiden viele Generationen. Ich weiß auch, wenn ein Volk keine guten und lebensfähigen Dichter, keine guten und lebensfähigen Schriftsteller hervorbringt, daß dann die alten Dichter sich immer mehr von ihm entfremden, bis sie zu leerem Geschwätz verkommen, und daß dann seine Sprache immer mehr entartet, bis sie zu etwas völlig Hohlem wird. Wenn gar unsere Erde aufhören sollte, solche Menschen zu gebären, dann können wir unsere antiken Theater noch sosehr bis auf den letzten Platz füllen und sie noch sosehr von Klagegesängen, die uns besonders schmerzlich erscheinen werden, widerhallen lassen, doch die lebendige Gegenwart der Werke unseres Erbes wird immer weiter schwinden; und das schlimmste: wir werden es nicht einmal bemerken, weil unser Gefühl mit der Zeit immer mehr abstumpfen wird.

Ich habe versucht, einige Seiten eines schwierigen Themas zu beleuchten, schwierig, weil es sich der Analyse entzieht und die Grenzen, die die Eindeutigkeit setzt, überschreitet. Darum sprach ich insbesondere über den Zusammenhang zwischen dichterischem Werk und der geistigen Situation der Welt, aus der es hervorgeht, sowie dem Niveau der Bildung, die es unweigerlich beeinflußt. Ich ließ aber eine andere, sehr wesentliche Seite fast ganz außer acht. Bei ihrer Betrachtung würde ich vom folgenden Satz eines wahren Dichters ausgehen: „Die Völker bringen, auch unabhängig von ihrem Willen, bedeutende Menschen hervor. Dieser bedeutende Mensch ist also Sieger der ganzen Nation." – Doch jetzt ist meine Zeit abgelaufen.

T. S. E. – Tagebuchseiten

Zu Weihnachten sandte er mir, wie jedes Jahr, eine Glückwunschkarte; auf ihr abgebildet die Verkündigung. Einen
Tag vor dem Epiphanias-Fest erfuhr ich aus den Morgenzeitungen vom Tode Thomas Eliots. So, aus der Ferne,
empfand ich

    ... als wäre er durch eine unsichtbare Tür gegangen,

einem Vers aus *Ein verdienter Staatsmann* oder *Ödipus in Kolonos* zufolge:

    ἄσκοποι δὲ πλάκες ἔμαρψαν
    ἐν ἀφανεῖ τινι μόρῳ φερόμενον.
    [Unsichtbar entrückt, verschwand er.
    Jäh und geheim griff ihn der Tod.]
                (Vers 1681 f.)

Der „alte Adler" flog fort aus unserer Mitte. Das ist nicht
der Zeitpunkt für Einschätzungen und Kritiken. Die Zeit,
unser Ordnungsprinzip, weiß es besser; sie kennt das eigenwillige, zählebige Schicksal der Samen, die nicht nur auf
dem Acker, in den wir sie gestreut haben, sondern auch in
gänzlich unfruchtbarer Erde sprießen.
Wir, seine Freunde, die vorläufig hiergebliebenen, können
nichts weiter tun, als unseren Erinnerungen nachzugehen,
der Abschied verleiht ihnen eine den anderen unsichtbare
Färbung.
Ich möchte im folgenden nur die Zeilen abschreiben, die
ich, nach unseren seltenen Begegnungen, in Notizbüchern
flüchtig festhalten konnte. Sie erscheinen hier, wie ich sie
vorfinde, ohne Zusätze, ich habe nur einige Abschnitte
weggelassen. Ich wollte damals, mitten im Alltagstrubel,
seine Worte festhalten, auch die scheinbar unbedeutenden.
Sie halfen mir immer wieder, über die Existenz dieses Mannes nachzudenken.

Montag, 28. Mai 1951

Gestern abend Empfang zu Ehren von Auden bei Stephen Spender. Viele Literaten, die meisten mir unbekannt. Und ich, der Griechischsprechende, der Fremde und Freund, versuchte, die Personen, denen ich zum ersten Mal begegnete, mit ihren mir einigermaßen bekannten Büchern in Einklang zu bringen. So erstaunte mich Auden, den ich mir als selbstbeherrschten und sportlichen Dichter vorgestellt hatte, als ich ihn nun mit einer unglaublichen Empfindlichkeit hin und her rennen und die andern bitten sah, sie möchten doch die Gardinen zuziehen, da er das Zwielicht nicht vertrage. Aber ich lernte Eliot kennen. Nur daß er den ganzen Abend mit meiner Frau redete. Man hatte beiden den gleichen Tisch zugewiesen.

Montag, 15. Oktober 1951

Kürzlich hielt mich eine Frau mittleren Alters auf dem Weg ins Büro an und drückte mir einen Zettel in die Hand. Es handelte sich um das Flugblatt einer christlichen Organisation, die auf verblüffende Weise den Weltmeisterschaftscup, den die englische Fußballmannschaft zu gewinnen hofft, mit dem Satz aus dem Evangelium: „Möge dieser Kelch an mir vorübergehen" (Matth. 26,41) in Beziehung brachte. Und zwar in vollem Ernst. Als ich vor kurzem in einem Brief über Eliot einen Fußball erwähnte, war so etwas für mich noch unvorstellbar.[112]

Am Nachmittag gab Louis MacNeice eine Cocktailparty im Petit Club Français. Ein kleiner, in einer Nebenstraße der St. James's Street fast versteckt gelegener Klub; aber auch größere Institutionen scheinen sich hier verborgen zu halten. Dieser Brauch rührt noch vom Krieg her, erklärte man mir, „a very good place" – doch mir scheint, als wäre dieses „good" jetzt im London der „Beschränkungen" eine Übergangserscheinung wie unsere ganze Epoche. Gedämpfte Beleuchtung, Künstler und Gelehrte mit einem Glas in der Hand, John Hayward in seinem Rollstuhl, zwei, drei Kollegen aus dem Foreign-Office.

Eliot, auf den ich zuging, sprach gerade mit einem meiner Bekannten, der nach Spanien reisen will. Heute, da ich ihn zum zweiten Mal sah, erinnerte ich mich an einen Vierzei-

ler aus dem *East Coker*: „der verwundete Chirurg", ihm glich
sein feiner, ein wenig nach vorn geneigter Kopf. Er wen-
dete sich mit fast ärztlicher Sorge an sein Gegenüber:
– Sie müssen sich vorsehen! In Spanien wird zu sehr später
Stunde gegessen.
Das sagte er sehr ernst, mit dem gleichen Nachdruck wie
andere, wichtigere Dinge.
Dann zu mir:
– Bleibt Ihnen Zeit zum Arbeiten?
– Jetzt, überhaupt nicht.
– Das gute ist, daß Sie nichts offiziell mit Literatur zu tun
haben. Ich entsinne mich, wie Sie letztens auf die Frage eines Kollegen, ob Sie Kulturattaché der Botschaft seien, mit
sichtlicher Erleichterung antworteten: „Gott sei Dank,
nein!"
– Trotzdem hat es mich vor kurzem erwischt. Man kam auf
die seltsame Idee, mich zu einem Schriftstellerkongreß
nach Belgien zu schicken. Dort beschäftigte man sich mit
den Begriffen Europa und Dichtung.[113]
– Man begann also am falschen Ende. Ich möchte für Sie
ein Essen geben, bei mir zu Hause.
– Vielen Dank. Ich wünsche mir nur, daß wir uns etwas
ausführlicher unterhalten können.
– Vielleicht haben Sie recht; wir sollten uns zunächst allein
treffen. Das andere macht man, um einen Menschen zu ehren. Denn wenn viele Gäste anwesend sind, spricht der
Gastgeber nicht unbedingt mit demjenigen, an dem ihm
liegt.

Donnerstag, 7. Februar 1952
Heute mittag Lunch mit Eliot im Garrick. Ich war zum ersten Mal in diesem Klub. Ich notiere das Gespräch so gut
und so schnell ich kann (gestern starb der König Großbritanniens),[114] das erste ruhige Gespräch, das ich mit diesem
Menschen führen konnte, der mich zweifellos von allen, die
ich in England kennenlernte, am meisten beeindruckt
hat.
Er trank, glaube ich, Gin.
– Das Dichten wird immer schwieriger, weil es immer be-
wußter vor sich geht.

Dann sprachen wir über den Essay:
– Sehen Sie, will man gerecht sein, muß man viel klarstellen, und der Text wird durch die unzähligen Einschübe überfrachtet, so daß der Leser unbefriedigt bleibt.
Ich sagte, daß es mir in letzter Zeit immer schwerer fällt, aus der persönlichen in die öffentliche Arbeit heraus- bzw. einzutreten.
– Ja, das ist so. Obwohl eigentlich das Gegenteil der Fall sein sollte. Problematisch ist nur die Aura, die sich um das von uns zu schaffende Werk bildet und aus der der Künstler schöpft. Sie geht dann verloren. Aber eine andere berufliche Tätigkeit muß man schon haben. Man kann sich nicht ausschließlich der Dichtung widmen, denn ich glaube, daß sich ein bedeutender Anteil des poetischen Schaffens unbewußt (unconscious) vollzieht. Darum sollte man sich jeden Tag für einige Stunden mit anderen Dingen beschäftigen.
– Sicher, erwiderte ich, aber das Problem beginnt, wenn die „anderen Dinge" in unser Unterbewußtsein eindringen. Ich empfand meine berufliche Tätigkeit als Gefahr, als sie in jenen Bereich vordrang – als sie zu Beginn des Krieges meine Träume zu okkupieren begann.[115] „Die Verantwortung beginnt im Traum", wie einer der Ihren bemerkte. Und selbst in jenen schweren Jahren schrieb ich regelmäßig eine Seite, ein paar Zeilen in mein Tagebuch, um mich weiter zu üben und um mich dadurch selbst zu bewahren. Das schaffe ich nun nicht mehr.
– Man muß viel Ausdauer (tenacity) haben.
Dadurch kamen wir auf den Krieg zu sprechen. Ich sagte ihm, das Furchtbarste sei der Bürgerkrieg.
– Was dabei so schwerwiegend ist, sagte er, ist die Sympathie, die man für den Feind hegt.
Ich erinnerte an den Schluß der *Sieben gegen Theben,* wo sich der Chor teilt wie Blut, das sich geteilt hat. Er erstarrte, als habe er jetzt erst die Tragik voll erfaßt. Ich sagte ihm, er müsse unbedingt nach Griechenland fahren, um sich mit Griechenland zu *treffen.* Er rechnete mir die Zeit auf, die er brauchte, um die Vorträge vorzubereiten, die er dann halten müßte. Er hat sich zu dieser Reise noch nicht entschlossen.
Wir unterhielten uns über den Mystizismus des orthodoxen Christentums. Er sagte:

– Ich denke, die Orthodoxie ist dem Urchristentum sehr verwandt.

Als wir vom Tisch aufstanden, sprachen wir über Ezra Pound. Auch er will helfen, daß Pound ein Visum für Italien bekommt.

Ich begleitete ihn bis zur U-Bahn-Station. Als ich zu Fuß ins Büro zurückkehrte, hatte ich Mühe, meine Verwandtschaft mit diesem Menschen konkret zu erfassen; ich meine jene Verwandtschaft, die nicht von einer Ebenbürtigkeit herrührt.

Sonnabend, 7. Oktober 1952

Anfang November verlasse ich London und fahre nach Syrien und in den Irak. Eine irrsinnige mechanische Müdigkeit. Nur mit dem Schlaf gibt es glücklicherweise keine Probleme. Letzten Dienstag um 4 Uhr nachmittags ging ich in die Geschäftsstelle von Faber and Faber, um mich von Eliot zu verabschieden.

Er hatte mich gebeten, Tee mitzubringen.

Der Bus von zu Hause; der Gang durch die Stadtviertel, die sich für mich seit zwanzig Jahren unauslöschlich mit dem Hunger von Thomas de Quincey und mit seiner im endlosen Ozean Londons verschollenen Anna verbinden; traurige Vertrautheit. Damals kam ich zum ersten Mal in dieses Haus, um Bücher von Eliot zu kaufen. Es überstand später sogar die Zerstörungen durch den Krieg und steht, wie in meiner Erinnerung, unversehrt an einer Straßenecke.

Die Pförtnerin-Telefonistin bat mich aus ihrem Glaskasten heraus, ich solle mich in dem kleinen Wartezimmer hinsetzen. Im Flur und in einem Abstellraum stapelten sich längliche Pakete bis unter die Decke: Bücher; aber meine Einbildung wollte mir weismachen, es könnte sich um Kaffee oder Gewürze handeln. Ich glaube, eine von ganz anderer Reklame herrührende Einbildung. Ich sah aus dem Fenster; draußen, die großen Bäume des Platzes, die gelbe Laubfärbung im Herbst; ein wolkenverhangener Himmel. Mir gegenüber eine kleine Frau, ärmlich gekleidet, zerrissene Strümpfe, schlichtes schütteres Haar unter einem bizarren, zeitlosen Hut. Gequälter Gesichtsausdruck; in den Händen hielt sie verschiedene Papiere. Wahrscheinlich wartete sie

auf die Annahme oder Ablehnung eines Manuskripts. Bald
darauf kam der Portier und führte mich zum Fahrstuhl. Er
drückte mehrmals vergeblich den Knopf, der Fahrstuhl reagierte nicht. Hier gibt es Dinge – die mich auch am meisten berühren –, von denen man meint, sie seien nach so
vielen Jahren nicht mehr intakt; man staunt, wenn sie wirk-
lich mal funktionieren, um scheinbar wie gewohnt ihre
Pflicht zu tun.
– Nehmen wir die Treppe, sagte ich, es macht mir nichts
aus.
– Aber mein Herr! Es sind drei Stockwerke.
Er ging neben mir her, als hätte ich ihn gezwungen, etwas
Verbotenes zu tun. In der zweiten Etage war er außer
Atem.
Das Büro von Eliot ist klein; zu Palamas' Zeiten hätten
wir es *Zelle* genannt. Schwerlich würden drei Besucher
Platz finden; es ist länglich und schmal. Auf der einen
Breitseite des Zimmers schaut man aus dem Fenster auf
ein Kirchenschiff; rechts, in einer Wandvertiefung, der
Schreibtisch. Hinter dem Rücken des Dichters ein langes
Bücherregal; einige Nummern des *Commerce*. Ich setzte
mich ihm gegenüber in einen Sessel; zwischen uns das
Teegeschirr.
– Ich hörte, daß Sie in ein fernes Land reisen, sagte er.
– Ich fahre in die arabischen Länder. Ursprünglich wollte
man mich nach Australien schicken. Wahrscheinlich haben
Sie davon gehört.
– Ja, das war's. Bestimmt ist es bei den vielen Ortswechseln
sehr schwierig für Sie zu arbeiten.
Nach den letzten Monaten des zermürbenden Streits um
meine Versetzung und der völligen Gleichgültigkeit gegenüber einer sinnlosen Kraftverschwendung war dies die erste
teilnahmsvolle Stimme, die ich als Mensch zu hören bekam.
– Hier haben Sie also auch die Kriegsjahre verbracht, sagte
ich, das Viertel liegt auf einer Anhöhe und ist offensichtlich
sehr in Mitleidenschaft gezogen worden.
– Eine Zeitlang war es schlimm, später hatten wir Glück.
– Ich hörte, daß Sie während der Blitzangriffe Wache standen.
– Ach, ich konnte doch nichts gegen das Ausmaß der Zer-

störungen tun. Jeder von uns im Haus stieg einmal in der Woche aufs Dach. Auf dem Dach war einem nicht wohl; hier, im Zimmer, fühlte ich mich sicherer.

– Manchmal haben wir das Gefühl, daß die Vertrautheit der Dinge uns Schutz gewährt.

– Seltsam ist, daß es mir unerträglich war, mich während eines Blitzangriffs in einem andern Stadtteil aufzuhalten. Und noch seltsamer: Im völlig sicheren Luftschutzkeller fühlte ich den unbezwingbaren Drang, schnellstens hinauszurennen, allen dort versammelten Blicken, all jener „Menschlichkeit" (humanity) zu entfliehen.

Ich erinnerte mich an die aufgescheuchte Menschenmenge in den U-Bahn-Stationen während des Sommers 1944. Der gespannte Ausdruck in den Gesichtern, die starren Augen, gläsern vor Müdigkeit. Die Kinder.

– Während des wiederholten Fliegeralarms auf Kreta, sagte ich, fühlte ich mich draußen im Garten bei einem älteren Bauern, mit dem ich sehr alte Gedichte rezitierte, am wohlsten.

– Und die jungen Leute? Können sie die Gedichte auch auswendig?

– Kaum noch.

– Das ist es; die Erziehung (education) tötet die Dichtung.

Er bot mir eine Maryland an.

– Es ist eine Schweizer Zigarette. Falls Sie den französischen Tabak gewöhnt sind, werden Sie sehen, daß die besser ist.

Er goß inzwischen den Tee ein. Ich erzählte ihm die Geschichte des türkischen Rosinengroßhändlers, den ich in Smyrna durch Herrn Evgenidis kennengelernt hatte.[116] Das heiterte ihn auf:

– Man hört oft seltsame Geschichten, die einen innerlich bewegen. Als der *Mord im Dom* zum ersten Mal in London aufgeführt wurde, unterhielten sich in der Pause zwei Männer an der Bar, deren Gespräch zufällig ein Freund hörte. Der eine fragte: „Gefallen Ihnen die Gedichte von Eliot?" Und der andere: „Was! Schreibt Eliot auch Gedichte?"

Er erzählte diese Geschichte sehr amüsiert, lachte.

– Die Wahrheit ist, fuhr er fort, daß ich Herrn Evgenidis kennenlernte, als ich in der City arbeitete.

Ich fragte ihn, unter welchen Umständen er *Das wüste Land* geschrieben habe.

– Ich war krank, und die Ärzte hatten mir viel Ruhe verordnet. Ich fuhr im November nach Margate. (Er lächelte.) Dort schrieb ich den ersten Teil. In den Ferien fuhr ich dann in die Schweiz, wo ich das Gedicht zu Ende schrieb. Zuerst war es doppelt so lang; ich schickte es Pound; er schmiß die Hälfte raus.

– Schade, daß er mit den *Cantos* nicht dasselbe machen konnte wie mit dem *Wüsten Land*.

– Pound macht sich in letzter Zeit viel weniger aus Dichtung. Er will sich vor allem als Ökonom und Gesellschaftsreformator profilieren. Trotzdem gibt es gute Texte in den *Cantos* ...

– Der Eindruck, den *Make it New* auf mich machte, war eher der einer programmatischen Erklärung und weniger der eines echten kritischen Gedankens, und doch kann ich mir vorstellen, daß er seinen Freunden mit seinen Ratschlägen sehr geholfen hat.

– Ein Manifest, berichtigte er; aber gegen die mündliche Kritik seiner Freunde hat er sich bestens verteidigt, auch in seinen Briefen. Wenn Sie wollen, schicke ich es Ihnen.

– Danke, ich habe seine Bücher. Ich hatte noch keine Zeit, es zu lesen.

Ich zündete mir eine Zigarette an. Er goß mir Tee nach; zeigte auf die kleine Schallplatte, die zwischen uns lag:

– Das ist alles, was ich Ihnen schenken kann.

– Wissen Sie, gestern abend bekam ich aus den USA ihre Schallplatten mit dem *Wüsten Land* und dem *Aschermittwoch*. Ich freue mich darüber.

– Aber ich kann Ihnen die Schallplatte mit den *Quartetten* anbieten, die viel besser ist. In den USA sind alle daran interessiert, schnell zu produzieren. Ich mußte an zwei Nachmittagen fertig werden, während ich an den *Quartetten* lange arbeiten konnte.

– Vor kurzem unternahm auch ich einen solchen Versuch im Auftrag der Harvard-Universität. Alle Teile, die ich zuerst las, empfinde ich jetzt als mißlungen, als zu schwerfällig. Die Studioaufnahme ist eine Technik, die erlernt sein will und einen sehr anstrengt.

– Ja, sehr anstrengend. Sehen Sie, bei „Live"-Rezitationen

ist man mehr oder weniger inspiriert; man weiß aber, daß das die Rezitation für einen konkreten Augenblick ist; sie wird so nicht wiederholt. Bei einer Aufzeichnung hingegen weiß man, daß jeder Fehler, der vorkommt, ständig wiederholt wird. Und das führt zu einer enormen Konzentration beim Lesen.

– Als ich das Studio verließ, war ich völlig erschöpft. Mir hat Ihre Rezitation in der Verfilmung von *Mord im Dom* sehr gefallen.

– Zuerst hatte ich das ganze Werk aufgenommen; ich las es, damit die Schauspieler den Rhythmus erkennen. Als dann die Szene mit der Vierten Versuchung gedreht wurde, hatte der Regisseur den Einfall, die Stimme des Dichters einzubeziehen, ohne daß ein Schauspieler auf der Leinwand erscheint. Da schlug ich vor, die Sequenz noch einmal aufzunehmen und mich der aufgezeichneten Stimme des Schauspielers, der den Becket spielte, antworten zu lassen. Die Schwierigkeit bestand darin, sich an die genau vorgegebene Zeit zu halten. Das Kino unterscheidet sich zweifellos von anderen Ausdrucksmitteln. Die Haltung des Zuschauers ist passiver, seine Aufmerksamkeit gilt allein dem Bild, das er sieht; er befindet sich im Zustand des Wachtraums.

– Beim Film *Mord im Dom* stellte ich mir die Frage, wie eine antike griechische Tragödie verfilmt werden könnte.

– Ich würde sie gern in der Originalsprache sehen wollen.

– Aber mit welcher Aussprache?

– Und das furchtbar komplizierte Problem des Chores?

– Sie sind immer noch nicht in Griechenland gewesen. Gibt es vielleicht Hoffnung, daß Sie diese Reise im nächsten Frühjahr unternehmen?

– Ich muß erst das Werk beenden, an dem ich gerade arbeite; es soll schon nächsten Sommer beim Edinburgh-Festival aufgeführt werden.[117] Zwischendurch muß ich noch nach Amerika fahren; ich werde fliegen; ich muß diese Reise so schnell wie möglich hinter mich bringen.

– Mich interessiert an dieser Reise nicht der „weltliche" Aspekt, sondern Eliot in Griechenland, dieser Widerspruch. Darum dränge ich Sie so hartnäckig. Alles andere interessiert mich nicht.

– Ich danke Ihnen für diese Worte. Nach Griechenland fahren ist, als begebe man sich auf die Suche nach seiner Mutter.

– Als gehe man los, dem eignen Ich zu begegnen, sagte ich.

Er sah mich an. Vielleicht, weil ich ein sehr persönliches Gefühl verallgemeinert hatte.

– Ich würde gern nach Delphi und Delos fahren. Wie ist es dort im Herbst?

Ich erzählte ihm über den Sommer in St. Dimitris.

– Mir würde aber doch mehr der Frühling gefallen, sagte er.

– Ostern in einem Dorf. Der Karfreitag wäre für Sie bestimmt ergreifend.

– Ich werde fahren. Ich habe mein Vorhaben, in den Fernen Osten zu reisen, aufgegeben. (Er meinte nach Indien.)

– Diese Gegenden gleichen jahrhundertealten Bäumen, die warten können. Mit Griechenland ist es anders.

Ich fragte ihn, ob es sich bei dem Werk, an dem er jetzt arbeitet, auch um einen zeitgenössischen Stoff handelt. Er antwortete sehr bestimmt:

– O ja, zeitgenössisch; in Versen, wenn das, was ich schreibe, wirklich Verse sind.

Wir unterhielten uns über die *Cocktail Party*, die er in seinem letzten Essay mit der *Alkestis* in Beziehung gebracht hatte.

– Ich sehe keine so deutliche Verwandtschaft, sagte ich.

– Natürlich; alles ist ziemlich anders. Aber abgesehen von der Geschichte mit dem Arzt, muß Alkestis doch dort, von wo sie zurückgekehrt ist, etwas zugestoßen sein.

Und nach einer Pause:

– Ich würde mich gern von *Ödipus* inspirieren lassen; nicht von *Ödipus der Tyrann,* sondern von *Ödipus in Kolonos,* der selbstverständlich den ersteren voraussetzt. Das muß man zutiefst begreifen. Es ist eine Frage der Reife.

Den letzten Satz hatte er besonders hervorgehoben. Ich erwiderte nichts. Er meinte:

– Ihre Übersetzung der Chorpartien aus dem *Mord im Dom* hat mir gefallen.

– Wie können Sie das einschätzen?

– Seinerzeit in der City habe ich ein wenig Griechisch gelernt. Auf diese Weise konnte ich mit meiner eigenen Aussprache dem Rhythmus folgen. Ich denke, er ist gut getroffen.

An der Wand über seinem Schreibtisch hing ein Foto von
Paul Valéry.

– Ein gutes Foto; Valéry und seine Zigarette, sagte ich.

Er kannte jenen Vergleich zwischen dem Schreiben eines
Gedichtes und dem Drehen einer Zigarette nicht. Ich erzählte ihm, daß Alain darüber berichtet: „faire et refuser de
faire" (tun und verzichten zu tun). Ich glaube, er bewundert ihn:

– Er war so klug, daß er absolut keinen Ehrgeiz hatte.

– Ich glaube, er sprach englisch.

Das bezweifelte er:

– Wir sprachen französisch miteinander.

Ich fragte, wie er dazu gekommen sei, Gedichte in französischer Sprache zu verfassen. Er habe, antwortete er, nach
dem „Prufrock"-Gedicht und vor dem „Gerontion"-Zyklus
das Gefühl gehabt, niemals wieder Gedichte schreiben zu
können. „Der Grund aber war nicht fehlende Inspiration."
Er las damals viele französische Bücher. Ich kann mir vorstellen, daß das eine Möglichkeit darstellte, den eigenen
Widerstand zu überwinden.

– Seltsam, wie Gedichte entstehen, sagte ich.

Ich erzählte ihm, wie ich den *König von Asine* geschrieben
hatte. Zwei Jahre Bemühung. Aufgeben. Und plötzlich, in
einer einzigen Nacht, ohne daß ich meine Notizen bei
mir hatte, das Entstehen des Gedichts, allein aus der Notwendigkeit heraus, zwei leer gebliebene Seiten zu füllen.

– Ein sehr gutes Gedicht. Vielleicht konnten Sie es vollen-
den, weil Sie keinerlei Notizen bei sich hatten.

Er erzählte, daß er genauso, in einem Zug, den letzten Teil
vom *Wüsten Land* niedergeschrieben hatte. Dann kam unser
Gespräch wieder auf Valéry. Wir erwähnten auch Mallarmé.
Er flüsterte:

– Das war ein Mensch mit großer innerer Anteilnahme.

Er zitierte aus einem Brief von Mallarmés Tochter an einen
Freund: „... Papa vous aimait tant" (Vater liebte Sie so
sehr). Aber er findet Valéry reicher, mit substantiellerem

Inhalt. Sein *Cimetière marin* läßt ihn an seine italienische Herkunft denken.

Ich verabschiedete mich. Während ich zur Tür ging, sah ich in einem Regal seine Bücher. Ich schaute sie mir an. Er fragte mich, was ich noch nicht besäße, um es mir zu schenken.

– Ich besitze an sich alles, und ich habe mich an meine Exemplare gewöhnt. Sie können aber meiner Frau eine große Freude machen, wenn Sie ihr eins schenken.

Er strich für einen Augenblick mit der Hand über die Buchrücken und zog dann Mark Twains *Abenteuer des Huckleberry Finn* mit seinem Vorwort heraus.

– Es ist ein gutes Vorwort, sagte er.

Er setzte sich, um eine Widmung hineinzuschreiben. Mir fiel auf, wie nervös er den Füller bewegte.

23. Oktober 1952

Wir hatten Eliot und Charles Peake mittags ins „Claridges" eingeladen, um sie miteinander bekannt zu machen und eine mögliche Reise von Eliot nach Griechenland zu befördern. Peake enttäuschte uns; er verließ uns hastig, bevor wir mit dem Essen richtig fertig waren, um seinen Zug nicht zu verpassen: seine Schwiegermutter war krank. Was Eliot betrifft, so halte ich folgendes fest:

Als ich sagte, es sei für mich endlich an der Zeit, meinen Dienst zu quittieren, sah er mich mit unruhigen Augen an.

– Seien Sie vorsichtig. Das ist gefährlich!

Inzwischen kenne ich ihn ganz gut. Seine Sorge gilt immer der Gefahr, die sich aus der Verschmelzung von Bewußtem und Unbewußtem ergeben könnte. Meine Sehnsucht nach übertriebener Freiheit erschreckte ihn.

Während wir Kaffee tranken, wurde er gefragt, ob er den Film *Rampenlicht* gesehen habe.

– Es existieren zwei Filmschulen, erwiderte er, die einen sind Anhänger von Charlie Chaplin, die anderen von Marx Brothers; für wen sind Sie?

Jeder sagte seine Meinung. Und er:

– Ich bin für die Marx Brothers. Bei ihnen beobachte ich eine gewisse kritische Durchleuchtung des Lebens.

Ich begleitete ihn zum Ausgang. Er nahm sein ewiges Köfferchen und verschwand im Sog der sich drehenden Flügeltür des Hotels.

Mittwoch, 1. Juli 1959

Gegen Mittag kamen Eliot und seine Frau hierher zum Lunch. Zugegen waren auch Maurice Bowra und Raymond Mortimer. Ich hatte ihn seit vielen Monaten nicht mehr gesehen; er schien mir niedergeschlagener als sonst zu sein; als würde ihn eine *äußere* Last bedrücken. Wir waren nur acht Personen am Tisch, und trotzdem war es nicht einfach, sich etwas länger mit ihm zu unterhalten.

Ich fragte ihn, ob er zur Zeit wieder an Gedichten arbeite. Er antwortete, es sei wichtig, sich nicht zu wiederholen.

– Besonders sich nicht selbst nachzuahmen, fügte ich hinzu.

– Das wäre das allerschlimmste.

– Für mich waren die Verse aus dem Motto zum *Verdienten Staatsmann* bemerkenswert.[118]

– Ja, ich arbeite jetzt in dieser Richtung.

Ich hoffe, daß ich richtig verstanden habe. Aber vielleicht wollte er auch unser Gespräch wieder auf dieses Thema lenken. Dann unterhielten wir uns kurz über den *Verdienten Staatsmann*, den ich im Theater gesehen hatte. Ich bezog mich auf die Verse:

I've been freed from the self that pretends to be
                                        someone;
And in becoming no one, I begin to live ...

– Das Ringen des alten Staatsmannes gegen das „Vakuum", das ihn an seinem Lebensende umgibt, macht das ganze Stück aus, sagte ich. Jeder Politiker, immer vorausgesetzt, er hat ein Gewissen, muß sich zu einem bestimmten Zeitpunkt seines Lebens die Frage stellen, in welchem Maße er einen nützlichen Beitrag zum allgemeinen Geschehen geleistet hat. Wenn er sich diese Frage stellt, dann wird er nur selten und nur schwerlich zu dem Schluß kommen, daß er selbst etwas Entscheidendes darstellt.

Er hörte mir mit der ihm eigenen Aufmerksamkeit zu:

– Ich habe oftmals Politiker sagen hören, daß sie ein Nichts seien; es fällt mir aber schwer zu glauben, daß Sie das tatsächlich von sich meinen.

Als wir das Speisezimmer verließen (der Gegensatz zwischen dem ruhigen Eliot und dem impulsiven Bowra war bezeichnend), kamen wir auf Pasternak zu sprechen. Er sagte, daß er zwar den *Dr. Schiwago* besitze, aber noch nicht zum Lesen gekommen sei. Und dann, zu Bowra, folgenden charakteristischen Satz:

– Sie lesen doch russisch, können uns also auch sagen, ob Pasternak wirklich der große Dichter ist, als der er gilt.

Dann, im weiteren Gespräch: „Der Dichter darf nur in einer Sprache schreiben." Und über einen jungen Mann, der sein ganzes Leben der Dichtung widmen wollte: „Er bereitet sich auf ein trauriges (sad) Leben vor."

November 1959

Ich lese das Buch *Two Cheers for Democracy,* das mir Morgan Forster vor einem Monat geschickt hat. Es offenbart eine, verglichen mit Eliot, völlig gegensätzliche Mentalität. Er lobt die *Cocktail Party* nicht, und in vielen Punkten stimme ich mit ihm überein. Er schreibt aber auch: „T. S. Eliot vermag mit der englischen Sprache frei umzugehen. In diesem Fall wählte er eine schlichte, dem Konversationston angepaßte Versform, die der Prosa nahekommt, aber von Kunstfertigkeit zeugt, feine Klänge bereithält und, wo es darauf ankommt, emotionale Spannung erzeugt." Forster ist ein Meister, der die Funktionalität des Ausdrucks sehr genau studiert hat. Darum scheint mir diese Stelle wichtig.

Donnerstag, 23. Juni 1960

Es stürmt und donnert seit heute morgen. Mittags wieder dieses schreckliche Gefühl, wie zerschlagen zu sein. Nachmittags, gegen 18 Uhr, bei Faber and Faber; literarischer Empfang. Großes Durcheinander. Kurz mit Eliot gesprochen.

– Ach! Doktor Seferis (er meinte Cambridge), meinen Glückwunsch.[119] Ich erzählte ihm, daß ich im Mai in Schottland war.

– Eine tragische Gegend.

Ich sah ihn zweifelnd an.

– Ja, tragisch; und ich denke, daß das auch den Charakter der Leute dort prägt.

Wir liefen durch den Regent's Park zurück; Sprühregen; der Duft der vielen Rosen; das Leuchten dunkelblauer Blumen; hinter den Mauern des Freilufttheaters die englische Nationalhymne: die Aufführung des *Sturm* war zu Ende. Ich dachte nach über diesen Park, durch den ich vor 24 Jahren so oft spaziert bin; damals kannte ich niemanden; die Straßen und die Gesichter der Häuser – das war für mich London.

Donnerstag, 10. November 1960

Empfang im Hause von Max Reinhardt aus Anlaß des Erscheinens meines Buches.[120] Eliot kam, obwohl ihn sein Asthma plagte; und er hat darauf bestanden, die vielen Treppen hinaufzusteigen. Er wirkte müde, bleich: der unbarmherzige, seine Gesundheit ruinierende Winter kündigte sich an. Er wird immer von seiner Frau begleitet, die ihn regelrecht beschützt. Im Januar fahren sie für zwei Monate nach Jamaika.

Sonnabend, 10. Dezember 1960

Lunch bei Eliot; zum Glück ohne andere Gäste, ganz nach meinem Wunsch. Ich erlebte ihn zum ersten Mal bei sich zu Hause; er wohnt in einem jener Gebäude, die um die Jahrhundertwende im Kensington-Viertel, unweit der Albert Hall, erbaut wurden; es hätte mich nicht gewundert, wenn Mr. Prufrock aus einer Tür in der Nachbarschaft herausgekommen wäre. Die Wohnung liegt im Halbparterre; die Tür offen; sie warteten beide an der Schwelle. Das Interieur ohne jeden Luxus; die Möblierung ziemlich unpersönlich auf den ersten Blick. Im Kamin des Salons brannte Feuer. An der Wand ein Pound-Porträt von Wyndham Lewis, ein kleines Landschaftsbild von John Ruskin und ein Aquarell von Edward Lear. Eine Büste des Dichters von J. Epstein, die mir nicht besonders gefiel. Eliot war viel aufgeräumter als bei unserer letzten Begegnung. Seine Frau

180

hatte ihre übliche Schüchternheit überwunden; man war bei ihr zu Hause.

Wir unterhielten uns über verschiedenes; zunächst sprachen wir über ihre Reise (die am 29. Dezember beginnt), über Übersetzungen. Ich fragte ihn, wo seine bescheidenen Griechischkenntnisse herrühren, die ihm, als er in der Bank arbeitete, bei der Abwicklung des Geschäftsbriefwechsels halfen. Von Dimos, dem Professor von Harvard. Sie waren Kommilitonen an dieser Universität. („Ein sehr guter Student", sagte er, „viel besser als ich.")

– Mit meinem wenigen Griechisch habe ich hin und wieder eins Ihrer Gedichte im Original gelesen.

Er findet die Übertragungen von Rex Warner gut. Was seine eigenen Gedichte (etwa *Das wüste Land*) betrifft, meint er, daß die deutsche Übersetzung die beste sei, danach komme die spanische. Die Zeichnung von Wyndham Lewis erinnerte mich an ein Selbstporträt von Eliot, das ich 1942 in Durban gesehen hatte, als ich auf mein Flugzeug nach Kairo wartete. Eliot schien über die Kritik, die Edith Sitwell im *Observer* über den Maler veröffentlicht hatte, sehr ungehalten.

– Ich habe an die Zeitung einen Brief geschrieben, sagte er, mal sehen, ob er abgedruckt wird.

Dann sprachen wir ziemlich lange über Pound. Er lobte die *Pisan Cantos*.

– Er war ständig in Bewegung, sagte Eliot, und trug während seiner Londoner Zeit immer Schiller-Hemden (bei uns hießen sie Byron-Hemden), und zwar ziemlich salopp. Ich erfuhr später (er lächelte), daß er sie eigens so herrichten ließ.

Als die Haushälterin nach der Lachs-Vorspeise im kleinen Speisezimmer die gebratenen Hühnchen auftrug, stand Eliot auf, um selbst das Zerteilen vorzunehmen, eine Prozedur, die dem Gastgeber obliegt. Der Wein war ein guter Bordeaux. Wir unterhielten uns noch über I. A. Richards, mit dem er seit langem befreundet ist, über St. John Perse, über die Zeit, als er die *Anabase* übersetzte, über die Zwänge, die uns von der Schnellebigkeit auferlegt werden. „Ich habe im Flugzeug das Gefühl", sagte er, „als reise mein Körper, während mein Verstand zurückbleibt." Ich sagte ihm, daß mir seine Charakterisierung der Gedichte von Edward Lear („Gedichte eines unvollendeten Leidens") sehr gefallen hat und daß ich über die „Zuckerdosen und Nußknacker" ähnlich denke. Frau Eliot erzählte, daß ihr Mann zu den Anhängern Lears gehört; er lege oft die Schallplatte mit dessen Liedern auf. Das verblüffte mich nicht. Als wir das Eßzimmer verließen, sahen wir im Korridor zwei Zeichnungen im Stile Lears, Katzen, von seinem Vater geschaffen, wie er sagte. Die Tradition des „nonsense" liegt wohl in der Familie begründet – die *Practical Cats*. Vor unserem Weggehen zeigte uns Frau Eliot Fotos aus der Kindheit des Dichters, sehr beeindruckende Fotos, vor allem das eine mit einem Graubart.

– Der Großvater? fragte ich.

– Nein, mein Vater, sagte er. Er war 44, als ich geboren wurde.

Wir gingen den Weg zu Fuß zurück. Sehr kaltes Wetter, sogar für London zu kalt, Schneematsch. Während wir den Park durchschritten, dachte ich an den jetzt alten Dichter, den verehrten Meister. Er ist jetzt 72. Er raucht nicht mehr, nicht einmal Zigarre. Seine Krankheit muß ihm sehr zu schaffen machen; sein Asthma, das ihn jeden Winter zwingt, sonnigere Gegenden aufzusuchen. Neben seinem Kopfkissen stets eine Sauerstoffflasche. („In London", hatte er gesagt, „ist es jetzt durch die Abgase schlimmer geworden als in Zeiten mit häufigem Fog.") Heute war er ausgeruht und ausgeglichen, aber erst als wir über die Möglichkeit einer Griechenlandreise sprachen, leuchteten seine Augen. Er nahm die Hand seiner Frau zärtlich in die seine und sagte:

– We'll go to Greece!

Donnerstag, 11. Mai 1961

Königliche Garten-Party. Schöner Nachmittag; die Frische des Rasens, die Frische der Blätter an den Bäumen vom letzten Regen. Solche Empfänge erinnern an einen Pilgerzug zum Teich Siloah. Verschiedenerlei Gestalten und Kleidung, denn das Vereinigte Königreich hatte viele Länder in die Unabhängigkeit entlassen. Viele Völker unterschiedlicher Hautfarbe, hier und da Nationaltrachten und Sandalen, schöne Gesichtszüge von Männern und Frauen, auffallende

182

Kopfbedeckung. Daneben das klassische Jackett, die Nelke im Knopfloch, Schirm und grauen Zylinder in der Hand, bringt sich in der heute so zusammengewürfelten und eng gewordenen Welt die europäische Minorität in Erinnerung. Ein breiter Cowboyhut mit Federn im Band überragte um zwei Kopflängen die ganze Gesellschaft. Da taucht plötzlich ein durch seinen Aufenthalt auf Jamaika verjüngter Eliot mit seiner Frau auf.

– Ich freue mich sehr, Sie gesund wiederzusehen.

Das Meer sei so warm wie das Wasser des sommerlichen Mittelmeers gewesen; er sei oft schwimmen gegangen.

– Unter solchen Bedingungen ruht der Geist, sagte er.

– Da es so selten vorkommt, ist es nicht weiter schlimm.

– Am Ende wurde es aber dann doch langweilig.

Am Armband seiner Frau hängen, ähnlich den alten Konstantinbildern aus Griechenland, winzige Nachbildungen seiner Bücher aus Emaille.

– Jetzt werden es mehr, sagte ich zu ihr.

Donnerstag, 20. Juli 1961

Das Rad dreht sich so schnell, daß ich in aller Eile hier etwas festzuhalten versuche. Ich ging nachmittags gegen vier zu Eliot, um mich vor meiner Ferienreise von ihm zu verabschieden. Als ich ins Verlagsgebäude von Faber and Faber kam, traf ich einen ausländischen Dichter, den ich letztens kennengelernt hatte. Er trug einen riesigen Stapel Bücher.

– Wohin wollen Sie damit?

– Eliot soll sie signieren!

Ich konnte mir nicht vorstellen, daß Eliot so viele Bücher geschrieben hat; manche darunter werden doppelt oder dreifach gewesen sein.

Ich ging ins kleine Büro im dritten Stock; ich war seit zehn Jahren, seit meiner Zeit als Attaché, nicht mehr hier gewesen. Es hatte sich kaum etwas verändert; vielleicht die Anordnung der Fotos.

Ich fragte ihn, ob er die an Faber and Faber eingesandten Gedichte liest.

– Nein. Besser ist, wenn sie einer liest, der zwar die Dichtung liebt, aber selbst kein Dichter ist.

Und dann etwas Grundsätzliches:

– Ich fühle mich nicht mehr in der Lage, den Jüngeren Ratschläge zu geben; ich habe Angst, daß ich ihnen schade; der Abstand zwischen uns ist zu groß geworden. Vielleicht erfassen sie wirklich bestimmte Dinge, die mir entgehen. Sie haben ganz andere Erfahrungen; das heißt natürlich nicht, daß ich nicht ein Genie erkennen würde. Wenn mir ein jüngerer Dichter sein Manuskript schickt, fragt er manchmal: „Bin ich ein Dichter? Soll ich weitermachen?" Ich antworte ihm: „Das wissen nur Sie. Sie allein entscheiden das." Denn um sicher zu urteilen, muß man ins Detail gehen; das Detail ist von ausschlaggebender Bedeutung. Aber das kostet viel Zeit.

Wir kamen dann auf Cocteau zu sprechen.

– Als ich ihn einst kennenlernte, hatte ich den Eindruck, daß er (Eliot suchte einen Augenblick lang das richtige Wort) die für einen anderen bestimmten Komplimente an mir ausprobierte.

Ich erinnerte mich an meine einzige Begegnung mit Cocteau in Ankara, an seine ermüdenden Schmeicheleien, die er nach allen Seiten austeilte.

– Er macht Sachen, die zeigen, daß er noch nicht reif ist. Die Vitalität des reifen Alters, die beispielsweise Yeats hat, ist etwas Seltenes. Unser Kavafis wird ebenfalls erst im reiferen Alter interessant.

– Morgan Forster hat ihn hier bekannt gemacht. Er kannte Kavafis aus Alexandria.

– Forster war letztens sehr krank.

– Als ich ihn vor einigen Monaten das letzte Mal sah, sagte Eliot, strotzte er vor Lebenskraft.

Anschließend sprachen wir über das Theater. Ihm gefalle Marivaux, sagte er. Mit Blick auf seine eigenen dramatischen Versuche finde ich diese Aussage bemerkenswert; auf der einen Seite Marivaux, auf der andern Seite: *Alkestis*, *Ödipus*.

Wir unterhielten uns über Griechenland, wohin ich in einigen Tagen fahren werde. Dieses Jahr ist so belastend für mich gewesen. Nicht schwierig, denn Schwierigkeiten fordern mich heraus, belastend und leer.

– Ich weiß noch nicht, was ich machen werde, sagte ich, aber ich fühle, daß es an der Zeit ist, mein Leben anders zu gestalten …

– Ich entsinne mich, sagte er, Sie haben einmal (und zwar vor vielen Jahren) über das Bedürfnis geschrieben, sich frei machen zu müssen. Das stimmt. Wenn ich ein Theaterstück schreibe, spüre ich den Drang, mich von seinen Personen befreien zu müssen.

9. November 1961

Eliot fährt in einigen Tagen fort; er wird im März wiederkommen. Ich gehe nächste Woche ins Krankenhaus. Heute die einzige Möglichkeit, ihn bei Faber and Faber zu treffen. Ich wollte mit ihm die Übersetzung von *Mord im Dom* besprechen, ein Vorhaben von mir und Gatsos (er die Dialoge, ich die Chorpartien).

Ich erläutere ihm die Fähigkeiten von Gatsos und stelle ihm Fragen zum Text.

– Ich kenne kein anderes Stück, sagte ich, in dem der sprachliche Ausdruck die Handlung ausmacht, er ist so dicht, er ist die Handlung.

– Ich freue mich über Ihre Worte.

– ... es ist unmöglich, ihn hundertprozentig wiederzugeben. Die Reime zum Beispiel. Man muß versuchen, Entsprechungen zu finden.

Ich fragte ihn dann, wie ihm die französische Übertragung gefalle.

– Sie ist sehr gut. Sie entstand während des Krieges. Die Deutschen wollten die Aufführung verhindern; sie fanden das Werk anti-nazistisch. Die Inszenierung nach dem Krieg war besser als in England. Bei der Apologie der Ritter wurde der richtige Ton getroffen; ein düster-trauriger Ton, nicht witzig wie in England.

Ich erkundigte mich, ob das in der Erstausgabe fehlende Chorlied „Singt der Vogel im Süden?" mit aufgenommen werden soll.

– Ja, das ist eine Passage, die mir gefällt; sie muß bleiben.

Ich wollte wissen, ob das Wort *still* (im Vers „still the horror" – „noch immer der Schrecken") *noch immer* oder *ruhig* bedeutet.

– Ein schwieriges Wort, nicht wahr? (Hier zeigte sich sein feines Empfinden für die Wörter.) Es bedeutet *noch immer.*

Er bemerkte, die Verse „Tot am Holz, mein Erretter" seien vom *Dies Irae* inspiriert worden; und dann: „Er wurde nach Thomas' Tod adoptiert (er meinte den Anachronismus), aber das macht nichts."

Er trat an seine kleine Bibliothek heran, suchte die kanadische Ausgabe von *Mord im Dom* und schenkte sie mir.

– Sie wird Ihnen behilflich sein; die Anmerkungen sind gut. Jetzt erwarten wir von Ihnen neue Gedichte ...

– Ihnen kann ich es sagen, antwortete ich. Ich habe mich entschlossen, meinen Beruf an den Nagel zu hängen. Um weiterhin zu schreiben? Ich weiß es nicht. Man weiß niemals vorher, was man noch zu schreiben vermag ...

Als wir uns verabschiedeten, sagte er:

– Ich war im Theater und habe Anouilhs *Becket* gesehen ...

– Ich habe das Stück in Paris gesehen; und wollte schon vor dem Schluß gehen ...

– Und es gibt eine Fülle historischer Ungenauigkeiten.

Dienstag, 31. Juli 1962

Ich besuchte Eliot, um mich zu verabschieden. Früher ging es nicht; er war in Yorkshire. Teils wegen des anderen Klimas, teils um zu arbeiten. Also wieder in seinem kleinen Büro bei Faber and Faber.

– Mein Haus ist seit heute ganz leer, sagte ich. Jetzt fühle ich mich so leer wie mein Haus.

– Als ich nach *Aschermittwoch* – er versuchte, sich zu erinnern – und nach meinen Vorträgen in Amerika (er meinte die über Dichtung und Kritik) wieder begann, kleinere Gedichte zu schreiben, fühlte auch ich solch eine Leere in mir. Wenig später bekam ich den Auftrag zu einem Stück (vielleicht *Der Fels*) und bald darauf den zu *Mord im Dom*.

Ich knüpfte an eins unserer früheren Gespräche über die jüngeren Dichter an.

– Ich verstehe halbwegs jene, die jetzt vierzig sind, sagte er.

– Ich versuche ihnen immer wieder einzuschärfen, erwiderte ich, daß sie um ihre Sprache ringen müssen. Leider verkommt die Sprache.

– Ja, bei uns auch; da ist der amerikanische Einfluß, und da ist der Einfluß, den die Einwanderer mit anderer Muttersprache auf das Englisch haben.

– Die Verbreitung Ihrer Sprache ist so gewaltig; womöglich geschieht bei Ihnen dasselbe, was bei uns nach Alexander dem Großen geschehen ist.

– Vielleicht. (Er lachte.) Ich habe mich an Strawinsky erinnert. Der erzählte, er habe eines Abends im Radio Chruschtschow gehört. Das sei ihm so auf die Nerven gegangen, daß er das Radio ausgeschaltet habe: Ein Mensch mit dieser Verantwortung und spricht solch ein Russisch!

Ich sagte, daß die geplante Übersetzung von *Mord im Dom* nicht vorangehe; daß ich mich aber gleich nach meiner Ankunft in Griechenland weiter darum kümmern werde.

– Beim Übersetzen erlernt man seine eigene Sprache. Ich meine nicht die, aus der man übersetzt.

Ich sprach über meine unterschiedlichen Erfahrungen beim Übersetzen von, ich würde sagen, fähigeren und unentschiedeneren Dichtern. Mit Sidney Keyes zum Beispiel.

– Interessant, das ist mir noch nicht aufgefallen.

Offenbar schätzt er Keyes. Vor meinem Weggehen bat ich ihn, ein Foto zu signieren, das Bukas heimlich von ihm in einer U-Bahn-Station gemacht hatte. Er lachte:

– Die Gloucester Road Tube Station. Es muß noch vor dem Krieg gemacht worden sein.

Während wir uns verabschiedeten, fragte er mich, wie wir Orthodoxen uns bekreuzigen.

Improvisationen über die Homerischen Hymnen

> Ἀθάνατοι θνητοί, θνητοὶ, ζῶντες τὸν ἐκείνων
> θάνατον, τὸν δὲ ἐκείνων βίον τεθνεῶτες.
> [Unsterbliche sind sterblich, Sterbliche un-
> sterblich: die einen leben auf im Tod der an-
> dern und ersterben in ihrem Leben.]
>
> *(Heraklit, Frag. 62 Diels)*

1. Dank der Hilfe des heiligen Ampelis

Der Sommer brannte in Attika wie eine in Flammen stehende Kiefer. Da veranlaßte mich ein völlig unverhoffter
Zufall, über die *Homerischen Hymnen* zu schreiben. Ich habe
mich über Wochen mit ihnen beschäftigt; sie haben mir
ziemlich zu schaffen gemacht. Aber nicht die Gedichte sind
es, die mir zu schaffen machten. Mich schreckte die Philologie, die große Hilfe und große Verunsicherung für einen
Schriftsteller. Ich fand übrigens heraus, daß diese Wissenschaft eine hervorragende Arbeit geleistet hat und es mir
nicht zukam, noch mehr von ihr zu fordern;[121] das ließ mich
zunächst ein wenig zögern.
Zu Anfang des Jahrhunderts hat Paul Valéry zu André Gide
gesagt: „Wer beschäftigt sich heute noch mit den Griechen?
Ich bin sicher, daß das, was wir heute *tote Sprachen* nennen,
sich in Vergessen auflösen wird. Wir sind nicht fähig, die
Gefühle von Homers Helden nachzuempfinden …"[122]
Mag sein. Aber es trifft nicht zu, daß Valéry diese „toten
Sprachen" zum Beispiel in *Friedhof am Meer*, seinem schönsten Gedicht, wie ich meine, ignoriert hat, und wir verwah-
ren uns gegen die Auffassung, daß „wir nicht fähig sind,
diese Gefühle nachzuempfinden", denn sonst müßten wir
sie gerechterweise auch für die Gestalten der *Göttlichen Komödie* und sogar noch (man bedenke die Zeit, in der wir leben) für die Gestalten in den *Elenden* von Victor Hugo gelten lassen. Ich frage mich allen Ernstes, ob diese
Auffassung (von der Unfähigkeit, diese Gefühle nachzuempfinden), wenn wir sie konsequent weiterdenken – und
zu dieser Konsequenz treibt mich der Mensch des „ostinato

rigore" –, uns nicht die Schlußfolgerung zu ziehen, daß wir, die es so weit gebracht haben, überhaupt kein Gefühl von *anderen* nachzuempfinden vermögen.

Nun, auch diese Skepsis hat mich zögern lassen, mich mit den *Homerischen Hymnen* zu beschäftigen. Und es kamen noch andere Bedenken hinzu: immerhin bin ich in der griechisch-orthodoxen Tradition aufgewachsen, einer Tradition der großen Väter des Ostens, das war mein Schicksal, ich habe es mir nicht ausgesucht. Was soll ein Mensch, der eine solche Hypothek mitbekommen hat, mit einer solchen idolatrischen Theologie anfangen? Ich denke an Gregor von Nazianz und habe zugleich den „Christen" Kavafis (*Διακοπή*, Die Unterbrechung) vor Augen. Dennoch in Gedanken mit dem großen *Demeter-Hymnos* (den ich als eine Verschwisterung von Licht und Finsternis ansehe) befaßt, fiel mir die Geschichte ein, die James Frazer in *Der goldene Sproß* erzählt. Sie vermag einiges zu erhellen. Die Rede ist von einer überlebensgroßen Statue der Göttin, die sich in Eleusis befand und die der Engländer Clarke im Jahre 1801 entdeckte. Er schenkte sie der Universität Cambridge.

Frazer schreibt:

„Auf meiner ersten Griechenlandreise', berichtet Dodwell, ein Reisender, ,prangte die Statue der Schutzgöttin in all ihrem Ruhm mitten auf einem Druschplatz zwischen den Trümmern ihres Tempels. Die Bauern waren der Überzeugung, daß sie die reichen Ernten ihrem Wohlwollen verdankten, und wenn man sie ihnen wegnähme, dieser Überfluß ausbliebe.'"

Und er resümiert:

„So sehen wir im 19. Jahrhundert nach Christus, daß Demeter, die Göttin des Brotgetreides, auf einer Tenne in Eleusis aufgestellt, ihren Anhängern das Getreide schenkt, genau wie zu Zeiten Theokrits ihr Standbild auf einer Tenne der Insel Kos aufgestellt wurde und sie ihren Anbetern das Getreide geschenkt hat."[123]

„Ihren Anbetern ...", ich vermag schwerlich von mir zu behaupten, ein Anbeter der Demeter zu sein. Doch es wäre unaufrichtig zu leugnen, daß diese Geschichte meine Seele nicht völlig gleichgültig gelassen hat. Als ich auf Zypern war, beeindruckte mich auf gleiche Weise die Geschichte von der Grotte des mir vorher unbekannten heiligen Ampelis, zu dem noch in unserer Zeit die Hirten gingen, um Hirtenflöten, Hirtenstäbe und kupferne Glöckchen zu weihen und um dadurch die Gunst des Heiligen zu erlangen.[124] Der Irrwahn einiger Ungebildeter, wird jedermann sagen. Nun, es möge derjenige Gebildete, der von sich meint, über jedweden Aberglauben erhaben sein zu können, und zwar über jedweden Aberglauben der so weitverbreiteten höheren Art, als erster den Stein werfen. Die uralte Götterverehrung ist noch nicht völlig erloschen in Griechenland. Ein Anachronismus? Mir ist dieser Anachronismus lieber als das Verkümmern der Seele. Ich nehme diesen Anachronismus gern in Kauf, solange der unzeitgemäße Mensch nichts Zuverlässigeres gefunden hat, das ihn ausgleicht.

Jedenfalls fand ich mit Hilfe jener Demeter auf der Tenne von Eleusis und dank der Hilfe des heiligen Ampelis das Zutrauen, das ich für meine Zwiesprache mit den *Homerischen Hymnen* brauchte.

Die Hymnen heißen allgemein die *Homerischen*, nicht weil alle oder die meisten ein Dichter des Namens Homer geschaffen hat, sondern weil diese Bezeichnung durch die Tradition so geprägt worden ist und weil die Hymnen dieselbe Versform haben wie die homerischen Epen: den daktylischen Hexameter. Es ist *epische* und nicht *melische* Dichtung, das heißt, es sind keine lyrischen Hymnen wie etwa die des Alkaios oder Pindar. Auch ihre Sprachform ist ganz und gar homerisch und verweist auf den festen Platz, den das Erbe Homers in der Antike innehatte.

Von den insgesamt dreiunddreißig Hymnen stammt der älteste aus dem 7. Jahrhundert, vielleicht ist er auch noch älter, während der jüngste – zählt man den *Ares-Hymnos* nicht mit – ungefähr der Mitte des 5. Jahrhunderts angehört. Um einen Anhaltspunkt zu geben, ist das die Zeitspanne zwischen der Epoche, die man als terminus ad quem für die homerischen Epen ansetzt, und der Geburt des Euripides, der den bemerkenswerten Vers schrieb:

> Τ' εἶναι θεός, τί μὴ θεός; καὶ τί τ' ἀνάμεσό τους; ...
> [Was ist Gott, was nicht Gott? Und was dazwischen? ...]

(Helena, 1137–1143)

Die *Homerischen Hymnen*, die wir heute lesen, sind erhalten geblieben, „weil man diese Hymnen, die unter Homers Namen gingen, mit solchen, die man Orpheus zuschrieb, ferner mit denen des Kallimachos und Proklos zu einer Sammlung vereinigt hatte"[125]. Die beiden letzteren waren in alexandrinischer Zeit recht bedeutend. Trotzdem macht der Griechenlandbeschreiber Pausanias, der sich – streng nach der Konvention – über Orphik oder eleusinische Mysterien ausschweigt, da er das Geheimnis dieser Kulte zu wahren hatte, einen interessanten Unterschied zwischen den *Homerischen* und *Orphischen* Hymnen: „Wer sich mit Dichtung beschäftigt", schreibt er, „weiß, daß die Hymnen des Orpheus kurz sind und daß ihre Zahl zusammengenommen nicht groß ist. Die Lykomeder kennen und singen sie zu ihren Festen. An Schönheit stehen sie den Hymnen Homers nach. Wenn man indessen bedenkt, welche Ehrfurcht sie dem Göttlichen entgegenbringen, gebührt den orphischen der Vorzug" (IX 30,12). Begnügen wir uns fürs erste mit dieser durchaus zutreffenden Unterscheidung des Pausanias. Der Homerische Hymnos ist länger, beschreibend und literarischer. Dagegen spornt der Orphische Hymnos zu kultischem Eifer an. Bleibt zu ergänzen, daß die Länge der Hymnen, die wir kennen, nicht gleich ist. Einige haben den Umfang eines Gesangs der homerischen Epen, andere wieder sind ganz kurz. Ich meine jene mit geringer Verszahl, die nur aus einem Anruf und einem typisierten Schluß bestehen. Sie geben den Rahmen ab, in dem der Rhapsode ganz nach seiner Eingebung einzelne Episoden aus der mythischen Biographie des Gottes aneinanderreihte. Herodot, der die hyperboreischen Jungfrauen erwähnt, die vor allem auf Delos verehrt wurden, informiert uns, daß Olenos, ein Lykier, auf sie einen Hymnos gedichtet hat und daß er, τοὺς ἄλλους τοὺς παλαιοὺς ὕμνους ἐποίησε ἐκ Λυκίης ἐλθών (der aus Lykien stammte, auch die anderen alten Lieder gedichtet hat). (IV 35)

Von diesem Olenos ist auch bei Pausanias die Rede. Ich möchte hier nur folgenden Satz zitieren: „'Ωλῆνος δὲ ὕστερον Πάμφως τε ἔπη καὶ 'Ορφεὺς ἐποίησαν" (Olenos und später sowohl Pamphos als auch Orpheus haben Gedichte gemacht). (IX 27,2) Pamphos ist demnach später geboren. Aber auch von diesen beiden besitzen wir nur sehr spärliche Nachrichten. Über Olenos wissen wir noch, was die Dichterin Boio am Schluß eines Hymnos sagt:

> Ὠλήν θ'ὅς γένετο πρῶτος Φοίβοιο προφάτας,
> πρῶτος δ' ἀρχαίων ἐπέων τεκτάνατ' ἀοιδάν.
> [Olenos war es, der zum ersten Künder des Phoibos
> wurde,
> der als erster einen Aoiden für die alten Epen
> zeugte.]
> (Pausanias X 5,8)

Was Pamphos betrifft, so legt der uns durch seine im Auftrag der Kaiserin Julia Domna verfaßte Biographie des Apollonios von Tyana bekannte Flavius Philostratos in seinem Dialog, dem *Heroikos* (693), einem Weinbauern das folgende in den Mund:
„... καὶ Παμφὼ σοφῶς μὲν ἐνθυμηθέντος, ὅτι Ζεὺς εἴη τὸ ζωογονοῦν καὶ δι' οὗ ἀνίσταται τὰ ἐκ τῆς γῆς πάντα, εὐηθέστερον δὲ χρηδαμένου τῷ λόγῳ καὶ καταβεβλημένα ἔπη εἰς τὸν Δία ἄσαντος. Ἔστι δὲ τὰ τοῦ Παμφὼ ἔπη·

> Ζεῦ κύδιστε, μέγιστε Θεῶν εἰλυμένε κόπρῳ
> μηλείῃ τε καὶ ἱππείῃ καὶ ἡμιονείῃ."

[Auch Pamphos wußte genau, daß Zeus die lebenspendende Kraft ist, durch die alles auf Erden entsteht, aber er ging naiv mit den Worten um und sang kunstlose Gedichte auf Zeus. Die Verse des Pamphos sind wie zum Beispiel:

> Zeus, du dreimal berühmter, größter der Götter, der
> du dich verhüllst mit Kot
> im Schaffell, in der Pferde- und Eselshaut.]

Philostratos berichtet uns also hier, daß Pamphos glaubte, Zeus sei die lebenspendende Kraft, die alles auf Erden Entstehende bewirkt. Und er betont dieses auf naive Weise, indem er den Gott unter verschiedenerlei Unrat mengt.
Diese zwei aus einem beliebigen Zusammenhang gerissenen Verse, dieser versprengte Satz waren ein großer Fund für die fanatischen Christen des 4. Jahrhunderts. Der Theologe Gregor von Nazianz stürzte sich auf ihn, um die verzückten Spöttereien seiner *Säulenheiligen* zu verzieren, und kreischte los:

'Ορφεὺς παρίτω μετὰ τῆς κιθάρας καὶ τῆς ἀπάντα ἐλ-
κούσης ᾠδῆς, ἐπιβρεμέτω Διῒ τὰ μεγάλα καὶ ὑπερφυῆ τῆς
θεολογίας ῥήματα καὶ νοήματα·

Ζεῦ κύδιστε, μέγιστε θεῶν εἰλυμένε κόπρῳ
μηλείῃ τε καὶ ἱππείῃ καὶ ἡμιονείῃ

ἵνα οὕτω, οἶμαι, δειχθῇ τὸ ζωογόνον τοῦ θεοῦ καὶ φερέσ-
βιον …
[Orpheus, nun übertriff mal mit deiner Kithara und deinem
alles betörenden Gesang zu Ehren des betrunkenen Zeus
die großen und wunderbaren Worte und Gedanken der
Theologie –

Zeus, du berühmtester, größter der Götter, der du
verborgen bist unter Kot
im Schaffell und in der Pferde- und Eselshaut –

ja, ich glaube, so wird das lebenschaffende und lebenbrin-
gende Wesen des Gottes offenbar.] (Säulenheiliger 1,715)
„Die Worte der Theologie …" Zu Zeiten des Pamphos hat
es natürlich keine Theologie gegeben. Die antike Religion
(ich meine nicht die julianische) kannte weder heilige Bücher noch einen dogmatischen Klerus und auch keine Erb-
sünde. Es war sozusagen eine polyedrische und zugleich
eine weiträumige Religion, die sogar dem unbekannten
Gott Platz ließ. Diesen Platz machte sich der Apostel Paulus zunutze, wie aus der *Apostelgeschichte* (17,16 ff.) hervorgeht. Er hat übrigens gar nicht so sehr von Liebe gesprochen, aber auch nicht auf die Wildheit der Liebe
hingewiesen, er war kein Fanatiker. Wie mir scheint, lehrt
dieser rhetorische Ausbruch als einziges, wie riskant es ist,
wenn ein Spätergeborener diejenigen, die lange vor ihm gelebt haben, mit seiner eigenen Denkweise ausstattet, um sie
daraufhin zu richten und abzuurteilen.
Aber lassen wir diesen Streit auf sich beruhen. Unsere
Hymnen bezeichnet man auch als *Proömien*. Proömium für
Apollon nennt Thukydides den *Apollon-Hymnos*. Und bei
Pindar heißt es:

Ὅθεν περ καὶ Ὁμηρίδαι
ῥαπτῶν ἐπέων τὰ πόλλ' ἀοιδοὶ
ἄρχονται, Διὸς ἐκ προο-
οιμίου …

[Von wo auch die Homeriden, die Sänger
ihre gereihten Worte zumeist
beginnen – mit dem Vorspiel auf Zeus ...]
(Nemeen II 1)

Die Homeriden waren eine Zunft von Rhapsoden, die die
Epen Homers verbreiteten; ursprünglich glaubte man, sie
seien mit ihm verwandt gewesen. Man kann sich gut vorstellen, daß sie sich von Stadt zu Stadt, von Insel zu Insel,
zu Symposien und Festen begaben, um vom Zorn des
Achilleus oder von den Irrfahrten des Odysseus zu künden
und, bevor sie ihren Vortrag begannen, als Auftakt ein
Proömium für einen Gott vorausschickten. Einige solcher
Vorspiele haben sich als *Homerische Hymnen* erhalten. Wenden wir uns ihnen nun im einzelnen zu.

Ich verweile zunächst bei dem Hymnos, der Hermes gewidmet ist. Mir erscheint er als der lustigste, falls man einen
Hymnos, der an einen Gott gerichtet ist, so nennen kann.
Aber die Alten hatten ein anderes Verhältnis gegenüber
dem Göttlichen als wir. Der Hymnos ist so witzig, daß er –
möchte man sagen – an Rabelais erinnert; ich frage mich,
ob der berühmte Franzose ihn nicht sogar auswendig
konnte. Das Gedicht, heißt es, muß um 530 v. u. Z. entstanden sein, das wären fünf oder sechs Jahrzehnte vor Entstehung der altattischen Komödie.

Ζηνὶ δ' ἄρ' Ἀτλαντὶς Μαίη τέκε κύδιμον Ἑρμῆν,
κήρυκ' ἀθανάτων, ἱερὸν λέχος εἰσαναβᾶσα
[Maia, des Atlas Tochter, bestieg Zeus' heiliges
Lager,
und sie gebar ihm den Hermes, den rühmlichen
Boten der Götter.]
(Theogonie 938 f.)

berichtet uns Hesiod, der ihn gemeinsam mit Hekate, der
Göttin, die die Herden vermehrt, als einen Gott der Frucht-
barkeit vorstellt. Er ist der Νόμιος Ἑρμῆς, der Hirtengott.
Sein Name erinnert an das Wort ἕρμα oder ἕρμαι, das sind

Steinhaufen, die Begrenzungen der Äcker oder Markierungen der Kreuzwege. Wir wissen von der bösen Geschichte der Hermokopiden Alkibiades und Thukydides, die bittere Lehren bereithält. Hermes ist schließlich der Beschützer all jener, die die Wege benutzen, also der gewöhnlichen Wanderer wie der Räuber. Er beschert ihnen bisweilen auch ein ἕρμαιον, einen unverhofften Fund, ein Glücksgeschenk.

„Da", so sagt das Gedicht, „gebar sie (Maia) den Sohn, den verschlagenen, listigen Schmeichler, ihn, den Rinderdieb, den Räuber, den Lenker der Träume, Hermes, den nächtigen Späher und Pfortenhüter ..." (Vers 13ff.). Es werden sofort die Haltung des Dichters und der Charakter des Gottes deutlich. Hermes wurde am Morgen geboren, mittags hatte er die Lyra erfunden (es heißt, daß das der erste Hinweis auf den Bau dieses Musikinstrumentes ist, den es gibt), und nachts stahl er die Rinder Apollons. In den wenigen Stunden hatte er außerdem die aus vielen Röhren zusammengesetzte Hirtenflöte und die Technik des Feueranzündens erdacht. Es ist ein eiliger, ein fixer Gott, immer in Bewegung; man denkt ihn sich auch als Zwielicht des Morgens und Abends, in den Stunden, wenn die Dinge nicht deutlich in ihrer Gestalt hervortreten. Er ist auch der Vater des Zwittergeschlechts, der Hermaphroditen, wie schon der Name verrät. Er schlüpft durch das Schlüsselloch wie ein herbstlicher Nebelhauch (Vers 147), er ist ein „Lenker der Träume" (Vers 14).

Aufgrund dieser Eigenschaften war es nur zu natürlich, daß er der Götterbote wurde. Denn in dieser Funktion mußte man reden und überzeugen können. So wurde er auch als Gott der Redekunst und Literatur verehrt, als Λόγιος Ἑρμῆς. Er ist auch der Ἀγώνιος Ἑρμῆς, an den Pindar erinnert, der Hüter der athletischen Wettkämpfe, der Erfinder des Handels, und es verlieh ihm „als Ehrenamt doch Zeus, die Dinge zu tauschen unter den Menschen" (Vers 516), folglich beschützt er auch den Diebstahl. Er ist Dieb von Geburt an. Und zu alledem ist er ein phallischer Gott. Das hätte keiner gedacht, Hermes gemeinsam mit Priapos.

Der Rhapsode erzählt neben anderen Einzelheiten die Geschichte, wie der neugeborene Hermes Apollons Rinder stahl. Daß Apollon oder Helios mit dem Rind in Verbindung gebracht wird, scheint ein feststehender Topos zu

sein. Die *Odyssee* berichtet eine ähnliche Geschichte: Die tö-
richten Gefährten des Odysseus werden bestraft, weil sie
die Rinder des Helios verspeist haben. Aber sie waren Menschen und keine Götter. Die Erzählung hier endet mit dem
Austausch von Geschenken und der Aussöhnung der beiden Götter. Hermes schenkt dem Apollon die Lyra. Apollon vertraut ihm den Schutz der Herden an und gibt ihm
„eine glänzende Geißel" des Hirten (Vers 497). Bloß die
Gabe der Weissagung kann er ihm nicht gewähren
(Vers 532f.), weil ihn ein dem Zeus geleisteter Eid bindet.
Hermes soll nur die drei Moiren zugeteilt bekommen, die
drei Schwestern, die Apollon die Weissagekunst gelehrt
hatten, als er ein Kind war.
Am Schluß des Hymnos erkennt Apollon dem Hermes noch
zu: Sei auch allein zum Hause des Hades der richtige Bote
(Vers 572).
Es ist das Amt des Ψυχοπομπός, des Seelengeleiters, von
dem wir im 24. Gesang der *Odyssee* hören. Der Anfang dieses Gesangs (Vers 1–204), die sogenannte zweite Nekyia,
wird seit den Zeiten der alexandrinischen Grammatiker als
später entstanden betrachtet. Mag diese Datierung nun
stimmen oder nicht, seit dem wird Hermes jedenfalls als der
Seelengeleiter angesehen. Dort, bei Homer, wird der Gott
zum ersten Mal gemäß der arkadischen Überlieferung unseres Hymnos Κυλλήνιος genannt. Deshalb möchte ich hier
jenen Auszug wiedergeben:
„Unterdessen rief Hermes, der im Kyllene-Gebirge geborene Gott, die Seelen der Freier zu sich heraus. Er hielt den
schönen, goldenen Stab in den Händen, mit dessen Zauber-
kraft er die Augen der Menschen einschläfert, bei denen er
das will, sie aber auch wieder aus dem Schlafe weckt. Mit
diesem jagte er die Seelen auf und wies ihnen den Weg: die
kamen in schwirrendem Zuge mit. Wie wenn Fledermäuse
im Schlupfwinkel einer unermeßlichen Höhle zwitschernd
und zirpend umherflattern, sobald nur eine sich aus dem
Schwarm vom Felsen herabfallen läßt, wo sie eng nebeneinander hängen; ebenso dicht beieinander zogen die Seelen
wispernd und schwirrend mit, und ihnen voran ging der
Heilbringer Hermes die muffigen, modrigen Pfade hinunter. Sie wanderten an der Strömung des Okeanos entlang
und am weißen Felsen, zogen am Tor der Sonne und am

Land der Träume vorüber und gelangten rasch auf die Asphodeloswiese hinab, wo die Seelen, die Schattenbilder der Entschlafenen, wohnen" (Odyssee 24,1–14).

In den Versen 550–565 ist die Rede von den wie Bienen umherschwärmenden Frauen, den drei Moiren, die auf dem Parnassos wohnen. Es handelt sich um die mit Hilfe von Steinchen wahrsagenden Thrien. Ich bin mit diesem Thema nicht vertraut, und es ist mir auch nicht gelungen, das dem Hermes erteilte Orakel zu entschlüsseln, von diesem einen abgesehen, das Pausanias in Phares (150 Stadien von Patras entfernt) beschreibt. Dort sah er, mitten auf dem Markt, ein viereckiges bärtiges Standbild des Ἀγοραῖος Ἑρμῆς. „Daneben", erläutert er, „ist auch ein Orakel, davor steht ein Herd, auch er aus Stein, mit einer kupfernen Lampe, mit Blei befestigt. Wer den Gott befragen will, kommt gegen Abend, zündet Weihrauch auf dem Herd an, füllt Öl auf die Lampe, zündet sie an und legt eine Münze auf die rechte Seite des Altars … Nachdem er das alles getan hat, verneigt er sich und stellt dem Gott die Frage, die er ihm stellen will, und entfernt sich vom Markt, indem er sich die Augen mit den Fingern zuhält. Wenn er vom Markt weg ist, nimmt er die Finger herunter, und die ersten Worte, die er zu hören bekommt, sind, wie er glaubt, die Prophezeiung" (7,22,2–3).

Diese Art der Weissagung bezeichnet er an anderer Stelle (9,11,7) als μαντικὴ ἀπὸ κληδόνων und fügt hinzu, daß – soviel er weiß – man so in Smyrna häufiger als anderswo in Griechenland verfährt. Das Wort kommt schon bei Homer vor und auch in der Septuaginta. Diese Beschreibung des Pausanias erinnert entfernt an frühchristliche Anbetungen, und diese Art der Weissagung brachte mir alte Kindheitserinnerungen von Smyrna wieder ins Gedächtnis, wenn zum Johannisfest die jungen Mädchen den Schlüssel hervorholen, um den Mann herauszufinden, den sie abbekommen werden.[126] Solche Bräuche waren vor wenigstens zwei Generationen noch lebendig. Jetzt kann man sie höchstens in abgelegenen Orten oder auf Inseln mit unfruchtbaren Landstrichen antreffen, aber in unseren industrialisierten Städten, da entsprechen sie viel eher den Märchen vom Rinder stehlenden Hermes oder von der Granatäpfel essenden Persephone (Demeter-Hymnos 372), als daß sie den Menschen heute etwas bedeuten.

2. Delisches Tagebuch

Athen, an einem Donnerstag im September

> Aber am meisten labst du dein Herz an Delos, o
> Phoibos.
> (Apollon-Hymnos 146)

Auch ich das meinige.

Die Augusthitze habe ich im Innern einer Bibliothek gemeinsam mit Demeter und Hermes überstanden. Das genügt nun. Alle diese Folianten und die gesammelte Weisheit drängen mich förmlich, weitere Streifzüge zu unternehmen. Uns haben so viele Generationen von Streitern für den Bilderdienst erzogen, daß wir zwangsläufig die alten Götter fast ausschließlich in ihren alexandrinischen Statuen erblicken. Das ist uns so zur Gewohnheit geworden, schon beim leisesten Gedanken an Götter. Aber ναρθηκοφόροι μὲν πολλοί, βάκχοι δὲ παῦροι (es sind der Thyrsosträger viele, aber der Bakchen nur wenige) (Phaidon 69), lehrt Platon. Den Göttern, diesen humanisierten Naturgewalten, kommt man nicht im Innern eines Raumes bei. Bis zu der Zeit, in der sich alles wandelte, war der Mensch auf ähnliche Weise der Natur verhaftet wie die Nymphen – von denen im *Aphrodite-Hymnos* die Rede ist (264ff.) – den Bäumen: sie starben, wenn diese verdorrten. So sterben auch wir, wenn wir die Natur in uns verkümmern lassen. Ich wüßte nicht, was ich Wichtigeres hätte herausfinden können als dieses alte Gesetz. Der in der Bibliothek zugebrachte August hat mir nicht viel geholfen. Ich will lieber auf Delos nach Apollon Ausschau halten. Morgen reise ich auf die Insel.

An einem Sonnabend im September
Es war morgens, der Nordost hatte aufgefrischt. Der Dampfer, der uns nach Delos brachte, war bis auf den letzten Platz mit einer bunt zusammengewürfelten Menschenmenge besetzt. Viele am Bug vorn haben ihren Spaß an den

hohen Wellen, die bis zur Reling hochschießen, und wen ein Schwall durchnäßt, der zieht sich für eine Weile zurück, um sich wieder trocknen zu lassen. Aus dem Maschinenraum taucht ein Vierzigjähriger auf, eine Mütze auf dem Kopf. Er setzt sich auf eine Bank, zündet sich eine Zigarette an und beginnt mit einem alten Seebären ein Gespräch über Frauen. Auf Mykonos geht es in der Liebe glücklicherweise demokratisch zu.

Der Sturm zwang uns, in Gurna vor Anker zu gehen, im Osthafen. So durchquerten wir fast die ganze Insel, sie ist wunderschön, gelb ihre Erde. Mittags zum Schwimmen im Heiligen Hafen, nachdem wir das Heiligtum des Gottes besichtigt hatten. Das Meer adelt diese Trümmer. Nachmittags stiegen wir zum Theater hinauf und setzten uns dann auf einen Marmorblock. Delos ist derjenige Ort der griechischen Antike, der sich am unverfälschtesten erhalten hat, der am echtesten *hellenistische* Ort, den ich kenne. Da hält man auf den ersten Blick selbst Kallimachos für „alt", für den in der Frühgeschichte nicht mehr faßbaren Homeriden des 7. Jahrhunderts v. u. Z., der im Hymnos auf Apollon gesungen hat:

Und wer da käme und sähe, wie die Ioner
versammelt,
wähnte, unsterbliche Götter in ewiger Jugend zu
sehen;
sieht er sie doch alle in ihrer Anmut, und freudig
schaut er die Schar der Männer und schöngegürteten
Frauen
und die schnellen Schiffe mit ihren Schätzen in
Fülle.
(Vers 151–155)

Die uralten ionischen Feste. Diese Epoche ist es, die mich immer wieder zu jener Insel hinlockt, da sie zum ersten Mal die ραπτὰ ἔπη, die gereihten Verse, vernommen hat. Eine Epoche, schwer zu ergründen nach den Versen, die sich aus späterer Zeit erhalten haben. Denn was wir heute auf der Insel vorfinden, stammt vorwiegend aus der Zeit der Epigonen, in der die Mauern der antiken Städte allmählich zerfielen und ihre Bewohner sich in die weite Welt zerstreuten, diese Mauern, die nicht nur vor Feinden schützten, wie wir voreilig glauben möchten, sondern auch vor der *Angst* vor der Freiheit.[127] Es sind Zeiten der Schmeichelei, verbunden mit anderen Vorzügen und Nachteilen. Mir zu vergegenwärtigen, wie Kallimachos zum Beispiel die Geburt des Apollon beschreibt, ist für mich jedesmal aufs neue ein Vergnügen.

Leto, von Heras Zorn gejagt, von Geburtswehen gepeinigt, irrte von West nach Ost auf der Suche nach einer Zuflucht, wo sie gebären könnte. Endlich gelangt sie nach Kos und denkt, daß man sie dort aufnehmen werde. Da schreit Apollon, noch als Embryo in ihrem Schoß: „Nein, bitte nicht, bringe mich hier nicht zur Welt. Diese Insel ist von den Moiren, dem höchsten Geschlecht der Retterinnen, einem anderen Gott zum Geburtsort bestimmt" (Kallimachos, Delos-Hymnos 182–185). Dieser andere Gott ist Ptolemaios II. Philadelphos, der im Jahre 310/09 v. Chr. auf Kos geboren wurde.

Manchmal denke ich, daß dieser Dichter nicht allein so geschrieben hat und daß es falsch ist, ihn isoliert zu betrachten. Kallimachos ist kein schlechter Dichter; wie verhält es sich hingegen mit seinen Zeitgenossen? Deren Gesten erkenne ich vor allem am erstickenden Weihrauch der von mir zitierten Verse.

Dagegen hast du hier auf Delos das befreiende Gefühl, gegen drei oder vier Uhr am Nachmittag vom Andrang der von überall hergelotsten Scharen erlöst zu sein. Wie die antiken Zeiten eine Befleckung der Insel durch Tod *und* Geburt verboten hatten, so ist es auch jetzt dem Meer verwehrt, einen Strand für Touristen entstehen zu lassen, wenigstens nachmittags. Du bist bis zum Morgen des nächsten Tages allein mit den durch die Zeiten geläuterten Ruinen. Seien wir dankbar für das Leben, das uns hin und wieder ein solches Geschenk bereithält.

Nach dem Abendbrot wandeln wir im Vollmond durch die Löwenstoa. Entlang der Reihe marmorner Löwen, die ihre Rachen aufreißen, als wollten sie den runden Mond verschlingen, und die an Phantasiebilder alter Alchimisten erinnern, auf denen der Löwe die Sonne vertilgt.

An einem Sonntag
Ein herrlicher Tag:

> Χρυσῷ δ' ἄρα Δῆλος ἅπασα βεβρίθει...
> [da prangte in lauterem Golde / Delos ...]
>
> (Apollon-Hymnòs 135)

Golden prangend, als würde Apollon seine ersten Schritte
wagen.
Der Kynthos flimmert im Lichtnetz des Mittags. Es ist die
Mittagsstunde des noch bartlosen Teiresias, in der er plötzlich dazukam, als Athena mit nackter Brust und Scham in
einer Quelle des Helikon badete (Kallimachos, Hymnòs auf
das Bad der Pallas 88) und sie ihn deshalb erblinden ließ.

> Μεσαμβρινὰ δ' εἶχ' ὄρος ἀσυχία
> [mittägliche Ruhe umfing den Berg]
>
> (ebenda, Vers 72)

Wie sehr sind diese Götter doch mit dem Licht verbunden.
Solch ein Licht muß ihr Ursprung gewesen sein.
Unten am Strand alle die am Boden verstreuten Trümmer,
nur einzeln stehen Säulen. Man sagt mir, daß sich vom
überlebensgroßen Kuros der Naxier ein Stück, der Rumpf,
und ein weiteres Stück, das Becken, hier im Artemision finden, während eine Hand im Museum von Delos und die
Zehen des linken Fußes zusammen mit der Basis der Statue
im Britischen Museum aufbewahrt werden. Das verdeutlicht zur Genüge, wie viele einzelne Stücke der Mensch im
Geiste zusammenfügen muß, um sich wenigstens eine gewisse Vorstellung von der Antike bilden zu können. Aber
auch die anderen Werke, von denen man eigentlich meint,
daß sie vollständig erhalten geblieben sind, bereiten ähnliche Schwierigkeiten. Man denke nur an den Heniochos aus
Delphi oder an eine antike Tragödie. Und unsere unmittelbaren, augenblicklichen Empfindungen, woher kommen
sie? Aus unserem Leben, so wie wir es leben. Wir können
die Teilhabe der Gegenwart nicht ausschließen, wie zum
Beispiel die Sonne, die in diesem Moment scheint, oder
den Kuckucksruf, der mich heute morgen geweckt hat.
Durch diese alltäglichen Dinge verändern sich jene Altertü-
mer, und nur so, meine ich, kann man sie sich gegenwärtig
halten.

Das Meer ist bei jetzt schönem Wetter blau gefärbt; ein tie-
fes Blau mit hellblauen Streifen weit draußen. Vorn im Heiligen Hafen und auch hier von Rinia aus drängen links Kato
Rematiaris und rechts Apano Rematiaris heran. Mehr nach
Norden liegt, mit ihren weißgetünchten Häusern, die Insel
Tinos, die von Megalochari und den Höhen des Tsiknias
beherrscht wird. Die Insel bietet ein unglaublich lebhaftes
Farbenspiel. Wenn sich Wolken am Berggipfel zusammen-
ziehen, sagt man, kündigt sich heftiger Nordwind an. Die
Altertumsforscher sehen in diesem Berg die Γηρέες Ἄκρες,
das Riff von Gyrai, das Archilochos von Paros erwähnt.[128]
Am Nachmittag saßen wir im winzigen Tempel des Dionysos, im Tempel mit den beiden gewaltigen Phalloi. Diese
Symbole der Anbetung des Gottes lassen mich an die Verse
des *Aphrodite-Hymnos* denken, in denen es heißt, daß alle die
wilden Tiere vom Ida der Göttin folgten, als sie den Berg
erklomm, um sich einem Sterblichen zu vermählen:

> καὶ τοῖς ἐν στήθεσσι βάλ' ἵμερον· οἱ δ' ἅμα πάντες
> σύνδυο κοιμήσαντο κατὰ σκιόεντας ἐναύλους
> [und sie erweckte in ihnen so süße Begierde, daß alle
> paarweise sich zueinander in schattige Lager
> gesellten.]
> (Aphrodite-Hymnos 73 f.)

Zu jener Zeit drehte sich der Jahreskreis im Rhythmus der
Vegetationsperioden Frühling–Sommer–Herbst–Winter,
das heißt in einem universellen Rhythmus, der für Pflanze,
Tier und Mensch der gleiche und für alle auf natürliche
Weise sakrosankt war. Es herrschte die sogenannte Agrarge-
sellschaft. Heute haben wir eine Industriegesellschaft, und
die Jahreszeiten sind etwas ziemlich Belangloses geworden.
Sie haben sich in die riesigen Fabriken geflüchtet, deren
hohe Mauern zwischen Mensch und Natur getreten sind, so
daß Fruchtbarkeit nicht mehr ein Vermögen der Lebewesen
ist, sondern den Maschinen überantwortet wurde. Und wir,
die wir einstmals lebten, sind auf dem besten Wege zu verkümmern.
Es gibt hier eine Menge Chamäleons und Eidechsen, doch
keine Zikaden. Wenn der Abend kommt, vollführen die
Fledermäuse ihre Schnörkel über dem Marmor.

An einem Montag
Bei Tagesanbruch sind wir zum Gipfel des granitenen Kynthos hinaufgestiegen –

Διὶ Κυνθίῳ καὶ Ἀθηνᾷ κυνθίᾳ
Ἀπολλωνίδης Θεογείτονος Λαοδικεύς
[Dem Zeus Kynthios und der Athena Kynthia
von Apollonides, Sohn des Theogeiton, aus Laodikeia]

ist auf einem Mosaik zu lesen, das sich dort oben auf dem Gipfel des Kynthos an einem Felsvorsprung befindet. Vielleicht war dieser Laodikeer ein Syrer. Das genügte schon, um sich die vielgestaltige Völkerschar vorzustellen, von der es während der letzten beiden Jahrhunderte vor Christus auf Delos wimmelte. Handel, Verkehr, Banken, Waren aller Art, Märkte, Luxus und die dazugehörigen Kehrseiten. Ein Durcheinander von Religionen, ein Durcheinander der Rassen, viel Aberglauben und Hexerei. Zeus verschmilzt mit Baal: Synkretismus einer Endzeit.[129]
Dennoch steht auf einer Marmorstele das folgende heilige Gebot geschrieben: Wer gläubig den Tempel betritt, trage nicht Schlüssel, nicht eisernen Ring, nicht Schuhe, nicht Geldbörse, nicht Waffe, sei weiß gekleidet, habe sich am Tag zuvor des Fleisches und fleischlichen Genusses zu enthalten. Und habe eine reine Seele.
Diese letzte Bestimmung beweist, daß die antiken Götter das Ende ihres Wirkens kommen sahen und sich darauf einrichteten, anderen ihren Platz zu räumen.
Beim Abstieg vom Kynthos machten wir bei einer Grotte halt, die bei den Einheimischen *Drachenhöhle* heißt. Die Gelehrten glaubten früher, das sei die Stelle, an der Apollon geboren wurde. Jetzt nehmen sie angesichts ihrer Geräumigkeit die Anziehungskraft wahr, die bereits die Alexandriner bei den künstlich angelegten Höhlen verspürt haben. Sei es, wie es sei, man ist verblüfft über die riesigen Platten des Daches, die so ineinander verzahnt sind, daß eine die andere stützt.
Mich berühren die Spuren menschlichen Tuns. So auch gestern in einem alten, schmucklosen Haus, wo in der Einfassung einer Zisterne die Kerben zu sehen waren, die das Seil des Eimers gescheuert hatte, mit dem man das Wasser

hochholte. Tiefe Kerben, in die der Finger eines Arbeiters
hineinpaßte.

Die Sonne ist emporgestiegen. Unten im Hafen entläßt
Schiff für Schiff seine Ladung Touristen, die wie in einer
Prozession zur Löwenhalle strömen, als wollten sie sich vor
der Pforte zur Hölle versammeln – si lunga tratta ...

Doch was du bei alledem wirklich Leben hervorrufen
siehst, das ist das Licht der neuen Sonne, die die gegenüberliegenden Berge und das weite, vom auffrischenden
Wind bewegte Meer in unaufhörlich wechselnder Färbung
aufleuchten läßt.

Ich verweilte im Heiligtum der Ἀγαθὴ Τύχη, und hier flüsterte mir die Glücksgöttin ganz unverhofft im fünfzehnsilbigen Vers die Liedfetzen zu, die Archilochos diesen Meeren gewidmet hat[130]:

> Glaukos, sieh: schon wird von Wellen aufgewühlt
> das tiefe Meer,
> überm Riff von Gyrai ballt sich eine steile
> Wolkenwand,
> sturmverkündend! Jäher Schrecken überfällt uns
> unverhofft.
> (Frgm. 105)

An einem Dienstag, Tag des Kreuzes
Am Mittag fahren wir weiter nach Mykonos. Gestern vor einem Mosaik, das Dionysos auf dem Rücken eines Panthers
darstellt, wie der Fremdenführer erklärte, gähnte ein auf
raffinierte Weise mehr oder weniger bekleidetes junges
Ding mit Wahsinnsohrringen laut los, holte eine Flasche
mit Duftöl aus ihrer Tasche, das sie mit Hingabe auf ihren
Armen und Beinen zu verreiben begann:

> Pull down thy vanity,
> Paquin pull down!

mahnt Ezra Pound.

Unten am Runden See rudern die Zweige der einzigen Dat-
telpalme im Wind. Nur mühsam komme ich von Delos und
vom *Apollon-Hymnos* los, der mich noch immer bewegt.
Diese goldfarbene Erde, das spärliche Grün und diese rasch

wechselnden Farben, die eine einzigartige Symbiose mit den Ruinen eingehen, haben mich in ihren Bann gezogen. Ich habe unser nachmittägliches Alleinsein genossen, das uns so behagt. Ich reise ab, das ist wahr, ohne viel zu dem bereits vorhandenen archäologischen Wissen hinzugewonnen zu haben. Doch wie lernt ein Dichter? Er lernt stets anderes. Dieses „andere", fühle ich, nehme ich mit, einen Hauch und vielleicht sogar den Schutz des Gottes, und das ist nicht wenig.

So führte auch uns der Weg an dieser Insel vorüber, die außer der verdienten Gunst Letos jahrhundertelang keinerlei Förderung erfahren hat. Kallimachos, uns nun gut vertraut, hat mir die Abende verkürzt. Er und Panajis, der Fischer.

Die Gefahr bei diesen Reisen besteht darin, daß man von diesen Ruinen überwältigt wird. Doch demjenigen, der Leben und Kraft aufwendet, gewähren sie so etwas wie einen Zeitraffer. Im Grunde genommen haben wir Delos nicht anders erlebt als Odysseus auf seiner Fahrt nach Troja. Wenn man seine Worte bedenkt, spielen die Zeiten, die seitdem verflossen sind, keine Rolle; sie sind, genauso wie der Nordwind, der heute bläst, mit ihm eins geworden. Nackt, schiffbrüchig, vom Salz des Meeres verkrustet die Haut, sagt er zur schönen Königstochter: „Noch nie habe ich einen solchen Menschen mit meinen Augen erblickt, ob Mann oder Frau. Ein Staunen erfaßt mich, wenn ich dich anschaue. Doch auf Delos habe ich wirklich einmal so etwas Schönes gesehen: einen jungen Palmschößling, der neben dem Altar Apollons emporwuchs. Denn auch dorthin bin ich gekommen, und ein zahlreiches Heer begleitete mich. Es war auf der Fahrt, die mir schlimmen Kummer bringen sollte. Ebenso wie hier war ich auch bei seinem Anblick in meinem Herzen lange vor Staunen starr, denn ein so schöner Stamm ist noch nie aus der Erde emporgewachsen (Odyssee 6,160–167).

„Der junge Schößling" im *Erotokritos*.

Der Nordwind nimmt zu. Angesichts so gewaltiger Stürme war es nur zu natürlich, daß man sich in grauer Vorzeit das kleine und flache Delos als eine vom Wind wie ein Blatt hin und her bewegte schwimmende Insel vorstellte.

„Du wirst, liebe Mutter", sagt der noch ungeborene Apollon, „eine kleine im Meer driftende Insel sehen. Ihre Füße berühren nicht den Grund, sondern sie schwimmt wie ein blühender Asphodelosstengel in den Wogen, je nachdem, in welche Richtung der Süd- und der Ostwind sie treiben und wohin das Meer sie trägt – dort sollst du mich zur Welt bringen, sie wird dich aufnehmen" (Kallimachos, Delos-Hymnos 191–195).

Wir gehen zum Strand hinunter, um uns an Bord zu begeben, und nehmen dabei im Artemision Abschied von dem kolossalen Rumpf des Kuros der Naxier. Die Kräfte der Natur, die so viele Jahrhunderte auf ihn einwirkten, haben jede erhabene Stelle glattgeschliffen, es blieb fast nichts außer der beeindruckenden Breite der Brust und der Schultern. Er erscheint einem jetzt eher als ein von den Wogen geglätteter überdimensionaler Kiesel. Man möchte meinen, daß sich einzig die Seele des Marmors erhalten hat. Dennoch – vielleicht auch deshalb – ist er so beredt.

3. Aphrodite Aineias

Ein ziemlich wilder Vorgang, diese Geburt Aphrodites, die aus dem gekappten Geschlechtsteil des Uranos hervorgeht, wie Hesiod das sieht:

> ἀφρὸς ἀπ' ἀθανάτου χροὸς ὤρνυτο...
> [... da hob sich
> weißlicher Schaum aus unsterblichem Fleisch.]
> (Theogonie 190 f.)

Und über die trostlose Einöde, die sie hinterläßt, wird im Chor des Aischylos geklagt:

> ὀμμάτων δ' ἐν ἀχηνίαις
> ἔρρει πᾶσ' Ἀφροδίτα ...
> [sie haben keine lebenden Augen, daher
> ist jegliche Lust Aphrodites geschwunden]
> (Agamemnon 417 f.)

> C'est Vénus toute entière à sa proie attachée.
> [Das ist Venus, wie sie leibt und lebt, mit der ihrem
> Bann erlegenen Beute.]
> (Racine, Phädra)

Die Göttin ist hier dieselbe unwiderstehliche Jagdhündin wie im antiken Hymnos (Aphrodite-Hymnos 168ff.), wo sie unter den ihr als Beute folgenden wilden Tieren des Berges Ida süße Begierde anstachelt.

Die Göttin ist durch Hermes, wie wir sahen, auch Mutter des Hermaphroditos. Er war, nach ursprünglicher Vorstellung mit den meisten Merkmalen seines Vaters ausgestattet, ein Junge, aber mit mädchenhaft entwickelter Brust. Erst im Laufe der Zeit wird er zu einem weiblichen Wesen, das heißt mehr Aphrodite und weniger Hermes. Ein bemerkenswertes Detail.

> Ἔστη ἄρα κλισίη, κ'εὐποιήτοιο μελάθρου
> κῦρε κάρη, καλλὸς δὲ παρειάων ἀπέλαμπεν ...
> [stand sie in der Hütte, und bis zur gezimmerten Decke
> ragte ihr Haupt, es strahlte unsterbliche Schönheit.]
> (Aphrodite-Hymnos 173 f.)

Man vergleiche die ähnlichen Verse im *Demeter-Hymnos*:

> ... ἡ δ' ἄρα ἐπ' οὐδὸν ἔβα ποσί, καὶ ρα μελάθρου
> κῦρε κάρη, πλῆσεν δὲ θύρας σέλαος θείοιο.
> [... die Göttin trat auf die Schwelle: zur Decke
> ragte ihr Haupt, und göttlicher Glanz erfüllte die
> Pforte.]
> (Demeter-Hymnos 180 f.)

Wenn sich die Götter den Blicken der Sterblichen enthüllen, dann strahlen sie, und sie kommen in übernatürlicher Größe einher. Ihr Kopf reicht bis hoch an die Decke.

Der *Aphrodite-Hymnos* erzählt außerdem die Geschichte der Liebe von Eos zu Tithonos (Vers 218–238). Die Götter schenkten ihm Unsterblichkeit, aber nicht ewige Jugend. Und als ihn die Jahre ausgemergelt hatten, sperrte ihn Eos in ein „Gemach" ein, wo er unkontrolliert vor sich hin lamentierte. Diese Geschichte erinnert an die cumäische Sibylle, von der bei Petron die Rede ist (Satyrikon XLVIII) – sie, eine uralte verschrumpelte Greisin, gab jedem auf alles immer nur das berühmt gewordene „Sterben will ich" zur Antwort. Vielleicht deutet das alles darauf hin, daß den alten Griechen als erstes Gut im Grunde genommen nicht die Unsterblichkeit galt, sondern daß es ihnen um die menschlicheren Güter zu tun war. Ich denke an Odysseus; wie ich sehe, hat auch Albert Camus unlängst darauf verwiesen, daß er die Rückkehr nach Ithaka der ihm von Kalypso verheißenen Unsterblichkeit vorzog.[131] Wahrscheinlich ist es so, daß sich die Furcht vor dem Tod und deren Folgen erst später einstellen, zu anderen Zeiten. Ich entsinne mich übrigens, daß T. S. Eliot diesen von Petronius berichteten Ausspruch der cumäischen Sibylle als Motto auf die Titelseite von *The Waste Land* gesetzt hat. Und diese Notiz veranlaßt mich, auf einen Unterschied aufmerksam zu machen, auf den ich schon gleich zu Anfang hätte zu sprechen kommen sollen.

In der vorliegenden, von den *Homerischen Hymnen* ausgehenden Studie geht es um die alten Götter der Griechen, also vor allem um die Zeit ab dem 8. Jahrhundert v. Chr. Die römischen Götter bleiben unberücksichtigt, und erst recht nicht wird auf den Kaiserkult, das heißt auf die Götter eingegangen, die Vergil verherrlicht. Denn obwohl sie mit den ersteren verwandt sind, verkörpern sie eine andere Gefühlswelt, wie ich meine, und gehen aus einer anderen Denkhaltung hervor. Auf diesen Unterschied möge der Leser achten. Es handelt sich hierbei um keinen Gemeinplatz, wenn man bedenkt, daß die herkömmliche Vorstellung, die heute – zumindest in der westlichen Welt – von den Griechengöttern vorherrscht, seit der Renaissance vorwiegend auf lateinische Quellen zurückgeht. Eigentlich hätte es zu dieser Verquickung überhaupt nicht kommen dürfen.

Wenn wir in unserem Hymnos lesen:

> … οἱ δὲ μετ᾽ αὐτὴν
> σαίνοντες πολιοί τε λύκοι χαροποί τε λέοντες
> … ihr folgten
> [wedelnd graue Wölfe und Löwen mit funkelnden
> Augen]
> (Aphrodite-Hymnos 69 f.)

– gemeint ist das Gefolge der Aphrodite, als sie zum Ida emporsteigt –, ließe sich an Lukrez denken:

208

Inde ferae, pecudes persultant ...
[tummelt das Vieh sich wie rasend sodann ...]

aber es wäre falsch, diese zwei verschiedenen Sachverhalte
in einen Zusammenhang zu bringen, und es wäre ebenfalls
falsch, die Frömmigkeit Vergils mit den Göttern Homers in
Zusammenhang zu bringen. In Griechenland gab es keinen
„Kaiserkult". Es mag wohl Weihepriester gegeben haben,
aber keinen Pontifex Maximus. Die *Aeneis* offenbart eine
große Frömmigkeit, man könnte sagen, daß sie ein heiliges
Buch ist: sie spiegelt Frömmigkeit und Eifer der frühen römischen Kaiserzeit unter Augustus wider. Nach Meinung
durchaus ernst zu nehmender Philologen – ich würde ihrer
Meinung keinesfalls leichtfertig und unterschiedslos folgen
wollen – „gab es dagegen niemals eine weniger fromme
Dichtung als die *Ilias.* Die *Ilias* besitzt nicht wie die meisten
Nationalepen einen Rückhalt im *Glauben.*"[132]

Aber wenden wir uns wieder dem *Aphrodite-Hymnos* zu, der
für eine troische Dynastie geschaffen worden sein soll.
Vom Sohn der Aphrodite weiß der Hymnos in einer herzer-
frischenden Passage (Aphrodite-Hymnos 255 ff.) zu berichten, ohne daß man den Namen erfährt. Ihn gibt die *Ilias*
preis:

Αἰνείας, τὸν ὑπ' Ἀγχίσῃ τέκε δῖ Ἀφροδίτη·
Ἴδης ἐν κνημοῖσι θεὰ βροτῷ εὐνηθεῖσα.
          [Aineias, ... des Anchises
starker Sohn, den ihm Aphrodite gebar auf des Idas
waldigen Höhn, die Göttin zum sterblichen Mann
                                        gelagert.]
                                        (2,820f.)

Aineias, der zum Helden der *Aeneis* werden sollte. „Der Aineias Homers", meint ein Forscher,[133] „unterscheidet sich
von allen anderen Helden, den Griechen oder Troern; er
wirkt durch seine fromme Erscheinung ganz geheimnisvoll,
zumal ihm die Herrschaft über sein Land von der Vorse-
hung vorherbestimmt worden war ..."
Und wie die *Ilias* (20,293–309) kundtut, ist Aineias in der
Tat einer der wenigen Helden, denen es nicht bestimmt ist,

in jenem Krieg dahingerafft zu werden, und der als einziger von den Göttern eine Zukunft zugesichert bekommen hat. Also gibt es seit der *Ilias* den „Keim" für eine Sage über diesen Helden und seine Irrfahrten für die Zeit nach dem Untergang Trojas. Und als Vergil sich entschloß, über diesen Schicksalsmann ein Epos zu schaffen, fand er bereits einen Sagenstoff vor, noch ungestaltet zwar, aber doch von gehöriger Brisanz zumindest seit Roms Kriegen in Griechenland. Dort hat dieses bedeutende Werk seinen Ursprung.

Diese etwas improvisatorischen Überlegungen ermöglichen mir noch eine weitere Bemerkung. Der tief in westlicher Tradition und westlichem Selbstverständnis verwurzelte – am wenigsten jedoch griechische – Thomas Eliot schreibt: „Als Schüler hatte es sich für mich so ergeben, daß ich *Ilias* und *Aeneis* zur gleichen Zeit kennenlernte. Aber schon vorher war mir die griechische Sprache viel interessanter zu lernen gewesen als das Latein. Und noch jetzt bin ich der Meinung, daß sie eine viel wichtigere Sprache ist ... Dennoch war mir Vergil viel vertrauter, während ich mich zu Homer nicht so hingezogen fühlte ..."[134]

Gewiß, Eliot bemerkt gleich darauf, daß er deshalb Vergil keinesfalls für einen bedeutenderen Dichter halte als Homer. Aber es ist nicht dieser Vergleich, um den es mir geht, diese monumentalen Werke sind nicht vergleichbar. Mein Augenmerk ist vielmehr auf die psychologische Einstellung gerichtet, auf die unterschiedliche Vertrautheit, von der die Rede ist. So sind auch diese Einsichten hier ein weiteres Beispiel für den Unterschied, den ich bereits oben deutlich gemacht habe.

Ich muß hinzufügen, daß Eliot die homerischen Helden für „verantwortungslos" usw. hält, genau wie die Götter. Was die Helden betrifft, meine ich, daß seine Ansicht eher aus der Tradition von Shakespeares *Troilus und Cressida* herrührt als anderswoher. Und was das Wichtigere ist, so werden die homerischen Götter von vielen Griechen durchaus kritisch gesehen. Man braucht sich bloß die Geschichte von Platon bis Kavafis zu vergegenwärtigen, wo es fortwährend heißt: „Dieses wird nicht unseren Beifall finden."

Dennoch läßt sich nicht leugnen, daß Griechenland, das so viel ins Christentum eingebracht hat, dem Abendland nichts hinterließ, was der 4. Ekloge Vergils gleichkommt.

Die Jungfrau, die Geburt eines Knäbleins und anderes, wovon wir in diesem Gedicht erfahren, machten Augustinus,
weitere Kirchenväter und die christliche Kirche des Westens insgesamt glauben, daß dieses „Hirtengedicht" aus der
Zeit um 40 v. Chr. die Geburt Christi prophezeie.
Im westlichen Abendland hat Vergil seit seinem Tod eine
ununterbrochene, gewaltige Rezeption erlebt. Er stand immer an der Spitze der Pyramide der abendländischen Tradition. Diese Position wurde ganz wesentlich durch die Prophezeiung aus der ebengenannten 4. Ekloge untermauert.
Im Mittelalter wird Vergil dann fast zu einer legendären
Gestalt, gewissermaßen zu einem Heiligen, um den sich
Mythen und apokryphe Geschichten ranken.
Es heißt, daß der Apostel Paulus, als er von Kreta nach Italien kam, sich zum Grabmal des Dichters führen ließ, um
ihn zu beweinen. Diese Begebenheit preist eine lateinische
Hymne, eine sogenannte „Prosa", die im Dom von Mantua
zu Ehren des Heiligen gesungen wurde. Sie lautet[135]:

> Ad Maronis Mausoleum
> ductus, fudit super eum
> piae rorem lacrymae.
> Quem te, inquit, redidissem
> si te vivum invenissem,
> poetarum maxime.
> [Als zu Maronis Grabmal
> er kam, gießt er darüber aus
> das Naß seiner ehrfürchtigen Träne.
> Was würde ich, sagte er, für dich hergeben,
> wenn ich dich als Lebenden vorgefunden hätte,
> dich, du größter der Dichter.]

Und diese Tradition setzt sich mindestens bis zur Zeit Victor Hugos fort. Dieses vorausgeschickt, lassen sich auch die
obenerwähnten Urteile des Anglokatholiken Eliot über Homer sowie seine folgende Äußerung verstehen, durch die
sich mir sein gesamter Essay erschlossen hat:
„Das Empfinden dieses römischen Dichters kommt christlichem Empfinden näher als das irgendeines anderen römischen oder griechischen Dichters."[136]
„Verstehen", habe ich geschrieben, nicht „rechtfertigen".

Denn Eliot scheint Homer doch teilweise zu verkennen, wie zum Beispiel den 6. und 24. Gesang der *Ilias*, die nach meinem Dafürhalten so dicht an die Seele des Menschen heranreichen, daß sie dem tieferen Sinn des Christentums nicht fernstehen können. Und es gibt noch einen Gesichtspunkt, bei dem er sich offenbar aus subjektivem Empfinden hinreißen läßt und verkennt, daß man einem Dichter keinen Vorwurf machen darf, weil er uns etwas nicht gegeben hat, was er uns überhaupt nicht zu geben beabsichtigte: Wir können von Homer, der – ich weiß nicht wie viele – Jahre vor dem 7. Jahrhundert v. Chr. gelebt hat, nicht verlangen, daß er uns mit Ansichten bedient, die erst zu Zeiten des Kaisers Augustus herangereift sind.

Dennoch bleibt Vergil der wichtigste Bezugspunkt, den wir haben, wenn wir westeuropäische Tradition und griechische – ich meine hier nicht nur die antike, sondern die griechische Tradition insgesamt – miteinander vergleichen wollen, ohne daß ich dabei die jeweiligen Vorzüge oder Defizite, sondern lediglich die Unterschiede im Blick habe. Der Dichter Roms schafft da genügend Klarheit, wie sich auch erweist, wenn man die folgenden Verse von W. H. Auden zu verstehen versucht:

> The eyes of the crow and the eye of the camera open
> on to Homer's world, not ours ...
> [Die Augen der Krähe und das Auge der Kamera sind
> gerichtet auf Homers Welt, nicht auf die unsere ...][137]

Ja, ich finde, daß Eliot und Auden nicht der Welt Homers, sondern Vergils Welt angehören, zwei sehr verschiedenen Welten, deren Unterschiede sich im Laufe der Zeit noch vertieft haben.

„Ich will keine Engel malen, weil mir niemals welche erschienen sind", hat Pablo Picasso einmal geäußert. Dieser Ausspruch bringt mich in einige Verlegenheit, denn sind mir jemals antike Götter erschienen, daß ich mich hinsetze und über sie schreibe? Aber dann dachte ich an Domenikos Theotokopoulos, der auch keine Engel vor Augen hatte, obwohl er sie mit unbeirrbarer Beharrlichkeit malte. Ich nehme einen vermittelnden Standpunkt ein, und zwar von dem Argument aus, daß künstlerisches Schaffen niemals *nur* von dem ausgeht, was wir sehen. Darin bestärkte mich auch die Auffassung von W. B. Yeats[138]: „Es ist nicht möglich, Dichtung ohne einen reichen Erfahrungsschatz zu verstehen", schreibt er. Und dieser Erfahrungsschatz beschränkt sich meiner Meinung nach nicht auf die Erfahrung nur des einen Menschen, sondern es geht um die Erfahrung auch all der anderen vor ihm. Es geht um die Tiefe der Erfahrung, ohne die es, scheint mir, kein künstlerisches Tun gibt.

An einem Spätherbsttag war mir einmal so, als sei Gott – oder diese tiefe Erfahrung – mit blitzartiger Gewißheit über mich gekommen. Und ich sagte: „Im Grunde genommen bin ich eine Frage des Lichts." Das war ein Erlebnis, das uns nur ganz selten im Leben widerfährt und das mit einem Schlag alles erhellt; man kann das nicht mit Worten ausdrücken. Lassen wir das.

In der vorliegenden Studie hatte ich mir vorgenommen, die alten Götter möglichst so zu sehen, wie sie ein frommer Mensch in jenen Zeiten gesehen haben mag, aber meine Zeitgenossen haben mich aus diesen Tiefen immer wieder ans Tageslicht heraufgeholt. Wie ich schon in bezug auf Kallimachos sagte: Wir sind niemals für uns allein, wenn wir schreiben. So wie auf der Bühne des Theaters, wo wir hinter dem Rampenlicht, das den Zuschauerraum abschirmt und ins Dunkel versinken läßt, ein uns nicht bekanntes Publikum wissen, das über uns befindet. Mit ihm halten wir im Geiste Zwiesprache, und schon beginnt alles sich aufzulösen. Sich aufzulösen auf jener Ebene, auf der die Antike jenem Kuros der Naxier in Delos gleicht: ein Stück liegt hier, ein anderes dort, und wir bemühen uns um eine Zusammenschau – ohne Erfolg. Daß einmal – wie hier – unsere Ohnmacht zutage tritt, ist kein Schaden.

Einmal noch sehe ich alle diese Götter der Vorzeit jene Welt mit einem magischen Netz zudecken, das irgendwann aufreißen mußte, damit die Menschen weiter ihrem Schicksal folgen konnten, ob gut oder schlecht, das spielt keine Rolle. Aber wie die Erfahrung lehrt, ist dieses Magische nur schwer zu überwinden und sitzt offenbar tief in unserer Seele. Wie könnte es anders sein, schließlich ist das unser aller Ausgangspunkt; ich weiß nicht, wie es im Alter werden wird, aber die ersten Lebensjahre, über die jeder Mensch hinwegkommen muß, stehen mir noch deutlich vor Augen. Wir sollten diese Kindheitserinnerungen keinesfalls geringschätzen. Und im übrigen ist man sich immer nur seines eigenen Glaubens sicher; wer ohne Glauben ist, dem kann ein anderer einreden, was er will, und es bleibt für ihn doch alles vage, etwa wie auf den Negativen von Fotografien.

Vielleicht muß ich doch noch sagen, daß wir diese antike Überlieferung – ich meine die Welt Homers, die sich wie die Wasser durch einen geborstenen Damm ihren Weg geebnet und in breitem Strom sowie über unzählige Rinnsale Europa durchdrungen hatte, und zwar parallel zur Überlieferung Vergils – jetzt im Ansturm unserer technologischen Epoche untergehen sehen. Und das will etwas heißen, wenn man bedenkt, wie vielen Umbrüchen und welchen Gefährdungen sie bis auf den heutigen Tag standgehalten hat.

Ich möchte hier schließen. Die Götter, als unsterbliche geboren, sie sterben. Mir ist jetzt so, als befände auch ich mich auf jenem Schiff, das, wie Plutarch berichtet, zu Kaiser Tiberius' Zeiten über die See vor Paxos fuhr und dessen Kapitän auf einmal mit lauter Stimme rief: „Der große Pan ist tot"[139], woraufhin alle Reisenden in der nächtlichen Stille des Meeres vom Ufer her ein mächtiges Stöhnen nicht eines, sondern gleich vieler Menschen vernahmen.

Pan wird an keiner Stelle der homerischen Epen erwähnt, aber wir besitzen einen an ihn gerichteten Homerischen Hymnos, und der Nazianzener ordnet ihn ein, wie es unserer Vorstellung entspricht.

Vorwort zur „Musikalischen Poetik" von Igor Strawinsky

Wäre ich im Studienjahr 1939/40 in der glücklichen Lage gewesen, über meine Zeit frei verfügen zu können, hätte ich mich im Harvard College um einen Platz zwischen den jungen Hörern Igor Strawinskys bemüht. Ich weiß nicht wie, aber ich muß einiges von den mittelalterlichen Zunftsitten geerbt haben. In diesem anachronistischen Sinn eines Handwerkers begreife ich Strawinsky, wenn er den unerreichten Duktus der Kompositionen Bachs preist und dabei behauptet, daß man den Geruch des Harzes in den Violinen und den Geschmack des Schilfrohrs in den Oboen wahrnehmen kann.[140] Und eben darum glaube ich auch, daß die Lehren der großen Meister eine ähnliche Bedeutung erlangen können wie ihre künstlerische Produktion.

Seit der Zeit in Harvard sind weitere wichtige Seiten zum Korpus der Texte hinzugekommen, die Leben und Werk des großen Komponisten erhellen. Ich meine seine Gespräche mit Robert Craft, der uns den einzigartigen Dienst erwiesen hat, sich Strawinsky zu nähern, so wie der junge Ekkermann sich einst Goethe genähert hat. Aber ich muß sofort betonen, daß die Vorlesungen von Harvard Bücher wie zum Beispiel *Chroniques de ma vie* (Paris, 1935) nicht überflüssig machen, und daß sie genausowenig durch die später hinzugekommenen Erinnerungen und Gedanken zur Musik überflüssig geworden sind, sondern durch diese ergänzt werden.

Die sechs folgenden, französisch gehaltenen Vorlesungen mit dem Titel *Poétique musicale sous forme de six leçons* gehörten zum berühmten Zyklus der „Charles Eliot Norton Lectures on Poetry" an der Harvard-Universität. Jahrelang waren sie vergriffen und in der Originalausgabe nicht erhältlich. Erst jetzt bietet uns die vorliegende Edition den Text zum ersten Mal parallel zur englischen Übersetzung.[141] Der Vorteil liegt auf der Hand, wenn man bedenkt, wie entscheidend die kleinste Nuance in Strawinskys Denken ist.

Strawinsky berichtet voller Dankbarkeit von der Zusammenarbeit mit seinem Freund Paul Valéry, der mit ihm den vorbereiteten Text durchgegangen ist, da ja Französisch für ihn eine Fremdsprache war.[142] Es ist sehr schön, sich die Zusammenarbeit dieser beiden Verfechter der Präzision vorzustellen. Genauso schön und lehrreich ist folgende Information, die uns der Komponist gibt:

„Noch jetzt, ein halbes Jahrhundert, seitdem ich die Welt der russischen Sprache verlassen habe, denke ich russisch und spreche die anderen Sprachen, als würde ich übersetzen."[143]

Ich meine, daß es sehr schwer ist, Babel in eine Seele zu zwängen, die sich nach Einheit sehnt.[144]

Strawinsky in Harvard, das erinnerte mich an Valéry. Als ich um 1922 in Paris studierte, hatte dieser Mann große Bedeutung für mich. Noch lange danach fühlte ich mich zu den Vertretern der älteren Generation hingezogen, die mit ihm befreundet waren und mir über ihn berichten konnten. Alle liebten ihn. Ich vergesse niemals den herbstlichen Nachmittag im engen Büro von T. S. Eliot bei Faber and Faber, den Klang der Stimme des Dichters der *Quartette* am Schluß eines Gespräches über Valéry: „Er war so klug, daß er *keinen* Ehrgeiz hatte."

Und jetzt, da ich meine einfache Meinung über einen Komponisten unserer Zeit niederschreibe, dessen Schicksal ich mein ganzes Leben verfolgt habe, erinnere ich mich an einen Satz aus einem Brief Valérys: „... En matière musicale les mots du métier ne me disent rien que de vague ou d'intimidant." (Im Bereich der Musik drücken die Wörter nur etwas sehr Vages aus.) Ich fühle dasselbe und war lange unschlüssig, ob ich diese wenigen Worte schreiben sollte. Strawinsky selbst verstärkte meine Bedenken mit der Feststellung, „daß alle verbalen Umschreibungen der musikalischen Form ziemlich irreführend sind"[145]. Natürlich, und das trifft nicht nur auf die Musik zu. Es ist im allgemeinen irreführend, eine bestimmte Ausdrucksweise aus ihrem ursprünglichen Material, das sie gebar, zu lösen, um sie in ein anderes Material, das ihr notwendig fremd sein muß, zu übertragen. Ich will ein Beispiel anführen:

Wir kennen doch die Episode aus dem zweiten Buch der *Aeneis*, in der die Schlangen Laokoon und seine beiden Kinder erdrosseln. Man kann schwerlich behaupten, daß das

Bild von Greco, das ebendiese Episode zum Thema hat und das wir in der Washingtoner Pinakothek bewundern können, oder die berühmte antike Marmorplastik aus Rhodos ohne Modifikation genau dasselbe ausdrücken wie die Verse von Vergil. Das gilt auch für *Après-midi d'un faune* von Mallarmé und die wunderbare Musik, die Claude Debussy zu diesem Gedicht schrieb. Jede Kunst hat ihr eigenes Material. Ein Material, das durch die Energie des Künstlers ganz plötzlich und unerwartet sensibler wird und eine andere Form annimmt, als wir sie im täglichen Leben zu sehen gewohnt sind. Diese Feststellung ist mir wichtig, weil sie zugleich auch den Unterschied zwischen dem Gebrauch der Wörter als Material für die Dichtung und für didaktische oder instruierende Zwecke erklärt. Letztere Art des Sprachgebrauchs kann man beim Lesen der Harvard-Vorlesungen oder der anderen uns so reichlich gespendeten Schriften Strawinskys bewundern.

Aber die – vom absoluten Verständnis her gesehene – eigentliche Ausdrucksweise Strawinskys werden wir nicht auf dem Gebiet des Wortes, sondern auf dem Gebiet des Klanges suchen. Hier hat er sich verwirklicht und als ein großer Bahnbrecher erwiesen, vergleichbar mit dem anderen Leitbild unserer Epoche, mit Picasso. Die Werke, die Ausdrucksweisen dieser beiden Männer haben unser Jahrhundert geprägt, und wenn man die Katharsis, die Erlösung sucht, die sie uns gewähren, muß man sich den Werken selbst zuwenden und nicht vermittelnden Worten – ich meine die unzähligen Worte, mit denen diese Werke kommentiert worden sind.

In einem Augenblick, da uns die gute Laune zur Übertreibung verleitet, hatte ich geschrieben, daß man selbst in einer Sprache, die nur aus einem Wort besteht, den guten vom schlechten Dichter unterscheiden kann. Darum mußte ich auch über die Aussage bei Strawinsky nachdenken, die er dem Areopagiten am Schluß der Vorlesungen in den Mund legt: Je höher – erklärt der Heilige – die Engel in der himmlischen Hierarchie stehen, um so geringer wird die Anzahl der Wörter, über die sie verfügen; so daß der am höchsten stehende nur noch eine Silbe aussprechen kann.[146]

Ein Wort oder eine Silbe oder einen einzigen Laut. Die

Grenze, die man erreichen will und nie erreicht. Aber der Weg dorthin, dieser weite und unergründliche Weg, den wir nur mit Mühe nachvollziehen können, ist das Faszinierende an einem Künstlerleben.

Ich bin für diese wenigen Zeilen dankbar, weil sie mich veranlaßt haben, im vergangenen Monat einen großen Teil des aufgezeichneten Werkes von Strawinsky noch einmal zu hören und seine Gespräche zu lesen. In einem der Gespräche, das mir dieser Tage zufällig in die Hände fiel, ist von den letzten *Quartetten* Beethovens die Rede. Er sagt unter anderem: „Die Quartette sind eine Menschenrechtscharta ..." oder: „Die Quartette verkörpern in hohem Maße die Idee der Freiheit ..."[147] Ich muß gestehen, daß ich mit diesen Gedanken meine Schwierigkeiten hatte. Dann besann ich mich aber auf die grundlegende Bedeutung, die die Zeit für die Musik und für ihn selbst besitzt, und auf jene Äußerung über „das natürliche Atmen" der Musik; „der Puls ist die Wirklichkeit der Musik"[148], versichert er. Im gleichen Moment kam mir ein Quartett in den Sinn, das ich sehr mag und unzählige Male gehört habe, das Quartett op. 132, vor allem der 3. Satz (Molto adagio), der „Canzona di ringraziamento in lydischer Tonart" heißt. Da glaubte ich, sehr genau verstanden zu haben, was Strawinsky meint: Die Musik ist die Kunst der Zeit, lehrt er uns in der zweiten Vorlesung; und Träger der Zeit, überlegte ich weiter, sind die Körper der Menschen, diese „gequälte Menschheit", die unaufhörlich danach strebt, ungezwungener im „Licht der Gesundheit" atmen zu können. Hier unterbrach mich „L'ennui de fournir du bavardage" [Die Langeweile verleitet zum Schwatzen], wie Mallarmé sagt.

Ein Punkt bleibt noch. Von dem reichen, uns von Robert Craft zur Verfügung gestellten Informationsschatz über Igor Strawinsky beschäftigt mich folgendes Detail ganz besonders:

„Mir ist aufgefallen", fragt Craft, „daß Sie beim Schlafen immer eine Lampe brennen lassen. Würden Sie mir sagen, weshalb?"

Und die Antwort Strawinskys: „Ich kann nachts nicht schlafen, ohne daß wenigstens ein Lichtstrahl von einem benachbarten Raum in mein Schlafzimmer fällt. Vielleicht rührt das immer noch von der Straßenlaterne vor meinem Fenster her, die den Krjukow-Kanal erhellte. Aber was es auch gewesen sein mag, dieser nabelschnurartige Lichtschein erlaubt mir, mit meinen achtundsiebzig Jahren immer noch in den geschützten und geschlossenen Raum einzutreten, den ich mit sieben oder acht Jahren kennengelernt hatte."[149]

Ich staune, daß ein Mensch so spricht, der erklärt: „Ich erinnere mich nicht gern an meine Kindheit."[150] Aber dieses schwache und trotzige Licht, das einst von einer Straßenlaterne des alten Petrograd ausging, erhellte noch nach Jahrzehnten wie ein erloschener Stern, dessen Lichtquelle möglicherweise gar nicht mehr existierte, seinen Schlaf und bewahrte ihm die behütete Welt seiner Kindheit ...

Strawinsky sagte letztes Jahr: „Ich weiß, daß ich noch ganz andere Musik in mir habe. Und ich muß sie geben. Ich kann nicht ein Leben leben, das nur empfängt."[151] Gott möge ihm noch viele Tage schenken, und jener Lichtstrahl vom nächtlichen Krjukow-Kanal möge stets seine fruchtbaren Träume begleiten.

Athen, Mai 1969

„Stimmen" bei Artemidoros aus Daldis

1

Der äußerst sympathische Synesios, Bischof von Ptolemaïs, schrieb in der sogenannten heidnischen Periode seines Lebens, daß Träume die einzige Möglichkeit einer Prognose seien, jedermann, ob Reicher oder Sklave, habe zu ihnen Zugang, weil sie nichts kosten und keinerlei Hilfsmittel erfordern; kein Tyrann könne sie verbieten, es sei denn, er verbietet seinen Untertanen den Schlaf.[152]
Eine richtige Feststellung. Der Traum gehört zu den wenigen menschlichen Funktionen, die man nicht beherrschen kann, obwohl sich die Menschheit in einer Richtung entwickelt hat, die Synesios nicht voraussehen konnte: Unsere Welt hat Regime erlebt, die sogar den Schlaf zu unterbinden versuchten.
Wir wissen nur (der älteste namentlich bekannte Traumdeuter lebte um 2000 v. Chr.), daß die Menschheit schon immer träumte und bemüht war, sich ihre Träume zu erklären. In der Geschichte dieses Bemühens gehören die *Oneirokritika* von Artemidoros zu den wenigen Zeugnissen der Traumdeutung, die uns die Antike hinterließ; wohlgemerkt Zeugnisse aus der volkstümlichen Tradition.
Ich meine einen Volksbrauch, der in Griechenland immer noch lebendig ist; zum Beispiel bei jener alten Frau, die letzten Sommer in die Hauptstadt ihrer Insel kam, in der einen Hand einen kleinen Krug voll Honig, in der andern ein völlig zerfledertes Buch, und meinen Freund bat: „Nimm den Honig, mein Sohn, und schick mir, wenn du nach Athen zurückkehrst, dafür einen neuen Traumdeuter; diesen hier hatte ich mein ganzes Leben, nun zerfällt er, und man kann ihn nicht mehr lesen."
Dieses Verständnis, das „unwissenschaftliche" würde man heute sagen, kenne ich aus meiner Kindheit in Smyrna von den Gesprächen der Frauen unseres Hauses oder von den Rufen des fliegenden Buchhändlers vor unseren Fenstern, der, neben anderen Büchern, auch den *Großen Traumdeuter* feilbot. Das geschah zu einer Zeit (um 1910), als ein anderer großer Traumdeuter, Sigmund Freud, Europa mit seiner

Lehre eroberte. Sein Buch über die Träume (1900) beinhaltete, wie er selbst 1931 rückblickend notiert, „auch nach meinem heutigen Dafürhalten die bedeutendste Entdeckung, die zu machen ich das Glück hatte. Eine Erleuchtung wie diese hat man nur einmal im Leben." Die alten Systeme der Traumdeutung behielten ihre Gültigkeit über mindestens viertausend Jahre. Wer weiß, ob das neue System ebenso lange bestehen wird, vorausgesetzt, wir schaffen den Schlaf und die Träume zwischendurch nicht völlig ab.

Ich werde in diesem Text kaum auf Details eingehen, möchte aber darauf hinweisen, daß der berühmte Wiener Arzt die Trennlinie zwischen dem alten und dem neuen System der Traumdeutung in einer Fußnote gleich zu Beginn seines Buches zieht: „Artemidoros aus Daldis … hat uns die vollständigste und sorgfältigste Aufarbeitung von Träumen hinterlassen, wie sie in der griechisch-römischen Welt üblich war." In der nächsten Fußnote erklärt er, weshalb die Worte der Träume unübersetzbar sind, und erörtert die Bedeutung einer originalen Redewendung oder eines Wortspiels. Dann schreibt er: „Das beste Beispiel einer Traumdeutung, das uns aus der Antike überliefert wurde, beruht auf einem Wortspiel; Artemidoros berichtet darüber."

Gemeint ist eine Episode aus dem Leben Alexanders des Großen während der Belagerung von Tyros (260,3).[153] Alexander war verärgert und ungeduldig, weil sich die Stadt nicht ergab und er dadurch Zeit verlor. Da sah er im Traum einen Satyros, der auf einem Schild tanzte. Er befragte den Traumdeuter Aristandros, der zu seinem Gefolge gehörte, und dieser antwortete ihm darauf – „sehr treffend", bemerkt Artemidoros –: Satyros bedeute σὰ Τύρος, das heißt, Tyros gehört dir. Diese Deutung beflügelte die Anstrengung des Königs, der bald darauf die Stadt einnahm.

2

Artemidoros aus Daldis lebte im ausgehenden 2. Jahrhundert n. Chr. irgendwo in Lydien; er war eine flüchtige Gestalt; ich sehe ihn

> … auf dem endlosen
> Meer der Träume
>
> (Kalvos)

wie er mit anderen Trümmern jener untergehenden Zeit umhergetrieben wird.

Zwei Autoren seiner Zeit erwähnen ihn (Lukian, Galen), und in der *Suda* findet man folgenden Absatz: „Artemidoros, Daldianos (gemeint ist Daldis, die Stadt in Lydien), Philosoph. Schrieb die Oneirokritika in vier Bänden, Oinoskopika und Cheiroskopika." *Philosoph* in der antiken, ursprünglichen Bedeutung heißt Freund der Weisheit, nicht „Philosoph" im heutigen Verständnis. Von diesen drei Werken sind nur die *Oneirokritika* erhalten geblieben. Es seien wenigstens zwei der Handschriften genannt, die uns diese Bücher überliefern, nämlich ein Laurentianus aus dem 11. Jahrhundert, den Ianos Laskaris 1491/92 im Auftrag von Lorenzo dei Medici in Chandaka (Kreta) zusammen mit anderen Codices kaufte, und ein Marcianus aus dem 15. Jahrhundert, auf dem vermerkt ist: „Michailos Apostolis aus Byzanz, der nach der Zerstörung seiner Heimatstadt in Armut lebte, schrieb dieses und viele weitere Bücher in Kreta ab." Diese verfolgten Flüchtlinge, die in Armut lebenden Kopisten! Das erinnerte mich an einen anderen Schriftsteller, an Nikandros Nukios, der in seinen *Reisebüchern*[154] notierte: „Aufgeschrieben von Andronikus Nukios aus Kerkira, dem nach Einäscherung und Plünderung seiner Heimat durch die Ungläubigen in Venedig studierenden und in Armut lebenden …"

Das Traumbuch wird zum ersten Mal von Aldo Manutio herausgegeben: Venedig 1518. 1542 folgte mit der italienischen Übersetzung erstmals eine Übertragung in eine lebende europäische Sprache, „Di greco in volgare tradotto per Pietro Lauro Modonese" steht auf der Titelseite. Das „in volgare" gefällt mir; nicht, weil es an das Vorbild Dantes erinnert, sondern weil alle einfachen Leute, und nicht nur die Gelehrten, ihre Träume erklärt haben wollen.

Nach der ersten Veröffentlichung durch Aldo Manutio ist der griechische Originaltext noch insgesamt viermal ediert worden; die letzte Ausgabe stammt aus dem Jahre 1963.[155] Die Übersetzungen häuften sich: 1546 ins Französische, 1563 und 1644 ins Englische, 1597 ins Deutsche. Hinzu kommt noch eine arabische Übersetzung aus dem 9. Jahrhundert.[156]

Soweit diese „philologischen Anmerkungen" in aller Kürze.

Sehr interessant finde ich dagegen, daß mindestens zwei der herausragenden Geister des 16. Jahrhunderts den griechischen Text des Artemidoros gelesen haben müssen: Rabelais und Domenikos Theotokopulos. Was den ersten betrifft, so denke man an die Traumdeutung des Pantagruel: „Vostre femme ... a aultruy se abandonnera et vous fera coqu. Cestuy poinct est apertement exposé par Artemidorus" [Deine Frau ... wird die eheliche Treue brechen und dich zum Hahnrei machen. Das hat Artemidoros klipp und klar bewiesen.] (Drittes Buch, Kapitel 14). Das ist eine Anspielung auf folgende Weissagung (120,15) des Daldianers: „... seine zukünftige Ehefrau wird Ehebruch begehen und ihm, wie das Sprichwort sagt, Hörner aufsetzen ..." Vom zweiten wissen wir, daß die Registrierung der griechischsprachigen Bücher des großen Malers, fünf Tage nach seinem Tod, auch den Artemidoros aufzählt.[157] Es ist wahr, daß nicht gesagt wird, um welchen der drei Artemidoren es sich handelt. Mir scheint jedoch, daß der Verfasser der *Oneirokritika* besser in die Bibliothek des Schöpfers des Bildes „Der Traum Philipps II." paßt als ein unbedeutender Grammatiker oder ein zweitrangiger Geograph.

3

Ich nannte Artemidoros eine flüchtige Gestalt; das einzige, was wir über seine Person wissen, sind seine eigenen Angaben und Auskünfte, die wir aus seinen Traumdeutungen selbst entnehmen können.

Er wurde in Ephesos geboren, wählte aber Daldis als Heimat: „Wundere dich nicht über meinen Namen, daß ich Artemidoros Daldianos und nicht Ephesios heiße" (235,13), schreibt er an Kassios Maximos, dem er mit etwas zu überschwenglichem Lob die ersten drei Bücher der *Oneirokritika* widmet.[158]

Daldis ist seine Heimat „mütterlicherseits", und ihr gebührt dieser „Dankeslohn", fügt er hinzu. Und als er, an anderer Stelle, des Apollon aus Daldis gedenkt, „den wir nach lokaler Überlieferung Mystes nennen" (203,11), notiert er, daß dieser Gott der Mantik ihn veranlaßte, seine Traumdeutungen aufzuschreiben.

Das ist fast alles, was wir über ihn wissen; hinzu kommt

sein Hinweis, „stets von einem großen Ehrgeiz angespornt" worden zu sein, so daß er kein Buch über Traumdeutung ungelesen ließ und „mit vielen Menschen sprach, in Städten und auf Dorffesten in Griechenland, Asien und Italien, die größten und am dichtesten besiedelten Inseln bereiste, um etwas über alte Träume und deren Folgen zu erfahren. Denn es gab keine andere Möglichkeit, auf diesem Gebiet Erfahrungen zu sammeln" (2,17; s. a. 301,10).

Artemidoros ist also ein praktischer Traumdeuter. Er erklärt und deutet die Träume, zum Glück ohne originell sein zu wollen. Er ist ein Mensch, der immer versucht, aus der Erfahrung zu lernen. Nur auf sie verläßt er sich; am Schluß des zweiten Buches schreibt er: „Ich hätte durchaus eigene Erklärungen finden und mich Spekulationen hingeben können, aber mir gefielen weder die Methoden der Phrasendrescher noch das Einschmeicheln beim Publikum, also stützte ich mich auf die Erfahrung als letztes Kriterium meiner Behauptungen. Ich absolvierte nämlich in jeder Hinsicht die Schule der Erfahrung ..." (202,17).

So sehe ich Artemidoros. Er hinterließ uns zwar seine Erfahrungen als Traumdeuter, aber von seiner Erfahrung im Umgang mit den Menschen seiner Zeit berichten seine Schriften nur sehr spärlich; unser Wissen und unsere aus einer disziplinierten Seele gespeiste Phantasie besitzen die Kraft, diese Lücke auszufüllen.

Diese frühe nachchristliche Epoche wird beherrscht, einmal abgesehen vom Keim der neuen Religion – aber das ist ein anderes Thema –, von Unruhe, Unsicherheit, von Ängsten und Phobien, von Wahnsinn und dessen Folgen: von Magie, Zauberei, Betrug, Astrologie und ähnlichem. Unzählbar sind die philosophischen und religiösen Anschauungen, denn jeder sucht nach einem personifizierten oder nichtpersonifizierten Schutz. Artemidoros spiegelt durch seine Direktheit diese Atmosphäre wider, wenn er die zwielichtigen Berufe, deren Wahrhaftigkeit er in Frage stellt, aufzählt: „Alles, was die Pythagoreer, Physiognomen, Astragalomanten, Tyromanten, Koskinomanten, Morphoskopen, Cheiroskopen, Lekanomanten, Nekyomanten sagen, ist gelogen und unvernünftig ... Die einzigen wahren Sprüche sind die der Opferpriester, Vogelschauer, Sternkundigen, Wunderzeichenkenner, Traumdeuter und Eingeweidebeschauer" (195,13; s. a. 255,9); natürlich ist die Aufzählung nicht vollständig. Wenden wir uns nun einigen beliebig ausgewählten Träumen zu, die uns Artemidoros erklärt.

4

Zunächst sei festgehalten, daß für Artemidoros *Oneiros* „eine Bewegung oder eine zusammengesetzte Gestalt der Seele ist, die das Kommende, das Gute wie das Böse, ankündigt" (5,17). Es würde mir schwerfallen, exakt definieren zu wollen, welche Bedeutung die Begriffe „Bewegung" oder „Gestalt der Seele" für ihn besitzen, gleichgültig, ob man sie einzeln oder zusammen nimmt; deutlich wird zumindest aus der Wendung „die das Kommende ankündigt" sein Hauptgedanke: Die Träume sind *prophetisch*, wie man damals glaubte und teilweise heute noch glaubt. Erst vor einem halben Jahrhundert begannen die Menschen mit „der wissenschaftlichen Erklärung" der Träume. Diese Zeit reichte nicht aus, um im Menschen, zumal für Vergangenes, psychische Automatismen herauszubilden. Denken wir nur an die Sätze: „Die Sonne geht auf" oder „Die Sonne geht unter", wo wir doch seit Jahrhunderten wissen, daß das mit der wissenschaftlichen Wahrheit nicht übereinstimmt.

Dazu kommt noch seine folgende Darlegung: „Die Traumdeutung ist nichts anderes als ein Vergleich zwischen verwandten Dingen" (145,11). Tatsächlich kann man die *Oneirokritika* als einen Vergleichskatalog bezeichnen, zum Beispiel: „Die Sichel bedeutet Raub und Schaden, weil sie alles trennt und nichts vereint. Sie steht aber auch für das Halbjahr, denn sie ist ein halber Kreis" (142,11).

Es lassen sich unzählige solcher Beispiele finden:

„Wenn man träumt, man sei auf beiden Augen erblindet", steht Schlimmes bevor (32,16). „Dichtern jedoch ist das ein günstiges Zeichen; sie brauchen nämlich absolute Ruhe beim Dichten ihrer Epen ..., ein Grund dafür, daß sogar der Dichter Homer blind war" (33,18).

„Eselsohren zu haben ist nur für Philosophen ein gutes Vorzeichen, weil der Esel ein zum Nachgeben wenig geneigtes Ohr besitzt; den andern Menschen prophezeien sie Knechtschaft und Leid" (31,13).

„Wenn man im Traum einen zu großen Kopf hat, bedeutet

das für … einen Wucherer, Geldwechsler oder Eranarchen großen Geldgewinn. Sogar das Geld wird κεφάλαια genannt. Dem Reichen hingegen, der schon im Staatsgeschäft tätig ist, den Rednern und Parteiführern prophezeit er Schwierigkeiten und Beschimpfungen von seiten des Pöbels …" (26,1).

Oder:

„Das Bücheressen prophezeit allen Erziehern, Sophisten und allen anderen, die sich mit dem Wort oder dem Bücherschreiben beschäftigen, nur Gutes; allen anderen kündigt dieser Traum den baldigen Tod an" (179,25).

Unwillkürlich erinnerte mich diese Stelle an die Vision des Johannes auf Patmos:

„Und ich nahm das Büchlein von der Hand des Engels und verschlang es, und es war süß in meinem Munde wie Honig; und da ich es gegessen hatte, grimmte mich's im Bauch. Und es ward zu mir gesagt: Du mußt abermals weissagen den Völkern und Nationen …" (Offenbarung Johannis 10,10–11).

Es scheint, als wäre die Kluft, die diese beiden Texte trennt, unüberbrückbar, obwohl sie fast im gleichen geschichtlichen Augenblick entstanden sind; der eine Text, eine inzwischen seit siebzehn Jahrhunderten erstarrte Tradition, mit einem reichverzweigten Geflecht von Gefühlen und Assoziationen; und der andere Text, eine eher subjektive ambivalente Darstellung, die aber auch ein gewisses Maß an überkommener Weisheit in sich birgt. Seien wir gerecht: Der eigentliche Unterschied zwischen ihnen besteht in der Auffassung von Artemidoros, daß „alles, was geschieht, egal ob für oder wider das Gesetz, in einem bestimmten Zeitraum geschieht. Das war in der Vergangenheit so und wird auch in Zukunft so sein" (243,19). In der *Offenbarung* gibt es ein solches Gesetz der Zeit nicht.

Die Gleichzeitigkeit der beiden Texte veranlaßt mich auch, folgenden Vergleich zu ziehen:

„Trägt man im Traum einen unterirdischen Dämon, Pluto etwa, Kerberos oder einen anderen Hadesbewohner, bedeutet das für einen Verbrecher, daß er das Kreuz tragen wird, weil das Kreuz dem Tode gleicht, und wer ans Kreuz geschlagen wird, muß es zuvor tragen" (185,3).

226

Vor dem heidnischen Hintergrund bedeutet eine Kreuzigung, die jeden Gedanken an den Karfreitag ausschließt, nichts anderes als ehedem Guillotine, Galgen oder Schierling. Zugleich erkennt man staunend, wie mächtig jener Teil der menschlichen Seele ist, der sich seit dem Gekreuzigten von Nazareth gewandelt hat (Markus 16,6) –

> Odour of blood when Crist was slain
> Made all Platonic tolerance vain
> And vain all Doric discipline.
>
> (Yeats)

Und schließlich:
„Im Traum auf dem Meere wandeln ist für den, der eine Reise machen will, ein gutes Vorzeichen; denn das verheißt ihm große Sicherheit ... Glück bringt es auch dem in ein Verfahren Verwickelten: Er wird überzeugender sein als der Richter und darum den Prozeß gewinnen; das Meer ähnelt ja einem Richter ..." (210,19).
Das sagten die, die wegfuhren; und jene, die ankamen, sagten:
„Aber in der vierten Nachtwache kam Jesus zu ihnen und ging auf dem Meer" (Matthäus 14,25).
Beide Welten benutzten dieselben Bilder, aber in einem völlig entgegengesetzten Sinn.

„Selene verkörpert die Frau und die Mutter des Träumenden, weil man sie früher auch als Ernährerin verehrte" (163,1). Und an anderer Stelle ein Traumbeispiel mit einem, zumindest für moderne Menschen, völlig unerwarteten Ausgang (274,22): Ein Mann träumte, er sei Endymion und werde wie in der antiken Sage von Selene geliebt. Dieser Mensch wurde Astrologe und kam durch diese Kunst zu Geld und Ruhm. Weil, so erklärt unser Traumdeuter, der Astrologe mehr als jeder andre Mensch wacht und den Himmel studiert, so als würde er dem Mond Gesellschaft leisten.
Ich zitiere absichtlich diese naive Erklärung, weil ich mich an Gelehrte aus dem vergangenen Jahrhundert erinnere, die zwar dem Artemidoros weder beharrliches Studium noch Gewissenhaftigkeit wissenschaftlichen Forschens abspra-

chen, aber trotzdem zu dem Schluß kamen, er habe uns ein unnützes Buch hinterlassen.[159]

Seitdem hat der Fortschritt einen schwindelerregenden Verlauf genommen, und letztes Jahr berührten die Füße der Menschen erstmals die Oberfläche des Mondes. Aber noch immer heißt es:

Δέδυκε μὲν ἀ σελάννα ...
[Der Mond ist untergegangen ...]
(Sappho, Frgm. 94 Diels)

und noch immer wiederholt man das Märchen, das ich unzählige Male hörte – von Kain, den man dort oben sehen könne, wie er in einem Korb die Gebeine von Abel trägt –

... li segni bui
di questo corpo, che lagiuso in terra
fan di Cain favoleggiare altrui
[... die dunklen Zeichen
an diesem Körper, die zu Kainsfabeln
dort unten auf der Erde Anlaß geben]
(Dante, Paradies 2,49)

All diese „psychischen Angelegenheiten" und so viele andere kaputte Dinge schnürten wir zu einem unförmigen Bündel zusammen, das wir mitnahmen, um es auf die schmutzige Oberfläche des Mondes zu legen, auf die wir endlich unseren Fuß setzten: „draufsetzen" bedeutet soviel wie stehlen. Wunderbar, ich habe nichts dagegen! Auf den Müll mit dem alten Plunder! Wir leben in einer finsteren Epoche; das müssen wir begreifen. Aber gut; ich werde mich nicht von irgendwelchen Gefühlen hinreißen lassen. Doch vor allem sollten wir folgendes begreifen:

Die Sonne wird ihre Bahn nicht überschreiten; und wenn, so werden sie die Erinnyen, der Dike
Helferinnen, zu finden wissen.
(Heraklit, Frgm. 94 Diels)

Es gibt Bahnen für die Sonne. So auch für die Erde, den Menschen, den Mond, das All; und die schlaflosen Wächter dieser Bahnen sind stets wachsam und warten, heute oder morgen, egal. Man kann sie nennen, wie man will, Erinnyen oder sonstwie.

Das Beispiel der Aphrodite Pandemos (171,13) macht unter anderem deutlich, daß Beruf oder Beschäftigung des Träumenden von grundsätzlicher Bedeutung für die Traumdeutung sind.[160]

Das ist eine Regel für Artemidoros. Sein Buch bietet zahllose Beispiele hierfür. Ich will ein einziges anführen, das für viele steht:

„Träumt man, eine Stirn aus Erz, Eisen oder Stein zu haben, dann ist das nur für Zollbeamte, Kleinhändler und Lausbuben ein gutes Vorzeichen" (30,9).

Man wird dabei an die Prostituierten und Zöllner aus dem Evangelium erinnert (z. B. Matthäus). Die Steuereintreiber hatten zu jener Zeit keinen guten Ruf.

Soviel zur Pandemos. Jetzt zur Anadyomene:

„Sieht man Aphrodite aus dem Wasser tauchen, so bedeutet das für die Seefahrer schrecklichen Sturm und Schiffbruch … Sieht man sie aber mit bis zum Gürtel entblößtem Oberkörper, bedeutet es immer Glück, weil sie ihre Brüste, die Nahrungsquelle, nackt zeigt" (172,5).

Diese halbnackte Frau erinnert mich an die Gorgo, die unserer Volksüberlieferung zufolge vor dem Bug der Schiffe aus dem Meer auftaucht und den Schiffer fragt, ob Alexander der Große noch lebt oder bereits gestorben ist. Sie erinnert an jene Gorgo, die sich die Matrosen eintätowieren und die ich aus Gewohnheit als Vignette für alle meine Bücher wähle.

Vielleicht rief die intensive Beschäftigung mit Artemidoros in den letzten Tagen dieses sehr persönliche Gefühl in mir hervor. Ich muß aber auch gestehen, daß dieses Gefühl der Vertrautheit durch viele Auslegungen des Traumdeuters verstärkt wurde, Auslegungen, die aus byzantinischer Zeit stammen und an deren Gültigkeit noch immer geglaubt wird.[161] Ich habe nicht nachgeforscht, was anderswo geschieht.

Das Sternbild der Anadyomene muß mich verwirrt haben: ich bin vom Thema abgekommen. Die vielen Träume unseres Deuters veranlassen mich zu folgender Erörterung:

Es war im ersten Jahrzehnt unseres Jahrhunderts und meines Lebens, als in Smyrna der Hausierer auf der Straße den *Großen Traumdeuter* feilbot. Damals, vor dem Krieg, besuchte Freud zum ersten Mal die Akropolis (3. September 1904). Viel später, fast achtzigjährig, verfaßte er anläßlich des 70. Geburtstages von Romain Rolland eine sensible Analyse der Gefühle, die ihn beherrschten, als er von der Burg auf die attische Landschaft hinabsah. Dieser Mann, der mit der Antike so vertraut war, daß er in der Jugend sein Tagebuch auf altgriechisch schrieb, sah sich mit einer Gefühlswelle von „Entfremdung", „Überheblichkeit", „Schuld" und „kindlicher Ehrerbietung" konfrontiert; er konnte einfach nicht fassen, daß es ihm tatsächlich gelungen war, *bis dorthin* zu kommen, auf die Akropolis von Athen.[162]

Das liegt zwei Generationen zurück. Wir haben viel durchgemacht. Was haben wir daraus gelernt? Ich bin nicht in der Lage, darauf zu antworten; es fällt mir immer schwerer zu erklären, was *lernen* bedeutet. Aber die Akropolis ist bis zur Stunde geblieben, wie sie war; zumindest tagsüber. Einige Jahre nach Freud stieg auch ich zur Akropolis hinauf; es war ein Traum, an den ich mich erinnere. Ich will ihn hier zu Ehren des Traumforschers unserer nach-daldianischen Epoche wiedergeben.

Das Ganze ist nicht zu meiner Zeit geschehen, sondern muß sich erst später zugetragen haben; so als wäre ich nach einer langen Zeit des Exils zurückgekehrt; auf den Straßen erkannte mich niemand, und auch ich erkannte keinen. Frühe Mittagsstunde, aber bedeckter Himmel. Ich befand mich auf der Akropolis. Für mein Gefühl war die Zivilisation inzwischen weit vorangeschritten. Vor der Westseite des Parthenon eine erregte Menschenmenge. Alle sahen gebannt auf die mittleren Säulen und ereiferten sich. Ich fragte einen Mann, der neben mir gestikulierte.

– Mann, was bist du für ein komischer Kauz? Aus welchem Loch bist du gekrochen? Du hast wohl keine Ahnung? Ich sah ihn entgeistert an.

– Da! Sperr deine Augen auf! Da wird versteigert! Wenn die amerikanische Zahnpasta gewinnt, ist unser Staatshaushalt für Jahrzehnte saniert.

Ich spähte aufmerksam in die Richtung, in die er zeigte, und erblickte zwischen zwei mittleren Säulen ein Tischchen, bedeckt mit grünem Stoff, hinter dem ein gut rasierter Herr mit Brille saß. Er trug einen schwarzen Anzug und hielt in der Hand einen Perlmutthammer; in seiner Haltung ähnelte er einem Chirurgen. Ich frage, völlig verdutzt:

– Was wird denn versteigert?

– Wo lebst du, Mensch! Hier geht die Welt unter! ... Unsere Regierung ist am Ende. Und darum wird sie die paar Steine hier verkaufen. Wozu brauchen wir sie auch!

In diesem Augenblick schlug der schwarzgekleidete Herr mit dem Hammer auf den Tisch. „Der Zuschlag ist erfolgt!" schrie jemand. „Versteigert! Versteigert!" rief begeistert die Menge.

– Die Amerikaner haben gewonnen! sagte mein Nebenmann außer sich vor Freude, so als würde er ein Fußballspiel verfolgen.

In mir wuchs die Erregung.

– Und was machen sie mit diesen Steinen? konnte ich noch fragen.

– Das sind Teufelskerle! antwortete er. Sie werden diesen Säulen die Form von Zahnpastatuben geben.

Ich fühlte, wie die Menschenmenge ringsum zusammenschrumpfte und mich *völlig allein* ließ. Da sah ich den Parthenon ekelhaft nackt, ohne *Giebel*, ohne *Gesims*, mit Säulen, die zu glänzenden, riesigen Tuben zugehauen worden waren. Der Alptraum riß mich aus dem Bett, während ich noch schrie. Es war fünf Uhr morgens.

Ich vermag diesen Traum nicht zu analysieren. Ich kann nur etwas zu meinem Traumverhalten anmerken; oft sehe ich Träume von kristallener Klarheit. Wenn sie schrecklich sind, wirkt der Schrecken zuerst in der Tiefe und bricht erst am Ende des Traums hervor.

Ich sagte, daß ich diesen Traum nicht zu analysieren vermag; trotzdem ist er lehrreich für mich, jedenfalls nach meiner persönlichen Traumdeutungsmethode, wenn es so etwas überhaupt gibt. Ich denke aber, daß es das geben muß, weil sich zwangsläufig nach unserer langjährigen Erfahrung mit der Welt des Schlafes unbewußt ein gewisser Instinkt herausgebildet hat, der die Natur des im vergangenen Morgengrauen gesehenen Traumes regelrecht riecht und seine Beschaffenheit erfühlt. Nach einer schwierigen Phase meines Lebens wachte ich eines Morgens mit dem Ruf auf: „Endlich bin ich in der Welt Shakespeares!" Auch an diesen Traum kann ich mich sehr gut erinnern; ich habe ihn anderswo aufgeschrieben. Darum hier nichts davon. Aber die Erleichterung, die ich damals spürte, und die mich noch jahrelang begleitete, vermag keine Traumdeutung, das weiß ich, zu verstärken oder gar auszulöschen. Also begreife ich meinen Akropolis-Traum als eine didaktische Vorahnung. Denn so ist unser Leben; eine Insel inmitten des Schlafes: „rounded with a sleep".

In dieselbe Kategorie des didaktischen Traums, allerdings um einiges oberflächlicher – wie ich den Begriff verwenden möchte, wenn ich bedenke, daß ich einst im Schlaf ein Tristichon dichtete oder eine Strophe übersetzte –, gehört auch der folgende. Ich sah ihn in London und gebe ihn aus der Erinnerung wieder.

Es muß 1961 gewesen sein. Heiligabend. Ich hatte mich vor dem Schlafengehen sehr abgemüht, mit einigen Schwierigkeiten fertig zu werden, die mir die griechische Übersetzung des Gedichtes *Reise nach Byzanz* von Yeats bereitete. Weil mich meine vergeblichen Versuche entnervt hatten, schlief ich erst sehr spät ein. Da träumte ich folgendes:

In einem schwach erleuchteten Zimmer saß mir jemand mit strenger Miene in einem massigen, zerschlissenen Ledersessel gegenüber, wie man ihn in jedem gewöhnlichen Londoner Klub finden kann. Wir sprachen in einem vertrauten Ton miteinander, das heißt, ich hörte ihm vor allem mit Achtung zu. Ich klagte ihm, daß unsere Sprache so wahnsinnig kompliziert und nicht geeignet sei, allen Nuancen der englischen Wörter gerecht zu werden, vor allem natürlich nicht denjenigen, auf die es mir ankam. Wir unterhielten uns auf englisch, obwohl meine Worte in meinem Innern griechisch klangen. Mein Gesprächspartner hörte mir genau zu und sagte dann: „Be careful." (Ich erinnere mich sehr gut an dieses Wort.) „Wäre die griechische Sprache immer in der Lage, alle Nuancen des Englischen adäquat wiederzugeben, wäre es keine griechische Sprache mehr, sondern eine englische." Diese weise Bemerkung hatte sich mir tief eingeprägt, als ich am Morgen erwachte. Vielleicht war sie die Vergegenständlichung einer vor dem Schlafengehen unbewußt getroffenen Schlußfolgerung, vielleicht war mein Gegenüber ein Teil meiner selbst. Ich weiß es nicht. Doch ich dachte oft an seinen Rat, der mir geholfen hat.

7

Persönliches Postskriptum

Unser Traumdeuter behandelt neben der Aphrodite Anadyomene, von der ich sprach, auch Proteus, einen „Dämon", der mich stets zu inspirieren wußte, vor allem seitdem er mich mit seinem Königreich während des letzten Krieges, als ich in Alexandria lebte, zu trösten vermochte.

Ich staune, daß ich ihn, während meines Aufenthaltes in Südafrika zufällig, ohne den kleinsten Gedanken an Artemidoros, als anonymen antiken Traumdeuter in einem Text über Kavafis erwähne – auch das ist ein erstaunliches Kunststück des Königs von Pharos.[163] „Träumst du von Proteus, bedeutet das Betrug und Enttäuschung, sagt ein antiker Traumdeuter", hatte ich damals geschrieben. Mein Zitat stammte aus einem geliehenen Buch, ich glaube über Philostratos, denn ich hatte keine eigene Literatur bei mir und benutzte für meine Arbeit alles, was sich zu meinem Thema in der Volksbücherei von Johannesburg fand. Jetzt erst kann ich das Zitat mit der Originalquelle vergleichen:

„Proteus, Glaukos, Phorkys und andere Dämonen aus ihrem Gefolge prophezeien, weil sie ihr Äußeres leicht verwandeln können, Täuschung und Betrug. Den Sehern aber bedeuten sie nur Gutes" (173,26).

Das erinnerte mich an meine psychische Verfassung jener Jahre; sie hallt noch in mir nach und ist tief in mir verwur-

zelt. Tatsächlich scheint mir von allen Kommentaren zu
Träumen, die ich kenne, von Artemidoros aus Daldis, von
Sigismund aus Wien oder von anderen, eine Wendung des
Ephesiers am tiefgründigsten zu sein; es sei mir verziehen,
daß ich sie bedenkenlos übernehme; sie war mir eine große
Hilfe und, was man auch sagen mag, eine Erleuchtung.
Zum ersten Mal las ich sie bei Mark Aurel: „τοὺς καθεύδον-
τας, οἶμαι, ὁ Ἡράκλειτος, ἐργάτας εἶναι λέγει καὶ συνεργοὺς
τῶν ἐν τῷ κόσμῳ γινομένων." [„Ja, sogar die Schlafenden
sind, wie, glaube ich, Heraklit sagt, Arbeiter und Mitarbei-
ter an dem, was in der Welt geschieht."] (VI,42). Ich mußte
ständig an diesen Satz denken; in der Zeit, als das Men-
schenschlachten vorbereitet wurde, und in der Zeit der großen Krise – ich weiß nicht, ob sie schon vorbei ist. Ich sah,
wie sich die „Schlafenden", ausgerüstet mit den höllischsten
Waffen, niedermähten, ohne aufgewacht zu sein, und
wie ...

Die Hände der Menschen abtasten und sich töten im
Schlaf,
in der großen Fruchtschale des Schlafes ...

wie ich damals schrieb. Und stellte mir beharrlich die Frage,
wieviel Wachsamkeit und wieviel Schlafwandlertum die
Menschheit bei ihrem Tun aufbringt. Ich sehe zuviel Schlafwandlertum und zuwenig Wachsamkeit. In diesem kleinen
Ausschnitt unseres Lebens, in unseren Wachträumen, haben sich Ängste eingenistet.
Ein letztes Wort noch. Während ich diese Seiten ordnete,
erinnerte ich mich an den Vers von Phtochoprodromos:

τὴν νύκταν βλέπ᾽ ὁράματα καὶ μοιάζουν παλαμίδας.
[Nachts hab ich Visionen, die einem Thunfisch
ähneln.]

Ich schlug sofort bei unserem Traumdeuter nach, um zu sehen, wie er diese Vision – so nannte man einst den Traum,
und so heißt das auch neuerdings in unserem Volk[164] – erklärt. Artemidoros schreibt:
„Alle schuppenähnlichen Fische, die aber keine Schuppen
besitzen, prophezeien, daß alle Hoffnungen ... zunichte gemacht werden" (132,7).

Also stimmt die Erklärung, die ich für den Traum des hungernden Byzantiners bekommen habe, der immer nur klagende und bittende Verse schrieb und dem jegliche Hoffnung stets aus den Händen glitt.

Ich konnte im Rahmen dieses Textes nicht auf alle Gelehrten wie Aristoteles, Cicero, Synesios oder andere, die sich auch mit den Träumen beschäftigt haben, eingehen. Auch nicht auf andere Traumdeuter aus Byzanz, die Träger berühmter und manchmal fingierter Namen wie die Patriarchen Nikiforos und Germanos oder Astrampsychos.[165] Ich untersuchte nur einige Passagen des Buches von Artemidoros. Er war mein eigentlicher und gutwilliger Gesprächspartner. „Is finis nobis et sermonis et itineris communis fuit."

Athen, 1. Februar 1970

Morgan Forster: Blick vom Schiefen Turm

Anfang Juni 1959 reiste ich erstmals nach Cambridge, um einige Freunde zu treffen, vor allem aber, um nach einem langjährigen Briefwechsel Giorgos Savidis kennenzulernen. Es wurde gerade der Abschluß des Studienjahres gefeiert; ein in Sonne getauchter Tag, alle bunten Fahnen der Colleges waren gehißt – nie zuvor hatte ich ihre Farben so schön unter dem Himmel Englands wehen sehen. An diesem Nachmittag traf ich Morgan Forster. Es entstand sofort eine vertraute Atmosphäre zwischen uns – das war sein Verdienst –, und abends gingen wir beide gemeinsam mit meiner Frau und Savidis in einem langgestreckten indischen Restaurant essen. Seine ersten Worte galten Kavafis; dem Erstaunen des Alexandriners, als er merkte, daß Forster mit seinen Gedichten etwas anfangen konnte. Ich habe den Eindruck, daß Forster schon an diesem Abend bestimmte Gedanken entwickelte, die er einen Monat später im *Listener* veröffentlichte, als er die Übersetzung von I. Mavrogordatos besprach. Damals hörte ich zum ersten Mal die Geschichte, die später durch den Artikel des *Listener* bekannt wurde:

„Kavafis verglich einmal, halb im Spaß, halb im Ernst, die Griechen mit den Engländern. Die zwei Völker, behauptete er, hätten viele Gemeinsamkeiten, doch gäbe es zwischen ihnen einen unglücklichen, einen kleinen Unterschied. Wir Griechen haben unser Kapital eingebüßt – und die Folgen kann man jetzt sehen. Bete, mein lieber Forster, bete, daß ihr niemals euer Kapital verliert." Als ich diese Geschichte zum ersten Mal hörte, dachte ich, das englische Wort „capital" bedeute Hauptstadt. Ich irrte mich; es bedeutete „Kapital", wie mir Forster versicherte.

Ich blieb damals nicht lange in England; bald wurde ich in die arabischen Staaten beordert. Ich traf den immer noch vitalen Forster erst nach sechs Jahren wieder; genau am St.-Nikolaus-Tag 1957, ein Tag, der im King's College „Fest des Gründers" heißt (der Geburtstag des englischen Königs Henry VI.). Aus persönlichen Gründen war es ein sehr ergreifender Abend für mich. Ich erinnere mich, daß ich mich erst sehr spät von Forster verabschiedete; er stand aufrecht, mit einem Glas Bier in der Hand, umringt von einer Schar Studenten. Ich begriff an diesem Abend, wie sehr ihm dieses Leben im College half, bis ins hohe Alter tätig zu sein, und welcher Quell ihm die Jugend war, die ihn ständig umgab. Draußen über dem Garten lag ein mildes Mondlicht; ich glaube, daß mich mein Gedächtnis nicht trügt.

Ich fühlte mich in diesen Jahren, bis August 1962, Forster sehr verbunden, und zwar mehr als in jedem anderen Augenblick meines Lebens. Ich fand oft Gelegenheit, nach Cambridge zu fahren; wir hatten dort gute Freunde, vor allem Noël Annan, den späteren Lord Annan und damaligen Provost des King's College, wo Forster die letzten Jahre seines Lebens zubrachte. Wenn wir nach Cambridge kamen, stand Annans Haus stets für uns offen. Damals habe ich Forster oft gesehen, aber überhaupt nicht im Licht seiner bedeutenden Werke, die für die meisten Menschen seine Physiognomie bestimmen, sondern im Licht seiner alltäglichen Gespräche und Tagespublizistik, wie man diese Texte auf dem gängigen Literaturmarkt wohl bezeichnet, die aber in Wirklichkeit eine ganz intensive Atmosphäre ausstrahlten und ihn als eine der letzten Bastionen des europäischen Geistes auswiesen. Keinen interessierte, ob er recht oder unrecht hatte. Wichtig war nur, daß Morgan in Cambridge lebte und ganz einfach sprach, ohne laute Worte.

Groß ist die Scheu, sich spontanen Eindrücken zu unterwerfen. Man hat Angst, sich von persönlichen Gefühlen leiten zu lassen, also versucht man, sie mit den Eindrücken anderer zu vergleichen. Ich möchte im Rahmen dieses kurzen Beitrags nur zwei Beispiele nennen. Ich hatte Forster damals einen herausragenden französischen Dichter vorgestellt, der einer jüngeren Generation angehörte. Spät in der Nacht, als wir mit dem Auto nach London zurückfuhren, wunderte ich mich, wie dieser über den Alten, der die Achtzig bereits überschritten hatte, sprach: „In Frankreich gibt es nicht solche Menschen. Er ist ein reiner Lebensquell." Dann, Anfang 1959, hatte das King's College die hervorragende Idee, seinen 80. Geburtstag vormittags im Speisesaal des Colleges zu feiern. Forster selbst hatte verlangt, jedes Protokoll und jeden offiziellen Anstrich zu vermeiden; der „obere Tisch", wo sonst die Professoren und auserwählte Gäste aßen, wurde überhaupt nicht genutzt. Über fünfzig Persönlichkeiten aus Wissenschaft und Kunst umringten seinen Tisch; viele waren von weit her angereist, einige sogar aus den Vereinigten Staaten, um bei diesem Geburtstag des Alten vom King's anwesend zu sein. Kein Protokoll, statt dessen beherrschte eine herzliche Atmosphäre den Raum, so daß man den Eindruck hatte, diese Feier fände außerhalb von Raum und Zeit und außerhalb unserer finsteren Epoche statt. „Ich freue mich, daß ich bei Ihnen sein werde", hatte ich auf Annans Einladung geantwortet, „bei diesem Geburtstag, der für mich gleichzeitig der Geburtstag so vieler wichtiger Dinge ist." So empfand ich es damals, so empfanden, glaube ich, alle Gäste, und so empfinde ich es jetzt, mehr als je zuvor.

Die vielen ihm überreichten Geschenke wurden nicht an ihrem Wert gemessen; seine Freude war bei jedem Geschenk die gleiche, wie die eines kleinen Kindes. Ich schenkte ihm ein Vierdrachmenstück des Demetrios Soter – „damit Sie sich ein Gedicht Ihres Freundes Kavafis verbildlichen können", hatte ich ihm geschrieben. Ihm gefiel die Idee sehr gut, und er freute sich. Ich glaube, später ein Foto in der Zeitung gesehen zu haben, wo er die Münze in der Hand hält.

Bald verschlechterte sich sein Gesundheitszustand. Mal erfuhren wir, daß er schwer krank sei, mal, daß er nach Südfrankreich oder Italien reisen wolle. Dann wiederum wurde mir sein Zustand als so beängstigend geschildert, daß ich mich beeilte, ihn zu besuchen. Kaum hatte ich dem Pförtner meinen Namen genannt, da hörte ich schon seine Schritte auf der hölzernen Treppe. Wir gingen dann hinaus und liefen eine große Wegstrecke; uns begleitete Stavros Papastavros. Forster war unglaublich vital, und ich verstehe ihn, wenn er schreibt: „Ich bin kein optimistischer Mensch, aber ich kann Sophokles' Meinung nicht zustimmen, daß es besser wäre, nicht geboren zu sein."

Dieser Satz erinnert mich an das Buch, in dem ich ihn zum ersten Mal gelesen hatte: im Essay „What I Believe" in *Two Cheers for Democracy*. Er schickte es mir im Oktober 1959 mit einer Bemerkung unter seiner Widmung, mit der er mich auf seinen berühmten Essay „Die Anonymie" aufmerksam machte. An dieser Stelle möchte ich mit Bedauern hinzufügen, daß ich in einer Studie – die ich vor etwa fünf Jahren begonnen hatte und nicht beenden konnte – über Forster als Essayisten schreiben wollte, was hier nur kurz umrissen werden kann. Ich hatte vor, von der Begegnung mit ihm auszugehen und von diesem persönlichen Eindruck aus eine Linie zu seinen Romanen zu ziehen sowie eine andere Linie zu seiner Art und Weise, den Menschen und dem Leben zu begegnen. „Verbinde nur" – „Only connect", war das Motto eines seiner berühmtesten Bücher. Von diesen Lichtpunkten aus, die mir wichtig erscheinen, auch wenn sie für andere eher unbedeutend sind, wollte ich das äußere Erscheinungsbild und den inneren Charme dieses Menschen aus nächster Nähe betrachten. Inzwischen sind Jahre vergangen, und die Zeiten haben sich geändert; ich kann nicht mehr das sagen, was ich damals gesagt hätte. Ich würde aber einem Jüngeren, der die nötige Energie aufbringt, empfehlen, die sehr zeitgemäßen Essays dieses Buches zu studieren und zu übersetzen; viele Seiten. Auf mich kommt es dabei weniger an, solange Jüngere nachfolgen.

Als ich damals an jener Studie arbeitete, ließ ich mich von den folgenden Zeilen Virginia Woolfs leiten, die ihrem Tagebuch entstammen, Eintragung vom 6. November 1919: „Morgan hat den Verstand eines Künstlers; er spricht die einfachen Dinge aus, die die Klugen nicht sagen; ich denke, daß er aus diesem Grund einer der besten Kritiker ist." Er verhielt sich tatsächlich wie ein Künstler; ihm mißfielen die dummen Schreihälse ebenso wie jene, die mit der Axt eines Dogmas jeden andersdenkenden Nachbarn zu enthaupten drohten. Und er liebte seine Sprache; ich erinnere mich nicht mehr, von welchem Schriftsteller er schrieb, er habe beigetragen, daß die Sprache der Dunkelheit Boden abringen konnte.

Ich will zum Schluß noch aus einer Rede Forsters über Virginia Woolf zitieren, um den Titel meiner Schrift zu erklären. Es heißt da: „Wir stehen alle auf dem Schiefen Turm (nämlich von Pisa), wie sie sagte, sogar jene von uns, die ins 19. Jahrhundert gehören, als auf Erden noch alles im Lot war und die Bauwerke senkrecht standen. Wir können nichts mehr richtig beurteilen, weil alles (wie wir es sehen) einen Knick hat ... Wir können auch nicht die Beziehung zwischen den Dingen ermessen, und darum müssen wir das Urteil über den Wert der Dinge einer anderen Generation überlassen."

Das sind Worte des Jahres 1941, vom Beginn des Krieges, einer Zeit, die solchen Gedanken nicht sehr gewogen war. Dreißig Jahre sind vergangen; und soweit ich sehen kann, ist es nicht viel besser geworden.

Aber eins steht fest, wie Forster einst sagte, „entweder das Leben bedeutet, Mut zu haben, oder es hört auf, Leben zu sein".

Athen, 11. Juni 1970

„Alles voller Götter"

Vor einigen Tagen fiel mir in einem etwas düstren Wartezimmer zufällig eine recht weitverbreitete amerikanische Il-
lustrierte in die Hände. Meine Aufmerksamkeit wurde von
einer ganzseitigen farbigen Werbung angezogen: sie zeigte
die Westansicht des Parthenon. In der rechten Ecke des
Blattes lehnten, als Blickfang, zwei junge Touristen, vor
sich zwei gefüllte Gläser auf einem abgebrochenen Säulen-
kopf, der ihnen als Tisch diente. Die dazugehörige Werbung
behauptete: „Je mehr Sie über die antike Architektur wissen, um so mehr wird ihnen die Akropolis gefallen" („The
more you know about ancient architecture the more you
like the Acropolis"). Zweck dieser Darstellung war die Pro-
pagierung eines angelsächsischen Getränks.
Ich bin kein Verfechter der modernen „Touristokratie", die
unsere Gegenwart überschattet, aber wenn mich eine Arbeit beschäftigt, die aus gutem Grund zur allgemeineren
Kenntnis unserer antiken Denkmäler, dieser „Verbindungs-
glieder der Alten mit uns Heutigen", beizutragen bemüht
ist, dann bringe ich für oben genannten Sachverhalt ohne
weiteres Verständnis auf. Er zeigt ungeschminkt, wie weit
die Gegenwart, das, was wir mit allen Poren unseres Körpers in uns aufnehmen, von jener längst versunkenen Vergangenheit entfernt ist.
„Je mehr Sie über die antike Architektur wissen ..."
Ich wüßte nicht, warum sich das Akropoliserlebnis dieser
beiden jungen Leute unbedingt steigern sollte, wenn wir sie
mit den wenigen recht speziellen, aber doch hinlänglich bekannten architektonischen Einzelheiten vertraut machten.
Zum Beispiel, daß der Parthenon keine einzige gerade Linie aufweist oder daß die scheinbar parallel verlaufenden
Linien des Tempels eine Pyramide ergäben, wenn man sie
zwei Kilometer nach oben verlängern würde, oder daß man
in jener Zeit diese und andere kaum wahrnehmbare Feinheiten (die in unserer Zeit erst durch genaue Messungen
ermittelt werden konnten) wie selbstverständlich vor Augen hatte. Ich fürchte mehr, daß die Werbung, die meine
Aufmerksamkeit auf sich gezogen hat, nichts weiter be-

stärkt als den seltsamen Aberglauben unserer technokratischen Epoche, der den einzelnen dazu treibt, über alles und jedes irgendwelche sporadischen und mehr oder weniger zusammenhanglosen Informationen zu sammeln.

Und ich frage mich, ob man sich nicht in anderen Jahrhunderten mit einem Wissensstand, über den wir heute spotten würden, weit mehr im emotionalen Gleichgewicht befand, das ich mir ab und zu auch in den Seelen meiner Mitmenschen zu entdecken wünschte.

Einer, an den ich in diesem Zusammenhang denke, ist ein ungebildeter Grieche zu Beginn des letzten Jahrhunderts. Das bißchen Schreiben, das er beherrschte, hatte er mit fünfunddreißig Jahren erlernt, um seine heute hochberühmten *Memoiren* zu verfassen. Gegen Ende der Griechischen Revolution, notiert er, habe er einigen Soldaten, die irgendwelchen „Europäern" zwei antike Statuen verkaufen wollten, mit folgenden Worten ins Gewissen geredet: „Auch wenn sie euch zehntausend Taler bieten, nehmt nichts und laßt es nicht zu, daß man die Statuen aus unserer Heimat schleppt. Für sie haben wir gekämpft." Ich denke an Makrijannis. Seine Worte sind nicht die eines Gelehrten. Sie werden von einem Menschen ausgesprochen, der die Last des Wortes und die Last des Schmerzes kennt, wie seine Biographie bezeugt.

Der andere ist ein mohammedanischer, in Konstantinopel geborener und in seiner Kultur aufgewachsener Reisender, der – bis zu einem gewissen Grade – alles, was ihm auf seinen Reisen widerfuhr, aufgeschrieben hat. Sein Name: Evliya Çelebi; etwa 1667 bereist er auch Griechenland. Er schreibt in seinem *Reisetagebuch* über Athen:

„Athen war eine schöne und reizende Stadt mit hohen Häusern und ruhmvollen Einwohnern, und was es überhaupt an seltsamen und auffälligen Bauwerken auf der Erde gibt, findet man in dieser reichen Stadt. Man kann zahllose aus weißem, rohem Marmor gehauene Kunstwerke besichtigen, seltsame Darstellungen verschiedener Wesen und Statuen im Stil der Franken. Wer sie zu sehen bekommt, bleibt wie angewurzelt stehen, sein Verstand setzt aus, seinen Körper befällt Ohnmacht, seine Augen werden feucht, und er bricht in Lobpreis aus."[166]

Evliya konnte nicht viel über das klassische Altertum wissen. Seine Schriften fußen auf die Symbiose von biblischen Geschichten und Legenden über die antiken Denker, ein Gebräu, das mehr Halimas' Märchen gleicht als den dürftigen Kenntnissen, die wir schon in den ersten Schuljahren vermittelt bekommen. Aber wenn uns dieser Evliya auch sehr naiv vorkommt, so würde er es vermutlich kaum fertiggebracht haben, aus der marmornen Säule eines antiken Tempels Kalk zu brennen, und obwohl er in bezug auf die antiken Statuen von einem „Stil der Franken" spricht, hätte er vermutlich niemals, wie sein späterer Landsmann, die schildbewehrten Kämpfer eines Frieses – von Phigalia, wenn ich mich recht entsinne – als Schildkröten angesehen. Und wie schülerhaft niedrig der Wissensstand des Griechen und Türken auch erscheinen mag, es bringen doch beide diesen Dingen eine so große Achtung entgegen und zeigen eine solche Ergriffenheit, wie wir sie in unserer wissenschaftsüberladenen Zeit der maschinellen Automation kaum noch finden.

Wir dürfen schließlich nicht vergessen, daß uns ein einseitiges Wissen über die antike Architektur zu einer idealischen, ja, spekulativen Wiedererrichtung – ich kenne solch einen Fall – des angenommenen Urzustandes des Bauwerkes, zu einer architektonischen Studie, zu einer bunten Attrappe führen kann.

Aber die heutige Wahrheit dieses antiken Erbes ist eine andere; sie hängt mit dem Voranschreiten der Zeit zusammen:

> mit dem Wandel der Zeiten, die Stillstand nicht
> kennen,
> aber immer das Gute oder Böse bringen.

Dieser „Wandel der Zeiten" brachte den unaufhaltsamen Verfall und, um nur an das Spektakulärste zu erinnern, bewirkte, daß aus dem Parthenon ein Pulvermagazin wurde, Morosini seine Kanonen auf dem gegenüberliegenden Hügel aufstellte und Elgins puritanischer „Philanthropismus" – wie das bei seinen Apologeten heißt – den schutzlosen Tempel ausraubte, um im Schatten eines der Sonne unzugänglichen Museums „zu schützen", was er an Trümmern hatte fortschleppen können.

Letztendlich veranlaßt uns dieser „Wandel der Zeiten" häu-

fig, Schlußfolgerungen zu ziehen, die uns verblüffen würden, wenn sie die Gestalt von Dogmen annähmen. Ich beschränke mich auf folgendes Beispiel:
„Die geistige Kluft zwischen antiker und moderner Welt ist größer, als es in Wirklichkeit scheint ... Nach intensivem Studium wird ihr Ausmaß noch gewaltiger und tiefer. Mit dieser Aussage, nämlich daß uns der Geist der antiken Griechen ganz und gar fremd sei, hörte ich zufällig eine der bedeutendsten lebenden Autoritäten auf dem Gebiet der Literatur (und Architektur) ihre aus klassischen Philologen bestehende Zuhörerschaft in Erstaunen versetzen ...“[167]
Auch das ist eine Ansicht.
Aber ich denke, man sollte das Problem von beiden Seiten betrachten. Wir haben es mit zwei konträren Sehweisen, nicht mit zwei verschiedenen Qualitäten zu tun: der einen befleißigt sich der Ausländer, womit ich aber keineswegs jene Wissenschaftler meine, die mit erstaunlichem Wissen und feinem Gespür sich dem Erforschen der antiken Welt widmen, sondern diejenigen, die eine für immer vergangene, entseelte Welt, einen kunstvoll verzierten Sarg vor Augen haben. Ein Sarg läßt sich leicht transportieren, aber mit Lebenden, die Schmerz empfinden, wenn sie vertrieben, entwurzelt und verpflanzt werden, ist das viel schwieriger. Unsere Sprache zum Beispiel kann nur als Ausdruck der heute lebenden Menschen aufgefaßt werden; wir können sie nicht dem krankhaften Eifer der Grammatiker überlassen.
Soviel dazu, für mehr ist keine Zeit.
Diese Architektur hat man als „figurative“ oder „skulpturale“ Architektur bezeichnet. Manchmal entdeckt unser Auge ihre Kennzeichen. Beispielsweise die an der sogenannten „Basilika“ von Poseidonia besonders auffällige „Entasis“; so hieß bei den Alten die Schwellung der Säulen, die scheinbare Wirkung des Druckes auf sie. Diese Einzelheiten mögen andere, die darin kompetenter sind, erklären. Ich möchte nur unterstreichen, daß der antike Tempel bzw. seine „Cella“ im Grunde genommen nichts anderes als der Raum für ein Bild, für eine Götterstatue ist, er ist der „Stall“ für eines jener göttlichen Wesen, das das Christentum sich anverwandelt oder – wie immer man das sehen mag – für sich in Anspruch genommen hat. Auf Sunion war es Posei-

don, auf der Akropolis Athene, in Phigalia Apollon. Der Tempel war kein Ort, den man oft betrat; die rituellen Verrichtungen der Kultgemeinschaft fanden unter freiem Himmel statt, im Umkreis des Altars, außerhalb des Bauwerkes und ohne Empfinden für die ausgewogene „Tektonik" eines plastisch geformten Körpers, der aus vielen Details besteht, die den verschiedenen Bauten scheinbar ungewollt ihre Lebendigkeit verleihen. Ich denke dabei an Ruskin: „Man sollte nicht die These vertreten, wie das nach der Entdeckung der leichten Kurvaturen des Parthenon der Fall war, daß alles, was nur durch mühevolle Messungen bewiesen werden kann, nicht zur Schönheit architektonischer Linien beiträgt. Auf das Auge wirken ständig Eindrücke, die es nicht genau zu unterscheiden vermag. Es ist sicher nicht übertrieben zu sagen, daß auf das Auge vorwiegend Dinge einwirken, die es am wenigsten wahrnimmt."

Den Forschern ging es mehr um die vollendete Schönheit dieser Bauwerke, herausgelöst aus ihrer Umgebung und der Landschaft, in die sie gebaut worden waren; sie glaubten, daß sich die hervorragende technische Leistung dieser Werke in jeder beliebigen Landschaft durchsetzen würde. Reinste Romantik war für sie die Meinung, nach der diese Bauten zu ihrer Vollendung das Malerische ihrer schönen Umgebung brauchen.

Ich muß gestehen, daß ziemlich überspannte und süßliche Empfindungen, wie sie Goethe etwa in seiner *Italienischen Reise* wiedergibt, niemals meine Sache waren: „Für uns ... blieb es ein unschätzbarer Genuß, in dem Augenblicke, wo wir eine treffliche, längst gekannte verehrte Dame, in den zartesten Tönen sich auf dem Flügel ergehend, vernahmen, zugleich hinab vom Fenster in die einzige Gegend von der Welt zu schauen ..." – gemeint ist das Kolosseum, von dem es bei einem anderen berühmten Vertreter des Zeitalters der Empfindsamkeit heißt: „Und noch jedes Staubkorn ist erfüllt vom erhabenen Leben der Toten ..." Das alles ist einer bestimmten Epoche geschuldet und erinnert mich an die tragische Ironie eines Haiku von Basho:

> Farce des Schicksals:
> unter dem Helm zirpt
> eine Grille.

Ich möchte noch einmal betonen, daß mir solche romantischen Tendenzen sehr fremd sind; meinem Empfinden nach sind diese antiken Tempel Griechenlands, Großgriechenlands, Ioniens gewissermaßen in ihre Landschaften *eingesät* und verwurzelt. Nachdem diese „Ställe" der Unsterblichen zerstört waren und vereinsamten, kehrten die obdachlosen Götter an die ursprünglichen Orte ihres Wirkens zurück, strömten wieder in die Landschaft hinaus und verfolgen uns nun mit panischen Ängsten und tausend Verlockungen, wohin wir auch kommen: „Alles voller Götter" heißt es bei Thales von Milet. Manchmal bedarf es der Märchen.

Wie sehr das rationale Verständnis dieser Architektur uns auch die Vorstellung erlaubt, daß wir diese Bauten zerlegen und sie Stück für Stück in ferne Länder abtransportieren können – so sehr fürchte ich, daß uns damit einzig und allein der Transport eines Haufens wertlosen Materials gelänge. Es wäre sehr mühsam, die Gründe hierfür zu suchen. Man könnte einfach sagen: „Die Götter wollen es nicht" – was immer das auch heißen mag. Oder aber wir ziehen es vor, abzuwarten, bis uns, völlig entblößt, nichts weiter übrigbleibt, als in einer kosmischen Eiseskälte zu erstarren.

Anders gesagt: Wir brauchen den Glauben an diese antiken Zeichen inmitten ihrer Landschaft, den Glauben, daß sie ihre eigene Seele haben. Dann erst wird ihr Verehrer – wie ich einen solchen Gläubigen hier erstmals nennen möchte – in einen Dialog mit ihnen treten können. Nicht inmitten einer bunt zusammengewürfelten, aufgescheuchten Touristenschar, sondern, wenn ich so sagen darf: *allein* seine Seele in der Seele der Marmorbauten und der Erde, auf der sie stehen, spiegelnd. Vielleicht mache ich mich dadurch zum Fürsprecher ketzerischer Ansichten, aber ich kann nun einmal den Tempel des delphischen Apollo nicht von den Phädriaden oder der Silhouette des Kirphis trennen. Zum Glück ist unsere Erde hart, ihr Grün erdrückt dich nicht, ihre Kennzeichen sind Felsen, Berge und Meere. Und dieses einzigartige Licht.

Man darf zudem nicht vergessen, daß das alles innerhalb einer Gesellschaft entstand, die – soweit ich sehe – mitteilsam wie kaum eine andere im Altertum gewesen ist. Ein wesentlicher Teil der damals geschriebenen Texte hat sich glücklicherweise über die Zeit hinweggerettet und ist uns erhalten geblieben. Aber unbeschädigt? Natürlich nicht. Es sei nur auf einen wichtigen Punkt verwiesen, den ich bisher außer acht gelassen habe: das Theater. Auch dort hinterließ die Zeit ihre Spuren, und nicht nur an den Bauten. Ich denke an die antike Tragödie, ihren erhabenen Ausdruck. Und doch hatte ich bisweilen das Gefühl, daß die antike Tragödie, wie wir sie kennen und inszenieren, dem Skelett eines Fisches gleicht, den wir noch nie lebend im Wasser gesehen haben. Rhythmus, Prosodie (die viel geschmeidiger und überhaupt nicht mechanisch war, soweit sich das sagen läßt), Chorlieder, Tänze, Musik und das sehr schwierige Problem der Übersetzung und Aussprache, all das, was wir unter „Zeitgeist" subsumieren, all das, was damals einen einzigen Körper ausmachte, war vom Pulsschlag des heiligen Dionysos-Festes beherrscht: das Theater im ganzen mit Zuschauern und Schauspielern.

Ich sollte vielleicht bekennen, daß ich meine schönste Begegnung mit „antiker Tragödie" – einmal abgesehen vom stillen Lesen der Texte – im völlig leeren Rund der Theater hatte, eine Woche lang in der Nähe des Theaters von Epidaurus, ohne die gewohnt festlich gestimmte Zuschauerschar.

Wenn *ein sehr guter Freund* beabsichtigte, sich anhand antiker Texte mit den alten Tempeln näher zu beschäftigen, so würde ich ihm zu solchen Texten raten, die auf Nebenwegen zum Ziel führen, und nicht zu direkten Beschreibungen. Beispielsweise nicht zum Anfang von Euripides' *Ion*, wo das Erwachen der delphischen Landschaft beschrieben wird, sondern zu Versen von Homer, die seine Seele bereichern könnten, soweit seine Seele für Vergnügungen dieser Art empfänglich ist. Soweit sie dafür offen ist. Und wenn mein Freund mich um einen konkreteren Hinweis bitten würde, müßte ich ihm sagen, daß ich dieser Tage, während ich die vorliegenden Seiten schrieb, ständig an die Verse Homers über die fünfzig Dienerinnen im Palast des Alkinoos denken mußte:

αἱ δ' ἱστοὺς ὑφόωσι καὶ ἠλάκατα στρωφῶσιν
ἥμεναι, οἷά τε φύλλα μακεδνῆς αἰγείροιο.

[jene saßen und webten und drehten emsig die
Spindel,
anzuschaun wie die Blätter der hohen wehenden
Pappel]
(Odyssee 7,105 f.)

– an so Entferntes dachte ich.
Als ich einmal nach jahrelanger Abwesenheit nach Hause
zurückkehrte, erblickte ich plötzlich an einem Frühlings-
morgen in Athen, unten von der Straße aus, ein Stück der
südwestlichen Ecke vom Parthenon: die Kapitelle einiger
Säulen und den seines Figurenschmuckes beraubten Giebel, etwas weiter unten die antike Mauer, die sogenannte
„Mauer des Kimon", und noch weiter unten den nackten
Felsen mit wilden Feigenbäumen und Agaven im hellen
Sonnenlicht. Als ich nachmittags zu den Koren des Erech-
theions hinaufsah, fiel mir auf, daß sie an Brust und ge-
strecktem Knie eine „Entasis" (wie der Terminus in der Architektur heißt) aufweisen. Das waren zwei kurze
Augenblicke, die mir im Gedächtnis geblieben sind und die
mir auf unerklärliche Weise immer wieder bewußt werden.

Athen, 7. Februar 1971

Anmerkungen

Die Anmerkungen hat G. Seferis, einige weitere der Herausgeber der griechischen Ausgabe, G. Savidis, verfaßt. Zusätze in eckiger Klammer ohne Verfasserangabe stammen vom Übersetzer.

Zu einer Wendung von Pirandello

1 „Je suis étant, et me voyant; me voyant me voir, et ainsi de suite …" (P. Valéry, *La soirée avec Monsieur Teste*). Siehe auch: „Je me voyais me voir, sinueuse …" *(La Jeune Parque)*. [Ich bin seiend und mich sehend; ich sehe, wie ich mich sehe, und so fort … (aus: *Der Abend mit Monsieur Teste*). Ich sah mich sehend, mich windend … (aus: *Die junge Parze*).]

2 „Meine Erfahrung ist durch meinen Kreis eingeschränkt, einen von draußen abgeschlossenen Kreis; und … jeder Kreis ist undurchdringlich für die anderen, die ihn umgeben" (F. H. Bradley). Siehe auch *Das wüste Land*, Verse 412–417 und die diesbezügliche Anmerkung.

3 Das Wort *Würde* (ἀξιοπρέπεια) besitzt in unserer Sprache fast nur eine mondäne Bedeutung. Für die moralische Aussage benötigen wir ein anderes Wort. Welches wird es sein?

Monolog über die Dichtung

4 *Dialog über die Dichtung*, Zs. Προπύλαια, Oktober–Dezember 1938 (= *Essays zur Ästhetik und Bildung*, Δίφρος–Verlag, S. 95–126. Die Verweise im Text beziehen sich auf diese Ausgabe.)

5 Es dirigierte Dimitris Mitropulos. Später stellte ich mir im Archiv von Frau Keti Katzojanni eine Sammlung mit griechischen Pressestimmen zu diesem Konzert zusammen – nicht, um zu lachen, sondern, wenn möglich, um darüber nachzudenken:

„… Um dieses Meisterwerk zu verstehen, muß man 50 Gramm Kokain getrunken und sich verschiedensten futuristischen Abschweifungen hingegeben haben" (Nikos Sinodinos, Ἑσπερινή, 29.1.26). „… Hätte ein Unbekannter dieses Werk komponiert, wäre er unter Lachsalven begraben worden" (Filomusos, Ἑστία, 29.1.26). „… Das vorgestrige Gebilde war weder ein Drama noch eine Komödie, weder Puppentheater noch ein Witzfigurenkabinett …" (A.E., Σκρίπ, 30.1.26). „… wenn die sieben Musiker, die unter Mitropulos' Leitung spielten, aufgefordert worden wären, ohne Partituren und vorherige Absprachen, allein vom Augenblick inspiriert, loszuspielen, hätte es wahrscheinlich besser geklungen ..." (Don Basile, Νέα Ἡμέρα, 31.1.26). „... Tumba, tumba, tumba ... grin, grin, brrr, brrr, bum, bum, m ..." (Der Zuschauer, Καθήμεριvή, 31.1.26). „Es ist ein vorsätzliches Verbrechen an der Kunst" (Ἑλληνική, 1.2.26). „... ist es Krankheit, Deformation, ist es ein ungesunder Ausdruck anarchistischer Stimmung? Wer weiß? Vielleicht ist es alles zusammen ..." (DZS, Νέα Ἡμέρα 2.2.26). „Die *Geschichte vom Soldaten* ist nichts weiter als eine spielerische musikalische Dummheit, aufs Notenpapier gebracht ..." (D. Lavrangas, Ἐλεύθερον Βῆμα, 4.2.26). Zwei Ausnahmen: Eleni Chalkusi und Galatia Kazantzaki.

6 In der *Revue Musicale*, Juni 1936.

7 Pierre Jean Jouve, *A la mémoire d'un ange* (Nouvelle Revue Française, Januar 1937).

8 Ich schrieb diesen Aufsatz, ohne das tragische Schicksal unseres einzigartigen Nikos Skalkotas zu ahnen.

9 [Gemeint ist der *Dialog über die Dichtung*, in dem Seferis am Beispiel eines demotischen Liedes und dem Gedichtzyklus *Mutter Gottes* von Sikelianos „den Gegensatz von Logischem und Alogischem" ad absurdum führt. Das „logische Gleichgewicht" finde man genauso bei Valéry oder Mallarmé, ja, „wenn wir gut hinsehen, werden wir erkennen, daß die zeitgenössischen Dichter ein viel logischeres Denken besitzen als die älteren" (Essay I, S. 87 f.).]

10 „Mich interessiert die Art und Weise der Aufnahme von Werken der Dichtung durch das Publikum und wie diese Aufnahme vermittelt wird" (aus: *Dialog über die Dichtung*). Außerdem ist es das Problem, das ich auch in der vorliegenden Studie untersuche, wobei ich es vom *Problem der Gräzität* in künstlerischen Werken trenne, das wir nicht klar fassen können, ohne zuvor unsere Ansichten zum Phänomen der künstlerischen Einflüsse geklärt zu haben. Solch ein Versuch würde sehr weit führen. Ich mache auf keinen Fall irgendwelche Abstriche von den Gedanken meines früheren Artikels. Die einzige Bemerkung, die ich nach der Entgegnung von Tsatsos machen will, ist die, daß ich nicht behauptet habe, „die Gräzität (in der Kunst sei) die unbestimmte Ganzheit in allen Werken, die von jedem Individuum griechischer Abstammung geschaffen wurde und wird" (S. 119), sondern daß ich meine, „das griechische Element unserer Literatur ist eine Synthese aller Merkmale bedeutender Werke, die von Griechen hervorgebracht wurden" (aus: *Dialog über die Dichtung*). Das heißt, die Synthese aller bedeutenden, echten, wesentlichen, anerkannten Werke, die in griechischer Sprache geschaffen wurden von

Künstlern, die diese als lebendige Sprache akzeptiert haben. Ich vermeide ebenfalls jede Auseinandersetzung mit der heutigen *avantgardistischen Bewegung* in Griechenland. Die jüngere Dichtergeneration setzt sich aus sehr unterschiedlichen Menschen zusammen, die entweder erst am Anfang stehen oder mich sonst nicht weiter interessieren. So wie sich die Dinge verhalten, müßte sich jemand, der über sie schreiben wollte, zugehörig fühlen zu einer Gemeinschaftsbewegung mit gleichen Interessen, eine Voraussetzung, die bei mir am allerwenigsten gegeben ist.

11 [Als K. Tsatsos seinen Artikel wiederabdruckte, berichtigte er diesen Satz wie folgt: „Ich versuchte in meinem früheren Aufsatz und werde es jetzt wieder versuchen, einige schwer zu fassende Unterscheidungen mit der strengen und unerbittlichen Sprache der Logik zu formulieren".]

G. Savidis

12 Wenn ich *Genauigkeit* (ἀκρίβεια) sage, meine ich keineswegs damit eine äußerliche, leicht faßliche und seichte Klarheit. Jedes Bemühen um sprachliche Genauigkeit hängt davon ab, was wir auszudrücken haben, wie wir es ausdrücken und was vor uns auf gleichem oder ähnlichem Gebiet ausgedrückt worden ist.

13 „J'entends *Essais* exactement dans le sens de Montaigne: le témoignage, ou la trace d'un homme qui s'essaye; tout le contraire d'une vocation qui s'accomplit, d'une œuvre exigeante qui veut être ceci et non cela. Ceci et cela, ceci ou cela, ceci non plutôt que cela, voilà des Essais" [Ich verstehe die *Essais* im gleichen Sinn wie Montaigne; sie sind die Spur eines Menschen, der sich ausprobiert. Sie sind das Gegenteil einer Bestimmung, die ihre Vollendung erreicht hat, das Gegenteil eines anspruchsvollen Werkes, das etwas ganz Bestimmtes will und alles andere ausschließt. Dies und das, dies oder jenes, dies nicht viel eher als das, das sind die *Essais*] (Albert Thibaudet, *Paul Valéry*, 1923). Es gibt keinen *formalen* Unterschied zwischen solch einem Werk und dem Werk eines durchschnittlichen „Unruhigen" der schlechten Unruhe, wie sie Tsatsos versteht. Es gibt aber einen gewaltigen Unterschied in Beziehung zum *Inhalt*. Aus der Verwirrung, die sich aus den unrichtigen Unterscheidungen zwischen Form und Inhalt ergibt, entstehen viele unserer Meinungsverschiedenheiten.

14 Wer das bezweifelt, mache eine Probe aufs Exempel und versuche, einen beliebigen Satz eines ausländischen Philosophen nicht schön, sondern *genau* zu übersetzen. Oder er nehme aus einer fremden Sprache, die er beherrscht, eine Wortfamilie und prüfe, welche griechischen Entsprechungen es in seinem

Denken gibt oder im Denken seiner gebildeten Zeitgenossen geben könnte. Hier einige zufällige Beispiele: sens, sentiment, sensation, sensibilité, sensitivité, sensoriel, sentimental, sensitif … Emotion, émouvant, émotionnel, émotif … usw. Noch schwieriger wird es, wenn wir Wortfamilien nehmen, die Erkenntnisfunktionen ausdrücken.

15 Ich kommentiere durch Hervorhebungen.

16 Auch der politische Zweck.

17 *sympathisch*: Ich glaube, daß es keinen Grund gibt, diesem Wort aus dem Weg zu gehen, das uns immer etwas über den Kritiker sagt; in erster Linie zeigt es uns, ob er objektiv ist, das heißt, ob er unterscheidet: Das Werk gefällt mir, aber ich weiß, daß es mittelmäßig ist. Oder umgekehrt. Um objektiv sein zu können, müssen wir wissen, bis zu welchem Punkt und mit welchen Schwächen wir sympathisieren, das heißt, uns subjektiv verhalten dürfen.

18 Ich spüre, daß meine Auskünfte hier unzulänglich sind. Es wäre eine gesonderte Studie über die Beziehung zwischen Glauben und Kunst erforderlich. Ich würde auf keinen Fall behaupten, daß der Maler, der eine Madonna zeichnet, etwas von seinem Glauben Verschiedenes tut, auch nicht, daß die Gedichte, zum Beispiel eines Villon, keine Beziehung zum Katholizismus hätten. Mir scheint, daß das ganze Problem darin besteht, ob das Dogma durch den Künstler verinnerlicht wurde oder nicht, ob es zu seiner zweiten *Natur* geworden ist; und zwar in solch einem Maße, daß man es nicht vom Künstler loslösen kann, ohne damit seine ganze Persönlichkeit herabzuwürdigen. Ein letztes Beispiel einer solchen Verinnerlichung des orthodoxen Dogmas in Griechenland ist Papadiamandis. In diesen positiven Fällen kann man beobachten, wie das Dogma verarbeitet und nicht herausposaunt wird, jedenfalls nicht unmittelbar. In unserer Zeit jedoch, die vor allem eine Zeit des Unglaubens und der Häresien ist, sind die mit ziemlichem Aufwand propagierten Dogmen in der Regel nicht zu verinnerlichen und üben eine für die Kunst zerstörerische geistige Tyrannei aus. Die gegenwärtige künstlerische Sterilität in vielen Ländern hängt unmittelbar mit diesem Phänomen zusammen.

19 Diesen Fehler machten in unserem Land viele der Kritiker, die versuchten, soziologische Kriterien bei der Beurteilung von Kunst anzuwenden.

20 Siehe Henri Brémond, *Prière et poésie* [Gebet und Poesie], Paris 1926.

21 Der Eindruck von Charles du Bos ergänzt meinen Gedanken: „Ich sagte einmal vor zehn Jahren zu G.: ‚Die Musik von Bach

wird durch folgende Außerordentlichkeit charakterisiert: Sie vermittelt uns das Gefühl, daß sie immer bei uns bleibt, auch wenn wir einst alles verlieren sollten – ich will sagen: wenn die Welt in einer Sintflut unterginge, könnte man sich nicht vorstellen, daß diese Musik mit ihr verschwinden würde.' Als ich Gide mein Gefühl anvertraute, sagte er mir, daß er etwas Ähnliches empfinde: ‚Die Musik von Bach', sagte er weiterhin, ‚ist eine astronomische Musik.' Eine tiefe Erkenntnis, die ausgezeichnet die Unabhängigkeit dieser Musik von der uns erschütternden Welt zum Ausdruck bringt. Sicher verdankt sie ihre Unabhängigkeit dem mathematischen Element, das sie einschließt – doch auch dieses mathematische Element wird für uns zu einem Element einer bestimmten moralischen Kategorie, von der wir ausgeschlossen sind, aber in die uns die Musik mit wenigen Noten wieder einführt … jedesmal, wenn wir sie hören" (Charles du Bos, *Extraits d'un journal 1908–1928*, S. 143). Doch wie wir die Sache auch betrachten, es gibt keine euklidische Geometrie für die Dichtung.

22 Mit anderen Worten, es ist mir an dieser Stelle einerlei, ob das Schöne „der sinnliche Ausdruck der Idee" (Hegel) ist oder nicht. Was mich interessiert, ist der Fakt, daß es bei all unserem Tun unmöglich ist zu behaupten, dieser sinnliche, das heißt relative Ausdruck werde durch absolute Gesetze bestimmt. Wenn man so will, ist es nicht mein Problem, den Satz zu untersuchen: „La sensation n'est pas du tout la base de l'émotion d'art. La base de l'émotion d'art, c'est une idée …" [Die Empfindung ist nicht die Grundlage für das künstlerische Gefühl. Die Grundlage für solch ein Gefühl ist eine Idee …] (Benda), sondern zu sagen, daß die Mittel, die diese Erregung auslösen, nichts mit A-priori-Rezepten zu tun haben.

23 Ich möchte ein für allemal sagen, daß ich immer, wenn ich den Begriff der künstlerischen oder ästhetischen Ergriffenheit (συγκίνηση) verwende, *die Ergriffenheit meine, die ein Kunstwerk als Kunstwerk in uns hervorruft*, und daß dieses Ergriffensein etwas im *Wesen* Verschiedenes von der Ergriffenheit ist, die ein anderer Impuls in uns verursacht, wie zum Beispiel eine große Tat oder eine hervorragende Idee oder gar der Anblick der Natur.

24 Ein alter Freund sagte mir einst: „Ich habe noch nie den Parthenon gesehen, da ich niemals einen *ersten Eindruck* vom Parthenon hatte. Er war mir etwas *Gewohntes*, bevor ich ihn sah."

25 Wer und wie viele von den Leuten, die Aischylos lesen, sind seine *wirklichen* Leser? Die so gestellte Frage müßte meines Erachtens jeden Kritiker, der seinem Namen Ehre macht, beschäftigen.

26 Im *Dialog über die Dichtung* (Essays I, S. 89 f.).

27 Meine Informationen entnehme ich dem *Manuel des études grecques et latines* von L. Laurand, Fascicule II, Paris 1926.

28 Hier ein praktisches Rezept zum Verständnis der schwierigen zeitgenössischen Kunst: Der Interessierte sollte sich darum kümmern, festzustellen, in welchen Punkten sich seine Auffassung über die alten Schriftsteller von der Auffassung des Dichters, den er versteht, und des Kritikers, der jenen unterstützt, unterscheidet.

29 Gongora oder andere, an die ich mich jetzt nicht erinnere und die dieses Problem den Kritikern ihrer Zeit aufgetischt hätten.

30 In der Malerei haben wir dasselbe Phänomen. Wer will, vergleiche das Bild *Insellandschaft* von N. Chatzikiriakos-Gikas auf der letzten Nationalen Ausstellung mit jedem Bild, zum Beispiel von Eugène Carrière. Eine schwierige, wenn wir so wollen, Malerei; doch überhaupt nicht verschwommen, nicht düster. Im Gegenteil, ein außerordentliches Streben nach Präzision und Licht kennzeichnet das Bild. Ich habe keine anderen Bilder dieser neuen Phase von Chatzikiriakos gesehen. Doch schon das eine offenbart uns deutlich einen bedeutenden Umstand: wie nahe dem lebendigen und echten griechischen Gefühl und wie wahrhaftig ein zeitgenössischer Künstler sein kann. Es gibt eine Übereinstimmung, die erkannt werden muß, zwischen solch einer Verarbeitung des Materials und dem Schaffen des großen, und sträflicherweise unbekannten Theophilos.

31 Es ist notwendig, ein für allemal unser Anliegen zu verdeutlichen. Ob wir es wahrhaben wollen oder nicht, die Dichter, die das Problem der schwierigen Kunst aufgeworfen haben, sind die wichtigsten Repräsentanten dieser Kunst: Rimbaud, Mallarmé, Lautréamont, Claudel, Valéry, Fargue, Eliot, Joyce, Jouve. Meine Aufzählung ist unvollständig. Auffällig wird aber sein, daß ich niemanden aus der heutigen Generation aufgeführt habe. Mir scheint, daß diese Dichter alle Seiten des Problems der „Schwierigkeit", der gegenseitigen Bedingtheit oder des begrifflichen Zusammenhangs in der Kunst dargelegt haben. Wer also seinen Standpunkt hinsichtlich seines Problems ihnen gegenüber bestimmt hat, muß ihn nicht jedesmal von neuem darlegen, wenn mittelmäßige Literaten es neu aufwerfen, und das natürlich auf unzulängliche Art tun. Nach der Nennung dieser Schriftsteller werden wir, ohne uns um die „Schwierigkeit" ihrer Kunst zu kümmern, entweder von guten oder von schlechten Dichtern sprechen oder sie ablehnen, und zwar weil sie übermäßig irrational sind, wobei wir dann aller-

dings auch die oben erwähnten ablehnen müssen. Der pure Surrealismus ist eine leichte Dichtung.

32 Außer vielleicht Claudel, und das nicht immer. Die Ausnahme schafft keine Regel ab.

33 Ich fühle mich verpflichtet, darauf hinzuweisen, daß mir hier die Forschungen von I. A. Richards, Professor in Cambridge, sehr nützlich waren, die von einer scharfen Beobachtungsgabe gekennzeichnet sind. Ich möchte noch hinzusetzen, daß alle, die sich ernsthaft mit Fragen der Dichtung auseinandersetzen, ihm ihre große Dankbarkeit zu bezeugen haben.

34 Das Durcheinanderbringen dieser zwei Funktionsweisen von Sprache ist eine typische Methode, die zur Entstehung komischer Situationen führt. Wenn wir zum Beispiel einem Herrn sagen: „Sie sind sehr höflich", ein Ausdruck, der keinen logischen Sinn beinhaltet, sondern nur eine Floskel ist, ein Punkt in unserem Gespräch, und er uns zu erzählen anfängt, wie ihn seine Eltern großgezogen haben.

35 In der *Einleitung zu T. S. Eliot* (Essays I, S. 34 und 44).

36   Zénon! Cruel Zénon! Zénon d'Elée!
    M'as-tu percé de cette flèche ailée
    Qui vibre, vole, et qui ne vole pas!
    Le son m'enfante et la flèche me tue!
    Ah! le soleil ... Quelle ombre de tortue
    Pour l'âme, Achille immobile à grands pas!
    [Grausamer Zeno, Zeno, deine Worte!
    Ob mich am Ende dieser Pfeil durchbohrte,
    der schwirrt und fliegt und doch nicht fliegt zuletzt?
    Der Ton gebiert –, der Pfeil will mich bestatten!
    Ach, Sonne, ach! Und da ... Schildkrötenschatten,
    Achilleus, unbeweglich und gehetzt!]
                   (Dt. von Rainer Maria Rilke)

Diese Verse aus dem *Friedhof am Meer* von Paul Valéry zeigen zum Beispiel sehr deutlich, was ich sagen möchte. Wir können nicht fühlen, daß sie poetisch sind, wenn wir kein *Gefühl* dafür besitzen, sondern nur das Wissen über die Philosophie des Eleaten. Siehe noch *Das wüste Land* von Eliot.

37 In *Zweifel beim Lesen von Kalvos* (Essays I, S. 57).

38 Was mir heute, wo ich über eine Zeit schreibe, die bereits der Literaturgeschichte angehört, viel schwieriger zu sein scheint.

39 Meine Übersetzung entstand leider auf der Grundlage der französischen Übertragung von Jean Baruzi (*Saint Jean de la Croix et le problème de l'expérience mystique,* Alcan, Paris 1931).

40 Der Umstand ist bedeutungsvoll, daß zwei geistig so unter-

schiedliche Menschen wie Henri Brémond und I. A. Richards
dem aristotelischen Begriff so große Bedeutung beimaßen und
bei ihren diametral entgegengesetzten Forschungen zu gleichen Schlußfolgerungen gelangten.

41 Siehe auch Henri Brémond: „Faut-il expliquer ces évidences.
La science est de l'universel. La poésie du particulier. La
science ne connait, et donc ne règle que le drame en soi; or, il
n'y a pas de drame en soi; rien dans *Oedipe-Roi* qui annonce
Faust; chaque nouveau poème est quelque chose d'unique, un
miracle" [Man muß diese Selbstverständlichkeiten erklären.
Die Wissenschaft ist das Universelle. Die Dichtung das Par-
tielle. Die Wissenschaft kennt und begreift nur die Tragödie
an sich; es gibt keine Tragödie an sich; nichts ist im *König Ödipus*, was den *Faust* ankündigen würde; jedes neue Gedicht ist
etwas ganz Einzigartiges, ein Wunder] *(Prière et poésie)*.

42 Wir verursachen eine gleiche Verwirrung, wenn wir in der
Mutter Gottes dieselbe Geschlossenheit oder Klarheit wie bei
Sophokles suchen. Natürlich finden wir beides nicht, da es
nicht existiert, doch ziehen wir oft den Schluß, daß im ersteren Werk eine gewisse Schlaffheit und Undeutlichkeit der begrifflichen Einheit vorliegt. Ich stelle mir indessen vor, daß ein
Anhänger von Sikelianos leicht die Meinung vertreten könnte,
daß das bedeutende Merkmal dieser Dichtung genau in dieser
religiösen Dunkelheit besteht und daß ohne sie die ganze li-
turgische Religiösität des Werkes verschwinden würde. Er
könnte noch hinzusetzen, daß so umfangreiches Material
durch einen extremeren, gröberen Sprachstil leicht zu einer
riesigen, undurchdringlichen kyklopischen Mauer werden
könnte. Und daß er den Dichter bewundert, der sein Gedicht
leichter machte, indem er es mit schattenhaften Passagen über-
zog. Das, was ich sagen würde, ist, daß die *Mutter Gottes* mit
mehr Licht und anderer Komposition ein anderes Gedicht
wäre als das, welches wir zu beurteilen haben, und daß wir im
Augenblick der Kommunikation nicht dieses *andere* Gedicht
suchen dürfen.

43 Vergleiche *Zu einer Wendung von Pirandello*, S. 7.

44 Ich könnte auch die folgende Bemerkung von Marx zitieren:
„Der Schriftsteller betrachtet keineswegs seine Arbeiten als
Mittel. Sie sind *Selbstzwecke*, sie sind so wenig Mittel für ihn
selbst und für andere, daß er *ihrer* Existenz *seine* Existenz auf-
opfert, wenn's not tut, und in anderer Weise, wie der Prediger
der Religion zum Prinzip macht: „Gott mehr gehorchen denn
den Menschen", unter welchen Menschen er selbst mit seinen
menschlichen Bedürfnissen und Wünschen eingeschlossen ist
… *Die erste Freiheit der Presse besteht darin, kein Gewerbe zu sein.*

Dem Schriftsteller, der sie zum materiellen Mittel herabsetzt, gebührt als Strafe dieser inneren Unfreiheit die äußere, die Zensur, oder vielmehr ist schon seine Existenz seine Strafe" [aus *Debatten über die Preßfreiheit* (Marx-Engels-Werke, Bd. 1, S. 71). Seferis zitiert aus: K. Marx et F. Engels, *Sur la littérature et l'art.* Textes choisis par Jean Fréville, Paris 1936].

45 Auszüge aus dem Brief vom 27. Oktober 1818 von John Keats.

Kostis Palamas

46 Ich müßte von „Wunden" (τραύματα) im Sinne der Psychoanalyse sprechen.

47 Ἡ Ἀσάλευτη Ζωή [*Das unbewegte Leben,* Vorwort von 1921].

48 Es scheint mir logisch zu sein, daß ein Dichter, der sich als solcher versteht und einen solchen Durchbruch bewirkt, auch den Strömungen seiner Zeit gegenüber außerordentlich aufgeschlossen ist. Diese sehr verknappte Studie konnte auf dieses wie so manches andere Thema nicht ausführlich eingehen.

49 Aristidis Futridis, *Palamas und Hesiod,* Athen 1929. Erschienen in der Reihe Γιὰ νὰ γνωρίσουμε τὸν Παλαμᾶ [Begegnungen mit Palamas] von G. K. Katsimbalis.

Ein Grieche: Makrijannis

50 Entsprechend den Bedingungen, unter denen diese Rede entstand, verstehe ich sie nur als allgemeine Einführung. Die meisten Probleme, die Makrijannis stellt, werden zwar genannt, aber nicht weiterentwickelt.

51 Ioannis Vlachojannis, Ἀρχεῖον τοῦ Στρατηγοῦ Ἰωάννου Μακρυγιάννη [*Archiv des Generals Ioannis Makrijannis*] Band I (Schriften zur Geschichte). Band II (Memoiren). Athen 1907. Ich zitiere und gebe zuerst den Band und nach dem Komma die Seitenzahl an. Die Wiedergabe des handschriftlichen Manuskripts ist ein Problem. Vlachojannis wählt einen Mittelweg, da er den Text nicht buchstabengetreu wiedergibt. Mein System offenbaren die Auszüge, die ich zitiere. Wer die Ausgabe von Vlachojannis gesehen hat, wird feststellen, daß ich zum Beispiel einige ν am Wortende weggelassen habe, aus διὰ γιά mache, aus εἰς τό mache ich στό, στά usw., entsprechend dem heutigen Sprachgefühl. Ich änderte auch die Interpunktion ein wenig. Dieses Problem muß gründlich studiert werden und ist die Arbeit für andere Zeiten. Ich glaube, daß eine zufriedenstellende Ausgabe von Makrijannis zwei Texte zu edieren hätte: der eine müßte absolut der Handschrift „gleichen" und

der andere entsprechend dem Lautsystem, zu dem sich der Herausgeber entschließt, bearbeitet werden. Meine heutige Meinung ist die, daß dieses System vom Prinzip ausgehen sollte, das die *Memoiren* als literarischen Text begreift und ihn als solchen behandelt. Wir dürfen uns also nicht davon leiten lassen, wie der schreibunkundige Makrijannis buchstabierend schrieb, sondern was er tatsächlich ausdrückte, dabei die Idiome, die auch Vlachojannis ignorierte, beiseite lassend.

52 [Am 18. und 30. März 1844 leistete König Otto den Eid auf die Verfassung. Damit wurde Griechenland zu einer konstitutionellen Monarchie.]

53 Die Träume von Makrijannis verdienen eine gesonderte Untersuchung.

54 Die erste (bedeutende und wertvolle) Veröffentlichung der 24 Bilder von Makrijannis und Panajotis Zografos erfolgte 1926 mit dem Titel: *Histoire picturale de la guerre de l'Indépendance Hellénique par le Général Makryjiannis,* Genf (Editions d'art Boissonas) und Paris (Librairie Jean Baudry et Cie.). Es handelt sich um im nachhinein handkolorierte Abzüge der Originale aus der Sammlung von Gennadios, die sich jetzt in der Gennadios-Bibliothek befinden. Der berühmte Sammler kaufte sie bei einer Versteigerung, die vom 22. März bis zum 2. April 1909 in Rom stattfand.

Wie wir wissen, schuf Makrijannis – außer den „ersten fünfundzwanzig Holzbildern" (II,341, Anm. 1), die er behielt – noch vier Serien seiner Bilder; er schenkte sie 1839 König Otto sowie den Botschaftern Englands, Frankreichs und Rußlands. Gennadios glaubte, daß die Serie, die er in Rom kaufte, König Otto gehörte, „die dieser Schurke, dieser Jesaja verbummelt hat" (II,351, Anmerkung und II,498). Ich frage mich, ob auch das als vollkommen sicher gelten kann, weil ich nicht weiß, ob bekannt ist, was mit den zwei Serien geschah, die Makrijannis Frankreich und Rußland übergab. Die Serie, die nach England ging, befindet sich jedenfalls in der Königlichen Bibliothek des Schlosses zu Windsor; ich sah sie 1952: sie stimmt nicht genau mit der Serie von Gennadios überein, was verständlich ist, denn es handelt sich um manuelle und nicht um maschinelle Vervielfältigung. Wahrscheinlich übersandte Sir Edward Lyons das Geschenk noch im gleichen Jahr an den Außenminister Lord Palmerston. Der Bibliothekar versicherte mir, daß der Begleitbrief von Lyons zwischen den Papieren von Palmerston aufgefunden wurde und das Jahresdatum 1839 trägt. Diesen Brief sah ich nicht, ich bat aber um eine Abschrift des Briefes von Palmerston an die Königin Victoria; er hat folgenden Wortlaut:

> „Foreign Office,
> 1 August 1840.

Viscount Palmerston presents his humble Duty to Your Majesty and submits in an accompanying wooden case some drawings sent by the People of Crete to be presented to Your Majesty. The drawings represent Battles which happened in the Greek War against the Turks which ended in 1830 in the Establishment of the present Kingdom of Greece."

Ich übersetze:

> „Außenministerium,
> 1. August 1840.

Der Vicomte Palmerston bekundet seine bescheidene Pflicht gegenüber Ihrer Majestät und sendet Ihr in beiliegender hölzernen Kassette verschiedene Zeichnungen, die das Kretische Volk (sic!) schickte, um es Ihrer Majestät zu überbringen. Die Zeichnungen stellen Schlachten dar, die sich während des griechischen Kampfes gegen die Türken zugetragen haben, der 1830 mit der Gründung des heutigen Königreichs Griechenland zu Ende ging."

Der Schreiber des Englischen Außenministeriums verwechselte Crete mit Greece (Kreta statt Griechenland). Der hölzerne Schuber existiert noch; mir scheint, er ist auch von Makrijannis angefertigt worden.

Zu den geretteten Bildern von Makrijannis siehe die 2. Auflage der *Memoiren* (Athen 1947, 2. Band, S. 97 f., jeweils 1. Anmerkung).

55 Von hier bis zum Makrijannis-Zitat sütze ich mich auf das Vorwort von Vlachojannis (I,53).

56 13. August 1852.

57 Das und den Auszug der vorangegangenen Seite (I,81) veröffentlichte Vlachojannis nur bruchstückhaft. Wenn die Handschrift existiert, wie man uns versichert, dann ist es ein Skandal, daß bis zum heutigen Tag weder „die tragische Schrift an Gott" (I,81) noch „die Abhandlung für G. Verikion in Zakynthos" vom 12. Februar 1859 (I,85) veröffentlicht wurden. Über diese Angelegenheit, wie über das Schicksal der Handschrift der *Memoiren* allgemein, gibt es wenige Informationen, die zum Teil widersprüchlich, zum Teil undurchsichtig sind. Ich will mich dazu nicht äußern. Das einzige, was ich jetzt betonen möchte, ist die unbeschreibliche Gewissenlosigkeit der Verantwortlichen.

58 [Das Historisch-Ethnologische Museum Athen. Seferis war am 18. März 1940 dort. In seinem Tagebuch findet sich unter diesem Datum folgende Eintragung: „Im Ethnologischen Museum zusammen mit Maro, um die Überbleibsel von Makrijan-

nis zu besichtigen. Zwei Bilder; ich entdecke sie hinter einem Möbelstück und bitte den Wächter, mir beim Verrücken zu helfen, damit ich sie mir ansehen kann. So kaputt, daß ich eine Taschenlampe brauche, um herauszufinden, welche es sind (vor allem das eine) und worin sie sich von Boissonas' Ausgabe unterscheiden.

Die Totenmaske von Makrijannis; eine einzige Verkrampfung, gleich den Äpfeln, die, vollgespickt mit viereckigen Blättern und Zimt, ausgekocht und zu Weihrauch verarbeitet werden. Das Leid und die Qualen des Alten sind eingraviert in diesen Gipsabdruck; asymmetrische Proportionen wie bei der Maske von Pascal" (*Tage III*, S. 183).]

59 [Zu dieser Seite gehört möglicherweise folgende Notiz von Seferis, die zwischen seinen Unterlagen, die er für diese Ausgabe zusammengestellt hatte, gefunden wurde. Sie umfaßt das ganze, in den Text hineingenommene Makrijannis-Zitat und folgenden, mit der Hand daruntergeschriebenen Kommentar:]

Der Gedankengang von Makrijannis verdient eine tiefgehende Untersuchung. Ich zitierte diesen Abschnitt, um zu zeigen, wie sehr seine innere Ergriffenheit frei von jedem Fünkchen Sentimentalität ist. Auch heute, nach so vielen Versuchen, kann ich nicht viele Menschen finden, die so effektiv schreiben.

[Die nächsten zwei Absätze könnten zwar dem vorangegangenen folgen, sie könnten aber auch an anderen Stellen plaziert werden:

Dasselbe gilt für die Schlacht auf der Akropolis, nachdem er „hinten am Kopf" verwundet worden ist. „Da hatten die armen Griechen Mitleid mit mir und kämpften tapfer" (II,205). *Die armen Griechen* – ein tausendfach wiederholter Ausdruck; doch er nimmt solch einen Platz ein, das er etwas Bedeutendes und Großes offenbart: die Zärtlichkeit eines starken männlichen Herzens.

Oder wenn er die Darstellungen beschreibt, die er „mit schwarzen und weißen Kieselsteinen des Meeres" (II,351) in seinem Garten gezeichnet hatte. Sein Bericht hat folgenden Rhythmus: „des weiteren ist …", „des weiteren ist …", was, mich zumindest, an den bekannten Rhythmus der Darstellung von Achills Schild erinnert: „ἔν δὲ θῆκεν…, ἔν δὲ θῆκεν…", wie Homer sagt.]

G. Savidis

60 Eliot war für Kavafis kein Unbekannter, wie aus zwei seiner
unveröffentlichten Briefe an E. M. Forster vom 1. August 1924
und vom 15. Oktober 1929 ersichtlich wird. (Information von
G. P. Savidis.)

61 Ich verwende das Wort *griechisch*, wenn ich entweder das Griechisch meine, das heute die Griechen sprechen, oder die griechische Sprache in ihrer Einheit von ihren Anfängen bis in unsere Zeit. Wenn ich das Griechisch anderer Zeiten meine,
gebrauche ich spezielle Adjektive. Das Wort *neugriechisch* verwende ich nicht; es ist ungenau, wenn man es näher betrachtet, und häßlich obendrein; kein Engländer sagt *neuenglisch* und
kein Franzose *neufranzösisch*.

62 Ich zitiere nach folgenden Ausgaben:
TM 1: Timos Malanos, Ἅπαντα I [Sämtliche Werke], Bd. 1, I.
Der Dichter K. P. Kavafis, II. Ergänzende Kommentare, Alex-
andria o. J.
TM 2: ders., Ἅπαντα II, Bd. 2, I. Die Mythologie der Kavafis-
schen Stadt, II. Kritische Essays, Alexandria o. J.
L: G. Lechonitis, Καβαφικὰ αὐτοσχόλια [Kavafis' eigene Kom-
mentare], Alexandria 1942.

63 [Anfang Juni 1941, kurz nach Seferis' Ankunft in Ägypten.
Alexandria war von 323 bis 30 v. u. Z. Hauptstadt der Ptole-
mäer-Dynastie.]

64 Ich denke, daß im Ikonostasion, das durch die Gedichte von
Kavafis errichtet wird, der Schmerz über den vergangenen
Ruhm zum Ausdruck kommt, den wir so oft in unserer demotischen Tradition wiederfinden. Aber Kavafis steht in der Tradition der Gelehrten, und bei ihm wird der neuralgische Punkt
des Falls von Konstantinopel und der Schleifung von Adrianopel kompensiert durch den Komplex: Magnisia – Leukopetra
– Zerstörung von Korinth. Natürlich behandelt er dieses
Thema auf ganz eigenständige Art und Weise, ich meine: mit
dem Gefühl, das er ständig in sich trägt, das Gefühl des Ver-
falls und der Entwürdigung. An dieser Stelle könnte man auch
das Gedicht *Im Jahre 200 v. Chr.* zitieren: „Was sollen wir uns
jetzt noch über die Lakedämonier Gedanken machen! …" Man
kann sich leicht vorstellen, was ein Fanariot mit den Kavafisschen Gedanken über die Nation alles gemacht hätte. Sie treffen jene engstirnigen Lakedämonier und die Erfahrung, die
aus dem modernen griechischen Staat erwuchs.

65 Paparigopulos (Edition Eleftherudakis), Band 2, Teil 1, S. 303.
Polybios, XL, V; siehe auch XXXVIII, III f. zur Charakteristik

der beiden Heerführer und zur Situation kurz vor der Schlacht bei Leukopetra.

66 Auf einem Einzelblatt aus dem Jahre 1926 ist notiert: „Erster Druck: 2. Februar 1922." *Der junge Antiochier* wurde ebenfalls im Februar 1922 geschrieben.

67 „Auch ich bin ein Griechischer. Achtung, nicht Grieche, auch nicht ein Gräzisierender, sondern ein Griechischer" (TM, 1, 221). Siehe auch: „Kavafis antwortet, daraufhin befragt, er sei kein Patriot, sondern Rassist. Er verstehe unter Rassismus die vollständige Wiederherstellung der griechischen Rasse" (TM, 1,57).

68   Jetzige Zeit und vergangene Zeit
      Sind vielleicht gegenwärtig in künftiger Zeit
      Und die künftige Zeit enthalten in der vergangenen.

(Burnt Norton)

Ich weiß nicht, ob unsere Sprache reif genug ist, um diese Verse zu übersetzen. Für Eliot ist das Vergangene keine Archäologie, sondern „Ein Weg hinauf, hinab ist ein und derselbe" nach einem Spruch von Heraklit, den er als Motto seinen *Quartetten* voranstellt.

69 Wie Eliot bemerkt, indem er die entsprechenden Verse aus den *Metamorphosen* von Ovid zitiert, lernte Teiresias die männliche *und* weibliche Aphrodite kennen: „Venus huic erat utraque nota." Dieser Hinweis ist im Zusammenhang mit dem Erotismus von Kavafis interessant.

Genauso wie die Personen haben auch die Elemente keinen bleibenden Charakter im *Wüsten Land*; sie sind „mal so … mal so …". Zum Beispiel ist das Wasser nicht nur das Element des Lebens, sondern zugleich das der Zerstörung; das Feuer ist nicht nur das Element der Trockenheit, sondern zugleich das der Läuterung.

Eine ausführliche und tiefere Analyse des *Wüsten Landes* findet sich in meinem Buch *T. S. Eliot, Das wüste Land und andere Gedichte*, 3. Auflage, Athen (Ikaros-Verlag) 1965.

70 Takis Papatsonis bezeichnete in der Zs. Κύκλος, Juli 1933, die Verse über Phlebas „ein Meisterwerk in der Machart von Kavafis". Mag sein; ich weiß es nicht. In einem der ersten Gedichte von Eliot (*Burbank with a Baedeker: Bleistein with a Cigar*) finden sich folgende Verse, an die mich Professor C. M. Bowra erinnerte:

Defunctive music under sea
    Passed seaward with the passing bell
Slowly: the God Hercules
    Had left him, that had loved him well
[Verstorbene Musik unter dem Meer

zum Meer hinaus lief vorbei mit einer Laufglocke
langsam: der Gott Herakles
verließ ihn, da sie ihn sehr liebte]
und die über die Musik des geheimen Orchesters berichten, so
wie über „der Gott habe verlassen ...", was ja auch Kavafis verwendete. Die Musik des Orchesters wird im Gedicht von Eliot
mit dem Lied von Ariel (im *Sturm* von Shakespeare) gleichgesetzt. Das Thema dieser Musik finden wir wieder im *Wüsten
Land*, nicht aber bei Antonius, sondern bei Kleopatra, einer
modernen Frau mit einer luxuriösen Neurose, die auf ein
Klopfen an ihrer Tür wartet: auf die Schritte der Eumeniden.
Aber mir geht es nicht um solcherart von Übereinstimmungen
und auch nicht um das zufällige Zitieren von „Che fece per
viltà il gran rifiuto" durch beide Dichter, worüber ich weiter
unten schreibe.

71 TM, 1,146; oder auch: „Das Buch findet – oft sogar ganze
Wendungen daraus –, was für jeden ersichtlich ist, in seine
Gedichte Eingang ..." [In seinem Werk; G. S.] „fällt uns zuerst
seine Weisheit auf und erst danach seine Schönheit und seine
Poesie. Das ist wie eine Herausforderung" (118). Dasselbe ist
bei Eliot, Ezra Pound, Auden und anderen der Fall.

72 Siehe F. O. Matthiessen, *The Achievement of T. S. Eliot*, Oxford
University Press 1939.

73 Erinnern wir uns noch an andere Verse. Ich unterstreiche:
In dem zügellosen Leben, das ich in der Jugend führte,
hat sich das Bestreben meiner Dichtung ausgebildet,
ist der Raum für meine Kunst umrissen worden.
Das Gedicht heißt *Einsicht*. Oder folgende Verse:
Zu den Vergnügen, die halb wirklich,
halb in meinem Hirn ersponnen, waren
und der folgende Vers:
wenn sie sich *in deinem Kopfe* regen.

74 Zu diesem Thema sind auch die folgenden beiden Zitate von
Eliot sehr interessant:
1. „Die unreifen Dichter ahmen nach; die reifen Dichter stehlen; die schlechten Dichter deformieren das, was sie von anderen nehmen, und die guten Dichter verwandeln es in etwas
Neues. Der gute Dichter verpflanzt das Entliehene in einen
ganz neuen emotionalen Zusammenhang, der sich grundlegend vom Zusammenhang unterscheidet, aus dem es gerissen
wurde. Der schlechte Dichter wirft es in ein fremdes Umfeld
hinein. Ein guter Dichter wird sich in der Regel an Dichter
halten, die lange vor ihm gelebt, in einer anderen Sprache geschrieben oder völlig andere Interessen gehabt haben."
2. „Ist der Geist eines Dichters ganz und gar für seine Arbeit

geschaffen, so assimiliert er ständig verschiedenartigste Erlebnisse; das Erleben des gewöhnlichen Menschen ist chaotisch, unsystematisch, bruchstückhaft. Er verliebt sich oder liest Spinoza, und diese beiden Erlebnisse haben miteinander oder mit dem Geräusch der Schreibmaschine oder dem Geruch aus der Küche nichts zu tun; im Bewußtsein des Dichters bilden diese Erlebnisse ständig neue Ganzheiten."

Diese Herausbildung eines Amalgams aus vielen verschiedenartigen Dingen ist ein typisches Merkmal des *zeitgenössischen* dichterischen Talents. Das ist zum Beispiel bereits bei Baudelaire sehr deutlich zu erkennen:

> Aussi devant ce Louvre une image m'opprime:
> Je pense à mon grand cygne, avec ces gestes fous ... ... et
> puis à vous
> Andromaque ...
> Veuve d'Hector, hélas! et femme d' Hélénus!
> Je pense à la négresse, amaigrie et phtisique ...
> Aux maigres orphelins séchant comme des fleurs! ...
> *(Le Cygne)*
> [Auch vor dem Louvre hier bedrückt ein Bild mich schwer:
> Ich denk an meinen Schwan, so groß und lächerlich
> In seinem wilden Tun ...
> An dich,
> Andromache ...
> Witwe des Hektor, ach, und Weib des Helenus!
> Der Schwarzen denk ich, die verhärmt und schwindsucht-
> krank ...
> Der magern Waisen denk ich, Blumen durstverzehrt!]
> (Dt. von W. R. Berger)

75 Glafkos Alithersis, *Das Problem Kavafis*, Alexandria 1934, S. 35. Das Zitat wird durch folgende Verse untermauert:
> Investiere – erkläre ich – in dein Werk deine ganze Kraft
> deine ganze Sorge, und erinnere dich wieder dieses Werks
> in schwerer Not, oder wenn deine letzte Stunde naht.

Und Eliot schreibt: „Es wurde nichts Großes geschaffen, ohne daß sich der Schöpfer völlig ins Werk eingebracht hätte."

76 „Aber im allgemeinen ist sein Vers kalt. Vielleicht, weil es kein Vers ist, der glorifiziert, besingt oder aus Verzweiflung klagt, sondern ein Vers, der denkt" (TM, 1,168 f.).

77 Vgl. *Zweifel beim Lesen von Kalvos* (Essays I, S. 63).

78 Ich gebe dem Wort *Lyrismus* (λυρισμός) die Bedeutung eines bestimmten Typs poetischer Expressivität. Des Hervorbringens eines „o ...!", eines auffordernden Ausrufs, wie Valéry sagte, wenn ich mich nicht täusche. In diesem Sinn sind zum Beispiel viele Chorlieder aus der antiken Tragödie lyrisch.

Aber nach der Deutung, die K. Th. Dimaras diesem Wort gibt (in: Κύκλος, Nr. 3/4, 1934, S. 71, *Einige Quellen kavafisscher Kunst*), müßte ich den größten Teil des Werkes von Shakespeare lyrisch nennen. Das Wort *Intuition* ἔμπνευση) verwendet er ebenfalls in einer allgemeineren Bedeutung (z. B. ebenda, S. 70, oder in *Sieben Kapitel über die Dichtung*, Kastalia-Verlag 1935), von der ich nur sehr selten ausgehe. Eine Sache der Formulierung; aber ich erwähne es, weil wir über verschiedene Begriffe verschiedener Meinung zu sein scheinen, obwohl der Abstand, der uns trennt, unerheblich ist.

79 „Objective correlative", ein Begriff, der zum „kritischen Topos" in der zeitgenössischen englischen Literatur geworden ist. Vgl. T. S. Eliot, *Selected Essays*, 1951, S. 145.

80 Genau: „Die offenherzige Ergriffenheit war nicht Sache des Dichters. Er verdrängte sie aber nicht vollständig, wie es auf den ersten Blick den Anschein hat. Seine Art, uns andeutungsweise Ergriffenheit zu zeigen, besteht im Betonen ihrer Abwesenheit. Er zeigt uns epigrammatisch die Sockel, denen aber die Statuen fehlen" (P. Vlastos, *Unsere griechische und einige andere parallele Diglossien,* Athen 1935, S. 188).

Diesbezüglich ist die Aussage von D. Nikolareïzis sehr interessant: „Es gibt bei Kavafis ein lyrisches Alibi" (*Die Herausbildung des Lyrismus von Kavafis*, in: Νέα Ἑστία, 15. Juli 1933.) Was den Parallelismus betrifft, um den es mir geht, ist auch seine frühere Studie von Interesse *Der Hedonismus in der Dichtung von Kavafis*, in: Νέα Ἑστία, 1. November 1931, in der er eines der wesentlichsten Charakteristika von Kavafis bereits bei den italienischen Malern der Renaissance ausmacht: die Vermischung von „Intellektualität" und Emotionalität. Genau das gleiche hebt Eliot bei den englischen Elisabethanern und „metaphysischen Dichtern" hervor und, wie bereits gesagt, bei Dante. Ein anderes Problem ist, ob in den Gedichten von Kavafis der Gefühlssinn so stark ausgebildet ist wie bei jenen Malern. Aber die Vermischung existiert, obwohl sie sich auf verschiedene Weise manifestiert.

Über Eliot schreibt Vlastos (wie oben, S. 163): „Wer sehen will, bis zu welchem Punkt das menschliche Denken verkommen und wie sehr eine Sprache ausfasern kann, der braucht sich nur die nichtssagenden Verse von Eliot, Ezra Pound und anderer Enkel des englischen Priesters Gerard Manley Hopkins anzusehen" usw. Und trotzdem, als er erklärt, warum er Kavafis einen Stoiker nannte, kommt er zu dem Schluß: „Ich bevorzuge jene, die einem Fußtritte verpassen" (ebenda, S. 194). Ich weiß nicht, wen er während seiner Schaffenszeit solche Fußtritte austeilen sah (da er dieses Verb wählt). Aber, ich denke, Eliots Werk gehört zu denen, die Tritte ausgeteilt haben. Er teilt Fußtritte aus und „organisiert" dabei (ich verwende immer Vlastos' Formulierungen, ebenda, S. 195), „was er weiß, was ihm zugestoßen ist und woran er sich erinnern kann (in bezug auf seine Person, seine Nation und die ganze Menschheitsgeschichte)". Dasselbe tut, denke ich, Kavafis mit seinem Werk. „Schön" war das nicht. Aber das wußten und erlebten sie.

81 [Das 1908 geschriebene Gedicht *Die Schritte*. Die Lariten (oder Laren) galten in Rom als Schutzgötter des Hauses.]

82 Als ich diese Seiten schrieb, kannte ich nicht die Analyse des Gedichts von Takis Papatsonis, (in: Σήμερα, Mai 1933). Ich freue mich, daß sich unsere Vorstellungen kreuzen.

83 [Bei der ersten Veröffentlichung wurde dieser Text von Seferis an dieser Stelle mit folgenden Ausführungen fortgesetzt, die bei der zweiten Auflage der *Essays* weggelassen wurden. Ich denke, sie sollten wieder zugänglich sein, natürlich nicht mehr im Text, sondern in den Anmerkungen:]

G. Savidis

Hier will ich für einen Augenblick meine parallele Betrachtung von Kavafis verlassen, um an Worte Eliots zu erinnern, die mir außerordentlich gefallen. Es handelt sich um seine Entgegnung auf einen Satz von D. H. Lawrence, der gesagt hatte, daß in unserer rohen und freudlosen Epoche „einzig und allein die rohe, nackte, steinige Direktheit des Ausdrucks die Dichtung am Leben erhalten kann". Eliot bemerkt: „Es ist die Rede von etwas, das ich schon seit einiger Zeit schreibend zu erreichen hoffe; Gedichte zu schreiben, die substantielle Dichtung wären, ohne irgend etwas Poetisches zu enthalten, Dichtung, die sich nackt auf ihren nackten Knochen erhebt, oder eine Dichtung, so transparent, daß wir nicht die Dichtung sehen würden, sondern etwas, das wir eigentlich durch die Dichtung erkennen; Dichtung, so transparent, daß wir beim Lesen uns darauf konzentrieren würden, *was das Gedicht zeigt*, und uns nicht auf die Dichtung konzentrieren – das ist meines Erachtens etwas, das den Versuch lohnt. *Über die Dichtung* hinauszugelangen, wie Beethoven sich in seinen letzten Werken bemühte, *über die Musik* hinauszugelangen. Es gelingt uns vielleicht niemals, aber die Worte von Lawrence haben für mich genau diese Bedeutung: für mich drücken sie das aus, was meine vierzig oder fünfzig originellen Verse, wie ich denke, zu erreichen suchen."

Ich weiß nicht, wie ich dieses Zitat erklären soll, das mir aber erklärt, warum ich beim Lesen verschiedener Stellen bei Eliot

das Gefühl verspürte, das ich beim Hören der *Canzona di ringraziamento* von Beethoven hatte.

84 „Pound ist meistens origineller, in der wahren Bedeutung des
Wortes, je ‚archäologischer‘, im herkömmlichen Verständnis,
er ist … Je tiefer jemand tatsächlich ins Leben einer anderen
Epoche eindringt, desto tiefer dringt er in das Leben seiner eigenen Epoche ein … Wer durch die Provence von Pound und
durch das Italien von Pound in Langeweile versetzt wird, gehört zu denen, die die Provence und das mittelalterliche Italien nur als etwas Museales ansehen; Pound sieht sie nicht so,
und er will die anderen auch nicht dazu zwingen, sie so zu sehen … Sondern er sieht in ihnen etwas, das mit ihm lebt, und
das bedeutet, daß er bestimmte Dinge der Provence und Italiens empfunden hat, *die bleibend sind in der menschlichen Natur.*"
(Aus der Einleitung zu Pound von Eliot. Die Hervorhebungen
sind von mir.) Wenn man die Wörter Provence und Italien mit
den Wörtern Alexandria, Antiochia, Byzanz austauscht, würde
dieses Zitat ideal auf Kavafis zutreffen.

85 Ich meine das Bewußtsein, das seine Gedichte erkennen lassen; nicht das psychische oder moralische Bewußtsein des
Menschen.

86 [Gemeint ist das frühe Gedicht *Treulosigkeit* (1903), in dem
Apollo der Nereide Thetis, der Frau des Peleus, verspricht, ihrem gemeinsamen Sohn Achill ein langes Leben zu schenken,
aber dann vor Troja mithilft, daß er durch Paris getötet
wird.]

87 Das heißt, die erotischen Gegenstände und die Formen der
Hedone, die Kavafis dem Leser vorstellt, nicht sein sensibles
Talent, das meiner Meinung nach um so intensiver ist, je mehr
es aus dem Innern kommt.

88 „Aber das Wesentliche für den Dichter besteht nicht darin, es
mit einer schönen Welt zu tun zu haben, sondern hinter
Schönheit und Häßlichkeit, Langeweile, Angst und Ruhm sehen zu können" (Eliot).

89 Wenn ich mich nicht täusche, habe ich etwas Ähnliches bei
André Gide über dessen puritanische Kindheit gelesen.

90 *Wünsche und Gefühle brachte ich ein in die Kunst.* Vgl. auch
Anm. 73.

91 Diese Studie hätte viel länger sein müssen, um die Analogien
zwischen beiden Dichtern ausschöpfen zu können. Sie berührte beispielsweise nicht das Thema des „Alters", das äußerst bedeutsam ist. Darüber habe ich in meiner *Einleitung zu
Eliot* geschrieben. Ich habe auch einige Besonderheiten beiseite gelassen. So spielen die Gedichttitel und Mottos bei beiden Dichtern eine organische Rolle: oftmals kommentieren

und erklären sie das Gedicht. Bei Eliot zählt jedes Wort, das auf der Seite steht, und Kavafis sagte einst: „Eine Gedichtüberschrift ist wie ein Kommentar zum Gedicht" (L, 30). Bei beiden Dichtern zählt jede Einzelheit. Für sie gibt es im Endeffekt keine Einzelheit, wie Valéry sagte. Schließlich noch etwas sehr Bedeutsames: Ich verwies in meiner *Einleitung* auf die Festigkeit der optischen Bilder bei Eliot, die völlig im Gegensatz steht zu einem diffusen, dunklen Ton, zu einem undeutlichen Grau. Dasselbe finden wir auch in den besten Texten von Kavafis.

92 [Siehe *Einleitung zu T. S. Eliot* (Essays I, S. 30).]

G. Savidis

93 Vom *Wüsten Land* abgesehen, entwickelt sich das poetische Werk Eliots in eine Richtung, die keine Parallelen zu Kavafis zuläßt. Insbesondere sein Zeitempfinden führt ihn zu einem mystischen Verständnis, um nicht zu sagen zu einem Bruch mit der Zeit; eine plötzliche Erhellung (sudden illumination) schneidet die Zeit in zwei Hälften und bewirkt eine Weltabgeschiedenheit im Zentrum des Lebens. Eliot scheint sich auf diese *Erhellung* zu konzentrieren, um aus dem Wüsten Land herauszukommen. Doch all diese Erklärungen sind unerträglich provisorisch. Ich wollte nur die Grenzen meiner Studie andeuten.

94 *das wichtigste Schriftstück* in dem Sinne, daß das Werk von Kavafis eine „Kritik" seiner Zeit und seines Landes darstellt, „genauso wie das Werk von Henry James, Flaubert und Turgenjew", das ist ein Satz Eliots, „eine Kritik Amerikas, Frankreichs und Rußlands ihrer Zeit darstellt". Und zwar nicht, weil Kavafis diese oder jene gesellschaftlichen oder politischen Überzeugungen formulieren wollte, sondern weil er es vermochte, sich selbst treu zu bleiben; und sein eigenes Ich war so beschaffen, daß es nichts weiter tun konnte, als die Welt, die es sah, widerzuspiegeln.

95 Ich weiß nicht, ob ich mich verständlich machen kann, wenn ich an dieser oder anderer Stelle über die Tradition spreche. Ich habe niemals dazu aufgefordert, sich irgendwelchen leeren Mustern zuzuwenden oder zur Vergangenheit zurückzukehren. Im Gegenteil. Ich sehe in der Tradition einen wichtigen Teil des Wissens für die heute Lebenden; und dem kann keiner ausweichen. Es ist ein anderes Problem, wenn es Leute gibt, die meinen, die Augen verschließen und dem ausweichen zu können. Keiner vermag jemandem auszuweichen, wenn er ihm in die Augen schaut. Mit anderen Worten, um an Rex Warner zu erinnern: „In jedem Augenblick stirbt ein Teil der Vergangenheit, und Sterblichkeit kommt über uns, wenn

wir uns der Vergangenheit mit übertriebener Liebe hingeben;
ein Teil der Vergangenheit bleibt immer lebendig, und wir
bringen uns in Gefahr, wenn wir ihre Lebendigkeit mißachten" *(The Cult of Power)*. Es ist nicht einfach – und nur wenigen
gelingt es –, in allen menschlichen Dingen das zum Leben Bestimmte vom Sterblichen zu unterscheiden; die Wege des Lebens und des Todes sind verschlungen und dunkel, darum ist
unsere volle Aufmerksamkeit gefordert. Hierin liegt das ganze
Problem der Tradition.

96 [Im Gedicht *Drossel* (Oktober 1946) verwendete Seferis am
Schluß des zweiten Teils das Wort „Seelenhändlerin" und
machte dazu folgende Anmerkung: „Vgl.: ‚Und Ares, ein
Goldhändler, tauscht Leichen ein', *Agamemnon*, 438."]

Kalvos, 1960

97 [Vgl. W. Shakespeares *Hamlet*, 5. Akt, 1. Szene.]
98 Die marmorne Gedenktafel, die auf Kosten und auf Veranlas-
sung Griechenlands am Sonntag, dem 14. August 1960, nachmittags, in der Gemeindekirche von Keddington angebracht
wurde, trägt folgende Inschrift:

ANDREAS KALVOS
GREEK POET
BORN ZANTE 1792 – DIED LOUTH 1869
WHO LAY HERE IN ENGLISH EARTH
HOSPITABLE TO HIM IN DEATH AS IN LIFE
TOGETHER WITH HIS WIFE CHARLOTTE AUGUSTA
ON MARCH 16, 1960
THEIR REMAINS WERE TAKEN TO REST IN HIS
NATIVE ISLAND BY GREECE NOT FORGETFUL OF
HIS WORDS ...
ΕΙΝΑΙ ΓΛΥΚΥΣ Ο ΘΑΝΑΤΟΣ
ΜΟΝΟΝ ΟΤΑΝ ΚΟΙΜΩΜΕΘΑ
ΕΙΣ ΤΗΝ ΠΑΤΡΙΔΑ
[Süß ist der Tod
nur wenn wir ruhen
in der Heimat]

99 Der englische Text des Gebetes, das der Dekan von Lincoln,
Colin Dunlop, gesprochen hat, lautet wie folgt:
„O Father of all, we thank thee for thy servant Andreas Kalvos
who lived in this region in days gone by, and whose earthly remains found rest in the cemetery of this church: we thank thee
for the beauty of his poetry and for noble thoughts made no-
bler still by his genius. And we pray that through the inspira-

269

tion and work of poets and all kind of artists the nations of men may be drawn closer together in sympathy and understanding; through Jesus Christ our Lord."

Und nach der Enthüllung:

„By virtue of our office in the church of God and in hope of the glorious resurrection and the life everlasting we dedicate this tablet *in the name of the Father and of the Son and of the Holy Ghost. Amen.*"

100 Ich habe hierüber einen Bericht unter dem Titel „Auf dem Friedhof von Kalvos" im Tachydromos (Athen, 3. September 1960) veröffentlicht. Er war viel kürzer gehalten, ohne Beigabe aller meiner Notizen. Deshalb hielt ich es hier für richtiger, diese Seiten aus meinem Tagebuch wiederzugeben.

Rede in Stockholm

101 Die Rede, wie auch den folgenden Text, veröffentliche ich aus Gründen der sprachlichen Genauigkeit auf griechisch. Als am 24. Oktober 1963 kurz nach Mittag die Nachricht von der Nobelpreisverleihung bekannt wurde, gab ich der Presse folgende Erklärung:

„Durch die Wahl eines griechischen Dichters für den Nobelpreis wollte, so glaube ich, die Schwedische Akademie ihre Solidarität mit dem lebendigen Geistesschaffen Griechenlands bekunden. Ich meine jenes Griechenland, für das so viele Generationen gekämpft haben, um alles Lebendige, was die große Tradition meines Landes beinhaltet, zu bewahren. Außerdem denke ich, daß die Schwedische Akademie zeigen wollte, daß die heutige Menschheit auch die Dichtung – eines jeden Volkes – und den griechischen Geist braucht."

102 Makrijannis, *Memoiren*, Band II, S. 24.

103 [In einem Inhaltsverzeichnis für die 3. Auflage der *Essays* notierte Seferis: „(Kleine) Nobelpreisrede – vielleicht auch Schluß der großen (Οὔτις)" und meinte damit zum einen seine kurze Ansprache vom 10. Dezember 1963 während des offiziellen Essens im Stockholmer Rathaus nach der Nobelpreisverleihung und zum andern seinen Vortrag, den er am Nachmittag des 11. Dezembers in der Schwedischen Akademie gehalten hat. Beide Texte waren ursprünglich in Französisch verfaßt worden; der erste hier veröffentlichte Text ist von ihm übersetzt; für den zweiten Text fand ich nur meine eigene Übersetzung, die, von Seferis kurz durchgesehen, am 14. Dezember 1963 in der Zeitschrift Ταχυδρόμος veröffentlicht worden war. Die letzten zwei Absätze haben folgenden Wortlaut:]

Schließlich habe ich zu Ihnen nicht über die Generation gesprochen, die nach uns kam und die ihre Kinder- und Jugendzeit im letzten Krieg verleben mußte. Sicher hat sie neue Probleme und eine neue Perspektive: Griechenland wird immer mehr industrialisiert. Die Nationen rücken immer näher zusammen. Die Welt ändert sich. Ihre Bewegungen werden immer hektischer. Man könnte meinen, ihr neues charakteristisches Merkmal sei das Aufzeigen der Abgründe in der menschlichen Seele und im All. Der Begriff der Dauer hat sich verändert. Es ist eine schmerzerfüllte und unruhige Jugend. Ich fühle ihre Schwierigkeiten, die sich zudem nicht sehr von unseren eigenen unterscheiden. Rigas, ein großer Wegbereiter unserer nationalen Freiheit, lehrte: „Wer frei denkt, der denkt richtig." Ich möchte unseren Jugendlichen noch wünschen, daß sie auch den Spruch bedenken, der am Eingang Ihrer Universität in Uppsala eingraviert ist: „Frei zu denken ist wichtig; gerecht zu denken noch wichtiger."

Ich möchte schließen. Ich danke Ihnen für Ihre Geduld. Ich danke Ihnen auch, daß mir die „Hochherzigkeit Schwedens" gestattet, endlich das Gefühl zu spüren, ein *jemand* zu sein. Ich will sagen: in dem Sinn, den Odysseus meinte, als er dem Kyklopen Polyphemos antwortete: „Ich bin Οὖτις – ein *niemand* auf dem geheimnisvollen Strom, der Griechenland heißt."

G. Savidis

Die Sprache in unserer Dichtung

104 Im Athener Technologischen Institut, am 5. März 1964 (am dritten Abend, der der Literatur gewidmet war). Ich sagte u. a.: „Ich komme nun zur Dichtung … Ich glaube nicht, daß sie mit diesem Symposium etwas zu tun hat … Das möchte ich erklären. Wir verwenden die Sprache in zweifacher Weise; zum einen, um Begriffliches wiederzugeben, und zum anderen, um auch Gefühle, eine Atmosphäre, einen Stil wiederzugeben. Mit der Wiedergabe von Begriffen haben wir uns bis heute beschäftigt, mit der anderen Form der Wiedergabe beschäftigt sich die Dichtung. Anders ausgedrückt, wenn wir uns hier mit der Dichtung befassen, fürchte ich, daß wir Gefahr laufen, Sprache und Stil zu verwechseln. Und diese Verwechslung ist niemals dienlich, auch heute nicht. Wir würden fälschlicherweise die Gedichte nach ihrer sprachlichen Form beurteilen, obwohl wir doch herausfinden müßten, ob es gute oder schlechte Gedichte sind. Und das muß an anderen Kriterien gemessen werden, die hier zur Diskussion stehen. Wenn ein Gedicht gut ist, wird es Bestand haben, ist es schlecht, landet

es auf dem Müll … Ich bin in der Atmosphäre des Demotizismus groß geworden und verurteilte die Katharevusa-Dichter wegen ihrer Sprache, als ich jung war. Jetzt weiß ich – *nachdem ich es mir reichlich überlegt habe* –, daß ich sie wegen ihres Stiles, wegen ihrer Qualität verurteile. Aus diesen Gründen fordere und unterstreiche ich seit eh und je die Freiheit des Dichters im vollen Bewußtsein dessen, daß er ihm auferlegten Beschränkungen weiter nichts entgegenzusetzen hat …

Ich will nicht den Eindruck erwecken, daß es mir gleichgültig ist, wenn ich so oft auf Unwissen und fehlende Übung in unserem dichterischen Handwerk stoße. Wenn ich mir eine ,Schule hingebungsvoller Dichter' – um an Rigas zu erinnern – wünsche, dann eine Schule, in der die Schüler, neben vielem anderem (ich fasse mich kurz und beschränke mich nur auf die Sprache) große Abschnitte aus den Werken unserer Dichter auswendig lernen, angefangen bei Homer bis hin zu den byzantinischen Hymnographen, zu *Digenis Akritas*, zum Phtochoprodromos, ich meine im Original, und weiter bis heute. Sie würden lernen, was uns von der antiken Prosodie bekannt ist; sie würden sich in den verschiedenen Formen des fünfzehnsilbigen Verses und anderen sehr strengen metrischen Formen üben; sie müßten schließlich fünfundzwanzig Verse eines Gedichts in drei Versen zusammenfassen. Ich würde jede schulmäßige Analyse der Texte vermeiden; im Gegenteil, ich würde alle Möglichkeiten ausschöpfen, um ihnen einen unmittelbaren Zugang zum Sprachstil dieser Gedichte zu verschaffen. Dann würde ich sie ihren eigenen Weg frei finden lassen.

Ich meine, Sie erkennen jetzt, daß das alles nichts mit unserem Symposium zu tun hat, und vielleicht überlegen Sie gerade, daß es an der Zeit ist, den Dichter aus dem Staat zu vertreiben."

105 E. M. Forster, Anonymity. In: *Two Cheers for Democracy*, Edward Arnold and Co, London 1951, S. 93.

106 [Gemeint ist die etwa vierhundertjährige osmanische Herrschaft über Griechenland (etwa 1453–1821).]

107 Der Brief ist italienisch geschrieben. Siehe K. Th. Dimaras, *Geschichte der neugriechischen Literatur*, 4. Aufl., Ἴκαρος-Verlag, Athen 1968, S. 239.

108 Thema für eine größere Studie: Nach dem Durchsehen des geretteten Werkes von Solomos würde ich sagen: 1. Hinsichtlich der Verstechnik; bis zum Poem *Der Kreter*, in dem der Einfluß des *Erotokritos* ausschlaggebend ist, herrschen italienische Töne vor. Sein wirklich eigener Klang tritt in den Fragmenten von *Freie Belagerte* und in *Porfiras* hervor. 2. Hinsichtlich der Prosa; das Werk, das die meisten Fragen aufwirft, ist die *Frau*

aus Zakynthos; Solomos mußte die Arbeit im Dezember 1829 einstellen. Auch das ein Text, sprachlich gereinigt von italienischen Tönen. Es ist sehr interessant, auf den Klangunterschied zwischen der *Frau* und den zur gleichen Zeit geschriebenen Versen zu achten. Bei letzteren läßt er sich vielleicht von der Verstechnik leiten, die er sehr intensiv an italienischen Gedichten studiert hatte. Wie dem auch sei, entspringen solche Texte, die ich *griechisch* nenne, meiner Auffassung nach aus dem tiefsten Erfassen der eigenen Existenz. Siehe dazu auch *Zum 700. Geburtstag von Dante* (Essays II, S. 252 f.).

109 [Aus dem Gedicht *Angesichts der Statue Endymions*.]

110 [Nach seiner Rückkehr aus dem dreijährigen Exil (1941–1944) nach Griechenland.]

111 Ich wünschte mir sehr eine Studie darüber, wie die Byzantiner in den verschiedenen Epochen ihrer langen Geschichte die Antike empfunden haben. Bezeichnend ist zum Beispiel im 4. Jahrhundert die tiefe und außerordentlich interessante Modifikationen aufweisende Auffassung von den Hellenen bei dem streitbaren Nazianzener. Oder zur Zeit Justinians das fanatische Verhalten des Romanos Melodos, der die Griechen „Hohlköpfe" schimpfte:

τί φυσῶσιν καὶ βομβέουσιν   οἱ Ἕλληνες;
τί φαντάζονται πρὸς Ἄρατον   τὸν τρισκατάρατον;
τί πλανῶνται   πρὸς Πλάτωνα;
τί Δημοσθένην στέργουσι   τὸν ἀσθενῆ;
τί μὴ νοοῦσιν Ὅμηρον   ὄνειρον ἀργόν; ...
                                          (Κοντάκι στὴν Πεντηκοστή)

[Warum blasen sich die Griechen auf und machen Getöse?
Warum haben sie Erscheinungen wie Arat, der dreimalver-
                                                                 fluchte?
Warum schwafeln sie wie Platon?
Warum verehren sie Demosthenes, den Schwächling?
Warum begreifen sie nicht, daß Homer ein unnützer
                                                            Träumer ist?]

Natürlich ist das die Zeit, da die Schulen von Athen geschlossen wurden, und man muß sich selbstverständlich den Zeitabstand zu dem viel älteren Nazianz vor Augen halten – obwohl es auch ihm nicht an christlichem Fanatismus mangelte.

Im 11. Jahrhundert ist Sklirena mit ihrem Homer so gut vertraut, daß sie schon an einem halben Wort den Vers erkennt, mit dem man ihr schmeicheln will.

112 [In Seferis' Tagebuch findet sich folgende Eintragung (Dienstag, August 1951): „… Vor kurzem wurde ich auf dem Weg ins Büro von einer erwachsenen Frau angesprochen, die mir einen kleinen Zettel in die Hand drückte. Darauf stand: ‚The Cup‘ – der Text fing folgendermaßen an: ‚It is the topic of conversation in thousands of homes, offices, and workshops … What is the secret of its absorbing interest? It is just that the English Football Association Cup stands for an achievment – a goal reached (in more senses than one)‘ … Als ich im *Brief über Eliot* über einen Ball schrieb, ahnte ich nicht, daß ich der Wahrheit so nahekommen würde …“ (*Tage VI*, 26). Im Essay *Brief an einen fremden Freund* beschreibt Seferis den ersten Eindruck beim Lesen des Gedichts *Marina* (aus den *Ariel*-Gedichten) von Eliot: „Du mußt Dir vorstellen, daß für viele von uns ein Schiffsrumpf den gleichen Platz im Ikonostasion der Kindheit einnimmt wie für andere Kinder ein Fußball …“ (Essays II, S. 10).]

113 [Vom 7. September bis zum 12. September 1951 in Knokke le Zoute. Am 3. 9. findet sich folgende Tagebucheintragung: „Die Dienststelle gleicht einer bösen Fee, die schläft. Manchmal wacht sie auf, gibt einen sibyllinischen Befehl und versinkt sofort wieder in Erstarrung. Man kann von ihr keine Erklärungen verlangen, denn dann passiert folgendes: entweder sie antwortet nicht (da sie schläft); oder sie erwacht nur halb, so daß alles viel schlimmer wird. Heute bekam ich ein Telegramm, in dem ich aufgefordert werde, Griechenland auf dem *Schriftstellerkongreß*, der in Belgien stattfindet, zu vertreten. Gute Absicht, Farce, Unsinn – man weiß nicht, was man denken soll. Der Botschafter ist in Edinburgh, ich kann dieser betrüblichen Mission nicht ausweichen. Kaum habe ich es mit all meiner Kraft geschafft, die eine Arbeit von der andern zu trennen; da kommen schon die anderen, sie wieder durcheinanderzubringen– sehr entwürdigend das alles“ (*Tage VI*, 27).]

114 [König Georg VI., 1936 inthronisiert, nachdem sein Bruder Eduard zurückgetreten war, starb am 6. Februar 1952. In seiner Regierungszeit befreiten sich viele Völker aus der englischen Kolonialherrschaft.]

115 [„Soeben aufgewacht. Alpträume und Phantasieren im Schlaf; alles wegen einer Angelegenheit im Ministerium. Zum ersten Mal wirkt sich diese Misere auf mein verborgenstes Inneres aus. Der Krieg frißt unsre Gedanken auf, das Herz, die Natur. Nein, nicht der Krieg, sondern die Leprakranken; diese Krankheitserreger (die griechischen Politiker in der Regie-

rung; A. K.), die ihn infizieren" (*Tage IV*, 19. Februar 1941, 27).]

116 [Eugenides: Gestalt aus dem *Wüsten Land*. Der Pascha, wie ihn Seferis im Tagebuch nennt, hatte in einer Zeitung die Zeilen über den Rosinenhändler Eugenides, der wie er aus Smirni stammte, gelesen, sich angesprochen gefühlt und daraufhin sich alle Gedichtbände von Eliot kommen lassen und war zu dessen Bewunderer geworden.]

117 [Gemeint ist das Stück *Der Privatsekretär* (1952/53), das am 25. August 1953 während der Edinburgher Festspiele Premiere hatte.]

118 [„Der ich die springende Freude verdanke, / Die meine Sinne erquickt zur Zeit unsres Wachens, / Und den Rhythmus, der unsre Ruhe regiert zur Zeit unsres / Schlafes, / Das Atmen im Einklang // Von Liebenden … / Die die gleichen Gedanken denken und keiner Sprache bedürfen / Und die gleiche Sprache stammeln und keines Sinnes bedürfen: / Dir widme ich dieses Buch, um dir, so gut ich kann, / Mit Worten ein wenig von dem, was du mir gabst, wiederzugeben. / Der Worte Sinn ist, wie sie sagen, doch einige haben noch keinen Sinn / Für dich und mich nur." (Übersetzung von Erich Fried) – Dieses *Meiner Frau* betitelte Motto ist dem Stück vorangestellt.]

119 [Am 9. Januar 1960 verlieh die Universität von Cambridge Seferis die Ehrendoktorwürde.]

120 [Im September 1960 erschien in London ein Band mit Gedichten von Seferis, übersetzt von Rex Warner.]

Improvisationen über die Homerischen Hymnen

121 An philologischen Hilfsmitteln benützte ich:
a) Homère, *Hymnes*, von Jean Humbert, Les Belles Lettres, Paris 1936. Ich erinnere auch an seine griechische Ausgabe.
b) Das klassische Buch *The Homeric Hymns* von T. W. Allen, W. R. Halliday und E. E. Sikes, 2. Aufl. Oxford University Press 1963.
c) E. R. Dodds, *The Greeks and the Irrational*, Beacon Press, Boston 1957, ein Werk, das mir seit längerem von Nutzen ist.
d) Die sechsbändige Pausanias-Ausgabe (mit Scholien und Anmerkungen) von Sir James Frazer, Macmillan, London 1913.
e) Albin Lesky, *Geschichte der antiken griechischen Literatur,* Saloniki 1964, in der maßgeblichen Übersetzung von Professor A. G. Tsopanakis.

122 Á. Gide, *Journal*, 9. Februar 1907.

123 Sir James Frazer, *The Golden Bough* (abridged edition) Macmillan, London 1939, S. 397. Diese Geschichte wird, mit weiteren

Einzelheiten, auch erwähnt bei N. G. Politis, *Überlieferungen*, Athen 1904, 139 – vgl. auch die entsprechende Anmerkung.

124 Siehe den Aufsatz von Nearchos Kliridis in der Zeitschrift der Gesellschaft für Zypernstudien, 17 (1953), S. 69–80.

125 [Zitiert nach A. Lesky, *Geschichte der griechischen Literatur*, Bern und München, 2. Aufl., 1963, S. 103.]

126 Siehe auch bei Pausanias (ed. Frazer), Anmerkung zu 7,22,2, die Beschreibung eines ähnlichen Festes in Nios.

127 Bei Dodds, Kap. VIII: „The Tear of Freedom." Vgl. auch *Der lebhafte Sidonier* (Essays I, S. 445).

128 Archilochos. Vgl. Belles Lettres, Paris, Frgm. 103.

129 [Durch Gleichsetzung Baals, einer westsemitischen Gottesbezeichnung, die in Verbindung mit Ortsnamen den jeweiligen Stammes- oder Lokalgott ergab, mit griechisch-römischen Gottheiten, besonders mit Zeus, verbreitete sich der Baalkult über den gesamten Mittelmeerraum.]

130 Archilochos, a. a. O.

131 „Kalypso läßt Odysseus wählen zwischen Unsterblichkeit und dem Land seiner Heimat. Er verschmäht die Unsterblichkeit. Das ist vielleicht der ganze Sinn der Odyssee." Vgl. unabhängig davon auch: „Peut-on aimer un pays comme une femme" (Albert Camus, *Carnets*, Janvier 1942–Mars 1951, N. R. F., Paris).

132 Paul Mazon, *Introduction à l'Iliade*, Belles Lettres, Paris 1942, S. 294. „Natürlich, sofern die beschriebene praktische Religiosität das bedeutet, was heute die aufgeklärten Europäer oder Amerikaner unter Religion verstehen. Wenn wir dennoch die Bedeutung des Begriffes definieren, laufen wir dann nicht Gefahr, das begrenzte Wesen religiöser Erfahrung zu unterschätzen oder völlig zu übersehen, die wir den Begriff jetzt nicht mehr auf religiöse Weise interpretieren, sondern als einen Terminus, der in früheren Zeiten stark mit einer religiösen Bedeutung befrachtet war?"

133 Farnell, *Cults*, II, S. 638. Siehe Hymnen (ed. Humbert), a. a. O., S. 144.

134 T. S. Eliot, „Virgil and the Christian World" in seinem Buch *On Poetry an Poets*, Faber, London 1957.

135 Text nach Louis Gillet, *Dante*, americ. edit., Rio de Janeiro 1941.

136 Eliot, a. a. O.

137 „Memorial for the City", Nones, Faber, London 1952.

138 *Essays and Introductions*, Macmillan, London 1961.

139 Plutarch 419 B f.

Vorwort zur „Musikalischen Poetik" von Igor Strawinsky

140 *Stravinsky in Conversation with Robert Craft,* Penguin Books 1962, S. 45 f.

141 Harvard University Press 1970. Für diesen Verlag wurde dieser Text geschrieben.

142 *Stravinsky in Conversation,* S. 205.

143 I. Stravinsky and R. Craft, *Expositions and Developments,* Faber, London 1962, S. 18.

144 I. Stravinsky, *Poetics of Music in the Form of Six Lessons,* Harvard University Press 1970, S. 42 f.

145 *Stravinsky in Conversation,* S. 34.

146 *Poetics of Music,* S. 184 f.

147 [*The New York Review of Books,* 24. April 1969.
= Igor Stravinsky and Robert Craft, *Themes and Conclusions,* Faber, London 1972, S. 147.]

G. Savidis

148 *Stravinsky in Conversation,* S. 240.

149 *Expositions and Developments,* S. 13 und 18.

150 *Stravinsky in Conversation,* S. 158.

151 [*The New York Review of Books,* 14. März 1968.
= *Themes and Conclusions,* S. 140.]

G. Savidis

„Stimmen" bei Artemidoros aus Daldis

152 Bei E. R. Dodds, *Pagan and Christian in an Age of Anxiety,* Cambridge University Press 1965, S. 38.

153 Ich beziehe mich auf die letzte Ausgabe des griechischen Textes von Roger A. Pack beim Teubner-Verlag, Leipzig 1963. Die erste Zahl steht für die Seite, die zweite für die Zeile.

154 Ausgabe von J.-A. de Foucault, Les Belles Lettres, Paris 1962.

155 Die vorletzte Ausgabe besorgte Ludwig Hercher 1864 im Teubner-Verlag. In sie flossen auf die gleiche Weise alle älteren Arbeiten zu dem Thema ein. Für ein Jahrhundert war es der beste Text. Er hatte nur den Nachteil, Artemidoros etwas zu attizisieren (siehe dazu Claes Blum, *Studies in the Dreambook of Artemidorus,* Uppsala 1936, S. 15 und 15. Kapitel).

156 Von Hunain Ibn Ishāq. Siehe die Teubner-Ausgabe von 1963, S. XVIII, und den Anhang auf S. 325, wo Pack notiert, er habe, während des Lesens seiner Druckfahnen, die Nachricht erhalten, daß in der Universitätsbibliothek von Konstantinopel ein unbekannter Kodex (Cod. A4726) mit der arabischen Übersetzung der Bücher I–III der *Oneirokritika* des Artemidoros aufgefunden wurde.

157 Ich danke A. Xidis, der mich darauf aufmerksam machte.

158 Die letzten zwei widmet er seinem Sohn, ebenfalls Artemidoros, ebenfalls Traumdeuter; mehr wissen wir nicht von ihm. Was Kassiós Maximos anbelangt, so wird er mit dem Sophisten Maximos von Tyros gleichgesetzt (siehe Blum, a. a. O., S. 23). Er war Platoniker und hielt in Rom und Athen Reden; berühmt, erzählt man, in seiner Zeit (um 125–185).

159 Zum Beispiel E. Le Blant, *Mémoires de l'Académie des Inscriptions et Belles Lettres,* 36, 2, 1898.

160 Und sogar die Landschaft, die man im Traum sieht, zum Beispiel „Träumt man von einem Elefanten, der außerhalb Indiens oder Italiens ist" (123,3) oder „Einer, der sich in Rom aufhielt, träumte, er fliege über die Stadt" (317,22).

161 Siehe die Abhandlung von Fedonas Kukules „Die Neugriechische Traumdeutung und die Tradition der Traumdeutung", *Abhandlungen der Athener Akademie,* Bd. 20, Nr. 4, 1954; es ist ein beachtlicher Anfang. Ich glaube indessen, daß es Raum für eine breiter angelegte Studie gibt, wenn ein Literaturforscher Lust hat, weiterzumachen.

162 Brief vom 15. Januar 1936. Französische Übersetzung in der Zeitschrift *L'Ephémère,* Nr. 2, 1967.

163 [in: *Noch einiges über den Alexandriner*] Essays I, S. 426.

164 [Anspielung auf die Demagogie der zwischen 1967 und 1974 herrschenden Junta.]

165 Über Astrampsychos findet man in der *Suda:* „er schrieb ein medizinisches Tierheilbuch und ein Oneirokritikon". Es wurde in billigen Ausgaben sogar noch zu Ottos Zeiten veröffentlicht; siehe: Astrampsychos, *Oneirokritikon,* aus dem Griechischen in die alltägliche Sprache übersetzt von Th. Choïdas. In Athen von der Druckerei des K. Rallis, 1846.

„Alles voller Götter"

166 Siehe Kostas I. Biris, *Das Attisch von Evlija Çelebi,* Athen 1959, S. 25.

167 A. W. Lawrence, *Greek Architecture,* 1957.

Nachwort

Giorgos Seferiadis, der sich später Seferis nannte, wurde am 13. März 1900 in Smyrna geboren, einer kleinasiatischen Stadt, die, zum größten Teil noch von Griechen bewohnt, zum türkischen Reich gehörte. Sein Vater, Stelios Seferiadis (1873–1951), hatte in Frankreich studiert und war Dozent an der Juristischen Fakultät in Paris sowie Rechtsanwalt in Smyrna. Nebenher beschäftigte er sich mit Dichtung und übersetzte vor allem Gedichte und Stücke aus dem Altgriechischen und Französischen ins Neugriechische. 1902 wurde Seferis' Schwester Ioanna geboren – die später seinen Freund Konstantinos Tsatsos heiratete – und 1905 sein Bruder Angelos.

Anfang des Jahrhunderts nahm die Unterdrückung der Griechen durch den türkischen Staat bedrohliche Ausmaße an, zumal sich immer mehr griechische Gebiete gegen das osmanische Reich auflehnten und nacheinander abfielen. Der meist nicht-chauvinistische Gedanke an ein Griechenland, zu dem – wie in der Antike – auch Kleinasien gezählt wurde, wurzelte tief im Denken aller kleinasiatischen Griechen. Im Vorort Skala, wo die Familie die Sommerferien verbrachte, wuchs Seferis' Leidenschaft für das Meer, das später zum wichtigsten Topos seiner Lyrik wurde. In seiner Erinnerung verband sich Skala – „der einzige Ort, den ich Heimat nennen kann" – mit einer Harmonie, die niemals wiederkommen sollte. Als er 1951, also fast vierzig Jahre später, diese Gegend besuchte, hielt er in seinem Tagebuch fest: „Das Gedächtnis arbeitete mit absoluter Präzision: Ich habe das Gefühl, erst vor einem Jahr hier gewesen zu sein …"

1914, kurz nach Ausbruch des ersten Weltkrieges, zog die Familie nach Athen. Der Ehrgeiz des Vaters, sein Sohn möge in der Schule und im Studium der Erste sein, und der daraus erwachsende Druck auf ihn überschatteten die nächsten Jahre. Zur gleichen Zeit spaltete die aufflammende Auseinandersetzung zwischen den Anhängern des Königs, der an einen Sieg der Deutschen glaubte, und den Anhängern des republikanischen Politikers und mehrmaligen Ministerpräsidenten Eleftherios Venizelos, der zur Entente hielt, die griechische Gesellschaft. Dieser Streit bestimmte die griechische Politik bis Mitte der dreißiger Jahre. Seferis – wie sein Vater ein Venizelist – war in zunehmendem Maße bestrebt, sich aus dieser Auseinandersetzung herauszuhalten, die ihm bereits die Ansätze für seine spätere Theorie von den „politischen Orthodoxien" lieferte, die in vielen Essays durchschimmert: Gegenüber einer allein von Rhetorik und Eigennutz geprägten politischen Kultur, die für ihn mehr mit Fanatismus als mit Vernunft zu tun hatte, empfand schon der junge Seferis nur Abscheu. Als 1935, nach einem Putsch von Venizelos-Anhängern, die demokratischen Strukturen in Griechenland für Jahrzehnte beschädigt wurden, wandte er sich endgültig vom „politischen Spiel der Parteien" ab. Aus der Ablehnung jeglicher Ideologisierung von Kunst erklärt sich zum anderen auch seine später vertretene These: „Die Autonomie der Kunst ist ein Axiom", die ihn allerdings nicht als einen Anhänger der l'art pour l'art-Bewegung charakterisiert.

Der Vater, der in Paris als Rechtsanwalt großen Erfolg hatte, holte 1918 die Familie nach. Seferis blieb in der französischen Hauptstadt und studierte bis 1924 an der Sorbonne Jura, während seine Familie 1919 nach Athen zurückkehrte. Sehr bald entdeckte er hier die Dichtung von Jules Laforgue, den er einen „zehn Jahre älteren Bruder" nannte. In dieser Zeit entwickelte sich in Paris der Surrealismus. Seferis, der die literarische Entwicklung in Frankreich und in Griechenland – von wo er sich regelmäßig Bücher und Zeitschriften kommen ließ – genau verfolgte, bewunderte die Dichtung von Paul Valéry, die von den Surrealisten abgelehnt wurde, teilte aber nicht dessen Theorie der reinen Dichtung. Seine Skepsis gegenüber der automatischen Schreibweise und der Hegemonie des Unbewußten bewahrte er sich bis in die dreißiger Jahre hinein, als er sich im *Dialog* und im *Monolog über die Dichtung* von der konsequenten Methode auch des griechischen Surrealismus distanzierte. Doch im literarischen Griechenland der zwanziger Jahre, da uneingeschränkt Kostis Palamas herrschte – der 1931 in einem Brief sein Unverständnis gegenüber Seferis' Dichtung artikulierte –, gab es noch keine avantgardistische Bewegung. Seferis, für den bereits um 1920 feststand, daß er ein Dichter werden wollte – was für ihn mit Sprach-Arbeit zusammenfiel –, stellte sehr bald desillusioniert fest: „Um sich der Sprache widmen zu können, braucht man Geld." Als Brotberuf betrieb er fortan sein Studium und später die Diplomatie.

Dieser Zwiespalt und ein Gefühl der tiefen Einsamkeit, das Seferis nie mehr verließ, verursachten eine Melancholie, die sich in den ersten poetischen Versuchen und in den Briefen jener Jahre alptraumhaft niederschlug. Auch später läßt sich in seinen Tagebüchern diese Grundstimmung finden: „Absoluter Punkt: meine Einsamkeit" (8. 8. 25). Seine Hoffnung, mit Hilfe der Literatur aus „dieser schrecklichen Isolation, dieser Verlassenheit, die Selbstmord in kleinen Raten bedeutet", auszubrechen, erfüllte sich nicht. Er übersetzte John Keats und Théodore de Banville, las Homer, Rimbaud, Apollinaire, Lautréamont, Poe, Verlaine, Barbey d'Aurevilly und Jean Moréas, über den er 1921 seinen ersten Vortrag im Klub griechischer Studenten hielt. Er begann auf Französisch zu schreiben – wofür er sich in einem Brief selbst verdammte – und war bestrebt, den romantischen Zug aus seinen griechischen Gedichten auszumerzen, die er zu Dutzenden vernichtete: Aus dem Zeitraum zwischen 1924 und 1930 nahm er ganze 17 Gedichte in seinen ersten Gedichtband *Wende* (1931) auf. Seferis beschäftigte sich ausgiebig mit der französischen Literatur – von Racine und Malherbe bis Baudelaire und Proust –, in der er sich immer mehr heimisch fühlte, was ihn in seiner poetischen Entwicklung nachhaltig beeinflußte und ihm später eine besondere Stellung innerhalb der griechischen Dichtung verschaffte. Die europäische Tradition gehörte seitdem in Seferis' Selbstverständnis zum unabdingbaren Erbe eines jeden griechischen Schriftstellers, genauso wie die antike Tradition und wie jene Tradition, die mit den Evangelien begonnen hatte und in die demotische Literatur eingeflossen war. Angeregt durch seine Beschäftigung mit der französischen Lyrik setzte er sich mit dem Problem der „musikalischen Dichtung" auseinander, entwickelte eine meditative Beziehung zur Musik – vor allem zu Bach, Debussy, Strawinsky, zum späten Beethoven –, aus der er bis in die dreißiger Jahre hinein zeitweise mehr schöpfte als aus der Dichtung. In einem Brief an die Schwester vom

4. Januar 1921 beschrieb er seine Verfassung wie folgt: „Alles, was ich sehe, wird in mir zu einem Thema, zu einer tragischen Konstellation, die ich ausdrücken möchte. Leider bringe ich nur meine Ideen aufs Papier und wiege sie womöglich in einen Schlaf, aus dem es kein Erwachen gibt. Mein Schubfach ist zu einem Friedhof geworden ... Von früh bis abends denke ich nur an die Kunst, alles andere ist für mich nebensächlich, und trotzdem sind die Resultate nichts, nichts, nichts. Denk dir, wie schön ich schreiben würde, wenn ich ein Dichter wäre."

Seferis erfuhr im Sommer 1922 von der kleinasiatischen Katastrophe – einem Ereignis, das, nach eigener Aussage, wie kein anderes seine psychische Struktur und seine Geisteswelt erschüttert und geprägt hat. Die griechische Armee, ausgezogen, um die „Große Idee" zu verwirklichen und Kleinasien wieder nach Griechenland zu holen, wurde in der Türkei von den Truppen des Kemal Atatürk vernichtend geschlagen. Der Friedensvertrag von Lausanne, 1922 unterzeichnet, zementierte die noch heute gültigen Grenzen und vereinbarte einen Bevölkerungsaustausch, der 1,5 Millionen Griechen zwang, ihre kleinasiatische Heimat zu verlassen und sich in Griechenland anzusiedeln. Für Seferis bedeutete dieses Ereignis den tiefsten Einschnitt in der jahrtausendalten Geschichte des griechischen Volkes: „Das, was man für gewöhnlich als ‚griechische Diaspora' bezeichnete und wir das *Genos der Hellenen* nannten, war verschwunden. Zum ersten Mal war das gesamte Griechentum, von einigen Ablegern abgesehen, innerhalb der Grenzen des griechischen Staates konzentriert." Noch 1947 schrieb Seferis, auf dieses Phänomen zurückkommend: „Wir sind uns dieses Ereignisses und seiner Auswirkungen noch immer nicht ganz bewußt."

So begreift Seferis die kleinasiatische Katastrophe als eine nationale Wunde, die Folgen auch für das schöpferische Denken und Schreiben zeitigen müsse. Für die Politiker leite sich ohnehin eine größere Verantwortung ab. Nur aus dieser Überlegung heraus läßt sich Seferis' Einsatz für Zypern in den fünfziger Jahren erklären, als er in seiner Funktion eines Sonderbotschafters maßgeblich an der Lösung des Zypern-Konflikts beteiligt war. Auf Zypern – „wo die Wunder noch funktionieren" – „fühlt man (plötzlich) Griechenland weiter, größer. Das Gefühl, daß es eine Welt gibt, die griechisch spricht; griechisch ist. Die nicht von der griechischen Regierung abhängt, was dieses Gefühl der Weite überhaupt erst ermöglicht." (6. 11. 53) Der Zypern gewidmete Gedichtband *Logbuch, III* – der zwei seiner schönsten Gedichte enthält: *Helena* und *Gedächtnis, II* – und der Briefwechsel mit dem zypriotischen Maler Adamandios Diamandis zeugen vom Stellenwert dieser Insel in Seferis' „Griechenland"-Verständnis.

Auch der schicksalhaft empfundene zweite Weltkrieg und der in Griechenland folgende Bürgerkrieg – der im Dezember 1944 zwischen der linken Einheitsfrontbewegung EAM und den von englischen Truppen unterstützten profaschistischen Bataillonen offen ausbrach und den Seferis im Exil vorausgesehen hatte – reihten sich für den Dichter ein in die Folge seiner „tragischen Visionen", um einen Begriff von Giorgos Savidis zu gebrauchen. Nach den wiederholten Enttäuschungen im Außenministerium, dem für ihn schmerzlichen Tod von Venizelos 1935, dem Putsch des Generals Metaxas 1936 und der Unfähigkeit der griechischen Regierung, im Verlauf des zweiten Weltkriegs Entscheidungen im nationalen Sinne zu treffen, löste der Bürgerkrieg in ihm eine große persönliche Krise aus. „Griechenland: ein gekreuzigter Körper, den alle tollwütig ans Kreuz nageln", notierte er am 21. Dezember 1944 und am 1. Januar 1945: „Nichts Schrecklicheres als die letzten zwei Monate." Selbst ein Jahr später verfolgte ihn der Alptraum des Dezember: „Besser sterben, als das noch einmal sehen müssen." (6. 12. 46)

In dieser „dunklen und magischen Welt" (6. 7. 42), deren herausragendes Merkmal die sinnlos verstrichene Zeit war, konnte auch die Literatur nicht mehr als ein totalitäres, abgeschlossenes ästhetisches System aufgefaßt werden. Seferis versuchte, vielleicht um sich mit der komplexen Realität poetisch in Beziehung setzen zu können, in seinen Gedichten eine „körperliche Haltung", die „Anwesenheit des menschlichen Körpers", wie er es ausdrückte, zu bewahren: „Wenn sie mich einst verurteilen werden, dann wegen meiner *sensualité*" – dieser Satz aus den Tagebüchern könnte als Credo über seinem dichterischen Konzept in den zwanziger und Anfang der dreißiger Jahre stehen. Im modernen

Ausdruckstanz fand er verwirklicht, was ein ideales Kunstwerk ausmachen müßte: Bewegung und Berührung. Nach einem Besuch des Balletts *Frühlingsopfer* von Strawinsky in der kargen und präzisen Choreographie von Vaslav Nijinski schrieb Seferis 1932 das poetologische Gedicht *Nijinski*, in dem der Tänzer mit dem Dichter verschmilzt. Diese Sehnsucht nach einer wirklichen Berührung, poetisch verarbeitet u. a. in den Gedichten *Raven* und *König von Asine*, verfolgte ihn bis zu seinem Tod. Doch auch in seinem letzten Gedichtband *Drei geheime Gedichte* (1966) blieb diese Sehnsucht unerfüllt – blieb Sehnsucht:

> Du mußt diesem Schlaf entkommen;
> dieser gepeinigten Haut.

In diesem Sinne sind Seferis' Gedichte und Texte seit Anfang der zwanziger Jahre bis zu seinem Tod als „work in progress" zu sehen, Variationen zu einem Thema, das als Konstante seines Schaffens angesehen werden kann: zur Verantwortung des Dichters, die sich in dessen Verantwortung gegenüber der Sprache zeigt. Die Konzentration auf Sprache, bei Seferis durch die äußeren Umstände und seine psychische Befindlichkeit befördert, führte zu einer neuen poetischen Ausdrucksweise und befähigte die neugriechische Lyrik – wenn man an so unterschiedliche Dichter wie Ritsos, Elytis und Gatsos denkt – neue Sachverhalte auf originäre Weise zu verarbeiten. Nicht zuletzt profitierten auch oder gerade die Nachkriegsautoren (wie z. B. Takis Sinopulos, Manolis Anagnostakis und Nasos Vagenas) mit ihrer desillusionierten Weltsicht von der Präzision einer anti-rhetorischen Sprache, in der ein jedes Wort seine Gewichtigkeit zwischen den anderen Wörtern behaupten muß – was vor Kavafis und Seferis so nicht der Fall war.

Bei der Beerdigung von Giorgos Seferis, zwei Tage nach dessen Tod am 20. September 1971, nahmen Hunderttausende Athener an der Prozession teil, die zu einer Kundgebung gegen die damals herrschende Junta wurde: offenbar lag hier ein Mißverständnis vor. Die wenigsten nämlich kannten den, den man gerade zu Grabe trug, als Dichter oder gar dessen Bedeutung für die neugriechische Literatur im 20. Jahrhundert – obwohl ihm 1963 der Literaturnobelpreis verliehen worden war; immerhin erschienen in den dreißiger Jahren die ersten fünf Gedichtbände von Seferis in einer Auflage von jeweils nur 50 bis 356 Exemplaren, die erst nach Jahren verkauft werden konnten, woran sich auch später nur graduell etwas änderte. Und auch als Politiker war er niemals in Erscheinung getreten, was solchen Zulauf hätte rechtfertigen können. Die Teilnehmer der Kundgebung sangen die Verse eines Mannes, den sie bis dahin kaum dèm Namen nach kannten:

> Noch ein wenig
> wir werden die Mandelbäume blühen sehen
> die Marmorsteine leuchten in der Sonne
> des Meeres schäumende Wellen
>
> noch ein wenig
> erheben wir uns ein wenig höher noch.

Dieses und einige andere von Mikis Theodorakis Anfang der sechziger Jahre vertonte Gedichte, sowie Seferis' 1969 verfaßte *Erklärung* gegen die Obristendiktatur hatten ihm die unverhoffte Popularität eingebracht. Dabei waren dieser *Erklärung*, der ersten und letzten öffentlichen „politischen" Stellungnahme in seinem Leben, etwa vierzig Jahre Loyalität als Diplomat gegenüber allen – auch monarchistischen, faschistischen und ultrarechten – Regierungen von 1926 bis 1962 vorausgegangen, trotz seiner persönlichen Ablehnung einiger dieser Machtstrukturen. Wäre Seferis kein Dichter gewesen, der die „großen Ideen" (gemeint sind: Dogmen) von seinem Werk fernhalten wollte, „um nicht als *Künstler* zerstört zu werden" (13. 5. 33) – abgesehen davon, ob er sie kannte oder nicht –, könnte man darin einen gewichtigen Grund für jenes Mißverständnis sehen. Aber Seferis lebte in dieser Wirklichkeit als Diener „zweier Herren" (1. 3. 27), wie er selbst bemerkte, dem Beruf (dieser „äußeren Unterwerfung, die mich mein Leben lang verwunden wird") und seiner Berufung als Dichter durch die sorgsame Trennung von Privatleben und Dichtung einerseits und diplomatischem Beruf andererseits. Vergleichbar eher mit dem Reformator Goethe als mit dem Rebellen Beethoven, um ein ver-

285

einfachtes (nicht ganz stimmiges) Bild zu benutzen, das er selbst in einem Brief an seinen Freund, den Schriftsteller Giorgos Theotokas, gebrauchte. Er bewegte sich zeit seines Lebens, wie der Weimarer Dichter, fast ausschließlich im Umkreis des „Hofes" und genoß dessen Rituale, was Theotokas im Vorwort zu seinem Briefwechsel mit Seferis sehr umsichtig beschreibt; seine „Rebellion" (oder von ihm aus gesehen: sein Schmerz) – mächtig für die einen, dürftig für die anderen, da sie sich in leuchtenden dunklen Versen aussprach, wenn man an Gedichte wie *Drei geheime Gedichte* oder *„Drossel"* denkt – fand in seiner Kunst statt. Denn sein moralischer und patriotischer Anspruch war in keinem Augenblick seiner vierzigjährigen Beamtenlaufbahn mit der von der jeweiligen Regierung betriebenen Politik in Übereinstimmung zu bringen. Seferis blieb der Diplomatie verhaftet, was seine soziale wie poetische Optik beeinflußte, einengte und sie zugleich, im Bestreben aus dieser Enge auszubrechen, in andere – existentielle – Bereiche weitete. Seferis nennt gelegentlich die Regierenden, also seine unmittelbaren Vorgesetzten, in Tagebüchern und Briefen psychopathisch, verantwortungslos, verkrüppelt, engstirnig, durchtrieben und korrupt, bis er zur Schlußfolgerung gelangt: „Du mußt zu einer Mumie werden, um das alles auszuhalten ... Das Gefühl, im Schlamm zu waten ... Ich muß ein für allemal begreifen: Ernsthaftigkeit und Politik sind zwei wesensverschiedene Dinge." (18. 11. 42)
Doch Seferis' Beamtentum provozierte nicht nur solchen Widerspruch, den er wiederholt in seinen Tagebüchern und Briefen – in gewisser Hinsicht: selbstquälerisch – festgehalten hat; es bedeutete zugleich die ständige Versetzung von einem Ort zum anderen. London, Koritsa, Alexandria, Kairo, Johannesburg, Ankara, Beirut, London heißen einige Stationen seiner diplomatischen Laufbahn zwischen 1931 und 1962. Nicht verwunderlich scheint daher, daß das Bild der „Reise" und das der „neugriechischen Diaspora" nach Ausbruch des zweiten Weltkrieges den transparenten Hintergrund für seine Gedichte und Essays abgeben. Positiv gesehen, als einen wichtigen poetologischen Ansatz, hat es am ehesten Henry Miller, der Ende der dreißiger Jahre mit Seferis befreundet war, in seinem Buch *Der Koloß von Marussi*: „Alles, was er betrachtete, war griechisch in einer Art

und Weise, die ihm nicht vertraut gewesen war, als er sein Land noch nicht verlassen hatte." Seferis' Suche nach „Griechenland" – „dieser unentrinnbaren Versuchung" (16. 2. 25) –, die 1931 mit seiner Versetzung als Botschaftsrat nach London begann, bestimmte bis zu seinem Tod den Inhalt und die Struktur fast aller seiner Gedichte und Essays. Da ihm aber eine Identifikation mit dem Staat, dem er diente, zu keinem Zeitpunkt möglich war, schien ihm auch eine Identifikation mit seinem Land unmöglich, das er nur durch das Raster seines vom Beruf okkupierten Alltags oder seiner theoretischen Studien zur Kulturentwicklung sah und in dem das Volk genauso wie seine politischen Führer korrumpierbar zu sein schien. Bei Seferis tritt das „Volk" nur zweimal als selbstbewußte Kraft in der neueren griechischen Geschichte auf: Während des Aufstandes gegen die türkische Herrschaft 1821 und im nationalen Befreiungskampf während des zweiten Weltkrieges. Damit ist nicht gemeint, daß sich Seferis nicht als Grieche fühlte, im Gegenteil, er fühlte sich eher als einer der letzten „Menschen des Griechentums", die in Verbindung mit der „ewigen und vielgestaltigen griechischen Idee stehen", wie er am 20. August 1932 Theotokas schrieb. Das Gefühl der Einsamkeit und der Verfügbarkeit des eigenen Lebens steigerte sich ins schier Unermeßliche: „Dieses Land, das uns verwundet, uns erniedrigt. Griechenland wird sekundär, wenn man an das *Griechentum* denkt. Alles, was mich hindert, an das Griechentum zu denken, soll untergehen", notierte er am 5. Januar 1938 in seinem Tagebuch und etwas später, während Thomas Mann in den USA in seiner Rede über Arthur Schopenhauer der pessimistischen Gesinnung noch eine große Zukunft voraussagte, poetisierte Seferis eben diese Grundhaltung im Gedicht *Der letzte Tag* oder in der folgenden Tagebucheintragung: „Das, was am schwersten wiegt, ist das Gefühl der Fäulnis, der Gestank eines Kadavers, der dich zu ersticken droht – und die Hyänen, raushängende Zunge, schlaue erschrockene Blicke. In welchem Winkel dieser Welt ließe sich noch leben?" (27. 11. 39)

Um diese reale „Heimatlosigkeit" – also das reale Griechenland – verdrängen zu können, um eine wenigstens geistige Heimat zu finden, entwickelte Seferis Mitte der dreißiger Jahre das „Dogma des Griechentums", das losgelöst von den konkreten politischen und gesellschaftlichen Bedingungen gedacht wurde, und die Vorstellung von einem „griechischen Volk", das es so wohl nur in der Anschauung des Dichters gegeben hat. „Hellenismus" nämlich, verstanden als „Gedanke der menschlichen Würde und Freiheit, nicht als historischer Begriff." (5. 1. 38) Aus solch einem Impuls heraus – das spezifisch „griechische Element" in der neueren Literatur herauszuarbeiten – entstanden wohl auch die Reden zu Palamas und Sikelianos sowie der Essay zu Kalvos.

Der naive Maler Theophilos, auf den Seferis 1934 durch den Psychoanalytiker und surrealistischen Dichter Andreas Embirikos aufmerksam gemacht wurde, und der General Makrijannis, der Mitte des 19. Jahrhunderts seine *Memoiren* verfaßt hatte, galten ihm als Unterpfand und Substanz dieses „Dogmas". In ihren Werken – die für Seferis in einer Traditionslinie mit der antiken Klassik und dem, was er selbst schreiben würde, standen – sah er echte Ergriffenheit und spontane künstlerische Vollkommenheit realisiert. Diese beiden Künstler erreichten seiner Meinung nach das, was für den Sensualisten Seferis die größte Aufgabe des Dichters darstellt: die Seele des Menschen zu berühren, ihn zu sensibilisieren. „Ich schreibe, wie jemand seine Adern öffnet", steht am 7. September 1926 in seinem Tagebuch – zumindest eine pathetische Umschreibung für den *existentiellen* Wert der Dichtung in seinem Leben.

Auf der anderen Seite – und auf einer anderen, das heißt literarischen Ebene – standen für Seferis jene drei Dichter, die den künstlerischen Anspruch in die neugriechische Literatur einbrachten: Solomos, Kalvos und Kavafis – „unsere drei toten Dichter, die kein Griechisch sprachen" (Essays I, 63 f.), mit denen sich Seferis zum Teil identifizieren konnte und mit deren Gedichten er sich sein Leben lang auseinandersetzte. Über Solomos hat Seferis zwar keine eigenständige Arbeit geschrieben, aber er fehlt in fast keinem der Essays. Wie diese drei Dichter sprach auch Seferis zunächst „kein" Griechisch und lebte wie sie jahrzehntelang außerhalb Griechenlands. Vor allem Solomos und Kavafis machten einen ähnlichen Prozeß der Suche und des Forschens nach einem ihrer Epoche adäquaten poetischen Ausdruck durch wie Seferis. Bereits 1925, nachdem er sich fast sechs

Jahre in Frankreich und England aufgehalten hatte, stellte er, kaum in Athen angekommen, fest, daß „die Aufgabe der Jungen" darin bestehe, „eine neue Sprache zu formen" (25. 7. 25), und verglich sich darin wiederholt mit einem Handwerker. In der 1935 gegründeten Zeitschrift *Nea Grammata* veröffentlichte Seferis eine Reihe von Essays, in denen er folgende Wertvorstellungen verteidigte: die gesprochene Sprache Dimotiki; bestimmte Schriftsteller der älteren Generation wie Palamas und Sikelianos, die einigen Kritikern als „überholt" galten; das Beste und Lebendigste, das außerhalb Griechenlands entstand, unabhängig von Schulen und persönlichen Neigungen; die Veröffentlichung von Texten jüngerer griechischer Autoren wie Elytis und Andoniou, die sonst keine Artikulationsmöglichkeit gehabt hätten.

Dieses praktische und theoretische Ringen um eine neue dichterische Sprache ging einher mit einem ausgiebigen Studium der englischen und vor allem der französischen Moderne. Seine Schwester Ioanna Tsatsou berichtet, mit welcher Ausdauer und Beharrlichkeit Seferis 1927/28 ein Kapitel aus Valérys *Monsieur Teste* übersetzte und an seinem Stil arbeitete, „einem einfachen Stil" – wie sie schreibt – in der Dimotiki, neben sich die Bücher von Solomos und Makrijannis. Seferis, für den sich der Mensch im Stil offenbart, entdeckte sein Griechenland zunehmend im griechischen Wort. Als er seine Gedichtbände *Wende* (1931) und *Mythistorima* (1935) herausbrachte, hatte er die Erneuerung der dichterischen Sprache nicht nur angestrebt, sondern auch erreicht. Gewichen waren der Pomp, das Pathetische und das überschwenglich Poetische der Poeme und Gedichte der bis dahin vorherrschenden Dichter Palamas, Sikelianos und ihrer Epigonen einem prosaischen, kompakten, gestischen Ausdruck. Im Gegensatz zur Manier der Neo-Symbolisten Uranis, Agras, Lapathiotis und zur Strömung des Kariotakismus, die vor allem nach dem Selbstmord von Kostas Kariotakis 1928 dessen Weltverneinung als poetisches Lebensgefühl übernahm, nicht aber dessen literarische Qualität, befreite Seferis seine Dichtung von jedem unnötigen Ballast und reinigte sie von jedweder „Ästhetisierung". An die Stelle der bis dahin üblichen Dithyramben auf Liebe, Natur und Nation trat eine pessimistische Grundstimmung, die das, was man Modernes Bewußtsein oder Tragische Weltanschauung nennt, zu poetischen Bildern verdichtete. Eingang ins Gedicht fanden Tagebuchaufzeichnungen, Zitate, Träume, die Probleme des Dichters mit dem Gedicht, Fragmente aus anderen Gedichten. Ähnlich assoziativ entstanden auch viele Essays, von denen einige aus Tagebüchern kompiliert wurden. Und nur, weil sich Seferis nicht an die (auch eigene) theoretische Forderung nach dem spezifisch „griechischen Element" in der Dichtung gehalten hat, sondern sich nach den Standards der „Weltpoesie" richtete, blieb seine Dichtung auch nach 1940 substantiell, als sich die jüngeren Dichter wie Sinopulos und Anagnostakis zunehmend gegen das „Dogma des Griechentums" wandten, weil sie in ihm keine Notwendigkeit sahen.

Die Ferne zu der bisherigen poetischen Praxis in Griechenland – mit Ausnahme Kavafis', der aber in Ägypten gelebt hatte und in Griechenland aus mehreren Gründen noch unbekannt war – zeigt sich auch darin, daß Seferis ganz richtig bei keinem zeitgenössischen griechischen Dichter Anfang der dreißiger Jahre ähnliche Bestrebungen oder Tendenzen erkannte, wohl aber bei T. S. Eliot, dessen Gedichte er 1931 kennenlernte, was ihn zur Feststellung veranlaßte, Eliot sei der erste Dichter, den er beeinflußt habe. Und während Eliot seine apokalyptischen Bilder im *Wüsten Land* der Großstädte ansiedelt, beschreibt Seferis im Gedicht *Argonauten* die als utopielos empfundene Welt mit dem Bild des auf den uferlosen Meeren umhertreibenden modernen Ulysses:

> Was suchen denn unsere Seelen reisend
> auf verfaultem Meergehölz
> von Hafen zu Hafen?

– um vielleicht damit sein eigenes Unterwegs-Sein zu reflektieren. „So verbringen wir unser gesamtes Leben, einige Bretter umklammernd, die früher unser schönes Schiff waren", steht in einem Brief von 1923 an seine Schwester Ioanna und die einzige Hoffnung, die er sein Leben lang nährte – „den Menschen zu finden, wo er auch ist", so formuliert in seiner Nobelpreisrede von 1963 –, versuchte er sich durch das Auswerfen von „Flaschenpost", in die er seine Gedichte steckte, zu bewahren.

So wäre die zunehmende Anerkennung seiner Dichtung und jene Manifestation anläßlich seiner Beerdigung doch kein Mißverständnis, sondern die Konsequenz seiner Suche nach „Griechenland", bis ihn Griechenland zur Stunde des Todes selbst fand? Daß die Obristen ebensowenig mit seiner Auffassung von „Griechenland" übereinstimmten wie die Regierungen zuvor, machte er nicht nur mit seiner *Erklärung* von 1969 deutlich: Aus Protest gegen die Junta veröffentlichte Seferis seit dem Putsch 1967 nichts mehr in Griechenland und lehnte am 27. Dezember 1967 in einem (nicht-offenen) Brief an Franklin Ford von der Harvard-Universität das Angebot zu den berühmten Poetik-Vorlesungen für das akademische Jahr 1969/70 mit einer Begründung ab, die seinen Standpunkt und seine Tragik eindeutig umreißt: „Ich gehöre keiner Partei an, weder der Rechten noch der Linken. Ich beschäftige mich ausschließlich mit der schöpferischen Arbeit; und genau hier beginnen die Probleme. Wie Sie wissen, wurde seit dem vergangenen Frühling in meinem Land eine Zensur verhängt; und ich denke, daß das geschriebene Wort ohne die Freiheit des Ausdrucks nicht gedeihen kann; ich meine nicht nur meine eigene Freiheit, sondern auch die Freiheit eines jeden andern, meine Ideen zu bekämpfen (…) Wenn es im eigenen Land keine Freiheit des Ausdrucks gibt, dann gibt es sie nirgendwo auf der Welt. Der Zustand des Selbstexilierten gefällt mir nicht; ich will aber bei meinem Volk bleiben und sein Schicksal teilen."

Eggersdorf-Süd, Frühjahr 1989   *Asteris Kutulas*

Erläuterungen zu Personen und Begriffen

Achäischer Bund Ἀχαϊκὴ Συμπολιτεία: vereinigte von 280 bis 146 v. u. Z. griechische Poleis gegen die römischen Expansionsbestrebungen, wurde aber 146 vernichtend geschlagen. Diaios und Kritolaos, die beiden griechischen Heerführer, unterlagen ıı der Schlacht bei Skarfia und Leukopetra vor Korinth. Das Gedicht von Kavafis spielt im Jahre 109 v. u. Z., zur Zeit des korrupten Herrschers Ptolemaios IX. Lathyros (von 116 bis 107 und von 88 bis 80 König).

Adonis Ἄδωνις: phönikisch-syrische Gottheit mit besonderer Beziehung zur Vegetation und Fruchtbarkeit; bereits sehr früh in die griechische Götterwelt aufgenommen.

Adrianopel Ἀδριανούπολη: Murad I. (1362–1389) nahm 1362 Adrianopel (türk. Edirne) ein und machte die Stadt an Stelle von Brussa zur neuen Hauptstadt.

akritischer Zyklus ἀκριτικός ·κύκλος: „Akritika". Epische Gesänge, die als erste Überlieferungen einer griechischen, demotischen Volksmusik und -poesie gelten. Sie waren zwischen dem 6. und dem 10. Jahrhundert in Kleinasien verbreitet, wo die „Akriten" lebten, ein Volk von Kriegern mit Eigentum an Grund und Boden, die als „Wehrbauern" die Grenzen des Byzantinischen Reiches bewachten.

Alafroïskiotos (der Visionär) Ὁ Ἀλαφροΐσκιωτος: dreiteilige Gedichtkomposition (etwa 2300 Verse) von Angelos Sikelianos aus dem Jahre 1907.

Alain, Emile; eigentlich Emile Auguste Chartier (1868–1951): französischer Philosoph und berühmter Essayist. Wurde von Seferis seit Anfang der zwanziger Jahre viel gelesen.

Alamana: Athanasios Diakos stellte sich 1821 mit seinen 50 Männern an der Brücke von Alamana, die über den Fluß Spercheios führte (südlich von Lamia), den Truppen von Omer Wrionis entgegen. Alle Griechen fielen im Kampf, Andrutsos wurde verwundet, gefangengenommen und gepfählt. Diese Schlacht hatte eine Signalwirkung für den Aufstand im ganzen Land. Sie erinnerte an den Kampf der 300 Spartaner unter Leonidas gegen die Perser.

„Alexander der Große" (Volksbuch): um 1500 entstanden und seit 1680 in verschiedenen billigen Volksausgaben erschienen, erfreute es sich großer Beliebtheit. Über die Gestalt des sagenumwobenen Königs wurden darin die wunderbarsten Geschichten erzählt. Das Bild von der die Schiffe anhaltenden Gorgo, einer Meernixe, hat Seferis in Gedichten und Essays oft verwendet,

außerdem als Vignette für seine Bücher benutzt. Sie will den Tod des Königs nicht wahrhaben und zwingt alle Schiffer, ihr zu bestätigen, daß er noch lebt und herrscht.

alexandrinische Wortkünstler: Das Mouseion von Alexandria war seit dem Beginn des Hellenismus das Zentrum für die philologische Bearbeitung der schon als „klassisch" angesehenen Autoren des 5. und 4. Jahrhunderts v. u. Z. Die alexandrinischen Gelehrten führten sprachlich-grammatische Studien durch und edierten erste kritische Ausgaben. Sie stellten eine Liste mit den „mustergültigen" Schriftstellern (sog. Canon Alexandrinus) zusammen. Dieser Norm in bezug auf den Wortschatz und den Sprachgebrauch mußten, ihrer Meinung nach, alle Schriftsteller folgen. Sie wirkten bis etwa um die Zeitenwende in dieser Richtung.

Alexandros Iannaios Ἀλέξανδρος Ἰανναῖος (129–78 v. u. Z.): folgte 104 seinem Bruder Aristobulos, der ihn bis dahin gefangengehalten hatte, als König und Hohepriester der Juden und heiratete dessen Witwe Alexandra. Er vergrößerte das Jüdische Reich durch siegreiche Feldzüge.

Ali Pascha von Tepeleni, Pascha von Ioannina (1744–1822): erklärte 1819 seine Unabhängigkeit von der Hohen Pforte und gründete einen eigenen Staat in Epirus. Wurde 1822 von der türkischen Armee unter Hursit Pascha besiegt.

Alithersis, Glafkos Ἀλιθέρσης, Γλαῦκος; eigentlich Michalis Chatzidimitriu (geb. 1897): Schriftsteller und Literaturkritiker. Veröffentlichte 1934 die Studie *Das Phänomen Kavafis.*

Alkaios Ἀλκαῖος (um 600 v. u. Z.): griechischer Lyriker.

Alkibiades Ἀλκιβιάδης (um 450–404 v. u. Z.): griechischer Politiker und Feldherr.

Alkinoos Ἀλκίνοος: mythischer König der Phäaken auf der Insel Scheria, vermählt mit Arete, Vater der Nausikaa. Nahm den schiffbrüchigen Odysseus auf, der ihm seine Irrfahrten erzählte.

Ampelis Ἀμπέλης, Ἅγιος: Ampeli, auf griech.: Weinberg. Heidnischer Heiliger, der auf Zypern verehrt wird.

Anadyomene Ἀναδυομένη: wörtlich: „die aus dem Meer Auftauchende". Beiname der Göttin Aphrodite, der vor Zypern Schaumgeborenen.

Andrutsos, Odisseas Ἀνδροῦτσος, Ὀδυσσέας (1788–1825): Kapetanios der Griechen. Nahm am Kampf gegen die Türken in Epirus teil, als Ali Pascha sich vom Sultan lossagte. Danach ging er wieder auf die Inseln des Ionischen Meeres und entfachte die Revolution auf dem westgriechischen Festland. Nachdem er vom Tode Diakos' erfuhr, vereinigte er sich mit den Truppen von Diowuniotis und Panurgias und verschanzte sich im Chan von

Gavria. Unterstützte seit 1823 den Flügel von Kolokotronis gegen die griechische Regierung im Bürgerkrieg. Nachdem Kolokotronis 1825 festgenommen wurde, ergab sich Andrutsos seinem ehemaligen Freund und Kampfgefährten Guras. Dieser ließ ihn aber verhaften und in den venezianischen Turm der Akropolis einsperren. Am 5. Juni 1825 wurde Andrutsos tot an den Mauern der Akropolis aufgefunden.

Annan, Noël (geb. 1916): englischer Politikwissenschaftler. Seit 1956 Provost of King's College.

Anouilh, Jean (geb. 1910): französischer Schriftsteller. Schrieb 1959 das Stück *Becket oder die Ehre Gottes*.

Anthologia Palatina (s. auch Griechische Anthologie) Παλατινή Ἀνθολογία: so benannt nach dem Heidelberger Codex Palatinus (Pfälzer Handschrift). Sammlung griechischer Epigramme (u. a. Meleagros von Gadara, Philippos aus Thessaloniki und Agathias), die um 900 der byzantinische Hofgeistliche Konstantinos Kephalas nach Sachgruppen ordnete und zusammenstellte.

Antiochia Ἀντιόχεια: Hauptstadt des Seleukiden-Reiches in Syrien. Über Jahrhunderte kulturelles und ökonomisches Zentrum. Wurde 588 von den Sassaniden zerstört, nachdem es mehrfach von Erdbeben heimgesucht worden war.

Antiochos III. der Große Ἀντίοχος Γ ὁ Μέγας (242–187 v. u. Z.): König der Seleukiden-Dynastie von 223 bis zu seinem Tod. Versuchte seinen Machtbereich nach Osten und Westen auszudehnen, scheiterte aber im Westen am Widerstand der Römer, die ihn 190 unter dem Befehl des Konsuls L. Cornelius Scipio bei Magnesia vernichtend schlugen. Nach dieser Niederlage spielte das Seleukiden-Reich keine wichtige Rolle mehr.

Antiochos IV. Epiphanes Ἀντίοχος Δ ὁ Ἐπιφανής: von 175 bis 164 seleukidischer König Syriens, eroberte Ägypten, mußte aber 168 nach dem Sieg der Römer bei Pydna gegen Perseus, nachdem also ganz Griechenland in die Hand Roms gefallen war, Ägypten wieder räumen.

Aphrodite Pandemos Ἀφροδίτη Πάνδημος: die Allerweltsgöttin, die Göttin der käuflichen Liebe.

Apostoles, Michaelos Ἀποστόλης, Μιχαῆλος: griechischer Gelehrter, der nach dem Fall von Byzanz nach Italien emigrierte. Edierte als einer der ersten in griechischen Lettern gedruckte Klassikerausgaben. Schrieb um 1454/55 die Bücher des Artemidoros ab.

Archilochos Ἀρχίλοχος (um 650 v. u. Z.): griechischer Lyriker. Fiel im Kampf zwischen Paros und Naxos.

Aristandros von Telmessos Ἀρίστανδρος: Wahrsager und Zeichendeuter von Alexander dem Großen.

Arta Ἄρτα: Im September 1821 belagerten griechische Truppen unter Gogos Bakolas, Karaïskakis und Botsaris die Stadt Arta und ihre Festung mit der zum Teil türkischen Bevölkerung und einer starken türkischen Garnison. Arta wurde nach ihrer Einnahme durch die Griechen geplündert.

Artemidoros aus Daldis Ἀρτεμίδωρος ὁ Δαλδιανός: Traumdeuter aus dem 2. Jahrhundert u. Z.

Artemidoros der Geograph Ἀρτεμίδωρος (γεωγράφος): Staatsmann und Geograph um 100 v. u. Z. Unternahm ausgedehnte Reisen, die er in seinen *Geographumena* festhielt.

Artemidoros der Grammatiker Ἀρτεμίδωρος (γραμματικός): Sophist um die Mitte des 1. Jahrhunderts v. u. Z.

Artemidoros der Sophist Ἀρτεμίδωρος ὁ σοφιστής: Am 14. März 44 v. u. Z. versuchte er vergeblich, wie Plutarch berichtet (*Cäsar*), Julius Cäsar eine Botschaft über das Mordkomplott des Cassius und Brutus zu überreichen.

Artemision Ἀρτεμίσιο (Δήλου): auf der Insel Delos. Im Bezirk des Heiligtums der Artemis befanden sich zwei Tempel, das kleine (alte) und das große (neue) Artemision.

„Askräer" Ὁ Ἀσκραῖος: poetisches Werk von Palamas, erschien 1904. Askra ist ein Dorf in Böotien am Fuße des Helikon, der Heimatort des Dichters Hesiod, der auch die Hauptgestalt der Dichtung ist.

Astrampsychos Ἀστράμψυχος: Name eines oder mehrerer persischer Magier vor Alexander. Unter diesem Namen wurden später weitere Schriften verfaßt. In der Suda wird von ihm eine Schrift über Heilung der Esel erwähnt, aus der er 101 streng alphabetisch geordnete Verse anführt.

Ate Ἄτη: die als Göttin personifizierte Göttin der „Verblendung", die zur Hybris verleitet.

Attis Ἄττης: phrygischer jugendlicher Gott, Geliebter der Kybele. Entmannte sich selbst im Wahnsinn. Möglicherweise Symbol der sterbenden Natur bzw. der Überwindung der Mann-Weib-Polarität.

Attizismus ἀττικισμός: von Seferis kritisierte, rückwärtsgewandte Anschauungsweise, die sich langsam nach dem Tode Alexanders herausbildete und die Nachahmung der klassischen Leistungen der antiken Autoren Attikas, also Athens, zum Stilprinzip erklärte. Die Arbeitsmethode des Attizismus ist eine rein grammatisch-philologische. (Siehe auch zu den *alexandrinischen Wortkünstlern*.)

Augustinus, Aurelius (354–430): Kirchenlehrer.

Augustus (63 v. u. Z.–19 u. Z.): riß nach der Ermordung Caesars die absolute Herrschaft in Rom an sich und ließ sich zum Divi filius erheben, zum Sohn des zum Gott erhobenen Caesars. Das Augusteische Zeitalter brachte eine Hochblüte von Kunst und Wis-

senschaft mit sich. Vergil feierte den Kaiser in seinem National-
epos *Aeneis.*

avantgardistische Bewegung in Griechenland: als solche trat zur damaligen Zeit der Surrealismus in Griechenland auf. Über diese Bewegung hatte Seferis in einer Anmerkung zum *Dialog über die Dichtung* geschrieben: „Solange er" [der Surrealismus; A. K.]
„fanatisch an der Orthodoxie dieser These" [dem unpersönlichen
Charakter der Inspiration und der „automatischen Schreibweise";
A. K.] „festhält, ist es unmöglich, ihn als Schule mit ästhetischen
Kriterien zu beurteilen. Ich meine damit nicht, daß die Realisie-
rung ästhetischer Kriterien in den Werken seiner Anhänger, die
ästhetische Resultate zeitigen, ausgeschlossen wäre, genauso wie
es mir gestattet ist, diese Kriterien in den Gedichten von William
Blake, die ihm seine Visionen offenbaren, zu erkennen oder in
den *Elegien* von Rainer Maria Rilke, die völlig automatisch geschrieben wurden: mit einer surrealistischen Methode vor dem
Surrealismus ... Natürlich kann der Mystizismus einem bestimmten Mystiker helfen, gute Gedichte zu schreiben, aber das bedeutet noch lange nicht, daß alle Mystiker große Dichter sind" (Essays I, S. 476 f.).

Bach, Johann Sebastian (1685–1750): für Seferis der bedeutendste
Komponist: „Bach ist vielleicht der einzige, der weder cerebral
noch sensuel, weder sentimental noch romantique, weder clas-
sique noch precieux, weder naturel noch primesautier ist, nichts
von alledem (ich benutze leider der Einfachheit halber die französischen Adjektive) – keine Charakterisierung trifft zu: er ist
der nackte Mensch, vollkommen, ausgewogen, ohne Kanten, die
uns an etwas erinnern oder uns an nichts erinnern, und doch
wissen wir, *er* ist es, einsam und wahrhaftig" (28. 5. 1932; Tage II,67).

Bakolas, Gogos Μπακόλας, Γῶγος: griechischer Kapetanios, Mitglied der Filiki Eteria. 1821 erster Anführer von Makrijannis in
Westgriechenland, zum Beispiel in der Schlacht bei Langada. Er
verschuldete die Niederlage der Philhellenen bei Peta.

Basho, Matsuo (1644–1694): japanischer Dichter. Schrieb die ersten
künstlerisch wertvollen Haikus. Seferis hatte sich intensiv mit
diesem Genre beschäftigt und bereits in den dreißiger Jahren
den Zyklus *Sechzehn Haikus* geschrieben.

Basilika: um 550 v. u. Z. erbauter Heratempel in der griechischen
Stadt Poseidonia, später Paestum, in Lukanien (Süditalien).

Baudelaire, Charles (1821–1867): seine bedeutendste Gedichtsammlung, *Die Blumen des Bösen* (1857), führte zu einem Gerichtsver-
fahren und einer Verurteilung wegen Verstoßes gegen die öffentliche Moral. Seferis schrieb 1925 in sein Tagebuch: „Ich bin

so lange in seine Schule gegangen. Dieser einzigartige Mensch verschaffte mir viele Lehrer, und immer die, die ich brauchte, z. B. Valéry, Gide, Racine u. a." (Tage I, 12).

Baudry, Jean (1828–1886): französischer Maler.

Beethoven, Ludwig van (1770–1827): Vor allem seine *Quartette* hatten Anfang der dreißiger Jahre Seferis stark beeindruckt, „ihre Kraft, auf solch handgreifliche Weise die Reife des Menschen gegenüber dem Tod auszudrücken, seine Befreiung vom Tod auf so menschliche Weise" (Tage II, 67).

Benda, Julien (1867–1956): französischer Schriftsteller. Trat mit seiner Polemik *Der Bergsonismus* (1912) für den Rationalismus ein und provozierte mit seinem Buch *Der Verrat des Intellektuellen* (1927) eine Diskussion über das Verhältnis von Intelligenz und politischem Engagement.

Berard, Victor (1864–1931): französischer klassischer Philologe.

Blake, William (1757–1827): englischer Dichter und Maler.

Boileau, Nicolas (1636–1711): französischer Gelehrter und Dichter. Er wurde durch seine *Poetik (L'Art poétique)* berühmt, die 1674 in Form von vier Gesängen erschien.

Boio Βοιώ: angeblich alte delphische Priesterin und Dichterin. Gemahlin des Aktaios, des mythischen Königs der Athener. In einem ihr zugeschriebenen Hymnus auf Apollon feiert sie Olen als Erfinder des Hexameters.

Bowra, Cecile Maurice (1898–1971): englischer Philologe und Altertumsforscher.

Bradley, Francis Herbert (1846–1924): englischer Philosoph, der um die Jahrhundertwende einen „absoluten Idealismus" verfocht. Sein Hauptwerk sind die 1914 veröffentlichten *Essays on Truth and Reality*.

Bremond, Henri (1865–1933): französischer Literaturkritiker und Historiker. Nach dem ersten Weltkrieg begann er eine Auseinandersetzung mit Valéry über die sogenannte reine Dichtung. Schrieb 1926 das Buch *Poésie pure* und 1930 *Racine et Valéry*. Sein Hauptwerk ist die elfbändige *Histoire littéraire du sentiment religieux en France*.

Bukas, Philipp Μποúκας, Φίλιππος: Fotograf. Er berichtete später Eliot: Das Foto entstand etwa 1954, und zwar in der Russell Square Station. Auf dem Foto schrieb Eliot: „Inscribed to George Seferis by a brother poet".

Byron, George Gordon (1788–1824): wurde 1823 Mitglied des Revolutionskomitees zur Befreiung Griechenlands von der Türkenherrschaft. Er starb während der Kämpfe um Messolongi an Sumpffieber.

Carièrre, Eugène (1849–1906): französischer Maler.

Cassius Maximus: wahrscheinlich Maximus von Tyros. Bekannter Wanderredner. Lebte unter Kaiser Commodus (um 185 u. Z.). Überliefert sind von ihm 41 griechische Vorträge über ethische Probleme.

Chatzichristos Χατζηχριστός (1783–1853): Kapetanios der Griechen bulgarischer Nationalität. Gehörte zu den etwa 2000 Bulgaren, die den Kampf der Griechen gegen die Türken aktiv unterstützten. Nahm an verschiedenen Schlachten im März 1821 in Rumeli teil und kämpfte im Sommer 1822 bei Argos mit Nikitas gegen die Truppen von Dramalis. Erhielt den Grad eines Generals. Gehörte nach der Revolution zur Leibwache von König Otto.

Chatzikiriakos-Gikas, Nikos Χατζηκυριάκος-Γκίκας, Νίκος: geboren 1906 in Athen. Studierte Malerei in Athen und Paris (Académie Rançon). Einer der bedeutendsten griechischen Maler des 20. Jahrhunderts. Lehrte 19 Jahre lang als Professor für Malerei in Athen. War mit Seferis befreundet.

Chatzopulus, Konstantinos Χατζόπουλος, Κωνσταντίνος (1868 bis 1920): Schriftsteller und Übersetzer. Konsequenter Vertreter des Symbolismus. Schrieb vier Gedichtbände (jeweils zwei 1898 und 1920) und zwischen 1910 und 1917 Prosa. Lebte von 1900 bis 1914 in Deutschland, wo er sich der sozialistischen Bewegung anschloß. Er versuchte, die sozialistischen Ideen, verbunden mit volkstümlerischen Tendenzen, in Griechenland zu verbreiten. Übersetzte u. a. den *Faust* und das *Kommunistische Manifest* ins Griechische.

Chénier, André de (1762–1794): französischer Lyriker.

Choniatis, Michail Χωνιάτης, Μιχαήλ: Metropolit von Athen. Folgte 1204 nach der Plünderung Konstantinopels durch die Kreuzritter dem neuen Kaiser Theodoros I. Laskaris nach Nikäa und bekämpfte mit Reden und Pamphleten die „Lateiner".

Chortatsis, Georgios Χορτάτσης, Γεώργιος (etwa 1550–1610): Grammatiker und Schriftsteller. Mit Kornaros wichtigster Vertreter des Theaters Kretas. Schuf mit der klassizistischen Tragödie *Erofili* (um 1585–1600) ein Meisterwerk spätmittelalterlicher Dichtung.

Chrysostomos, Johannes Χρυσόστομος, 'Ιωάννης (345–407): einer der bedeutendsten Kirchenväter. Von 398 bis 404 Bischof von Konstantinopel.

Claudel, Paul (1868–1956): französischer Dichter und Dramatiker.

Coleridge, Samuel Taylor (1772–1850): englischer Dichter.

Craft, Robert (geb. 1923): amerikanischer Dirigent und Musikwissenschaftler. Seit 1948 um Strawinsky. (Vgl. das Buch Strawinsky, *Gespräche mit Robert Craft,* Zürich 1961.)

Dalamangas Νταλαμάγγας: Kapetanios der griechischen Armee. Fiel am 7. Oktober 1826 während der Schlacht auf der Akropolis.

Dante Alighieri (1265–1321): Seferis schrieb 1966 den Essay *Zum 700. Geburtstag von Dante.*

Debussy, Claude Achille (1862–1918): Am 9. Februar 1932 notierte Seferis in sein Tagebuch: „Wenn ich ihn" [den Gedichtzyklus *Brunnen*; A. K.] „beende und er mir gefällt und wenn Claude Achille leben und mein Freund sein würde, würde ich ihm das Gedicht schenken" (Tage II, 41). Und am 31. Mai 1932: „Heute nahm ich mir den ganzen ersten Band der *Préludes* von Claude Achille und seine *Sonate für Violine und Klavier* vor. Ich hörte mir diese Stücke zwei-, dreimal an, und jetzt bin ich durcheinander, vernichtet, wütend und unglücklich. Was sind unsere Versuche wert, wenn man weiß, daß solche Menschen existiert haben? ... Von meinem achtzehnten Lebensjahr an spürte ich, nachdem ich etwas erlebt hatte, das mich tief berührte und beeindruckte, den unbezähmbaren Wunsch, mich zu ertränken" (Tage II, 71).

Dekapentasyllaben δεκαπεντασύλλαβοι: fünfzehnsilbiges Versmaß aus der demotischen Dichtung, wobei nach den ersten acht Silben eine Sinneinheit abgeschlossen wird; zumeist Paarreim.

Delos Δῆλος: Insel der Kykladen im Ägäischen Meer. In der Antike bedeutendes religiöses und kulturelles Zentrum. Nach mythischer Überlieferung gebar die Göttin Leto, von Zeus geschwängert, hier Apollon und Artemis. Besonders bekannt ist das Heiligtum mit der Prozessionsstraße.

Demetrios Poliorketes (der Belagerer) Δημήτριος ὁ Πολιορκητής: um 336 bis 283 v. u. Z. Heerführer und ab 294 makedonischer König. Unterlag 285 der ihm entgegentretenden Koalition.

Demetrios Soter (der Erretter) Δημήτριος ὁ Σωτήρ (187–150 v. u. Z.): Sohn von Seleukos IV., wuchs als Geisel in Rom auf, floh 162 nach Syrien und beseitigte den von Rom anerkannten Antiochos V., der an seiner Stelle Thronnachfolger geworden war. Den der Trunksucht erlegenen Demetrios erschlug 150 v. u. Z. Alexander Balas, der von Rom unterstützt wurde. Diese Fakten entnahm Kavafis dem Geschichtswerk des Polybios.

demotische Lieder δημοτικά τραγούδια: Volkslieder. Regional unterschiedliche Rhythmik, Melodik und Harmonik. Vorwiegend modal. Entstammen der bäuerlich-dörflichen Sphäre. Ihren textlich-musikalischen Höhepunkt erreichten sie im 18. und Anfang des 19. Jahrhunderts im Zuge des sich verstärkenden Kampfes gegen die osmanische Herrschaft vor allem in Epirus und Rumeli, wo die Aufständischen (Kleftes bzw. Armatoli) besonders aktiv waren. Man unterscheidet zwei strukturell unterschiedliche Hauptgruppen: Lieder mit festem Metrum und metrisch freie Lieder (Rizitika, d. h. Tischgesänge, Kleftenlieder usw.). Letztere gingen aus der Improvisation hervor und variieren einen melodischen Kern. Die Lieder mit festem Metrum entstanden als Tänze, also als Einheit von Dichtung, Musik und Bewegung. Die demotische Musik ist bis in die Gegenwart hinein als traditionelle Kunst lebendig geblieben.

Demotizismus δημοτικισμός: Gegen die Tendenz der Archaisierung der Sprache wehrten sich seit 1830 die Dichter, die bis etwa 1880 schon fast ausnahmslos die Dimotiki benutzten, und einige Philologen und Gelehrte. Die Verwendung der Dimotiki im Roman *Die Reise* (1888) von Psicharis führte zu einem Höhepunkt des Sprachstreits in den folgenden zehn Jahren und zu einer generellen Verwendung der Dimotiki auch in der Prosa. Zugleich bildete das Buch die Grundlage für die Bewegung des Demotizismus (Jannis Psicharis, Alexandros Pallis, Argiris Eftaliotis, Petros Vlastos u. a.). Seit 1903 gaben die Demotizisten die Zeitschrift *Numas* heraus.

De Qincey, Thomas (1785–1859): englischer Schriftsteller. Sein bekanntestes Buch sind die *Bekenntnisse eines englischen Opiumessers* (1821). Er hielt sich, siebzehnjährig, im Winter 1802 zum ersten Mal in London auf und lebte etwa fünf Monate lang im Viertel um die Oxford Street. Im gleichen Viertel befanden sich die Büroräume des Verlagshauses Faber, wohin Seferis 1932 kam, um Bücher von Eliot zu kaufen.

Digenis Akritas Διγενής Ακρίτας: historische Figur und Held eines byzantinischen Versepos aus dem 9. bis 11. Jahrhundert.

Dimaras, Konstantinos Th. Δημαράς, Κωνσταντίνος Θ. (geb. 1904): Journalist und Philologe. Befaßte sich mit Komperatistik. Veröffentlichte 1948 die *Geschichte der Neugriechischen Literatur.*

Dimos, Rafail Δήμος; Ραφαήλ (geb. 1892): griechischer Philosoph und Religionswissenschaftler. Studierte Philosophie und Philologie in Cambridge, Harvard und an der Sorbonne. Von 1948 bis 1962 Professor für Philosophie an der Universität in Harvard.

Dimotiki δημοτική: Volkssprache – im Gegensatz zur „Beamtensprache" Katharevusa. Während die Gebildeten seit der Antike bis zum ausgehenden 19. Jahrhundert fortfuhren, in einem modifizierten Altgriechisch zu schreiben, veränderte sich über die Jahrhunderte die gesprochene Sprache, so daß sich eine einmalige Diglossie herausbildete, die bis Anfang der achtziger Jahre des 20. Jahrhunderts von allen griechischen Regierungen aufrechterhalten wurde. Nach dem großen Sprachstreit zwischen 1880 und 1890 schrieben fast alle Dichter und Schriftsteller in der Dimotiki.

Diogenes von Sinope Διογένης ὁ Κύων (412–323 v. u. Z.): griechischer kynischer Philosoph.

„Dodekalog des Zigeuners" Ὁ Δωδεκάλογος τοῦ Γύφτου: das be-

rühmteste Werk von Palamas. Die in zwölf „Reden" (Gesänge) gegliederte Dichtung erschien 1907.

Donne, John (1572–1631): englischer Dichter. Begründer der „Metaphysical Poetry", einer eher skeptischen Poesie, die sich mit den Sünden des Menschen beschäftigt.

Dramalis (1780–1822): eigentlich Machmut, Pascha von Drama, einer Stadt im nordöstlichen Griechenland. Mit seiner 30000 Mann starken Armee zog er im Juni 1822, dem Befehl des Sultans folgend, nach dem Peloponnes, um die Revolution niederzuschlagen. Ihm stellte sich Dimitris Ipsilantis in der Festung von Argos entgegen sowie Kolokotronis im Dorf Milous, um einen Vormarsch auf Tripolis zu verhindern. Daraufhin zog sich Dramalis nach Korinth zurück, wurde aber am Derwenakia-Paß von Kolokotronis und seinen Männern angegriffen und in die Flucht geschlagen. Andrutsos schnitt seinen Truppen den Weg am Isthmus ab.

Du Bos, Charles (1882–1939): französischer Schriftsteller.

Eleftherudakis, Konstantinos Ἐλευθερουδάκης, Κωνσταντίνος (1877 bis 1962): griechischer Gelehrter und einer der bedeutendsten Verleger. Gab in seinem 1900 gegründeten Verlagshaus Eleftherudakis das zwölfbändige *Enzyklopädische Lexikon* heraus.

Elgin, Sir Thomas (1766–1841): englischer Diplomat. Von 1799 bis 1803 englischer Gesandter in Konstantinopel. Ließ mit Genehmigung der türkischen Regierung die auf der Akropolis gefundenen Skulpturen in etwa 200 Kisten packen und nach England verschiffen. Seit·1812 stehen die Figuren im Britischen Museum.

Endymion Ἐνδυμίων: der junge Geliebte der Selene. Zeus gewährte ihm unendlichen Schlaf und Unsterblichkeit.

Epidauros-Theater θέατρο τῆς Ἐπίδαυρου: heute wieder für Aufführungen verwendetes Theater aus dem 3. Jahrhundert v. u. Z. an der Nordküste von Peloponnes.

Epiphanias-Fest: der Tag der Taufe Christi am 6. Januar.

Epitaphios ἐπιτάφιος: Totenklage. Symbolisiert in der orthodoxen Kirche die Grablegung und Beweinung Christi.

Epstein, Jacob (1880–1959): englischer Bildhauer.

Eranarch ἐρανάρχης: in der Antike Vorsteher von Mahlzeiten oder Symposien, die auf gemeinsame Kosten veranstaltet wurden, später Vorsitzender von Zusammenschlüssen mit zinsloser Teilhaberschaft zu verschiedenen Zwecken.

„Erotokritos" Ἐρωτόκριτος: eposartige Dichtung von Wisentsos Kornaros. Höhepunkt der kretischen Literatur des Mittelalters. Erzählt wird in über 10000 Versen die Liebesgeschichte zwischen Erotokritos und Aretusa im antiken Athen. Vom Dichter

ist nur der Name bekannt, das Werk entstand um 1640. Seferis behandelte es in einer Rede am 11. März 1946 im Athener Klub „Parnassos".

Euripides Εὐριπίδης (um 480–406 v. u. Z.): Seferis identifizierte sich mit dessen Haltung innerhalb der untergehenden griechischen Polis-Gesellschaft.

Eusebius Εὐσέβιος (um 260–339): Gelehrter und Theologe. Wurde 313 Bischof von Caesarea. Schrieb das erste wichtige Werk der Kirchengeschichtsschreibung. Vertrauter Konstantin I.

„*Evangelika*" Εὐαγγελικά: 1901 übersetzte A. Pallis das Evangelium (*Neues Testament*) ins Neugriechische. Darauf reagierten die konservativen Anhänger der Katharevusa – in der Mehrzahl Professoren der Athener Universität und Geistliche, und von ihnen aufgeputschte Studenten – mit Demonstrationen gegen „die gekauften Spitzel, die unsere Sprache und unsere Religion zerstören wollen". Es kam zu blutigen Zusammenstößen mit der Polizei und zum Sturz der Regierung Theotokis.

Evlyia Çelebi: türkischer Geograph und Reisender.

Fanari (Phanari) Φανάρι: Stadtteil von Konstantinopel (Istanbul). In ihm hatte sich während der osmanischen Herrschaft seit 1451 eine griechische aristokratische Schicht etabliert, die die hohen Laienposten des Patriarchats bekleidete und später den Dolmetscher der Flotte und seit 1661 den Großdolmetscher der Hohen Pforte stellte. Sie wurden nach ihrem Wohnsitz Fanarioten genannt. Fanari war ein kulturelles Zentrum des Griechentums. Die Fanarioten entwickelten die an das antike Vorbild orientierte Gelehrtensprache Katharevusa.

Fargue, Léon-Paul (1876–1947): französischer Dichter. Gehörte zum Kreis um Mallarmé. Gründete 1923 zusammen mit Valéry und Larbaud die Zs. *Commerce.*

Filiki Eteria Φιλική Ἑταιρεῖα: „Gesellschaft der Freunde". 1814 in Odessa gegründeter Geheimbund. Ziel der Gesellschaft war die Befreiung des griechischen Volkes von der türkischen Fremdherrschaft. Ihr gehörten vor allem Händler, Seeleute, Vertreter der Intelligenz, Beamte, Militärs und Anführer (Kapetanii) von aufständischen Gruppen in Griechenland an. Nach 1817 rekrutierte sie aber verstärkt auch Angehörige anderer Nationalitäten, zum Beispiel Bulgaren und Serben, um einen koordinierten Kampf auf dem ganzen Balkan zu führen. Die Gesellschaft war maßgebend am Ausbruch der Griechischen Revolution von 1821 beteiligt, konnte sich jedoch nicht im weiteren Verlauf organisatorisch behaupten und löste sich im Grunde nach der Nationalversammlung in Epidavros (Epidaurus) vom 22. Dezember 1821 auf.

„*Flöte des Königs*" Ἡ φλογέρα τοῦ βασιλιᾶ: zwölfteilige Gedichtkomposition von Palamas, 1910 erschienen.

Franklin, Sir John (1786–1847): englischer Seemann. Erkundete
zwischen 1819 und 1822 die amerikanische Nordküste.

„*Frau aus Zakynthos*" Ἡ γυναίκα τῆς Ζάκυνθος: Prosawerk von
Dionisios Solomos, das er vor seinem Umzug nach Kerkira
(1828) verfaßte. Satire auf eine Aristokratin der Insel Zakynthos
(Ionisches Meer). Der Mönch Dionisos, auf den Seferis anspielt,
folgt darin einer Gruppe von Frauen aus Messolongi und wird
von einer Vision heimgesucht, allein im von türkischen Truppen
belagerten Messolongi zu sein.

Frazer, James (1854–1941): englischer Gelehrter und Anthropo-
loge. Verfaßte ein Standardwerk moderner bürgerlicher Anthro-
pologie, das zwölfbändige Werk *The Golden Bough* (Der goldene
Zweig; 1880–1915).

„*Der Friedhof am Meer*": Gedicht von Paul Valéry aus der Sammlung
Zaubersprüche (Les Charmes) von 1922.

Futridis, Aristidis Φουτρίδης, Ἀριστείδης (geb. 1887): griechischer
Philologe und Schriftsteller. Lehrte an der Harvard-Universität in
den USA Griechische Literatur.

Galen (Galenos) Γαληνός (129–199): griechischer Mediziner und
Philosoph, seit 169 Leibarzt römischer Kaiser.

Gatsos, Nikos Γκάτσος, Νίκος (geb. 1915): griechischer Dichter.
Sein bedeutendstes Werk ist das Gedicht *Amorgos* (1943).

Gavria: Ortschaft in Mittelgriechenland. Anfang Mai 1821 verschanzten sich 118 Griechen unter Führung von Odisseas Andrutsos im Chan von Gavria. Nach erfolglosen Angriffen belagerten die türkischen Truppen den Chan, aus dem nachts die
Griechen ohne Verluste ausbrechen konnten.

Gennadios, Ioannis Γεννάδιος, Ἰωάννης (1844–1932): Diplomat
und Gelehrter. Studierte in Athen, Malta und London. 1909 Botschafter in London. Entdeckte die Bildserie mit den Zografos-
Bildern in einem Antiquariat in Rom und kaufte sie für seine
große Buch- und Kunstsammlung (die spätere Gennadeios-Bi-
bliothek).

Germanos I. Γερμανός, Αʹ: Patriarch von Konstantinopel im
8. Jahrhundert.

Glaukos Γλαῦκος: Genauso wie Phorkys mischgestaltige Meergott-
heit auf der untersten Stufe der göttlichen Rangordnung.

Góngora y Argote, Luis de (1561–1627): spanischer Dichter.

Gourmont, Remy de (1858–1915): französischer Erzähler, Dichter
und Kritiker. Das Zitat stammt aus seinem Buch *Le Probleme du
style*, Paris 1926, S. 107.

Grammatiker: die Sprach- und Literaturwissenschaftler in hellenistischer und römischer Zeit. Besorgten kritische Textausgaben von Homer, Sophokles, Aischylos u. a. Ihre der Tradition verhaftete Sicht führte zu einem Klassizismus der literarischen Sprache. Die Literatur geriet so langsam in Widerspruch zu der sich lebendig fortentwickelnden griechischen Gemeinsprache (Koine), die sich zu Beginn des Hellenismus auf der Grundlage des attischen Dialekts herausgebildet hatte.

Grazität Ἑλληνισμός: gemeint ist das Anfang des Jahrhunderts vieldiskutierte spezifisch griechische Element in der Kunst und dessen konkrete Ausprägung. Dahinter verbarg sich der Sprachstreit zwischen Dimotiki und Katharevusa, zischen einer Auffassung, die sich an der Tradition des Volkes orientierte (Bewegung des Demotizismus besonders zwischen 1897 und 1914) und einer, die am antiken Geist festhielt. In seinem *Dialog über die Dichtung* widmete Seferis den vierten Abschnitt diesem Problem. „Wenn sich auch im geistigen Bereich der europäische Hellenismus bereits herausgebildet hat und, wer weiß, vielleicht schon bald untergehen wird, so hat sich der ‚griechische Hellenismus‘, der Ausdruck sei mir gestattet, noch gar nicht herausgebildet, er begründete noch keine Tradition. Manchmal empfinden und ahnen wir ihn in den wertvollen Werken unserer Schöpfer … Denn dieser Hellenismus wird erst dann seine wahre Physiognomie erringen, wenn das heutige Griechenland eine geistige Physiognomie haben wird" (Essays I, 102).

„Griechische Anthologie" Ἑλληνική Ἀνθολογία (auch *„Palatinische Anthologie"*): Sammlung von Epigrammen griechischer Autoren.

Griechisch-Türkischer Krieg 1897 (vom 5. April bis Anfang Mai): Die damals schwache Regierung Dilijannis rief ihn aus, um einen Aufstand der Kreter, die den Anschluß der Insel an Griechenland verlangten, zu unterstützen. Ihre schlecht ausgerüsteten Truppen mußten aber Niederlagen in Epirus und Thessalien hinnehmen und sich nach einer Intervention der Großmächte zurückziehen. Die Niederlage brachte eine geringe Modifizierung der Grenzen zugunsten der Türkei und eine Kriegsentschädigung in Höhe von 4 Millionen türkischer Lire, die Griechenland in eine hohe Auslandsverschuldung stürzte und seine Wirtschaft von einer internationalen Kontrolle abhängig machte. Die jüngeren Dichter und Schriftsteller sowie jene, die zur Generation von 1880 gehörten, machten für diese Niederlage die herrschenden gesellschaftlichen Zustände mit ihren veralteten Idealen und Auffassungen, mit ihrer „toten Sprache", der Katharevusa, verantwortlich. So setzte nach dem Krieg eine Periode der völligen Durchsetzung der Dimotiki in der Literatur ein, verbunden mit der Forderung nach einer grundlegenden Reform im Bildungswesen (Wirken von Fotis Fotiadis, Dimitris Glinos

u. a.). Das bereitete den Boden für die „Bildungsreform" vor, die 1917 der damalige Ministerpräsident Venizelos durchführte. Seit 1917 wurde erstmals in der Schule auch die gesprochene Sprache (Dimotiki) gelehrt.

Großgriechenland Μεγάλη Ελλάδα: Gesamtheit der von Griechen bewohnten Gebiete Süditaliens.

Gudas, Anastasios Γούδας, Ἀναστάσιος (1816–1882): Arzt und Gelehrter. Studierte Medizin in Athen und Paris. Gründete erste medizinische Zeitschriften, wo er regelmäßig auch eigene Artikel veröffentlichte. Engagierte sich politisch und schriftstellerisch gegen König Otto. Mußte daraufhin Griechenland verlassen, kehrte aber nach der Absetzung Ottos nach Athen zurück, widmete sich ausschließlich dem politischen Journalismus und veröffentlichte sechs Bände *Parallelbiographien* (1869–1876) über das Leben großer Persönlichkeiten der Griechischen Revolution von 1821, u. a. auch über Makrijannis.

Guras, Iannis Γκούρας, Γιάννης (1791–1826): Kapetanios der Griechen. Führte mit Diowuniotis und Panurgias im August 1821 die Schlacht bei Wasilika an, wo die Griechen einen der wichtigsten Siege des Krieges gewannen. 1823 verstritt er sich mit Makrijannis, dem anderen Stadtkommandanten von Athen. 1825 nahm er im Auftrag der griechischen Regierung seinen ehemaligen Befehlshaber und Freund Andrutsos gefangen, der wenig später tot aufgefunden wurde. 1826 fiel Guras bei den Kämpfen um die Akropolis gegen die Armee von Kiutachi Pascha.

Hagia Sophia Ἁγία Σοφιά: die unter Kaiser Justinian zwischen 532 und 537 errichtete Sophienkirche in Konstantinopel. Sie gilt als der bedeutendste Kirchenbau der byzantinischen Zeit. Der religiöse Mittelpunkt der byzantinischen Kirche. Wurde 1453, nach der Eroberung Konstantinopels durch die Türken, als Moschee eingerichtet.

Hayward, John (1905–1965): englischer Publizist und Schriftsteller. Gab u. a. Werke von Eliot, Donne, Swift heraus. War gelähmt.

Heiliger Berg Ἅγιον Ὄρος: die Mönchsrepublik auf dem Berg Athos, südöstlich von Thessaloniki.

Hekate Ἑκάτη: griechische Göttin des Zaubers und der Gespenster, auch Mondgöttin.

Hellenismus Ἑλληνισμός: Seferis erläutert in seinem Tagebuch, was er darunter versteht: „Dieses Land, das uns verwundet, das uns entwürdigt. Griechenland wird zweitrangig, wenn man an den *Hellenismus* denkt. Alles, was mich an Griechenland hindert, an den Hellenismus zu denken, soll zugrunde gehen. ... Hellenismus – als Idee der menschlichen Würde und Freiheit, nicht als historischer Begriff" (5. 1. 1938, in: Tage III, 95).

Heniochos Ἡνίοχος: der „Wagenlenker", lebensgroßer bronzener Jüngling aus Delphi.

Henry VI.: von 1422 bis 1461 König von England.

Heraklit Ἡράκλειτος: Philosoph um 500 v. u. Z. Seferis bezieht sich im Sikelianos-Essay auf das Fragment 15: „Ist doch Hades und Dionysos ... ein und derselbe."

Hermaphroditen Ἑρμαφρόδιτος: antiker Begriff für zweigeschlechtliche Wesen.

Hesiod (Hesiodos) Ἡσίοδος (um 700 v. u. Z.): erster historisch faßbarer griechischer Dichter, der sich als Hirt und freier Bauer seinen Lebensunterhalt verdiente.

Homer Ὅμηρος: Die *Ilias* und noch mehr die *Odyssee* dienten Seferis wiederholt als poetische Inspirationsquelle und Bezugspunkt, zum Beispiel in den Gedichten *„Die Drossel"* und *König von Asine.*

Hopkins, Gerard Manley (1844–1889): englischer Dichter und Literaturwissenschaftler.

„Hymne an die Freiheit" Ὕμνος εἰς τὴν Ἐλευθερίαν: Gedicht von Solomos, später zur Nationalhymne erklärt.

Hypatia Ὑπατία (um 370–415): griechische Mathematikerin und Philosophin. Vorsteherin des Museions von Alexandria. Wurde von fanatischen christlichen Mönchen umgebracht.

Ibrahim Pascha von Ägypten (1789–1848): General und Politiker. Oberbefehlshaber der ägyptischen Truppen, die 1824 der Vizekönig von Ägypten Mechmet Ali auf Wunsch des Sultans nach Griechenland entsandte. Die Vereinbarung sah vor, daß mit Hilfe der Ägypter der Aufstand auf den Inseln und auf dem Peloponnes erstickt werden sollte. Ägypten würde dafür Kreta und Zypern erhalten. Ibrahim landete im Februar 1825 in Methoni, überrannte die Stellungen der Griechen unter Kolokotronis, die sich zwischen Mesinia und Arkadia verschanzt hatten, und eroberte Tripolis, erlitt aber vor Nafplion durch die Truppen von Makrijannis und Ipsilantis eine schwere Niederlage. Im Dezember 1825 zog er mit seiner Armee nach Messolongi, um die von den türkischen Verbündeten belagerte Stadt einzunehmen. Dann kehrte er nach dem Peloponnes zurück und versuchte im Mai 1827, als er erkannt hatte, daß Kriegshandlungen nicht zum Erfolg führen, die geplagte peloponnesische Bevölkerung durch Verteilung von „Unterwerfungsscheinen", die Straffreiheit garantierten, auf seine Seite zu ziehen. Viele folgten seinem Aufruf und ergaben sich. Kolokotronis wirkte dem mit neuen Rekrutierungen entgegen. Im August 1828 mußte Ibrahim den Peloponnes verlassen und sich nach Kreta zurückziehen.

Ikonostasion εἰκονοστάσιο: in fast jedem Haushalt orthodoxen Glaubens aufgestellte Bilderwand mit Ikonen der Heiligen.

Ionien Ἰωνία: von Ioniern (Hauptstamm der Hellenen) besiedelte Landschaft Kleinasiens mit den Inseln Chios und Samos und zwölf Städten (u. a.: Milet, Ephesos, Phokaia).

Ionische Philosophen: Hauptvertreter der im ionischen Milet an der kleinasiatischen Küste entstandenen Ionischen Naturphilosophie waren Thales, Anaximander und Anaximenes.

Iulia Domna (gest. 217 u. Z.): Frau des seit 193 herrschenden römischen Kaisers Septimius Severus.

Jannopulos, Periklis Ἰαννόπουλος, Περικλῆς (1870–1910): griechischer Schriftsteller. Studierte in Athen und Paris. Freundschaft mit Jean Moréas. Er versuchte nach seiner Rückkehr in Athen eine Bewegung des Neuen Hellenismus zu begründen. Am 10. April 1910 nahm er sich das Leben: Mit einem Blumenkranz um die Stirn, reitend durch das Flachmeer bei Eleusis, schoß er sich eine Kugel durch den Kopf.

Johannes der Evangelist Ἰωάννης ὁ Εὐαγγελιστής: schrieb seine *Offenbarung* im 2. Jahrhundert auf der griechischen Insel Patmos. Seferis übertrug 1966 die *Apokalypse des Johannes* ins Neugriechische und schrieb dazu ein *Vorwort*.

Johannes vom Kreuz Juan de la Cruz (1542–1591): spanischer Theologe und Philosoph. Verfaßte zahlreiche Schriften und geistliche Gesänge. Erneuerte den Karmeliterorden. Gründete 1568 das erste Kloster der Unbeschuhten Karmeliten. 1726 Heiligsprechung.

Johannisfest παραμονή τοῦ Ἀι-Γιάννη τοῦ Φανιστῆ: nach dem Julianischen Kalender (dem sogenannten alten Stil) am 24. Juni.

Jouve, Pierre-Jean (1887–1976): französischer Lyriker.

Judas Makkabäus Ἰούδας Μακκαβαῖος: Großonkel des Alexandros Iannaios, führte ab 166 v. u. Z. die Juden in einem religiösen Befreiungskampf gegen den syrischen König Antiochos IV. Der von ihm wiederaufgebaute jüdische Staat wurde durch Pompejus bereits im Jahre 63 v. u. Z. zerschlagen. Die Brüder des Judas Makkabäus waren Eleazar, Jonathan, Johannes und Simon.

Julianos Ἰουλιανός (301–366): bekannt unter dem Namen Apostata, das heißt der Abtrünnige, weil er sich vom Christentum lossagte und wieder heidnische Kulte zuließ. Seit 355 byzantinischer Kaiser. Kavafis widmete seiner Gestalt viele Gedichte, u. a. *Julianos sieht Nachlässigkeit, Julianos in Nikomedia, Julianos und die Antiochier.*

Justinian Ἰουστινιανός Α' (482–565): oströmischer Kaiser 527 bis 565.

Kallimachos Καλλίμαχος (vor 300 bis etwa 240 v. u. Z.): hellenistischer Dichter und Gelehrter. Haupt der alexandrinischen Dichterschule. Erhalten sind Epigramme sowie sechs Götterhymnen (u. a. auf Apollon, Artemis, die Insel Delos).

Kalvos, Andreas Κάλβος, Ἀνδρέας (1792–1869): stammte aus Zakynthos (Insel im Ionischen Meer). Bedeutsam wurde für ihn 1812 seine Begegnung mit Ugo Foscolo in Florenz, dem er bis 1817 als Sekretär in sein schweizerisches und englisches Exil folgte. Veröffentlichte 1824 und 1826 seine beiden einzigen Gedichtbände mit *Oden.* Kehrte 1826 nach Griechenland zurück und arbeitete als Dozent an der Ionischen Akademie auf Kerkira (Korfu). 1852 Umzug nach Louth (England), wo er bis zu seinem Tod in der Mädchenschule seiner englischen Ehefrau arbeitete. Seferis beschäftigte sich wiederholt mit dem schmalen Werk (20 Oden) von Kalvos. Erstmals in einem siebenseitigen Essay *Zweifel beim Lesen von Kalvos* von 1937, einer dreißigseitigen *Einleitung zu den Oden* 1942 sowie in *Kalvos, 1960* und *Die Sprache in unserer Dichtung* (vgl. S. 127 und 151).

Kalvos, Charlotte Augusta Κάλβος, Σαρλότα-Αὐγούστα (1812 bis 1888): zweite Ehefrau von Kalvos.

Kalypso Καλυψώ: in der griechischen Sage Nymphe, Tochter des Atlas, die auf der mythischen Insel Ogygia lebte. Sie nahm den auf der Heimfahrt schiffbrüchig gewordenen Odysseus auf und behielt ihn sieben Jahre bei sich. Trotz ihres Versprechens, ihn unsterblich zu machen, sehnte sich Odysseus nach Ithaka zurück. Sie mußte ihn auf Befehl des Zeus freilassen.

Kapodistrias, Avgustinos Καποδίστριας, Αὐγουστίνος (1778–1857): Bruder von I. Kapodistrias und Mitglied in dessen Kabinett. Nach dessen Ermordung im September 1831 bildete Avgustinos Kapodistrias eine Provisorische Regierungskommission. Die Gegenregierung unter Ioannis Kolettis zwang ihn aber zum Rücktritt und zum Verlassen Griechenlands im April 1832.

Kapodistrias, Ioannis Καποδίστριας, Ἰωάννης (1776–1831): griechischer Politiker. Entstammte einer reichen Familie aus Kerkira. Verließ die Insel 1807 nach deren Besetzung durch die Franzosen und ging an den Hof des Zaren nach Petersburg, wo er bis 1822 als Außenminister Rußlands tätig war. Er kehrte im Januar 1828 aus der Schweiz nach Griechenland zurück, nachdem er von der Vierten Nationalversammlung (März 1827) zum Ministerpräsidenten Griechenlands gewählt worden war. Setzte die Verfassung außer Kraft und löste das Parlament auf, um seine Reformen schnell durchsetzen zu können. Nach seiner Ermordung im Oktober 1831 kam es (bis zur Ankunft Ottos I. Ende Januar 1833) zu ständigen Auseinandersetzungen zwischend den Vertretern der „Russischen Partei" Avgustinos Kapodistrias' und Kolokotronis' sowie den Anhängern der „Französischen Partei" unter Ioannis Kolettis. Sie führten zu bürgerkriegsähnlichen Zuständen und zu einer totalen Anarchie im Land.

Kapodistrias, Viaros Καποδίστριας, Βιαρός (1774–1842): Bruder von Ioannis und Mitglied in seinem Kabinett.

Katsimbalis, Giorgos Κατσίμπαλης, Γιώργος (1899–1978): Literaturwissenschaftler und Verleger. War neben Andreas Karandonis Direktor der Zeitschrift *Nea Grammata*. Gehörte in den dreißiger Jahren zum Freundeskreis von Seferis. Gab als erster in Griechenland Bibliographien neugriechischer Dichter heraus.

Kavafis, Konstantinos Καβάφης, Κωνσταντῖνος (1863–1933): Dichter, dessen Werk (154 Gedichte, das erste davon 1896, das letzte 1933) sehr nachhaltig vor allem die modernen Dichter des Jahrhunderts beeinflußte (z. B. Seferis und Ritsos). Wuchs in Alexandria (Ägypten) und in England (1872–1878) auf. Lebte von 1885 bis zu seinem Tod in Alexandria. Seferis beschäftigte sich sein ganzes Leben lang mit dessen Werk. Davon zeugen zahlreiche Eintragungen in seine Tagebücher sowie die fast hundertseitige Studie *Noch einiges über den Alexandriner* (1949).

Kazantzaki, Galatia Καζαντζάκη, Γαλάτεια (1881–1962): Schriftstellerin. Von 1911 bis 1926 war sie mit Nikos Kazantzakis verheiratet.

Keats, John (1795–1821): Der zitierte Brief vom 27. Oktober 1818 ist an Richard Woodhouse gerichtet.

Kerberos Κέρβερος: Hund in der Unterwelt, Torhüter am Eingang des Hades.

Keyes, Sidney (1922–1943): englischer Dichter. Fiel während des zweiten Weltkriegs einundzwanzigjährig in Afrika. Seferis übersetzte ein Gedicht von ihm.

Kirphis Κίρφις: Berg gegenüber dem Heiligtum von Delphi.

Kleinasiatische Katastrophe Μικρασιατική καταστροφή: die vernichtende Niederlage der griechischen Truppen 1922 in der Türkei und der anschließend 1923 unterschriebene Friedensvertrag von Lausanne. Dieser Feldzug, der nach der Rückkehr von König Konstantin im November 1920 forciert wurde, sollte zu einem an Byzanz erinnernden „Großgriechenland" führen. Die Niederlage hatte nicht nur den Rückzug aller griechischen Truppen aus Kleinasien zur Folge, sondern auch eine Volksvertreibung, die 1,5 Millionen Griechen aus Kleinasien zum Verlassen ihrer Heimat zwang und die jahrtausendalte griechische Tradition und Zivilisation Kleinasiens beendete. Im Bewußtsein vieler Griechen war die Kleinasiatische Katastrophe die schwerste Prüfung für das Griechentum seit dem Fall Konstantinopels 1453. Auch für Seferis bedeutete sie ein großer Verlust, da er in Skala, einem 40 km von Smyrna entfernten Dorf, geboren und aufgewachsen (1900–1914) war. Er besuchte diese Orte erst im Sommer 1950

wieder, als er die Stellung eines Botschaftsrates in Ankara innehatte. „In diesen Gegenden kannst du nicht anders, als immerzu
an das alte Griechentum denken. Vier oder fünf archäologische
Schichten in Kleinasien: vorklassisch, klassisch, hellenistisch, byzantinisch – und die neugriechische. Diese letztere bekommst
du gerade in dem Augenblick zu fassen, da sie versinkt. Du
kannst die Stricke erkennen, die sie noch mit der Oberwelt verbinden und die nacheinander abreißen. Griechische Sprache,
Kirchen, Häuser, Mentalität. Nach zwei Generationen wird das
alles vergangen sein" (Tage V, 204).

Kaum ein anderes historisches Ereignis hatte solch einen Einfluß auf die geistige Befindlichkeit und das poetische Schaffen
vieler Schriftsteller wie die Kleinasiatische Katastrophe. Mit einem Schlag war den romantischen Ideen von einer Wiedergeburt
des griechischen Reiches byzantinischer Tradition jegliche
Grundlage genommen. Diese Situation eröffnete den Weg für
die Dichter der Generation von 1930 (Seferis, Elytis, Ritsos
u. a.), die sich neuen Inhalten und neuen Poetiken öffneten. Seferis notierte über die Situation nach 1923: „Es passierte etwas
Einzigartiges in Griechenlands dreitausendjähriger Geschichte:
– Das, was man ‚die griechische Diaspora' oder auch das *Geschlecht der Griechen* genannt hat, gab es nicht mehr. Zum ersten
Mal konzentrierte sich das gesamte Griechentum, außer einigen
wenigen Abzweigungen, innerhalb der Grenzen des griechischen Staates. Ich fühlte in mir, daß dieses Phänomen das bedeutendste war, das die Periode, die mit den Kriegen von 1912 begonnen hatte, meiner Generation hinterließ ..." (Seferis,
Manuskript Sep. '41, Athen 1980, S. 23).

Klephten-Lieder Κλέφτικα τραγούδια: die Lieder der antitürki-
schen Volksbewegung (18./19. Jh.).

Kliridis, Nearchos Κληρίδης, Νέαρχος: zypriotischer Philologe
und Ethnograph.

Kolettis, Ioannis Κωλέττης, Ἰωάννης (1780–1847): studierte Medizin in Pisa, wo er zusammen mit Ugo Foscolo eine Geheimge-
sellschaft zur Befreiung Griechenlands gründete. Arbeitete ab
1813 in Iannina als Arzt u. a. von Ali Pascha bis zu dessen Be-
zwingung durch den Sultan 1822. Gründete 1824/25 die „Französische Partei", deren Vorsitzender er wurde. Gehörte 1831 zum
dreiköpfigen Verwaltungsrat, der sich nach der Ermordung des
Regierungschefs Kapodistrias konstituierte, nachdem er als soge-
nannter Verfassungsanhänger gegen Kapodistrias und die „Rus-
sische Partei" opponiert hatte. Von 1835 bis 1843 Gesandter König Ottos in Paris. Bildete im August 1844 die erste Regierung,
nachdem die konstitutionelle Monarchie in Griechenland einge-
führt worden war. Blieb Regierungschef bis zu seinem Tod.

Kommagene Κομμαγήνη: Landschaft im südöstlichen Kleinasien. Gehörte zum Seleukidenreich. Im 2. Jahrhundert v. u. Z. entstand hier ein eigenständiges Königreich unter Antiochos I. Heute Steppe.

Komnenen-Dynastie Κομνηνοί: von 1081 bis 1185 Blütezeit der byzantinischen Kunst und Kultur, sowohl am Hofe als auch der Volkskultur. Die bedeutendsten Schöpfungen am Hofe der Komnenen sind die vier sehr volkstümlichen Gedichte des „Phtochoprodromos" (des armen Prodromos), die als eine Art Anträge an die königliche Familie geschrieben worden sind.

Konstantinbilder: Abbildungen des Kaisers Konstantin I. (306–337), dem Begründer des Byzantinischen Reiches. Er erkannte die Kirche an, wodurch sie sich langsam zur Reichskirche entwickeln konnte. Seine Bildnisse galten durch die Jahrhunderte hindurch den orthodoxen Gläubigern als anbetungswürdige Symbole.

Konstantinopel Κωνσταντινούπολη: Die Szene des zitierten Gedichts von Palamas beschreibt die dreitägige Plünderung Konstantinopels durch die türkischen Soldaten. Der griechische Gelehrte Kritobulos beschreibt in seiner Geschichte Mohammeds II. die Vorgänge wie folgt: „Scheußlichste der Greueltaten aber war die Entweihung der Hagia Sophia, die zum Stall für Kamele und zum Bordell gemacht wurde. Konstantinopel sah aus, als hätte ein Orkan oder eine wilde Feuersbrunst gewütet."

Koritsa: albanische Stadt, wo Seferis vom November 1936 bis zum Dezember 1937 als Konsul arbeitete.

Kornaros, Wisentsos Κορνάρος, Βιτσέντζος: siehe unter *Erotokritos*.

Kretisches Theater Κρητικό θέατρο: Bevor Kreta von den Türken eingenommen wurde, stand die Insel zwischen 1211 und 1669 unter venezianischer Herrschaft. In den letzten zwei Jahrhunderten dieser Zeitspanne kam es zur großen Blüte des „Kretischen Theaters". Dabei schafften es die Autoren der Insel, einen eigenen Sprachstil zu entwickeln und die westlichen Vorbilder schöpferisch zu verarbeiten. Das bedeutendste Stück ist die Tragödie *Erofili* (um 1600) von Chortatsis.

Kukules, Fedonas Κουκουλές, Φαίδων (1881–1956): griechischer Byzantinist. Verfaßte u. a. das sechsbändige Standardwerk *Leben und Kultur in Byzanz* (1948–1952).

Kuros von Naxos: Naxos, größte Kykladeninsel. In den antiken Steinbrüchen Apollon und Kourounochori liegen unvollendet gebliebene archaische Monumentalskulpturen von Jünglingen (Kuroi).

Kynthos Κύνθος: der Inselberg von Delos (113 Meter).

Laforgue, Jules (1860–1887): gehörte zu den Bahnbrechern der modernen Lyrik in Frankreich. Beeinflußte sowohl den jungen Eliot als auch den jungen Seferis. „Ein Franzose, den ich sehr liebte, als ich nach Paris kam, ... war Jules Laforgue ... Damals lernte ich sein Werk kennen ... Dieser junge Mann, der in seinem 28. Lebensjahr starb, wurde für mich zu einem zehn Jahre älteren Bruder ... Ich kannte fast all seine Verse auswendig" (in: Essays II, 13).

Lagiden Λαγίδες: Beiname des ägyptischen Herrschergeschlechts der Ptolemäer, benannt nach Lagos, dem Vater von Ptolemaios I.

Lagumitzis Λαγουμιτζής: „Minenleger". Pseudonym für Theocharis Vrisas. Kapetanios der griechischen Befreiungsarmee. Gehörte zu den etwa 2000 Arvaniten, die den Kampf der Griechen gegen die Türkenherrschaft in Attika unterstützten. Nahm auch an der Verteidigung von Messolongi teil.

Langada Λαγκάδα: ein Engpaß in der Nähe der Stadt Arta. Nachdem sich 1821 auch in Westgriechenland der Aufstand anbahnte, organisiert von Makrijannis und Karaiskakis, rückte Ismail Pascha mit einer großen Armee Ende Mai 1821 in Arta ein und zog mit großer Verstärkung (insgesamt etwa 7000 Mann) zum Engpaß von Langada, den etwa 100 Griechen unter Gogos Bakolas erfolgreich verteidigten.

Laskaris, Ianos Λάσκαρις, Ιανός (1445–1535): griechischer Gelehrter und Schriftsteller. Lebte u. a. in Florenz, wo er im Dienste Lorenzo dei Medicis unterrichtete.

Lauro Modonese, Pietro: italienischer Philologe um 1500. Lebte in Florenz.

Lavrangas, Dionisios Λαυράγκας, Διονύσιος (1864–1941): Komponist, Dirigent und Pianist. Studierte Musik in Neapel und Paris. Kehrte 1894 nach Griechenland zurück, übernahm die Leitung der Philharmonischen Gesellschaft von Athen und gründete 1898 die griechische Nationaloper (Ethniki Liriki Skini). Gehörte neben Kalomiris, Varvoglis, Riadis und Lambelet zu den Begründern der griechischen Nationalen Schule.

Lear, Edward (1812–1888): englischer Maler und Schriftsteller. Schrieb Limericks und veröffentlichte 1846 das *Book of Nonsense*.

Le Blant, Edmond (1818–1897): französischer Archäologe.

Lewis, Wyndham (1882–1957): englischer Maler und Schriftsteller.

Longinos Λογγίνος (3. Jh. u. Z.): griechischer Rhetor und neuplatonischer Philosoph.

Ludwig I.: König von Bayern, dessen Sohn, Otto von Wittelsbach, 1833 erster griechischer König wurde. Ludwig ernannte auch die drei Regenten.

Lukian Λουκιανός: Die Abhandlung, die Artemidoros nennt, ist

nur fälschlich Lukian, dem Zeitgenossen des Artemidor, zugeschrieben worden. Richtig bei Pseudo-Lukian: *Philopatris* (Para-
graph 21–22).

Lyons, Sir Edward: Botschafter Englands in Griechenland seit der
Thronbesteigung Otto I. 1835 bis zum Regierungswechsel in
London 1841. Vertrauter von Lord Palmerston und Verfechter
einer harten Politik gegenüber Griechenland.

MacNeice, Louis (1907–1963): englischer Dichter und Philologe.

Makrijannis (Makrygiannis), Ioanis Μακρυγιάννης, Γιάννης
(1797–1864): verfaßte ab 1829 seine *Memoiren*.

Malanos, Timos Μαλάνος, Τίμος (1897–1984): griechischer Philologe, Literaturkritiker und Dichter. Lebte seit 1908 in Alexandria, wo er seine ersten Gedichtbände herausbrachte und Kavafis
kennenlernte, über den er, gleich nach dessen Tod, das Buch *Der
Dichter K. P. Kavafis* (1933) veröffentlichte.

Malherbe, François (1555–1628): französischer Gelehrter und Dichter.

Manutio, Aldo (1450–1515): italienischer Buchdrucker, Verleger
und Gelehrter der Renaissance. Lebte seit 1490 in Venedig, wo
er die Spezialisten der griechischen Sprache um sich scharte und
die Herausgabe der klassischen griechischen Texte besorgte, darunter auch die Erstausgabe der *Oneirokritika* (Venedig 1518) von
Artemidoros.

Marc (Marcus) Antonius (82–30 v. u. Z.): römischer Heerführer, Politiker und Redner. Wurde 44 mit Caesar Konsul und nach dessen
Ermordung Triumvir. Erhielt die reichen östlichen Provinzen
und heiratete Kleopatra. Nach militärischen Niederlagen gegen
Octavian nahm er sich das Leben.

Marivaux, Pierre de (1688–1763): französischer Schriftsteller.

Markevitsch, Igor (1912–1983): französischer Komponist und Dirigent russischer Abstammung. Schüler von Boulanger, Cortot und
Scherchen. Sein *Oratorium des verlorenen Paradieses* nach dem Text
von John Milton entstand 1935.

Marmaronisos Μαρμαρόνησος: kleine Insel südlich von Konstantinopel im Marmarameer.

Matthiessen, Francis Otto: englischer Literaturwissenschaftler. Veröffentlichte seit den vierziger Jahren zahlreiche Studien und
Aufsätze zur amerikanischen und englischen Literatur, darunter
auch einige Beiträge zu T. S. Eliot.

Mazon, Paul (1874–1955): französischer Hellenist.

Medici, Lorenzo dei: übernahm 1469 die Herrschaft in Florenz.
Starb 1492. Errichtete mit der „Laurenziana" die erste öffentliche
Bibliothek in Europa, eine Sammlung antiker Kunstschätze und
Handschriften.

Messolongi Μεσολόγγι: im 19. Jahrhundert strategisch wichtige Stadt im Westen Zentralgriechenlands. Befreite sich im Mai 1821 mit Hilfe der griechischen Flotte von der osmanischen Besetzung. Die türkischen Befehlshaber Omer Wrionis und Kiutachis versuchten im November 1822 die Stadt wieder einzunehmen. Die Belagerung mußte aber bereits im Dezember nach einem Sieg der Griechen aufgehoben werden. Kiutachis begann am 23. April 1825 mit der zweiten Belagerung, mußte sich aber im Herbst zurückziehen. Ihm kam am 25. Dezember Ibrahim Pascha zu Hilfe, und sie belagerten die Stadt bis zum Ausbruch der Belagerten am 11. April 1826.

Mikonos Μύκονος: Kykladeninsel, etwa 2,5 km nordöstlich von Delos. Die Inselbewohner wurden in der Antike wegen ihrer Kleinlichkeit und Unbildung verspottet.

Milous Μίλους: Dorf am Argolischen Golf südlich von Argos auf dem Peloponnes. Unweit von der Stadt Nafplion (Anaplio). Im Juli 1822 verschanzten sich hier griechische Truppen unter Kolokotronis, Makrijannis u. a., um den Truppen von Dramalis den Weg nach Tripolis abzuschneiden. Das türkische Heer mußte sich nach Korinth zurückziehen.

Mitropulos (Mitropoulos), Dimitris Μιτρόπουλος, Δημήτρης (1896 bis 1960): Komponist und Dirigent. Studierte Klavier und Komposition in Athen, Brüssel und Berlin. Leitete von 1923 bis 1930 das Orchester des Athener Konservatoriums, das bis 1926 mit dem Griechischen Konservatorium ein gemeinsames Orchester hatte. Von 1949 bis 1958 war er Chefdirigent des New York Philarmonic Orchestra.

„*Monsieur Teste*": Seferis übersetzte 1928 aus diesem Prosatext von Paul Valéry das Kapitel „Ein Abend mit Monsieur Teste".

Morosini, Francesco (1618–1694): im Türkisch-Venezianischen Krieg (1684–1699) eroberten die Venezianer unter der Führung des italienischen Generals Morosini die Insel Lefkada und den Peloponnes und belagerten in Athen die türkischen Truppen, die sich auf der befestigten Akropolis verschanzt hatten. Am Abend des 25. September 1687 traf eine Kugel von den Kanonen Morosinis den von den Türken als Pulvermagazin verwendeten Parthenon. Die Explosion zerstörte einen Teil des bis dahin unversehrt gebliebenen Bauwerks.

Mortimer, Raymond (geb. 1895): englischer Kunsthistoriker.

„*Mutter Gottes*" Μήτηρ Θεοῦ: lyrisches Werk von Angelos Sikelianos, geschrieben 1917. Im Mittelpunkt steht die Mutter Gottes, nicht so sehr als Jungfrau, sondern als leidende Mutter, erinnernd an die matriarchalische Mutter, an die „Mutter Natur", wie Sikelianos schrieb.

Nafplion (Nauplia) Ναύπλιο: Stadt im Osten des Peloponnes. Erste Hauptstadt Griechenlands in der Neuzeit (1828–1935).

Narghile: Wasserpfeife, die, mit türkischem Haschisch gefüllt, in den Cafés (vor allem im Café-Aman) der Jahrhundertwende auf Wunsch gereicht wurde.

Nazianz, Gregor von Γρηγόριος Ναζιανζηνός (329/30–390): Schriftsteller und Asket. Wurde 380 Patriarch von Konstantinopel, zog sich aber nach dem 2. ökumenischen Konzil nach Nazianz zurück und führte ein asketisches Leben.

Nero (37–68): ab 54 römischer Kaiser. Ließ seine Mutter Agrippina und seine schwangere Ehefrau Sabina töten und befahl die erste Christenverfolgung der Geschichte.

Nikiforos I. Νικηφόρος Α': Patriarch von Konstantinopel im 9. Jahrhundert.

Nikitas (Nikitaras) Νικήτας (1780–1849): gemeint ist Nikitas Stamatelopulos. Kapetanios der Griechen. Kämpfte 1821 in Rumeli, später bei Argos, am Paß von Derwenakia, beteiligte sich am Kampf um Messolongi und Arachowa und an der Schlacht in Keratsini (Piräus). Wurde 1839 von König Otto eingesperrt und starb, kurz nach seiner Freilassung 1841, an den Folgen des Kerkers.

Nukios, Nikandros Νούκιος, Νίκανδρος: griechischer Schriftsteller des 16. Jahrhunderts. Verfaßte das erste neugriechische Reisebuch (1562). Verließ seine Heimat Kerkira 1537 und zog nach Venedig, wo er alte Handschriften abschrieb. Besuchte Konstantinopel, Italien, Deutschland, Holland, England und Frankreich. Seferis schrieb über ihn den Essay *Ein Grieche im England von 1545* (1952).

Odeion des Herodes Ὠδεῖο τοῦ Ἡρώδη: antikes Amphitheater am Fuße der Akropolis in Athen.

Olen Ὠλήν: Nach delphischer Überlieferung (Herodot, IV,35,3) stammen von dem Lyriker Olen die alten delischen Hymnen. Nach hellenistischer delphischer Überlieferung ist Olen der älteste Prophet Apollons und ältester epischer Dichter.

„Das Opfer Abrahams" Ἡ θυσία τοῦ Ἀβραάμ: ein 1635 auf Kreta geschriebenes Theaterstück, das die berühmte Geschichte aus dem *Alten Testament* verarbeitet. Der Autor ist wahrscheinlich Kornaros.

Orestiaka Ὀρεστειακά: gewalttätige Unruhen, die die Übertragung der *Orestie* von Aischylos ins Neugriechische durch Georgios Sotiriadis 1903 auslöste.

Osiris: ägyptische Gottheit, Herrscher der Unterwelt. Totengott, in den sich alle Toten verwandeln. Als sein Symbol galt der blätterlose Baum.

Osroini (Osroëne) Ὀσροηνή: Landschaft im Nordwesten Mesopotamiens. Der östliche Teil von Osroini trennte sich im 2. Jahrhundert vom Seleukiden-Reich und begründete ein unabhängiges Königreich mit der Hauptstadt Edessa, das später zugrunde ging.

Otto von Wittelsbach, König von Griechenland (1815–1867): Nach der Ermordung von Kapodistrias 1831 entbrannten zwischen rivalisierenden politischen Kräften Kämpfe um die Macht, die zu bürgerkriegsähnlichen Zuständen führten. Diese Situation nutzten die drei Schutzmächte England, Rußland und Frankreich aus, um Griechenland in eine Monarchie zu verwandeln. Sie erwählten Prinz Otto von Wittelsbach, den Sohn König Ludwigs von Bayern, zum ersten König Griechenlands, um ihre eigenen Interessen durchsetzen zu können. Otto herrschte von 1835 bis zu seiner Absetzung 1862. Von 1833 bis zu seiner Volljährigkeit 1835 setzte sein Vater eine Regentschaft ein.

Ovid (43 v. u. Z.–18 u. Z.): Sein Hauptwerk sind die 15 Bücher der *Metamorphosen*, in denen er etwa 250 Verwandlungssagen aus der Welt der griechischen und römischen Götter aneinanderreihte.

Palamas, Kostis Παλαμᾶς, Κωστής (1859–1943): Schriftsteller. Herausragende Gestalt der Generation von 1880 (u. a. Polemis, Suris, Drosinis).

Pallis, Alexandros Πάλλης, Ἀλέξανδρος (1851–1935): Schriftsteller und Übersetzer (Euripides, Shakespeare, Kant). Einen wahren Durchbruch und einen der größten literarischen „Skandale" lösten seine Übersetzungen der Evangelien („Evangelika") und vor allem der *Ilias* aus dem Altgriechischen in die Volkssprache (Dimotiki) aus.

Palmerston, Henry Jones Temple (1784–1865): englischer Außenminister und Ministerpräsident, der 1835 bis 1841 und 1846 bis 1862 durch ständiges Eingreifen in die griechische Innen- und Außenpolitik eine entscheidende Rolle spielte.

Pamphos Πάμφως: griechischer Lyriker. Pausanias kennt Hymnen eines Pamphos auf Demeter, Artemis und andere Gottheiten. Pamphos sei jünger als Olen, älter als Homer und habe den Athenern die ältesten Hymnen gedichtet.

Papadiamantis, Alexandros Παπαδιαμάντης, Ἀλέξανδρος (1851 bis 1911): Schriftsteller. Wuchs auf der Insel Skopelos auf und studierte in Athen Philosophie, arbeitete anschließend als Korrektor bei Verlagen und als Übersetzer für Zeitungen. Veröffentlichte vier Romane und an die 200 Erzählungen. Benutzte in seinen Werken eine sehr volkstümlich gebrauchte Katharevusa.

Paparigopulos, Dimitrios Παπαρρηγόπουλος, Δημήτριος (1843 bis 1873): Schriftsteller und Gelehrter. Sohn von K. Paparigopulos. Zusammen mit Spiridon Vasiliadis und Achilefs Paraschos beherrschte er die Dichtung zwischen 1863 und 1873.

Paparigopulos, Konstantinos Παπαρρηγόπουλος, Κωνσταντίνος (1815–1891): Historiograph. Schrieb eine fünfbändige *Geschichte der Griechischen Nation*, in der er versuchte, die Kontinuität und Einheit der Nation von der Antike bis zur Gegenwart zu demonstrieren.

Papatsonis, Takis Παπατσώνης, Τάκης (1895–1976): griechischer Dichter und Schriftsteller.

Parnaß-Dichtung παρνασσισμός: eigentlich Gebirge in Griechenland, auf dem der Sage nach die Musen ihren Sitz haben. Der Parnaß galt als Symbol der Dichtkunst. Nach ihm benannte sich eine französische Dichterschule (Ecole parnassienne) in der zweiten Hälfte des 19. Jahrhunderts. Sie sprach sich gegen die sentimentale und pathetische Dichtung der späten Romantik aus und proklamierte die „Gefühllosigkeit" und die Formenstrenge der Kunst, was zu einer völligen Verinnerlichung und Entgesellschaftlichung führte. Wichtige Vertreter waren T. Gautier, der auch das L'art-pour-l'art-Prinzip entwickelt hatte, Leconte de Lisle und J. M. Heredia. In Griechenland trat der Parnassismos (N. Kambas, G. Drosinis) auch als Gegenbewegung zur Romantik auf, führte den Alltag in die Dichtung ein und verwendete die Volkssprache (Dimotiki).

Paulus Παῦλος: hingerichtet um 63 u. Z. Jüdischer Schriftgelehrter, der um 30 u. Z. (?) zum Christentum überwechselte. Die Stelle aus der Apostelgeschichte des Lukas lautet: „Als aber Paulus in Athen auf sie wartete, ergrimmte sein Geist in ihm, als er die Stadt voller Götzenbilder sah ... und sprach: Ihr Männer von Athen, ich sehe, daß ihr die Götter in allen Stücken sehr verehrt. Ich bin umhergegangen und habe eure Heiligtümer angesehen und fand einen Altar, auf dem stand geschrieben: Dem unbekannten Gott. Nun verkündige ich euch, was ihr unwissend verehrt ..."

Pausanias Παυσανίας: griechischer Schriftsteller aus dem 2. Jahrhundert. Seferis bezieht sich auf seine *Beschreibung* (Periegese) *von Hellas* in zehn Büchern.

Peake, Charles: Botschafter Großbritanniens in Griechenland zwischen Oktober 1951 und März 1957.

Penteli Πεντέλη: Berg und nach ihm benannter Stadtbezirk im Nordwesten von Athen. Dort wurde seit der Antike der berühmte pentelische Marmor abgebaut.

Perse, Saint-John; eigentlich Alexis Léger (1887–1975): französischer Dichter. Erhielt 1960 den Literatur-Nobelpreis. Das aus zehn Gesängen bestehende epische Gedicht *Anabasis* erschien 1924.

Peta Πέτα: In der Nacht vom 3./4. Juli 1822 kam es zur Schlacht von Peta (Dorf in der Nähe von Arta) zwischen dem Pascha von Arta Reschid (Kiutachis) und den griechischen Truppen unter Markos Botsaris, die vernichtend geschlagen wurden. Somit war für Kiutachis und Omer Wrionis der Weg nach dem westlichen Zentralgriechenland frei.

Petronius Arbiter: 66 von Nero zum Selbstmord getrieben. Römischer Schriftsteller und hoher Staatsbeamter. Schrieb den Roman *Satiricon*.

Phädra Φαίδρα: Tochter des kretischen Königs Minos und der Pasiphaë. Vermählt mit Theseus. Verliebte sich in ihren Stiefsohn Hippolytos. Beging, als er sie zurückwies, Selbstmord. Seferis bezieht sich auf das Stück von Euripides *Hippolytos*.

Phädriaden Φαιδριάδες: Felsenpaar, das sich über dem delphischen Heiligtum erhebt.

Phigalia Φιγάλεια: in ihrem historischen Schicksal wenig faßbare, doch, wie die Reste einer gewaltigen Mauer zeigen, nicht unbedeutende Stadt im Süden Arkadiens.

Philipp V. von Makedonien Φίλιππος Ε' Μακεδόνιος (238–179 v. u. Z.): seit 221 König. Verbündete sich 216 mit Hannibal gegen Rom, wurde aber, nachdem ihm Antiochos III. jede Hilfe versagte, 197 von Quinctius Flaminius geschlagen und verlor die Hegemonie über Griechenland. Kavafis läßt ihn in seinem 1913 geschriebenen Gedicht *Die Schlacht von Magnesia* die Nachricht von der Niederlage des Königs Antiochos 190 bei Magnesia erfahren.

Philostratos, Flavius Φιλόστρατος, Φλάβιος (um 165 bis etwa 247): griechischer Schriftsteller und Philosoph. Gehörte zum Kreis um Iulia Domna. Schrieb auch eine Schrift über Heroenglauben.

Phtochoprodromos Φτωχοπρόδρομος: unter dem Namen von Theodoros Prodromos (einem bekannten Vielschreiber) wahrscheinlich von mehreren Autoren verfaßte satirische Bitt-Gedichte an das herrschende Komnenen-Geschlecht im 12. Jahrhundert.

Pirandello, Luigi (1867–1936): Dessen Roman-Gestalt Mathias Pascal kam seit 1928 wiederholt als Mathios Pascalis (mit dem sich Seferis zum Teil identifizierte) in verschiedenen Gedichten und Tagebuchaufzeichnungen von Seferis vor, nachdem er den 1925 gedrehten Film *Feu Mathias Pascal* gesehen hatte.

Pireas (Piräus) Πειραιάς: Am 24. April 1827 kam es zu einer großen Niederlage der Griechen gegen die Türken in Pireas. Nach diesem Sieg von Kiutachi ergab sich auch die Wache der Akropolis. Fast ganz Zentralgriechenland fiel wieder in die Hände der Türken.

Plutarch Πλούταρχος (um 46 bis nach 119): schrieb u. a. 46 *Parallelbiographien*, wo er 23 Paare von je einem berühmten Griechen und einem berühmten Römer zusammenstellte. Plutarch versteht sich dabei nicht als Historiker, sondern versucht, die Wechselwirkung zwischen Wesen und Handeln seiner Helden transparent zu machen.

Politis, Linos Πολίτης, Λίνος (1906–1981): Philologe und Schriftsteller.

Politis, Nicolaos G. Πολίτης, Νικόλαος Γ. (1852–1921): Ethnograph.

Polybios Πολύβιος (um 200–120 v. u. Z.): hellenistischer Historiker und Staatstheoretiker. Politiker und Reiterführer der Achäer. Sympathisierte bereits vor dem Sieg bei Pydna mit den Römern, wurde aber als Geisel nach Rom geschickt, wo er sich mit dem Konsul Scipio anfreundete und ihn auf seinen Heerzügen begleitete. Verfaßte eine vierzigbändige *Weltgeschichte*.

Polyphem Πολύφημος: in der griechischen Sage einer der Kyklopen, Sohn des Poseidon, sperrte Odysseus mit mehreren Gefährten in seiner Höhle ein und begann, sie nacheinander aufzufressen. Odysseus machte ihn trunken und blendete ihn mit einem glühenden Pfahl. Blind konnte Polyphem die Flucht des Odysseus, der seinen Namen mit Οὔτις (Niemand) angegeben hatte, nicht verhindern.

Pontifex Maximus: Vorsteher des Kollegiums der Pontifices. Er hatte das Amt lebenslänglich inne und führte die Aufsicht über die römische Staatsreligion. Besaß hohe Verfügungsmacht.

Priapos Πρίαπος: Personifizierung der Fruchtbarkeit und Geschlechtskraft. Mit einem überdimensionalen Phallus dargestellte Gottheit.

Proklos Πρόκλος (412–485): griechischer neuplatonischer Philosoph und Hymnendichter.

Prosodie: Lehre von der metrischen Behandlung der Wörter und von den Quantitäten der Silben.

Proteus Πρωτέας: Meergott der griechischen Sage. Diener des Poseidon. Vermochte sich ständig zu verwandeln. Besaß die Gabe der Weissagung. Lebte auf der Insel Pharos vor der ägyptischen Küste (unmittelbar vor Alexandria). Einem Teil der Überlieferung zufolge auch ägyptischer König.

Psellos, Michail Ψελλός, Μιχαήλ (1018–1078): Gelehrter, einflußreicher Politiker und bedeutendster byzantinischer Philosoph. Das Zitat von Seferis stammt aus dessen Geschichtswerk, der *Chronographie* über die Zeit von 976 bis 1078.

Psicharis, Jannis Ψυχάρης, Γιάννης (1854–1929): Schriftsteller und Philologe. Studierte in Frankreich und in Deutschland und blieb anschließend sein ganzes Leben lang in Paris, wo er Neugriechisch lehrte. Er veröffentlichte eine Reihe von Studien zum Sprachproblem und viele Romane. Kopf des „Demotizismus". Sein Roman *Die Reise* (1888), der ein Aufruf war, auch in der Prosa die Dimotiki zu benutzen, wirkte wie ein Katalysator und löste eine starke Auseinandersetzung aus.

Ptolemaios II. Philadelphos Πτολεμαῖος Β' Φιλάδελφος (308–246): seit 285 König. Festigte Ägyptens Stellung innerhalb der Diadochenstaaten.

Ptolemaios VI. Philometor Πτολεμαῖος Φιλομήτωρ: wurde von seinem Bruder und Mitregenten, Ptolemaios VIII. Euergetes, 164 v. u. Z. entmachtet und aus Ägypten vertrieben. Suchte in Rom um Hilfe nach. Nach dessen Rückkehr 163 nach Ägypten wurde das Ägyptische Reich unter den beiden Brüdern aufgeteilt. Diese Szene behandelt das von Seferis zitierte Kavafis-Gedicht *Der Verdruß des Seleukiden* (geschrieben 1910).

Pydna Πύδνα: Ein Heer unter dem Konsul L. Aemilius Paulus besiegte die Makedonen 168 v. u. Z. bei der Küstenstadt Pydna und nahm den letzten König des Antigoniden-Geschlechts Perseus gefangen. Damit zerfiel endgültig das Königreich der Makedonen.

Quintilianus, M. Fabius (etwa 35 bis etwa 96): römischer Redner, Lehrer der Rhetorik in Rom. Unter Kaiser Domitianus Erzieher am Hofe.

Racine, Jean Baptiste (1639–1699): französischer Dramatiker. Schrieb 1674 das Stück *Phädra*.

Rangavis, Alexandros Risos Ραγκαβῆς, Ἀλέξανδρος Ρίζος (1809 bis 1892): Schriftsteller, Gelehrter, Politiker. Studierte Militärwesen in München. War später Dozent für Archäologie an der Athener Universität, Botschafter in Washington und Berlin, Minister. Schrieb seine Gedichte, ausgehend von der Dimotiki, zunehmend in einer archaisierenden Sprache.

Regentschaft: bestand aus drei Mitgliedern: Ludwig von Maurer, dem späteren Kanzler Armansperg und von Heideck, die Ludwig von Bayern ernannt hatte. Die Regentschaft dauerte vom 25. Januar 1833 bis zum 20. Mai 1835.

Reinsprachler: Der Versuch, während der einsetzenden griechischen Aufklärung (Mitte des 18. Jahrhunderts) die Sprache zu reinigen, sie zu archaisieren, um die ruhmvollen Taten der antiken Vorfahren wieder lebendig werden zu lassen, führte zum Sprachproblem und später zum Sprachstreit. Das Resultat der puristischen Tendenz war die Katharevusa, die Mitte des 19. Jahrhunderts fast das gesamte geistige Leben beherrschte.

Richards, Ivor Armstrong (geb. 1893): englischer Philologe und Linguist.

Rigas (Fereos) Velestinlis Ρήγας Βελεστινλής (1757–1798): griechischer Schriftsteller und Politiker. Einer der geistigen Wegbereiter der Revolution von 1821. Wurde von den Türken hingerichtet.

Rigny, Henri A. de: französischer Admiral. Oberbefehlshaber der französischen Flotte, die, zusammen mit der englischen und russischen, in der Seeschlacht von Navarino vom 8. bis zum 20. Oktober 1827 die türkisch-ägyptische Flotte vernichtete.

Romanos Melodos Ρωμανός ό Μελωδός (um 490–560): einer der ersten und bedeutendsten byzantinischen Hymnendichter.

Rumeli Ρούμελη: traditionelle Bezeichnung für den südlichen Teil des griechischen Festlandes.

Ruskin, John (1819–1900): englischer Maler, Kunstkritiker und Soziologe. Gehörte der „Pre-Raphaelite Brotherhood" an.

Samain, Albert (1858–1900): französischer Lyriker.

Savidis, Giorgos P. Σαββίδης, Γιώργος Π.: Philologe und Literaturkritiker. Gab die Werkausgaben von Kavafis und Seferis heraus. Mit letzterem war er befreundet.

Schönberg, Arnold (1874–1951): Während des besagten Konzerts im Februar 1933 sah Seferis Schönberg in London die *Variationen für Orchester* dirigieren. „Mein erster Eindruck war der, daß ich einen Teller voller Delikatessen vor mir hatte. Eine Emotionalität, die dir am Herz haftenbleibt wie eine Muschel ... Trotzdem, er scheint seine Kunst ausgezeichnet zu beherrschen; er hat nicht die Lebendigkeit von Igor" [Strawinsky; A. K.], „nicht mal die Vollendung eines Ravel. Er ist furchtbar höflich, dirigiert sehr schön; er besitzt den Ausdruck eines ernsthaften Clowns, wenn er beginnt, und einen kindlichen Enthusiasmus, wenn man ihm Beifall spendet" (Tage II, 104 f.)

Selene Σελήνη: griechische Mondgöttin.

Seleukis (Seleukeia): Stadt am Tigris in Babylonien. Soll als Hauptstadt des Seleukidenreiches 600000 Einwohner gezählt haben. Wurde 165 u. Z. auf dem Feldzug Trajans zerstört.

Serpetzes Σερπετζές: während der osmanischen Herrschaft erbaute Mauer im Südosten der Stadt Athen, am Fuße der Akropolis.

Sidon Σιδών: heute Saida. Wichtige Handelsstadt bereits seit dem 2. Jahrtausend v. u. Z. Wurde etwa um 350 v. u. Z. von den Persern völlig eingeäschert.

Sikelianos, Angelos Σικελιανός, Άγγελος (1884–1951): Schriftsteller. Schrieb Gedichte, Dramen und Essays. Versuchte, unterstützt von seiner amerikanischen Ehefrau, die „Delfische Idee" durch Mysterienspiele und theoretische Schriften wiederzubeleben.

Siloah: „Und er sprach zu ihm: Geh zum Teich Siloah ... und wasche dich! Da ging er hin und wusch sich und kam sehend wieder" (Joh. 9,7).

Simonides Σιμωνίδης (um 556 bis um 468 v. u. Z.): griechischer Lyriker.

Singru-Allee Λεωφόρος Σιγγροῦ: die erste große asphaltierte Promenade von Athen, die das Zentrum der Stadt mit dem Hafen Piräus verbindet. Nach ihrer Erbauung Mitte der zwanziger Jahre galt sie der jungen Intelligenz als Symbol des Fortschritts. Seferis schrieb das Gedicht *Singru-Allee, 1930* und 1935 *Singru-Allee II.*

Skalkotas, Nikos (Nikolaos) Σκαλκώτας, Νίκος (1904–1949): Komponist und Violinist. Studierte Musik in Athen und Berlin u. a. bei Hess, Jarnach, Schönberg und Weill. Kehrte 1933 nach Griechenland zurück. Finanzielle Schwierigkeiten und Krankheiten zwangen ihn, bis zu seinem Tod als Orchestergeiger zu spielen. Seine Kompositionen, in Griechenland völlig ignoriert, zum Teil tonal, zum Teil seriell oder zwölftönig, machten ihn, als ersten griechischen Komponisten Neuer Musik, über die Grenzen seines Landes hinaus bekannt.

Sklirena (Skleraina), Sevasti Σκλήραινα: Mätresse des Kaisers Konstantin IX., die er in den Palast holte, wo er mit seiner Frau Zoe einen Dreier-Haushalt führte. Psellos selbst durfte manchmal vor Sklirena Homer rezitieren.

Smith, John (1579–1631): Seemann. Beschrieb seine Erlebnisse in dem Buch *Erinnerungen* (1630).

Solomos, Dionisios Σολωμός, Διονύσιος (1798–1875): erster bedeutender Dichter, der die Dimotiki (die Volkssprache) benutzte und darum als der Begründer der neugriechischen Literatur gilt. Er studierte in Italien und schrieb zunächst auf italienisch. Zwanzigjährig kehrte er nach Zakynthos zurück und begann 1821, aufgewühlt vom Aufstand gegen die Türken, Griechisch zu lernen und auf griechisch zu schreiben. 1823 entsteht die *Hymne an die Freiheit,* die spätere Nationalhymne Griechenlands. Lebte seit 1828 auf der Insel Kerkira. Zu seinen bedeutendsten Werken gehören die – Fragmente gebliebenen – Dichtungen *Der Kreter, Die Freien Belagerten* und das Prosastück *Die Frau von Zakynthos.*

Spender, Stephen (geb. 1909): englischer Schriftsteller. Nachdichter griechischer Literatur, u. a. Kavafis.

Sprachstreit: Streit mit ideologischen und politischen Implikationen, der Mitte des 19. Jahrhunderts zwischen den Anhängern der Dimotiki (gesprochene Volkssprache) und Katharevusa (tote Gelehrten- und Beamtensprache) begonnen hatte.

Strauss, Richard (1864–1949): Nachdem Seferis 1933 während eines Konzerts in London Strauss-Lieder gehört hatte, schrieb er in einem Brief: „Ich verlange von Deutschland wenigstens fünfzig Jahre lang das Gretchen Fausts zu vergessen" (Tage II, 104).

Strawinsky, Igor (1882–1971): russischer Komponist. Kehrte nach 1914 nicht mehr nach Rußland zurück, sondern lebte in der Schweiz und nach 1939 in den USA. *Die Geschichte vom Soldaten* (L'Histoire du Soldat) für Sprecher, Pantomime und Kammerorchester, Text von C. F. Ramuz nach einem russischen Volksmärchen, entstand 1917/18.

Suda Σούδα: das umfangreichste griechische Lexikon, um 1000 entstanden. Sprach- und Reallexikon mit Sach- und Worterklärungen, biographischen Angaben und Zitaten aus klassischen Werken.

Sutsos, Alexandros Σούτσος, Ἀλέξανδρος (1803–1863): Dichter, Schriftsteller und Journalist. Zusammen mit seinem Bruder Panajotis die führenden Repräsentanten der griechischen Romantik. Beteiligte sich mit beißenden Satiren am politischen Geschehen vor allem während der Regentschaft.

Sutsos, Panajotis Σούτσος, Παναγιώτις (1806–1868): Schriftsteller und Dichter. Begründete mit seinem „dramatischen Gedicht" *Der Reisende* (1827 geschrieben, 1831 veröffentlicht) die griechische Romantik.

Synesios von Kyrene Συνέσιος Πτολεμαΐδας (370/75–413/14): griechischer Philosoph, der zum Christentum überwechselte. Seit 410 Bischof von Ptolemais. Studierte an der neuplatonischen Schule von Alexandria bei Hypatia, mit der er einen regen Briefwechsel führte.

Tennyson, Alfred Lord (1809–1892): englischer Dichter und Dramatiker.

Tertsetis, Georgios Τερτσέτης, Γεώργιος (1800–1873): Rechtsanwalt, Gelehrter und Schriftsteller. Mitglied der Filiki Eteria. Nach der Befreiung Professor für Griechische Geschichte in Nafplion. Weigerte sich, die Verurteilung von Kolokotronis zu unterschreiben und wurde 1833 vom Dienst suspendiert. Veröffentlichte 1859 die *Erinnerungen* von Kolokotronis, die ihm dieser 1836 diktiert hatte.

Thamuz (Tammuz): sumerisch-babylonischer Gott, der in die Unterwelt versetzt wird und anschließend wiederaufersteht. Verkörperung der für die Nomadenviehzucht wichtigen Frühjahrsvegetation. Während seiner Abwesenheit trocknen alle Flüsse aus, und die Natur wird unfruchtbar.

Theokrit (Theokritos) Θεόκριτος (erste Hälfte des 3. Jh. v. u. Z.): hellenistischer Dichter. Hielt sich lange auf der Insel Kos und in Alexandria auf, wo Ptolemaios II. sein Gönner wurde.

Theophilos, Chatzimichail Θεόφιλος, Χατζμιχαήλ (1870–1934): bedeutendster griechischer Vertreter der Naiven Malerei. Stark beeinflußt von byzantinischer Ikonenmalerei. Wirkte vor allem auf
der Insel Mitilini (Lesbos) und in Thessalien. Der Dichter Andreas Embirikos zeigte Seferis 1934 zum ersten Mal Bilder von
Theophilos. Seferis eröffnete am 2. Mai 1947 mit einer Rede
über *Theophilos* die erste Ausstellung mit Bildern des Malers im
Britischen Institut von Athen. Am 11. August des gleichen Jahres findet sich folgende Eintragung in seinem Tagebuch: „Aber
das Problem ist, daß ich in unserem armen Griechenland keinen
akademischen Maler finden kann, der – der Teufel soll mich holen! – die Farbe und den Atem von Theophilos hat ..." (Tage V,
107). Ähnlich argumentiert auch Odysseas Elytis in seinem Essay *Der Maler Theophilos* (1947). Der von Seferis als „Reisender"
apostrophierte Kunstwissenschaftler, der Theophilos entdeckte,
war E. Tériade, der 1933/34 die griechischen Künstler auf die Bedeutung des Malers aufmerksam gemacht und der eine der größten Privatsammlungen mit Theophilos-Bildern aufgebaut
hatte.

Theotokopulos, Domenicos Θεοτοκόπουλος, Δομήνικος (1541
bis 1613): bekannt unter dem Namen El Greco. Seferis fühlte
sich zeit seines Lebens mit dessen Werk verbunden. Er ließ sich
sogar in seiner Poetik vom Künstlertum und von der Ästhetik
des Malers beeinflussen (vgl. z. B. Gedicht „Dienstag" oder den
Disput zwischen Stratis und Fustos in seinem Roman *Sechs
Nächte auf der Akropolis*). In seinem Tagebuch notierte Seferis am
23. Dezember 1931: „Theotokopulos ist der erste *zeitgenössische*
griechische Künstler überhaupt" (Tage II, 33).

Thermopylen Θερμοπύλες: Nach dem Beginn der Kampfhandlun-
gen im April 1821 in Zentralgriechenland (Rumeli, Thessalien)
schickte Chursit Pascha, der sich in Iannena (Epirus) befand,
etwa 9000 Soldaten unter der Führung von Kiose Mechmet und
Omer Wrionis, um den Aufstand zu ersticken. Die drei Anführer
der Griechen Diakos, Panurgias und Diowuniotis beschlossen,
sich ihnen bei den Thermopylen entgegenzustellen. Den letzten
beiden blieb keine Zeit mehr, sich zu verschanzen, so daß sie ab-
rücken mußten. Diakos verteidigte mit etwa 50 Männern die
Brücke von Alamana.

Thibaudet, Albert (1874–1936): französischer Philologe. Seferis
hatte bereits in Frankreich viele seiner Studien über Valéry, Mallarmé, Baudelaire u. a. gelesen.

Tiberius, Claudius Nero (42 v. u. Z.–37 u. Z.): ab 19 u. Z. römischer
Kaiser.

Tinos Τῆνος: Wie Delos in der Antike, so ist Tinos heute die „heilige Insel" – nach einer Muttergotteserscheinung 1823.

Trikupis, Charilaos Τρικούπις, Χαρίλαος (1832–1896): Politiker.
Wiederholt Ministerpräsident zwischen 1875 und 1895. Bereits
der Vater von Charilaos, Spiridon Trikupis (1788–1873), war ein
einflußreicher Politiker und an vielen Regierungen beteiligt, sowie der Begründer und Vorsitzender der Englischen Partei.
Trishagion: Dreiheiligkeitshymne (Totengebet).
Tsatsos, Konstantinos Τσάτσος, Κωνσταντίνος (1899–1986): Ju-
rist, Schriftsteller, Politiker. Von 1915 bis 1918 Jurastudium in
Athen, anschließend Arbeit als Kryptograph in der griechischen
Botschaft in Paris. 1920 bis 1922 Wehrdienst. Promovierte 1923
in Heidelberg. Von 1925 bis 1928 Philosophiestudium in Heidelberg u. a. bei Rickert, Gundolf und Jaspers. 1928 erste Begegnung und seitdem Freundschaft mit Seferis. Ab 1930 Professor
an der Athener Universität und Heirat mit Ioana Seferiadi, der
Schwester von Seferis. Von 1932 bis 1946 Professor für Rechts-
philosophie an der Juristischen Fakultät. 1932 Veröffentlichung
seines Buches *Der juristische Pragmatismus in der Völkerrechtslehre* in
deutscher Sprache. Weitere Bücher über Kants und Marx' Philosophie und 1936 über den griechischen Dichter Palamas. 1935
Gründung einer eigenen Partei. 1938 Beginn des *Dialogs* mit Seferis. Im gleichen Jahr Verhaftung durch die faschistische Meta-
xas-Regierung. Bis zu Beginn des Italienisch-Griechischen Krieges im Oktober 1940 Verbannung auf die Inseln Skiros und
Spetses. Nach 1942 bis 1967 wiederholt Minister, Vize-Premier
und Ministerpräsident in verschiedenen griechischen Regierungen.

Valéry, Paul (1871–1945): beeinflußte seit Anfang der zwanziger
Jahre die Poetik von Seferis, der 1926 notierte: „Er ist weder ein
plastischer noch ein musikalischer Dichter, er ist einfach ein
poetischer Dichter, er verwendet nicht nur die Hülle der Wörter,
sondern auch ihren Inhalt" (Tage I, 65).
Vasilika Βασιλικά: Ortschaft in Zentralgriechenland. Nach seiner
Niederlage beim Chan von Gavria zog Omer Wrionis nicht weiter nach Salona, sondern überfiel und zerstörte die Stadt Livadia,
wurde aber auf Evia (Euboia) erneut besiegt. Er führte seine
Truppen nach Athen, wo er die Belagerung der Akropolis durch-
brechen konnte. Hier wartete er auf Verstärkung. Im August
1821 trafen neue türkische Truppen unter Bairam Pascha in Lamia ein. Daraufhin eroberten Diovuniotis, Panurgias und Guras
mit 1600 Griechen Vasilika zwischen Lamia und Atalanti, um
die Vereinigung der türkischen Armeen zu verhindern. Am
25. August kam es zur Schlacht bei Vasilika. Die Türken wurden
geschlagen und zogen sich nach Lamia zurück. Diese Niederlage
zwang auch die anderen in Attika operierenden Truppen unter

Omer Wrionis und Kiose Mechmet, sich nach Lamia und dann nach Epirus zurückzuziehen.

Vlachojannis, Jannis Βλαχογιάννης, Γιάννης (1868–1945): Schriftsteller und Geschichtsforscher. Herausgeber der *Memoiren* (1907) von Makrijannis und anderer Archivmaterialien aus der Zeit der Griechischen Revolution.

Vlastos, Petros Βλαστός, Πέτρος: griechischer Gelehrter und Schriftsteller, der um die Jahrhundertwende einen extremen Demotizismus vertrat und im Sprachstreit eine sehr progressive Rolle spielte. Dagegen irrte er sehr in der Einschätzung bedeutender Schriftsteller und Dichter, wie Kalvos, Papadiamantis, Kavafis und Kariotakis.

Warner, Rex (geb. 1905): englischer Philologe und Schriftsteller. Lebte später in den USA. Übersetzte antike Texte aber auch Gedichte von Seferis ins Englische. War lange Zeit mit Seferis befreundet, der ihm zum sechzigsten Geburtstag das Gedicht *Brief an Rex Warner* widmete.

Webster, John (um 1580–1625): einer der bedeutendsten englischen Dramatiker nach Shakespeare. Schrieb 1612 seine Tragödie *The White Devil* (Der weiße Teufel).

Xerxes Ξέρξης: altpersischer König, der im 5. Jahrhundert v. u. Z. mit seinem Rachefeldzug gegen die Griechen scheiterte.

Xidis, Alexandros Ξύδης, Αλέξανδρος (geb. 1918): Diplomat und Schriftsteller. Langjähriger Freund von Seferis.

Zenon Ζήνων (etwa 490–430 v. u. Z.): griechischer Philosoph. In seinen *Aporien*, über die Aristoteles schreibt, weist er auf die Widersprüchlichkeit von der gleichzeitigen Kontinuität und Diskontinuität der Bewegung hin.

Zografos, Panajotis Ζωγράφος, Παναγιώτης, eigentlich Panajotis der Maler: lebte vom Ende des 18. bis Mitte des 19. Jahrhunderts.

Literaturverzeichnis

Erstveröffentlichungen von Seferis in Buchform.
(Erscheinungsort ist, wenn nicht anders vermerkt, Athen.)

Gedichtbände

Wende (1931) Στροφή
Der Brunnen (1932) Ἡ Στέρνα
Mythistorima (1935) Μυθιστόρημα
Übungsheft (1940) Τετράδιο γυμνασμάτων
Logbuch (1940) Ἡμερολόγιο καταστρώματος
Gedichte (1940) Ποιήματα
Logbuch, II (1944) Ἡμερολόγιο καταστρώματος Β'
„Drossel" (1947) „Κίχλη"
Gedichte 1924–1946 (1950) Ποιήματα
Logbuch, III (1955) Ἡμερολόγιο καταστρώματος Γ'
Drei geheime Gedichte (1966) Τρία κρυφά ποιήματα
Gedichte (1974) Ποιήματα
Übungsheft, II (1976) Τετράδιο γυμνασμάτων Β'

Nachdichtungen

T. S. Eliot (1936)
T. S. Eliot: Das Wüste Land und andere Gedichte (1949)
T. S. Eliot: Mord im Dom (1963)
Lied der Lieder (1965)
Abschriften (1965)
Die Offenbarung Johannis (1966)
Übertragungen (1980)

Prosa

Essays (Kairo 1944)
Drei Tage in den Felsenklöstern Kappadokiens (1953)
unter dem Pseudonym Ignatis Trellos: Die Stunden der „Frau Ersi".
    Essay (1973)
Essays (2 Bde., 1974)
Sechs Nächte auf der Akropolis. Roman (1974)
mit Konstantin Tsatsos: Ein Dialog über die Dichtung (1975)
Die Poesie im Kino. Essay (1984)
Das violette Heft. Windbuch – Wörter – Heilkräuter und Ortho-
    graphisches (1987)

Tagebücher

Manuskript Sept. 41 (1972)
Tage, Bd. 1: 16. 2. 1925–17. 8. 1931 (1975)
     Bd. 2: 24. 8. 1931–12. 2. 1934 (1975)
     Bd. 3: 16. 4. 1934–14. 12. 1940 (1977)
     Bd. 4: 1. 1. 1941–31. 12. 1944 (1977)
     Bd. 5: 1. 1. 1945–19. 4. 1951 (1973)
     Bd. 6: 20. 4. 1951–4. 8. 1956 (1986)
Politisches Tagebuch, Bd. 1: 1935–1944 (1976)
                 Bd. 2: 1945–1947, 1949, 1952 (1985)
Manuskript Okt. 68 (1986)

Briefwechsel

mit Giorgos Theotokas. 1930–1966 (1981)
mit Adamandios Diamandis. 1953–1971 (1985)
mit Andreas Karandonis. 1931–1960 (1988)
mit Maro Seferiadi. Bd. 1 (1988)

Gespräch
mit Edmund Keeley (1982)

Deutschsprachige Übersetzungen

Poesie (griechisch-deutsch), herausgegeben von Hans Magnus Enzensberger, übertragen von Christian Enzensberger, Frankfurt am Main. 1962
Delphi. Übersetzt von Isidora Rosenthal-Kamarinea, München 1962
Versuche. Zur Dialektik der Dichtung, herausgegeben und übersetzt von Panos Lampsides, Basel 1973
Logbücher. Poesie und Prosa (griechisch-deutsch), übersetzt von Gisela von der Trenck, Schwiftingen 1981
Sechszehn Haikus. Stratis der Seemann (griechisch-deutsch), herausgegeben von Roswitha Th. Hlawatsch und Horst G. Heiderhoff, übersetzt von Günter Dietz, Waldbrunn 1983
Kavafis – Seferis: Gedichte, ausgewählt und übertragen von Lorenz Gyömörey, Athen o. J.
Sechs Nächte auf der Akropolis, übersetzt von Ines Papatheodorou, Athen 1984
Geheime Gedichte (griechisch-deutsch), übertragen von Timon Koulmasis und Danae Coulmas, Köln 1985
Poesiealbum, Auswahl von Asteris Kutulas, übertragen von Asteris Kutulas und Steffen Mensching, Berlin 1988

Quellennachweis/Editorische Hinweise

Die chronologisch angeordnete Auswahl umfaßt etwa die Hälfte der in der Originalausgabe: Giorgos Seferis, *Essays* (Δοκιμές). 2 Bände, Athen 1981 (4. Auflage), enthaltenen Beiträge. Zitate und Gedichte werden, wenn nicht anders vermerkt, in der Übersetzung des Herausgebers wiedergegeben.

Zu einer Wendung von Pirandello Πάνω σε μιά φράση τοῦ Πιραντέλλο

Erschien kurz nach dem Tod Pirandellos in der Zeitschrift *Nea Grammata* (November/Dezember 1937), deren Herausgeber Andreas Karandonis schon 1931 das erste Buch über Seferis veröffentlicht hatte. Zum Umkreis der *Nea Grammata* gehörten noch Giorgos Katsimbalis und Odysseas Elytis. In dieser Zeitschrift veröffentlichte Seferis zwischen 1935 und 1939 einige Artikel und Essays (u. a. zu Kalvos, zur Griechischen Sprache, über Katsimbalis, über den Surrealismus), aber auch Gedichte *(Brunnen)* und Nachdichtungen (u. a. Pound, Eliot, Michaux, Eluard, Jouve).

Monolog über die Dichtung Μονόλογος πάνω στήν ποίηση

Erschien 1939 in der Januar/März-Ausgabe der *Nea Grammata*, nachdem bereits im August/September-Heft 1938 der *Dialog über die Dichtung* veröffentlicht worden war. Seferis beendete die Diskussion mit dem Essay *Das Ende eines Dialogs* (Juli/Dezember 1939). Sein Gesprächspartner Konstantinos Tsatsos hatte die Auseinandersetzung mit einer Kritik *Vor dem Aufbruch* in der Zs. *Propyläa* (April; 1938) ausgelöst und sie mit *Ein Dialog zur Dichtung* (November/Dezember 1938) und der *Apologie eines Dialogs* (Januar/Februar 1939) in den *Nea Grammata* weitergeführt. Alle diese Aufsätze wurden unter dem Titel *Ein Dialog über die Dichtung* 1975 von Lukas Kusulas im Athener Verlag Hermes herausgegeben.

S. 19   *ein Gefühl der Liebe:* Sämtliche Platon-Zitate in der Übersetzung von Otto Apelt.

S. 35   *Welches Destillat ...:* Sämtliche Kavafis-Zitate in der Übersetzung von Wolfgang Josing in: Koustantinos Kavafis, Brichst du auf gen Ithaka. Sämtliche Gedichte. Köln 1983.

S. 45   *die Nachahmung:* Aristoteles-Zitat in der Übersetzung von Walter Schönherr.

S. 49   *Er hat keine Identität:* Übersetzung nach: Keats, Richtmaß des Schönen. Briefe, Leipzig 1985, S. 132f.

Kostis Palamas Κωστής Παλαμᾶς

Palamas starb im Februar 1943. Seferis hielt sich in dieser Zeit in Ägypten auf. Am 7. März findet sich folgende Eintragung in seinem Tagebuch: „Heute beendete ich meine kurze Rede zum Tod von Kostis Palamas. Meine erste literarische Arbeit seit dem vergangenen Juli. Und auch die auf den Knien geschrieben, wie alles hier. Heute morgen, als ich an meinem schmalen Tisch arbeitete, brach ein langanhaltendes Schluchzen aus mir heraus, das ich nicht unterdrücken konnte. Es ist das, was ich jetzt meinen Musik-Komplex nenne: entweder ich halte den Flaschenkürbis meiner Gefühle fest verschlossen, oder ich verliere mich, wenn ich ihn öffne, in einem Sog der Erregung" (Tage IV, 285). Die Rede wurde am 10. März in Kairo und, in erweiterter Fassung, am 12. Juni in Alexandria gehalten. Veröffentlicht in der ersten Ausgabe der *Essays*, Kairo 1944.

Seferis hatte Palamas 1929 kennengelernt, als er ihn zusammen mit Konstantinos Tsatsos besuchte. Im September 1931 reagierte Palamas mit einem Brief über den Gedichtband *Wende* von Seferis, in dem er sein Unverständnis gegenüber dem „aristokratischen Verseschmieden des Typs Seferis" erklärte.

S. 59f. *Verlasse den Garten:* Nachdichtung des Gedichtes *Die Väter* von Heinz Czechowski in: Diese Landschaft ist hart wie das Schweigen. Neugriechische Lyrik, Leipzig 1972, S. 29.

Ein Grieche: Makrijannis Ἕνας Ἕλληνας – ὁ Μακρυγιάννης

Vortrag gehalten am 16. Mai 1943 in Alexandria und am 19. Mai in Kairo. Zunächst abgedruckt in der griechischen Zeitschrift *Hellen* in Kairo (15. 6. 1943). Im Mai 1941 waren der König, die griechische Regierung und ihre dezimierten Truppen von Kreta nach Ägypten geflüchtet, wo sich die griechische Armee unter Führung der Engländer reorganisierte. Die Stärke der griechischen Armee betrug etwa 30 000 Mann, darunter 2 500 gut ausgebildete Offiziere. In Ägypten lebten zudem viele ansässige Griechen seit altersher. Die griechische Kolonie in Ägypten verfügte über eigene Zeitungen, Druckereien usw.

Zu diesem Beitrag vgl. *Freiheit oder Tod. Bilder des Panagiotis Zografos über den Kampf der Griechen gegen die türkische Fremdenherrschaft 1821 bis 1830. Mit Auszügen aus den Memoiren des Generals Makrygiannis,* hrsg. von Karin Aridas unter Mitarbeit von Giorgos Aridas, Leipzig und Weimar 1982. Die Bedeutung der *Memoiren* für die Moderne in der neugriechischen Literatur betont auch Odysseas Elytis in seinem Essay *Die Bilddarstellungen des Generals Makrijannis und der Volksmaler Panajotis Zografos* (1946).

Seferis hatte das Buch von Makrijannis seit 1926 immer bei sich. Wichtig ist ihm dabei, daß die *Memoiren* aus der Tradition des gesprochenen Wortes stammen (Tage IV, 248), daß sie eine völlig „ungeschminkte griechische Stimme" offenbaren (Tage VI, S. 60) und Grundlage seines Glaubens an die griechische Literatur überhaupt sind (Tage VI, 107).

S. 71   *Aus den Gräbern:* Nachdichtung der *Hymne an die Freiheit* von Volker Braun in: Diese Landschaft ist hart wie das Schweigen: Neugriechische Lyrik, Leipzig 1972, S. 7f.

„Kunst und Epoche" „Ἡ Τέχνη καὶ ἡ Ἐποχή"

Erschien als Antwort auf eine Umfrage (an der sich viele namhafte Künstler beteiligten, z. B. auch Sikelianos) der Zeitung *Nea Hestia* am 1. August 1945. Der Beitrag entstand unter dem Eindruck des Bürgerkriegs im Dezember 1944 und der Ahnung seines erneuten Ausbruchs. Am 7. April 1945 notierte Seferis in sein Tagebuch: „Griechenland gleicht heute einem Kranken, von seinen Ärzten verlassen, der Gnade Gottes ausgeliefert" (Tage V, 14).
Die eigene Beziehung – als Regierungsbeamter – zur praktischen Politik wird dadurch entscheidend geprägt: „Ich habe mich entschlossen, mit dieser Situation, die nun schon sieben Jahre währt, Schluß zu machen – einer Situation, in der ich mich gebunden, durch den Krieg verpflichtet fühlte. Ich habe getan, was ich tun konnte, ich habe mein Bestes gegeben, um zu helfen. Um weiterzumachen, müßte ich praktisch in die Politik einsteigen; das will ich nicht." (ebd.).

K. P. Kavafis, T. S. Eliot; Parallelen Κ. Π. Καβάφης, Θ. Σ. Ἔλιοτ· παράλληλοι

Rede, die am 17. 12. 1946 im Britischen Institut Athen gehalten wurde. Erstveröffentlicht in der *Englisch-griechischen* Revue, Juni 1947. Der Anstoß zur erneuten Beschäftigung mit Kavafis, nach seiner ersten in den Jahren 1936 und 1937, war die Ankunft von Seferis am 16. Mai 1941 in Ägypten und vor allem sein erster Aufenthalt, vom 21. Mai bis zum 16. Juni 1941 in Alexandria: „In dieser Stadt mußt du unablässig an Kavafis denken, wie er langsam seine Eindrücke sammelt, von überallher, und jedes Jahr seine vier, fünf Gedichte schreibt. Man muß in Alexandria gewesen sein, um zu begreifen, wie Kavafis gearbeitet hat. Nirgendwo anders hätte er schreiben können, ,wir sind hier eine Mischung ...' oder ,zum Teil ... zum Teil ...' – nirgendwo anders als auf diesen Straßen mit dem außerordentlichen Reichtum noch nie gehörter Namen. Es wäre auch problematisch, anderswo dieses Gefühl der wogenden Auflösung zu finden, der Vergeblichkeit menschlicher Anstrengung und des emotionalen Nihilismus, den er so treffend in seinen Gedichten ausgedrückt hat ..." (Tage IV, 16. 4. 41, 101). Am 18. Oktober 1941 beginnt Seferis seine Arbeit über Kavafis zu schreiben. Zu diesem Essay vergleiche folgende Literatur: Konstantinos Kavafis, *Ausgewählte Gedichte*, herausgegeben von Georgios Aridas unter Mitarbeit von Karin Aridas, Leipzig 1979; ders., *Brichst du auf gen Ithaka. Sämtliche Gedichte*, übersetzt von Wolfgang Josing unter Mitarbeit von Doris Gundert, Köln 1983. (Sämtliche Kavafis-Zitate werden in dieser Übersetzung wiedergegeben.) Sehr hilfreich ist für die Orientierung eine in den Tagebüchern von Seferis als „Vorwort zu Kavafis – Eliot" apostrophierte Passage innerhalb einer längeren Ausführung unter der Überschrift *Kavafis – Poros, Athen. '46–'47*. Darin findet sich folgende charakteristische Aussage: „Im Kavafis-Eliot verhalte ich mich eher wie ein Spion, der, wenn ich das sagen darf, den Dialog der zwei Dichter kommentiert, wie ein Kritiker ... Ich muß gestehen, daß mich diese Rolle eines dritten Komparsen amüsiert hat" (Tage V, 170 f.).

S. 95 *Aber der Alte:* Homer-Zitat in der Übersetzung von Johann Heinrich Voß.

S. 96 *Niemals erlöschenden Ruhm:* Simonides-Epigramm in der Übersetzung von Dietrich Ebener.

S. 97 *Solomos' Epigramm:*

Die Zerstörung von Psará:

Auf Psarás schwarzem Gebirge
geht der Ruhm, und kennt
die gefallnen Helden. Auf seiner Stirn
trägt er den Kranz, geflochten
aus wenigem Gras
das der Erde verblieben ist.

Deutsch von Volker Braun in: Diese Landschaft ist hart wie das Schweigen Neugriechische Lyrik, Leipzig 1972, S. 8. *als etwas Heiliges ...:* Aus dem Gedicht *Demetrios Soter (162–150 v. Chr.)* geschrieben im März 1915, veröffentlicht 1919.

S. 98 *Jetzt: Hoffnungslosigkeit ...:* ebd.
So betrat er ...: Aus dem Gedicht *Der Verdruß des Seleukiden* (1910).
wird aber die Feier ...: Aus dem Gedicht *Die Schlacht von Magnesia* (1913).

S. 99 *der „junge Antiochier":* Anspielung auf das Gedicht *Zu Antiochos Epiphanes* (1922 geschrieben), das etwa 169 v. u. Z. spielt, ein Jahr vor der Schlacht von Pydna.

S. 100   *Verlasse dich nicht darauf …:* Aus dem 1911 geschriebenen Gedicht *Theodotos.* Theodotos von Chios, Sophist und Berater von König Ptolemaios XIII., drängte zur Ermordung von Pompejus Magnus (106 bis 48 v. u. Z.). Dieser erstrebte die Alleinherrschaft in Rom. Schloß 60 mit Caesar und Crassus das 1. Triumvirat. 52 wurde er Konsul mit Sondervollmachten und riß die Macht an sich. Floh 49 nach dem Einfall Caesars in Italien mit seinen Truppen nach Griechenland, wo er am 9. 4. 48 bei Pharsalos eine entscheidende Niederlage erlitt. Auf der Flucht nach Ägypten wurde er auf Befehl von Ptolemaios XIII. ermordet. Theodotos überbrachte Caesar das Haupt von Pompejus.

S. 104   *Indem sich Joyce …:* Aus *Ulysses. Ordnung und Mythos,* in: Thomas Stearns Eliot. *Ausgewählte Aufsätze, Vorträge und Essays,* Berlin 1982, S. 85.

S. 105   *Der Gott verlasse Antonius:* Gedicht von 1910. Die Titelzeile ist ein Originalzitat aus Plutarchs *Antonius* (75).
            in seinem Denken: Aus dem Gedicht *Stimmen* (1903).

S. 106   *von Versuchen …:* Vers aus dem 1918 geschriebenen Gedicht *Die Schwermut Jasons, Sohn des Kleandros; Dichter in Kommagene, 595 n. Chr.*
            … Erwähnung …: Vers aus dem Gedicht *Cäsarion* (1914). Die Erwähnung findet sich bei Plutarch (*Antonius,* 81).
            Die Umgebung aus Haus …: Das 1929 veröffentlichte Gedicht *Im selben Raum.*

S. 108   *der Grammatiker Lysias:* Anspielung auf das 1911 geschriebene Gedicht *Grab des Grammatikers Lysias.* Lysias: imaginäre Gestalt.

S. 109   *Welche große Dichtung …:* Aus T. S. Eliot, *Ausgewählte Essays 1917–1947,* Suhrkamp Verlag, Frankfurt am Main 1950, S. 148 f.
            Der einzige Weg …: Aus *Hamlet,* in: Eliot, *Ausgewählte Aufsätze …,* a. a. O., S. 52.

S. 110   *Beglückt …:* Das Gedicht *Alexandros Iannaios und Alexandra* (1929 veröffentlicht).

S. 111   *in einem anderen Gedicht:* Das 1908 geschriebene Gedicht *Die Schritte.*

S. 113   *daß man nicht nur das Vergangensein …:* Aus *Tradition und individuelle Begabung,* in: Eliot, *Ausgewählte Aufsätze …,* a. a. O., S. 37.

S. 114   *soll er reden* … Die letzten Zeilen aus dem letzten Gedicht von Kavafis *In der Umgebung Antiochias* (1932/33).
            ein Knochen: Mark-Aurel-Zitat in der Übersetzung von Albert Wittstock.

S. 114 *zum Teil … zum Teil …:* Aus dem Gedicht *Das Gefährliche* (1911)

S. 115 *das Grab des Eurion, das Grab des Lanis …:* Imaginäre Gestalten, denen Kavafis jeweils ein Gedicht gewidmet hat.

am Eingang des Cafés: Anspielung auf das gleichnamige Gedicht von 1915.

am Tisch eines Casinos: Im Gedicht *Der Nebentisch* (1918).

in einer Eisenwarenhandlung arbeitet: Im Gedicht *Tage von 1909, 1910 und 1911,* veröffentlicht 1928.

auf tragische Weise lebendig: Aus dem Gedicht *Tage von 1908* (1921).

Der junge Antiocher: Das Gedicht *Antiochos Epiphanes* (1922).

S. 117 *griechisch seit alters her …:* Vers aus dem 1927 veröffentlichten gleichnamigen Gedicht.

bis Baktrien …: Im Gedicht *200 v. Chr.* Nach Baktrien (Indien) führte der persische Feldzug Alexanders.

S. 118 *starken, hohen Mauern:* Vers aus dem 1896 geschriebenen Gedicht *Mauern.*

unmerklich: Halbvers aus dem 1921 geschriebenen Gedicht *Gewidmet der Kunst.*

der greise, völlig erschöpfte …: Anspielung auf das Gedicht *Sehr selten* (1911).

kranke Proteus …: Im Gedicht *Die Schlacht von Magnesia* (1913).

der sich nicht mehr verwandeln kann …: Im Gedicht *Falls er denn gestorben ist* (1920).

bei den Magiern Anatoliens …: Anspielung auf das weiter unten im Text fast vollständig zitierte Gedicht *Nach den Rezepten griechisch-syrischer Magier der Antike* (1931).

um wenigstens für kurze Zeit …: Anspielung auf das Gedicht *Die Schwermut des Jason …,* s. o.

S. 119 *ein „großes Ja" und ein „großes Nein":* Vers aus dem Gedicht *Che fece … il gran rifiuto* (1899).

Welches Destillat: Aus dem Gedicht *Nach den Rezepten …,* s. o.

S. 120 *sein verborgenes Geheimnis …:* Anspielung auf das Gedicht *Die Stadt* (1910).

mit „prüfender Seele" …: Aus dem Gedicht *Iden des März* (1906), aus dem auch der folgende längere Auszug stammt.

S. 121 *wie Myris:* Im Gedicht *Myris; Alexandria im Jahr 340 n. Chr.* Myris ist eine imaginäre Gestalt.

334

Angelos Sikelianos Ἄγγελος Σικελιανός

Rede, gesendet am 7. Juli 1951 von BBC London, anläßlich des Todes von Sikelianos. Seferis, der damals in Großbritannien als Botschaftsrat arbeitete, hatte sie, in deprimierter Stimmung, wie man seinem Tagebuch entnehmen kann (2. 7. 51), für die griechischsprachige Sendung aufgenommen. Mit Sikelianos verband ihn eine fast zwanzigjährige freundschaftliche Beziehung.

S. 123 *einem „Höheren Griechenland":* Gedicht von Sikelianos, das zum Werk *Vorwort zum Leben* (1915–1917) gehört.

S. 125 *Heilige Straße:* Eines der bekanntesten und wichtigsten Gedichte von Sikelianos, 1935 geschrieben. Gemeint ist die Straße, die nach Eleusis führt, dem Ort der Eleusinischen Mysterien.

S. 126 *Große Heimkehr:* Zitat aus dem Gedicht *Hymne der großen Heimkehr* von Sikelianos.

Kalvos, 1960 Κάλβος, 1960

In seiner Stellung als Botschafter in London (1957–1962) setzte sich Seferis für die Überführung der sterblichen Überreste von Andreas Kalvos nach Griechenland ein. Diese fand am 19. März 1960 statt. Am 14. August 1960 wurde in Anwesenheit von Seferis eine Gedenktafel für Kalvos an der Kirche von Keddington enthüllt.

In einer Anmerkung zum *Vorwort zu den Oden* (1941) macht Seferis folgende biographische Angaben zu Kalvos: „1792, März: Er wird auf Zakynthos geboren; seine Mutter aus einer alten zakynthischen Familie, der Vater aus Kerkira, Leutnant im Söldnerheer Venedigs. – 1805: Scheidung der Eltern; er studiert in Livorno; der Vater hatte ihn seit etwa 1802 dorthin geschickt. – 1812: In Florenz; Bekanntschaft und Freundschaft mit Foscolo. – 1816: Foscolo ruft ihn in die Schweiz, wohin er ihm folgt (Juni). – 1816, September: Kalvos in London, wo einige Tage früher Foscolo eingetroffen war; bald streiten sich die zwei Dichter und trennen sich (vor März 1817). – 1819: Heirat mit Maria Theresa Thomas, die einige Monate später starb. – 1820: Kalvos verläßt London; bleibt ein wenig in Florenz und geht weiter in die Schweiz (drei Jahre). – 1824: Die ersten zehn Oden werden in Genf gedruckt. – 1826: Kalvos in Paris; dort werden die letzten zehn Oden gedruckt; Rückkehr nach Griechenland, zuerst einige Wochen in Nafplion, dann bis 1852 in Kerkira. – 1852, November: Er verläßt Kerkira, fährt nach Tergeste und anschließend nach London. – 1853, 5. Februar: Heirat in London mit der zwanzig Jahre jüngeren Charlotte-Augusta. – 1855: Das Ehepaar läßt sich in Louth nieder, wo Frau Kalvos ein Mädcheninternat gründet, das sie bis zum Tode ihres Mannes am 3. 11. 1869 leitet ..." (Essays I, 489 f.).

Aus Anlaß der Niederschrift seines *Vorwortes zu den Oden* hielt Seferis in seinem Tagebuch (30. 12. 1941) fest: „Kalvos macht einen oft müde. Man freut sich mehr über ihn, wenn man sein Büchlein beiseite legt, wenn man vergißt, daß er Oden geschrieben hat, in denen er sich so seinen Manien hingibt. Er ist gut, wenn man zerstreut durch das Zimmer läuft und plötzlich das Flüstern seiner *wahren* Verse vernimmt. Denn sonst regt er einen auf mit seiner Gebärde des clargyman, die er an sich hat. Er ist eine Gestalt, deren Aussehen nicht überliefert worden ist. Seinen Körper und den Körper seiner Dichtung müssen wir vergessen. Das, was bleibt, sind die Fragmente einer körperlosen Stimme ... Kalvos erzeugt in mir mit seiner Persönlichkeit, seiner Mentalität, das Gefühl der Konfusion, die man hat, wenn man die verworrenen Aktionen des Prinzen von Dänemark auf der Bühne verfolgt. Die Konfusion, die die Spaltung, der Seele gebiert und die ihn einst so ‚modern‘ erscheinen ließ". (Tage IV, 152 f.).

S. 135   *Mädchen, mit Lippen wie:* Deutsch von Gerd Eggers in: Diese Landschaft ist hart wie das Schweigen. Neugriechische Lyrik, Leipzig 1972, S. 12.

Rede in Stockholm Ὁμιλία στή Στοκχόλμη

Gehalten auf Französisch am 10. 12. 1963 während der Nobelpreisverleihung in Stockholm. In dieser Form veröffentlicht in: Georges Seferis, Discours de Stockholm, Collection de l'Institut Français d'Athènes, 1964. Die von Seferis angefertigte griechische Übersetzung wurde in die Ausgabe der *Essays* (seit der 3. Auflage 1966) aufgenommen.

S. 148   *Die Sonne:* Heraklit-Zitat in der Übersetzung von Wilhelm Nestle.

Die Sprache in unserer Dichtung Ἡ γλώσσα στήν ποίησή μας

Bereits im Januar 1937 setzte sich Seferis im Essay *Griechische Sprache* mit dem „Stil" – als dem herausragenden Merkmal des dichterischen Ausdrucks – von Solomos, Kalvos und Kavafis auseinander. Die Wichtigkeit des Problems der Sprache für sein ästhetisches Selbstverständnis betonte er seitdem wiederholt: „In der Dichtung ist die Sprache die Anzeige für die Sensibilität des Schöpfers (...), und die Veränderung der Sprache bedeutet Veränderung der Sensibilität ... Und wie jemand sagte, die Dichtung wird nicht aus Gefühlen gemacht, auch nicht aus Ideen. Sie wird aus Wörtern gemacht (...) Die Schwierigkeit z. B. bei Kavafis ist ein Widerspruch:

Er macht Dichtung mit prosaischen Mitteln. Die Schwierigkeit bei Kalvos ist eine andere: Während er doch ein Dichter ist, also ein Mensch, den sein Wort *sichtbar* machen muß, haben wir das Gefühl, daß er hinter seinem sprachlichen Ausdruck, wie hinter einem Vorhang, *verschwindet.*" (*Vorwort zu den Oden,* in: Essay I, 187 ff.).

S. 158   *ganz verzückt:* Verse aus dem Gedicht *Angesichts des Standbilds Endymions.*

S. 164   *Ilias:* Tadelt nicht die Troer und hellumschienten Achaier, die um ein solches Weib so lang ausharren im Elend! (Homer 3, 156 f. in der Übersetzung von Johann Heinrich Voß)

T. S. E. – Tagebuchseiten Θ. Σ. Ε. – Σελίδες ἀπό ἕνα ἡμερολόγιο

Die Tagebucheintragungen (zwischen 1951 und 1962) und die Vorbemerkung erschienen am 22. 2. 1965 in der Zeitschrift *Epochen,* etwa zwei Monate nach Eliots Tod.

Vom 15. 4. 1951 bis 26. 12. 1952 arbeitete Seferis als Botschaftsrat in London, anschließend wurde er als Botschafter nach dem Libanon berufen, wo er bis zum 31. 7. 1956 blieb (Beirut). Beglaubigungsschreiben hatte er aber auch für Damaskus (Syrien), Bagdad (Irak) und Amman (Jordanien), weshalb er oft auch diese Länder sowie das Patriarchat in Jerusalem besuchte. Mehrere Reisen führten ihn auch nach Zypern. 1956/57 wurde er Direktor des 2. Politischen Direktoriums im Außenministerium. Vom Mai 1957 bis zum August 1962 Botschafter in London. 1962 beendete er seine berufliche Laufbahn und ließ sich endgültig in Athen nieder. Ihn begleitete überallhin seine Frau Maro Seferiadi, die er 1941 geheiratet hatte.

Bereits am 24. 2. 1933 trug Seferis, damals in London wohnend, in sein Tagebuch ein: „Zum ersten Mal hätte ich einen für mich bedeutenden Menschen kennengelernt … Vielleicht wären wir Freunde geworden …" (Tage II, 108 f.). Sein Freund Vassilis Fotiadis, der Eliot kannte, hatte ihm ein Empfehlungsschreiben gegeben, aber Eliot war gerade auf einer Reise in den Vereinigten Staaten (Vgl. Ioanna Tsatsos, *Mein Bruder Giorgos Seferis,* Athen 1973, S. 316).

S. 166   *Unsichtbar entrückt:* Sophokles-Zitat in der Übersetzung von Rudolf Schottlaender.

Folgende Werke von Eliot – mit Angabe des Erscheinungsjahres – werden im Beitrag zitiert (in der Reihenfolge ihres Auftretens):
Ein verdienter Staatsmann, Stück (1958).
East Coker, Gedichtzyklus (1940).
Mord im Dom, Stück (1935).

Aschermittwoch, Gedichtsammlung (1930).

Quartette, Gedichtzyklus (1944).

Verfilmung von *Mord im Dom*: 1951 von Regisseur George Hoellering unter Mitarbeit von Eliot gedrehter Film. Seferis schrieb Anfang 1952 über diesen Film den Rundfunkessay *Die Poesie im Kino*, der am 1. 4. 52 ausgestrahlt wurde (BBC).

Cocktail Party, Stück (1949). Bezieht sich auf die *Alkestis* von Euripides.

Prufrock: Prufrock an other Observations, der erste Gedichtband von Eliot (1917).

Practical Cats: Gemeint ist der Gedichtband *Old Possum's Book of Practical Cats* (1939).

Vorlesungen in Amerika: Diese Vorlesungen (im Winter 1932/33 an der Harvard-Universität) wurden die Grundlage für den Essay *Der Nutzen der Dichtung und der Nutzen der Kritik* (1939).

Der Fels, Stück (1934).

Improvisationen über die Homerischen Hymnen Ξεστρατίσματα ἀπὸ τοὺς Ὁμηρικοὺς Ὕμνους

Vorwort für die italienische Ausgabe: *Inni Omerici*, Edizioni dell'Elefante, Rom 1968. Griechische Erstveröffentlichung 1970 im November-Dezember-Heft der *Zypriotischen Jahrbücher.*
Seferis hielt sich 1953 und 1954 mehrmals in Zypern auf. Der zypriotische Maler und Freund Adamandios Diamandis schickte Seferis den 16. Band der Zypriotischen Studien, wo der Philologe Kliridis seinen Aufsatz *Überbleibsel der Idololatrie in Paphos* veröffentlicht hatte. Seferis markierte sich sogar den Standort der Höhle des Heiligen Ampelis auf der Karte Zyperns.

S. 188   *Unsterbliche sind sterblich:* Heraklit-Fragment in der Übersetzung von Wilhelm Nestle.

S. 190   *Was ist Gott:* Euripides-Zitat in der Übersetzung von Dietrich Ebener.

S. 194   *Von wo auch die Homeriden:* Pindar-Zitat in der Übersetzung von Franz Dornseiff.

        Maia, des Atlas Tochter: Sämtliche Hesiod-Zitate in der Übersetzung von Thassilo von Scheffer.

S. 195   *Da gebar sie:* Sämtliche zitierten Stellen aus den Homerischen Hymnen in der Übersetzung von Thassilo von Scheffer.

S. 196 f. *Unterdessen rief Hermes:* Homer-Zitat in der Übersetzung von Gerhard Scheibner.

S. 198   *es sind der Thyrsosträger:* Platon-Zitat in der Übersetzung von Otto Apelt.

S. 204   *Glaukos, sieh:* Archilochos-Fragment in der Übersetzung von Zoltan Franyó.

S. 205   *Noch nie habe ich einen solchen Menschen:* Homer-Zitat in der
Übersetzung von Gerhard Scheibner.

S. 206   *sie haben keine lebenden Augen:* Aischylos-Zitat in der Übersetzung von Dietrich Ebener.

S. 209   *tummelt das Vieh sich:* Lukrez-Zitat in der Übersetzung von
Dietrich Ebener.
Aineias, ... des Anchises: Homer-Zitat in der Übersetzung
von Johann Heinrich Voß.

Vorwort zur „Musikalischen Poetik" von Igor Strawinsky Προλό-
γισμα στή „Μουσική Ποιητική" τοῦ Στραβίνσκι

Geschrieben für die amerikanische Ausgabe: Igor Strawinsky, Poe-
tics of Music, Harvard University Press 1970. Griechische Erstver-
öffentlichung am 1. 3. 1970 in der Zeitung *Vima.* (Das Buch von
Strawinsky deutsch: Musikalische Poetik, Mainz o. J.)
Die Beziehung von Seferis zu Strawinskys Musik rührt von Anfang
der dreißiger Jahre her. Das wichtigste poetologische Gedicht jener
Jahre, *Nijinski,* schrieb Seferis, nachdem er 1932 in London *Sacre du
Printemps* gehört und in einem Konzert mit dem Komponisten am
Klavier die Aufführung des *Capriccio für Klavier und Orchester* sowie
der *Psalmsinfonie* erlebt hatte (vgl. Tage II, 35 f.).

„Stimmen" bei Artemidoros aus Daldis „Γλῶσσες" στόν ᾿Αρτε-
μίδωρο τόν Δαλδιανό

Vorwort für die italienische Übersetzung des Buches von F. M. Pon-
tani: Artemidoro Daldiano, Dell'Interpretazione di Sogni, Edizioni
dell'Elefante, Rom 1970. Griechische Erstveröffentlichung in den
Zypriotischen Jahrbüchern, Sommer 1970. (Die deutsche Übersetzung
der *Oneirokritika* u. a.: Artemidor von Daldis, Das Traumbuch.
Übersetzt, erläutert und mit einem Nachwort von Karl Brackertz,
Zürich und München 1979.) Seferis hatte sein ganzes Leben lang
verschiedene Träume in seinem Tagebuch festgehalten und sie für
sich analysiert.
Die S. 224 erwähnten Weissagemethoden betreiben Pythagoreer =
durch Zahlenmystik, Physiognomen = aus Gesichtern, Astragalomanten = aus Würfeln, Tyromanten = aus Käse, Koskinomanten
= aus Sieben, Morphoskopen = aus der Gestalt, Cheiroskopen =
aus Händen, Lekanomanten = aus Wasserbecken, Nekyomanten =
mittels Geisterbeschwörung weissagende Gelehrte. Das griechische
Wort „Oneiros" bedeutet Traum.

S. 221   *auch nach meinem heutigen Dafürhalten:* Wiedergabe der
Freud-Zitate nach: S. Freud, Die Traumdeutung (Studien-
ausgabe Bd. 2), Frankfurt am Main 1982, S. 119 f.

S. 228 *die dunklen Zeichen:* Dante-Zitat in der Übersetzung von Karl Witte.
Die Sonne wird: Heraklit-Fragment in der Übersetzung von Wilhelm Nestle.

S. 234 *Ja, sogar die Schlafenden:* Mark-Aurel-Zitate in der Übersetzung von Albert Wittstock.

Morgan Forster: Blick vom Schiefen Turm Μόργκαν Φόρστερ: Ματιά ἀπό τόν λοξό πύργο

Aus Anlaß des Todes von Forster geschriebener Artikel für die Tageszeitung *Vima* (14. 6. 70). Forster hatte im ersten Weltkrieg als englischer Offizier in Ägypten gedient, dort 1914 Kavafis kennengelernt und sich für die Veröffentlichung seiner Gedichte in England eingesetzt. Forster bezieht sich in seinem Zitat auf den Vortrag *Der Schiefe Turm,* den Virginia Woolf 1940 geschrieben hatte.

„Alles voller Götter" „Πάντα πλήρη Θεῶν"

Geschrieben für die italienische Ausgabe *Grecia* der Edition „Grandi Monumenti", Mailand 1971. Griechische postume Veröffentlichung am 27. 2. 72 in der Zeitung *Vima*.

S. 245 *Für uns ... blieb es ein unschätzbarer Genuß:* Zitiert nach Goethe, Poetische Werke. Autobiographische Schriften II, Berlin 1972, S. 718.

S. 248 *jene saßen und webten:* Homer-Zitat in der Übersetzung von Johann Heinrich Voß.

Personenregister

342

Inhalt